S0-ESD-918

José Revueltas: Los muros de la utopía

Universidad Autónoma Metropolitana
Unidad Xochimilco

Rector General
Dr. Gustavo Chapela Castañares

Secretario General
Dr. Enrique Fernández Fassnacht

Unidad Xochimilco

Rector
Dr. Avedis Aznavurian

Secretaria
M. en C. Magdalena Fresán Orozco

Coordinadora de Extensión Universitaria
M. en C. Graciela Lechuga Solís

Jefe del Departamento de Producción Editorial
Lic. Patricia Hernández Cano

*José Revueltas:
Los muros
de la utopía* | Alvaro
Ruiz Abreu

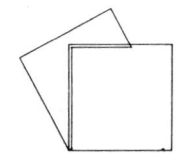

cal y arena

Primera edición: *Cal y arena*, diciembre, 1992.
Segunda edición: *Cal y arena*, mayo, 1993.

Diseño de la maqueta: *José González Veites.*
Foto de la portada: *Renata von Hanffslengel.*

© Alvaro Ruiz Abreu.
© Aguilar, León y Cal Editores, S.A. de C.V.
Mazatlán 119, Col. Condesa. Delegación Cuauhtémoc.
06140 México, D.F. Tel.: 256-50-56

ISBN: 968-493-245-6

José Revueltas: Los muros de la utopía es una coedición de la UAM-X y Cal y arena. La redacción final fue posible gracias al apoyo del Programa Cultural de las Fronteras siendo director Alejandro Ordorica Saavedra.

Reservados todos los derechos. El contenido de este libro no podrá ser reproducido total ni parcialmente, ni almacenarse en sistemas de reproducción, ni transmitirse por medio alguno sin el permiso previo, por escrito, de los editores.

IMPRESO EN MEXICO

Advertencia

Esta es la historia de un escritor y un militante político que empezó desde muy joven una acción apasionada por redimir al hombre y a la sociedad aunque él se hundiera en el sufrimiento, el fracaso o la ruina. Su vida atraviesa en línea recta el siglo XX y como sucede con los místicos o los redentores sociales, fue rebasado por ella. José Revueltas (1914-1976) representa para la literatura mexicana una ruptura y un avance; lo primero debido al mundo cerrado, nihilista, que concibió en su obra bajo la guía del existencialismo dostoievskiano en una época —los años cuarenta— marcada por la novela costumbrista atenida al indio, la tierra y al dualismo civilización y barbarie. El avance se deriva del hecho de haber experimentado con el tiempo de la novela, exponiendo técnicas que incluían el monólogo interior, la fragmentación del relato, la evocación como memoria del hombre dividido, el reflejo de las actitudes inconscientes del personaje a través de su divorcio con la realidad.

Empecé a estudiar la obra de José Revueltas en 1973 a raíz de un ensayo que me pidió el suplemento *La Cultura en México*; aunque nunca se publicó, me sirvió en cambio como primer expediente para entender una narrativa caracterizada por sus tonos escabrosos, su horizonte carcelario y sobre todo su connotación ideológica de profunda fe en el comunismo de los años treinta; una visión del mundo desesperada, agónica, en la que el hombre rechaza a Dios y en su lugar coloca a la historia y se coloca a sí mismo como centro del universo.

De ahí en adelante la obra de Revueltas me siguió de muchas formas, y me sedujo —igual que su vida— al grado de haber hecho conmigo este itinerario: la propuse como tesis para el doctorado de letras en El Colegio de México; la llevé a la Escuela de Altos Estudios en París y pude obtener un grado con una lectura política de la obra de Revueltas bajo el estilo de Jacques Leenhardt. De nuevo regresó conmigo a México, publiqué artículos, crónicas, ofrecí conferencias sobre el mismo asunto: las novelas y los cuentos, el teatro y la militancia de Revueltas.

En 1987 tenía alrededor de 600 cuartillas sobre la obra revueltiana. Entonces me convencí de la alternativa de escribir una biografía: una posibilidad tal vez "ideal" para abordar a Revueltas, que a lo largo de su vida y su obra, tan intensas y paradójicas, había construido de sí mismo una historia avasalladora, cautivadora. Había escrito para darle forma a su propio ser: el personaje que fue desde su ingreso al Partido Comunista en 1929, sus encarcelamientos en las Islas Marías en 1932 y 1934, su visita a la Unión Soviética al Congreso de la Internacional Comunista de 1935, su carrera periodística, teatral, cinematográfica y sobre todo literaria hasta su muerte. Desde el principio traté de aceptar una premisa de Litton Strachey: el hombre es menos lógico de lo que los biógrafos lo representan. Comprendí además que la biografía es un género complejo, un proceso delicado y humano que participa, dice Leon Edel, de todas las ambigüedades y contradicciones de la vida misma. "Una biografía es un informe, en palabras, de algo que es tan inconstante y ondeante, tan compuesto de temperamento y emoción como el propio espíritu humano".

Hurgando en las biografías que se han escrito sobre Lowry, Wilde, Roger Fry, Dostoievski, Balzac, Van Gogh, Hemingway, entre otros, pude comparar distintos enfoques para contar la vida de mi sujeto. Opté por un método que mezclara el diálogo y la narración, el documento y la crítica para presentar con mayor verosimilitud a un autor que también hizo cine y teatro, militó en organizaciones de izquierda, estuvo varias veces en las cárceles del país, arriesgó su vida en huelgas campesinas y luchas obreras, discutió siempre y al final de su vida desechó toda ideología. La soledad lo abrumó pero su delirio por la utopía socialista permaneció en su pensamiento. Quise escudriñar en los rincones emotivos de Revueltas: su miedo, sus éxitos y fracasos, su ironía inteligente, su actitud frente al deseo, el amor, Dios y el cristianismo, su búsqueda frenética de un

Padre que lo protegiera del vacío que padecía. Y, sobre todo, su persistencia ética.

Los biógrafos pertenecen a una extraña casta, tan diversa como la literatura. Pensando en que es preciso respetar lo más posible la vida que se cuenta, intenté describir a un Revueltas de carne y hueso con el material cuantioso que tenía a la mano, y con entrevistas a quienes lo conocieron. Hay mucho material que ha quedado al margen y otro que no pudo recabarse: a veces resulta difícil obtener información privada de un hombre. En México, parece que la biografía continuará como una profanación de lo que debe permanecer en el sepulcro de la vida cultural. "Sí...¡escribir biografías es algo endemoniado!".

En su primera etapa, cuando todavía no era biografía sino ensayo, este trabajo estuvo vinculado a muchas personas, he aquí algunas: Antonio Alatorre, Adolfo Castañón, María Teresa Retes, Héctor Xavier, Florence Olivier, Héctor Aguilar Camín, Roberto Escudero, Andrea Revueltas, Philippe Cheron y Jacques Leenhardt. En la última etapa debo citar a Hugo Hiriart, Carlos y Enrique Sevilla, María José Rodilla, Arturo Cantú, Sergio González Rodríguez, Luis Miguel Aguilar, Rafael y José María Pérez-Gay, Juan Villoro, Eugenia Revueltas, Alejandro Ordorica, Federico Emery, Alberto Ulloa, Carmen Castañeda, Ángeles Mastretta, Rosario Narezo, Gilberto Guevara Niebla, Alberto Ruy-Sánchez, Ciprián Cabrera Jasso y María Teresa Miaja y a José Antonio Álvarez Lima (quien sugirió el título).

Revueltas decía que, a pesar de todos sus libros, él era una tentativa: "Soy un hombre que intenta y este intento puede ser aproximado o más o menos valedero, pero sigue siendo un intento". Este, y no otro, es el espíritu al que quiere ser fiel mi libro *José Revueltas: Los muros de la utopía*.

I
Misión cumplida

Durante el sepelio de José Revueltas —el 15 de abril de 1976— se escucharon "goyas", "vivas" y el himno comunista de "La Internacional", que un grupo de mil personas lanzó al aire para despedir a un excepcional compañero. Martín Dozal, encarcelado por los disturbios en 1968, se dirigió al secretario de Educación Pública, en el Panteón Francés: "¿No se da usted cuenta que no queremos oírlo, señor? ¿No se da usted cuenta de que José Revueltas muere sentenciado?"[1] El estribillo, "¡Ese puño sí se ve!" subió al cielo. El sol de abril hizo sudar a los manifestantes. El féretro bajó; cayó la primera paletada de tierra sobre Revueltas. De ahí en adelante, se convirtió en leyenda, en un autor elogiado y analizado como no la había sido en vida. La consigna multitudinaria fue tajante: "El gobierno mexicano mató a José Revueltas manteniéndolo en la cárcel toda su vida".[2] Los amigos y admiradores del escritor desaparecido sólo le permitieron al secretario de Educación Pública leer dos párrafos de su discurso, hasta que Dozal lo invitó a salir del cementerio, bajo una fuerte lluvia de "mueras" a los "ministros burgueses". Bravo Ahúja, el emisario del gobierno, permaneció callado en su sitio, a la orilla de la fosa, cerca de Ema Barrón, ahora viuda de Revueltas. Dozal volvió a increparlo: "¿No se da usted cuenta de que

---

[1] Rodolfo Rojas Zea, "El sepelio de Revueltas se volvió acto político", en *Excélsior*, abril 15, 1976, pp. 1A, 10A.
[2] Carlos Ramírez, "Revueltas, claro ejemplo de integridad intelectual", en *El Día*, abril 15, 1976, p. 1.

no queremos oirlo, señor. Que siendo compañero de Revueltas en la Secretaría de Educación Pública y estando él preso y habiendo sido usted su compañero nadie hizo nada por sacarlo?".[3] El día anterior, obreros, escritores, maestros y estudiantes, le habían rendido un sentido homenaje a Revueltas en una agencia funeraria. De ahí lo sacaron y lo condujeron a Ciudad Universitaria. Hablaron de él en presente, como de un compañero de lucha que "puede decir: misión cumplida". Más de 500 personas montaron una guardia permanente en el auditorio "Che Guevara", donde ovacionaron a un Revueltas tendido en su féretro, como dormido. Se aplaudía y se cantaba al mismo tiempo. Le dijeron "hasta luego, compañero". Ojos húmedos, gritos desgarrados, la ovación se mantuvo; antes de levantar el féretro para regresarlo a la funeraria, los seguidores de Revueltas declararon su pasión por el "amigo que se va pero que también se queda". Manos que temblaban con fuerza, voces enérgicas cargadas de respeto, admiración y cariño. Al fin el auditorio se quedó en silencio pero con su huella, su palabra dura, incansable, que los estudiantes del 68 jamás olvidarían.

En la capilla ardiente, sus viejos camaradas fueron a decirle adiós. Juan de la Cabada, amigo de partido y con quien Revueltas participó en su primera manifestación política —en 1929—, habló con humor; dijo que era necesario recordar al escritor y al amigo Revueltas no tanto en el pasado y en el presente, sino fundamentalmente, en el futuro. Resumió la conducta de su querido amigo: "es muy fácil estar en la lucha un año, digamos dos años, digamos cinco años, pero en Revueltas fue constante toda su vida".[4] Eli de Gortari, compañero de cárcel, destacó la congruencia, el antidogmatismo y la ausencia total de ortodoxia en el pensamiento y en la acción del escritor fallecido. Fueron palabras tristes, murmullos de una conversación interrumpida. Efraín Huerta, Augusto Monterroso, Ricardo Cortés Tamayo, Andrés Henestrosa, José Agustín, Carlos Monsiváis, Luis González de Alba y muchos más, hablaron de Revueltas. El presidente Luis Echeverría hizo un reconocimiento a la "honestidad y perseverancia ejemplares" con que el escritor luchó por sus convicciones durante toda su vida. "México pierde con José Revueltas, a un gran escritor que fue, en el desempeño de su oficio y fuera

---

[3] R. Rojas Zea, *art. cit.*, p. 1.
[4] R. Rojas Zea, "Despedida en la CU a José Revueltas", en *Excélsior*, abril 15, 1976, p. 19A.

de él, un militante al servicio de sus ideales, y por ello un ciudadano cabal", declaró a los periodistas el presidente Echeverría. Y agregó: "La muerte de José Revueltas representa una dolorosa pérdida para nuestra sociedad. Su vida, en la palabra y en la acción, estuvo ligada siempre a la actividad pública, y su tarea, fecunda en las letras, alimentó invariablemente sus convicciones, por las que luchó con honestidad y perseverancia ejemplares".[5]

Rosaura Revueltas, hermana del escritor, dice que José "era un ser humano limpio, honesto y confiado como un niño. No conoció la envidia ni el rencor; pero sí la indignación y el desaliento".[6] Unos días antes de su muerte, Rosaura estuvo con él en la posada Jacarandas, en Cuernavaca. José se veía abatido, "ya no podía conversar como lo hacía antes, le costaba trabajo hablar, y si lo hacía, esto le provocaba una tos muy fuerte que lo debilitaba". José estaba ahí de visita, descansando, con su última esposa, Ema Barrón. Rosaura tuvo el presentimiento de que lo veía por última vez. Y así fue. Revueltas habló de su hermana Cuca, tan simpática; recordó el día que la vio en París adonde ella viajó desde Alemania. Al día siguiente, Rosaura fue a comer con su hermano. "José quiso agasajarme en grande y ordenó una comida suculenta con langosta a la termidor como plato fuerte. Fuimos primero al bar a tomar un aperitivo y de allí nos fuimos a comer a la terraza. José ya no podía saborear nada, todo le caía mal. Al primer bocado le vino un terrible acceso de tos que lo agitó dolorosamente. Tuvimos que levantarnos de la mesa, dejando la comida intacta, e irnos a la habitación". Antes le había dicho a su hermana: "No he de darles el gusto a esos hijos de la chingada de morir como Silvestre. Que crean que estoy jodido y que sigo bebiendo; voy a continuar mi obra".

Federico Emery, compañero de crujía de Revueltas en la prisión de Lecumberri, también lo vio dos o tres días antes de morir. Fue a visitarlo; Revueltas vivía en la avenida Insurgentes y Emery lo encontró muy enfermo. Se saludaron, charlaron y Revueltas recordó que en la cárcel había un muchacho, el gordito Pámanes, estudiante del Politécnico al que llamaban *Ganímedes* (el que le llevó vino al Señor). Miró, risueño, a Emery y le dijo:

---

[5] R. Rojas Zea, "El sepelio de Revueltas se volvió acto político", *ed. cit.*, p. 10A.
[6] Rosaura Revueltas, *Los Revueltas*, Grijalbo, México, 1979, p. 135.

—Oye, Federico, tú vas a ser mi *Ganímedes*. ¿Por qué no me das un vodka? Nadie me lo permite, pero yo quiero un vodka... nada más.

Emery habló con los médicos y le dijeron que no. Pero Revueltas insistía. "Entonces le dije a un compañero, ve y compra una botella de vodka. Regresó. Abrí la botella y le serví un vaso; se lo bebió solo... y creí que Revueltas sentía un alivio".[7]

Vinieron la noche, los perros y los cuchillos

A raíz de su muerte, los hijos de Revueltas declararon que su padre "había decidido morir". Andrea, la mayor, fue muy precisa: "La de mi padre es una generación destrozada, que no tiene ningún proyecto sobre el porvenir".[8] Y el pintor Roberto Berdecio, amigo del escritor, aseguró que "José —que era poseedor de la fe porque conocía la verdad histórica— murió descreído del ser humano". Sus hijos, Andrea, Pablo, Fermín y Olivia —cuatro de los seis que tuvo— declararon que "después que salió su padre de Lecumberri, tras dos años de prisión y una huelga de hambre dentro del reclusorio, estaba físicamente liquidado".[9] En ese periodo de prisión, Revueltas experimentó una "crisis intelectual", pero siguió trabajando hasta el último momento. No dejó bienes ni capital alguno; Revueltas murió sin un centavo y ni siquiera hubo dinero para su sepultura. "Pero nos dejó su obra y su increíble militancia", dice Enrique Sevilla. "Recuerdo el día del entierro. ¡Qué multitud! Sin darnos cuenta, tal vez, habíamos asistido al final de una vida —que la prensa calificó de fecunda— y al final de una etapa de nuestra generación: la del 68".[10]

De 1968 a la fecha de su muerte, Revueltas vivió intensamente reactivado por el movimiento estudiantil de ese año, aprehendido y prisionero en Lecumberri —1968-1971—, divorciado al salir de la cárcel, vuelto a casar por tercera ocasión, enfermo y abatido, al fin cayó. Hacia 1972 descubrió que su historia como militante de izquierda había sido un fracaso en ascenso. Entendió la tesis de

---

[7] Entrevista Ruiz Abreu/Federico Emery, febrero, 1989.
[8] Citada por Rojas Zea en "Revueltas había decidido morir, dicen sus hijos", en *Excélsior*, abril 17, 1976, p. 11A.
[9] *Ibid.*
[10] Entrevista Ruiz Abreu/Enrique Sevilla, abril, 1989.

Marcuse según la cual el obrero del siglo XIX era sustancialmente distinto al del XX, y que Marx sólo había analizado a una clase trabajadora paupérrima. Comprendió para bien y para su propia desilusión que el mundo había cambiado. En una entrevista, dijo: "Ya no hay que creer en la vieja noción clásica del proletariado como aquel que no tiene otra propiedad que su fuerza de trabajo".[11] Se puede pensar —como Octavio Paz— que Revueltas se arrepintió; en realidad se sometió a un riguroso examen de conciencia (y no era la primera vez que lo hacía) en el que llegó a la conclusión o a la tesis del fracaso. Para él, "la oposición en México es desorganizada y camina a la deriva. Es pragmática, oportunista, hipócrita, convenenciera y transaccionista".[12] Citaba a los grupos marxistas sin horizonte y entre ellos, al Partido Comunista que "oscila entre el oportunismo y el izquierdismo" que como Jano tiene dos rostros. Y dijo terminante: "Las intenciones por crear el partido de la clase obrera han sufrido un fracaso continuo. Hemos luchado en este sentido por más de veinte años y hemos fracasado. Ahora tenemos que buscar nuevas rutas. Es imposible que esa tarea pueda ser resuelta por un grupo". Vio con claridad las limitaciones de los "grupúsculos" de izquierda; no negaba la teoría leninista del Partido, pero estaba convencido de que a esa idea no se llega por decreto, o porque "un grupo decida autonombrarse así". Revueltas se había quedado sin grupo, pero además, ya no quería pertenecer a ninguno, pues el "grupusculismo" había sido la peor enfermedad de la izquierda mexicana. Es evidente que para explicarse estos cambios de actitud debe seguirse de cerca el proceso que Revueltas había vivido a partir de 1968, en que juega su última carta en un movimiento social en México.

A principios de 1968, Revueltas hizo un segundo viaje a Cuba en compañía de su hijo Román y su esposa María Teresa, invitado al concurso de Casa de las Américas como jurado. A su regreso, en el aeropuerto de la ciudad de México fue objeto de una revisión minuciosa, conducido sin aparente justificación a un raro

---

[11] Reproducida en José Revueltas, *Escritos políticos III*, *Obras Completas*, v. 14 Era, México, 1984, pp. 244-248. (De aquí en adelante se citará J.R., *OC*, v. Cualquier cambio se notifica).
[12] *Ibid.*, pp. 244-245. En esta entrevista de 1972, Revueltas cita a los grupos marxistas que carecen de horizonte y descree de las tendencias maoístas, castristas, trotskistas que estaban de moda en esa fecha.

"interrogatorio". Se le tomaron fotografías, lo "ficharon" y lo dejaron en libertad. De inmediato congelaron su plaza en la Secretaría de Educación Pública donde trabajaba. Indignado, envió una carta al Secretario de la SEP, en la que decía: "De aquel lenguaje protocolar cuyo uso se encuentra más allá de mis capacidades, quedan a salvo de la contaminación literaria, empero, dos palabras insustituibles y unívocas: *renuncia irrevocable*. Irrevocable renuncia a no importa qué abdicación de mi libertad".[13] Revueltas se acercó a la UNAM, en concreto a la Facultad de Filosofía y Letras, y halló una inusitada acogida en los estudiantes. Trabó contacto con los grupos de estudio literario y análisis político, el "Miguel Hernández" y el "José Carlos Mariátegui". Si en esos días se había sentido solo, olvidado, lejos de la militancia partidista a la que lo había acostumbrado su obsesión ideológica, de pronto su vida se vio justificada. Su ex esposa María Teresa aclara: "Sí, de pronto llegó el 68, con su fuerza y espíritu innovador; y José sintió que las puertas de una nueva empresa se le abrían. Por eso se entrega con tanta pasión a los jóvenes y escribe como loco proclamas, artículos, cartas, consignas. Vivíamos en Cuernavaca pero él era un permanente ausente de su casa; se había instalado en Ciudad Universitaria, me parece".[14] La misma imagen deja el testimonio de Roberto Escudero, amigo cercano de Revueltas, estudiante en 1968 de Filosofía y Letras. Dice que "era muy común para los participantes en el Movimiento del 68 que llegaban a la Facultad de Filosofía y Letras, observar a José Revueltas escribiendo, a cualquier hora del día o de la noche, en un escritorio que también, muy frecuentemente, le servía para tenderse en él y dormir y descansar algunas horas. Abstraído de todos y de todo, el maestro fijó así las impresiones y las observaciones teóricas que el lector tiene en sus manos".[15]

Como parte de su biografía revolucionaria, Revueltas se comprometió una vez más con un movimiento que fue reprimido, que encarceló a sus dirigentes y costó cientos de víctimas. No fue un cronista imparcial, "objetivo" de los hechos, sino "un protagonista

---

[13] Esta carta fue escrita en Cuernavaca, en marzo de 1968; reproducida por Humberto Cueva, *Revueltas. El escritor militante (biografía)*, inédito, Monterrey, N. L., 1974, p. 275.
[14] Entrevista Ruiz Abreu/María Teresa Retes, marzo, 1986.
[15] Roberto Escudero, "Prólogo" a J. R., *OC*, v. 15, 1978, p. 11.

comprometido". Roberto Escudero recuerda que Revueltas se integró al comité de lucha de Filosofía y Letras. Pero antes, se había hecho indispensable para los estudiantes en sus inquietudes y esperanzas. Durante el "mayo francés", Revueltas escribió una carta a los "revolucionarios franceses" en la que planteaba su vieja tesis de que los partidos comunistas de México y otros países no habían sabido ser la vanguardia del proletariado. Ahora descubría en el movimiento estudiantil de Francia una "nueva revolución" hecha por intelectuales, estudiantes, obreros. Hizo un llamado a los estudiantes y los prevenía de dos enemigos, de la "burocracia insensible, estéril, osificada y a la postre traidora, que representan los viejos líderes, esclavos de dogmas y de esquemas";[16] y del peligro real de la guerra nuclear que podía ser desencadenada por las potencias. Por último, invitaba a emprender la tarea de construcción de las nuevas agrupaciones socialistas que rebasaran el dogmatismo de los partidos comunistas.

En varias cartas y artículos que escribió en Ciudad Universitaria entre agosto y septiembre de 1968, Revueltas delimita la posición de los estudiantes y hace luz sobre la represión desatada por el gobierno contra el movimiento. Recalca su idea de que los viejos comunistas no entienden a la juventud. No cabe duda que él se hizo joven y una vez más revolucionario en 1968. El 13 de septiembre, después de la Manifestación del Silencio, varios simpatizantes del movimiento se reunieron en la casa de Selma Beraud. Revueltas estaba ahí, con Carlos Monsiváis y otras personas.

—Fue extraordinaria la marcha —dijo Revueltas con los ojos puestos en Carlos Monsiváis—, me recordó las grandes concentraciones del cardenismo pero eso no quiere decir nada porque a mí todo me recuerda la década de los treinta.

—El gobierno se cierra cada día más —interrumpió Selma, mientras ponía tazas de café en la mesa de centro.

—Sí, compañera, el capitalismo languidece —Revueltas risueño, fumando—, pero tampoco el socialismo se ha fortalecido lo suficiente...

—Los muchachos están en peligro inminente —sentenció Monsiváis.

---

[16] J. R., *OC*, v. 15, p. 25.

Hablaron larga, intensamente; Revueltas contó sus anécdotas de cárceles y represiones, citó los amargos días del gobierno de Ávila Camacho, la guerra, el fascismo; los errores de la izquierda brotaron de sus labios. La reunión terminó en la madrugada en que cada quien regresó a su casa; menos Revueltas que se negó a salir por motivos de seguridad; tomó un sillón del departamento, le entregaron una cobija y durmió como un santo.

Como en los viejos tiempos, cuando se quedaba a dormir en una banca de la Alameda o en las salas de redacción de *El Popular*, ahora duerme en la Facultad de Filosofía y Letras. Para este hombre —dice Monsiváis—[17] fogueado en las luchas comunistas de los años treinta, no hay temor ni vergüenza, prejuicios o incomodidades. Está hecho no a la medida de su tiempo, sino en sentido inverso. En el 68 creía que los partidos comunistas habían caído en una terrible agonía política, en la insensatez ideológica. Quería la destrucción unilateral de los arsenales atómicos, la reorganización de las fuerzas progresistas y revolucionarias para emprender el camino firme de la Nueva Revolución y la liquidación del viejo esquema estalinista. Los jóvenes pedían cambios, rechazaban los valores y las sociedades anquilosadas de sus mayores. Fue un grito de alarma justo. Fue el tiempo de impugnar todo: la familia y la sexualidad prohibida, los valores sociales, el Estado y la política. Dice Martínez Assad: "De pronto es el México de la Olimpiada, de los presos políticos del movimiento ferrocarrilero de diez años atrás, es el momento de conocer la existencia de Valentín Campa o de Demetrio Vallejo, escuchar a José Revueltas al deambular por la Facultad de Filosofía: *Viento, palabra mía / lamento de otras / vidas que fui en árboles y piedras*".[18]

El 18 de septiembre escribió sobre los objetivos del movimiento estudiantil: "La primera tarea de estos comités es la de conquistar desde abajo, desde la base misma, en la fábrica, la democracia sindical"; llamaba a los obreros a organizarse de manera independiente, lejos de los líderes charros. Revueltas redactó esta nota en Ciudad Universitaria y se fue a Cuernavaca. Al día siguiente, mientras desayunaba con María Teresa, pidió el periódico casi a gritos: " Qué barbaridad, no saben de lo que me privan al no darme

---

[17] Carlos Monsiváis, *Amor perdido*, Era, México, 1977, p. 102.
[18] Carlos Martínez Assad, "La voz de los muros", en *Pensar el 68*, Ed. Cal y Arena, México, 1988, p. 73.

el periódico",[19] y su mujer mandó a comprar el diario. Revueltas parecía preocupado. Estaba tomando café cuando abrió *El Día* y se enteró que la noche anterior el ejército había entrado a la Universidad. Tranquilo pero conmovido, le dijo a María Teresa: "Esta violencia no tiene explicación alguna. Me van a detener seguramente". Y entró al baño, se quitó la barba; empezó a prepararse para un largo éxodo en la ciudad de México. "Dimos órdenes de que a nadie se le abriera la puerta", dice María Teresa. En un portafolios, José acomodó una muda de ropa, un libro y nada más; salió por el jardín de atrás con su hijo Román. Caminaron por solares, bajo el sol despiadado; mientras tanto, su esposa pudo burlar la vigilancia policiaca que había en la puerta de su casa. Revueltas tomó sin problema el autobús a México y Román se fue a casa de los Gavaldón. María Teresa no volvió a saber nada de su marido, pero imaginó que todo andaba bien. En efecto, a los pocos días, Revueltas le llamó y se identificó como "el hijo del hombre". Ella escuchó una vez más sus bromas infinitas. Revueltas andaba a la deriva; unas noches en la casa de un amigo, otras en su casa, otras en lugares desconocidos. No era solamente instinto de persecución, sino que se habían girado órdenes expresas de aprehensión en su contra. Él permaneció en la clandestinidad y, sin embargo, seguía escribiendo: "Uno hubiese querido amar, sollozar, bailar, en otro tiempo y otro planeta (...) Pero todo te está prohibido, el Cielo, la Tierra. (...) Somos sospechosos de ser intrusos en el planeta. Nos persiguen por eso; por ir, por amar, por desplazarnos sin órdenes ni cadenas. Quieren capturar nuestras voces, que no quede nada de nuestras manos, de los besos, de todo aquello que nuestro cuerpo ama".[20]

Una vez tomada la Ciudad Universitaria, Revueltas se quedó sin su centro de actividades. Los estudiantes le ofrecieron varias opciones para esconderse y al fin decidieron en asamblea informal que se fuera a la casa de Arturo Cantú; se le asignó un cuarto en la planta baja, pegado a la cochera y se tomaron las medidas pertinentes. Por ejemplo, Revueltas no debía por ningún motivo abrir la puerta si tocaban, pues siempre iba y la abría. Se hizo costumbre que en las tardes, mediante cooperación de los amigos que llegaban a visitarlo, compraran un litro de tequila *Herradura* que mezclaban

---

[19] Entrevista Ruiz Abreu/María Teresa Retes, abril, 1986.
[20] J. R., *OC*, v. 15, p. 79.

con refresco de tamarindo, de limón o cola. La charla se animaba, se trazaban proyectos y sobre todo se hacía una revisión del Movimiento. A dos compañeras las comisionaron para ir a Morelia, Michoacán y transformar cuatro a cinco pistolas .22 en rifles. Nadie sabía para qué, pero la misión se llevó a cabo. La actividad, desde esa especie de cuartel general que era la casa de Cantú donde vivían él, su esposa, y sus hijas, no faltaba. Revueltas se había transformado: boina, corbata, sobretodo, para no ser sospechoso. Cantú lo describe: "Era muy trabajador; se levantaba temprano y a las ocho ya estaba escribiendo; descansaba hacia el mediodía y adelante. Yo veía que era un hombre ordenado, inquieto, preocupado solamente con su oficio y su vocación política".[21] En la tarde se armaba la charla y llegaban a visitarlo los camaradas del Movimiento estudiantil. Solía decir que la generación del 68 era ejemplar, inteligente, honesta, en la que estaba el futuro de México, sin duda. Cantú asegura que era hombre de gran ingenio, lleno de anécdotas. Por ejemplo, en una ocasión se refugió en una cantina; saboreaba su copa, cuando un amigo lo vio y le preguntó:

—¿Qué haces aquí, José?

—Pues nada. Hice una cita con Andrés Henestrosa a las dos; llegué a la una para hacer tiempo; son las tres y no ha llegado. Si no viene a las cinco, lo espero hasta las seis.

Los días pasaban y la represión iba en aumento. Los dirigentes del Movimiento seguían empeñados en su lucha, pero la fuerza del gobierno parecía dispuesta a todo. Revueltas se enfermó y mediante el "operativo cardiólogo", fue atendido. Después de un electrocardiograma y un reconocimiento, el médico le prohibió fumar. En las noches, Revueltas llegaba a la puerta de la recámara de Cantú y decía: "Arturo, si no me das un cigarro me corto las venas". Le daba el cigarro y volvía a su cuartito como un ermitaño. Ahí leyó a Onetti; *El astillero* le pareció una gran novela. Entraban y salían muchachos y muchachas de la casa a saludar y platicar con Revueltas. Había una actividad incesante. Una vez llegó Roberto Escudero, dirigente estudiantil, medio borracho con una pistola calibre .45 y trató de enseñarle a Rufino Perdomo y Arturo Cantú cómo funcionaba; logró su objetivo pero se le fue un tiro que le pasó rozando la oreja izquierda a Perdomo. El impacto dejó un hoyo del tamaño de un

---

[21] Entrevista Ruiz Abreu/Arturo Cantú, mayo, 1989.

puño en la pared. Revueltas salió de su cuartito, a veces se encerraba, no quería que lo molestaran y dijo colérico: "Aquí no hay disciplina, compañeros. Así es que yo sigo fumando".

Revueltas decía que a los jóvenes del 68 se les juzgó por un delito: ser joven. Raúl Álvarez Garín opina lo mismo: "Lo que hubo fue una agresión generalizada a los jóvenes. El delito era ser joven".[22] La represión, sistemática y brutal, vivió su momento cumbre el 2 de octubre. No obstante los intentos por disolver el Movimiento, los estudiantes se obstinaron en sus demandas y objetivos iniciales. Pero esa tarde, se citó a un mitin en la Plaza de las Tres Culturas de Tlatelolco y a las seis en punto comenzó la masacre. Fue el último acto de los estudiantes. Se disparó sobre una masa indefensa. Guevara Niebla, miembro del Consejo Nacional de Huelga, estuvo ahí. Vio a los soldados disparar contra hombres mujeres y niños; escuchó los gritos de terror y los pasos desesperados en busca de salvación. Fue inútil, el disparo de las ametralladoras oscureció el ambiente. La Plaza de las Tres Culturas se tiñó de rojo. Hubo asombro, incertidumbre y sobre todo pánico.

He aquí una escena: una señora herida, llora y se arrastra; quiere evadir las balas reptando. Deja una estela de sangre en el piso mientras sus manos tiemblan. Tropieza con niños heridos o muertos; el tiroteo la ensordece. Sigue boca a tierra, pegada a ratos a los charcos de sangre o de agua; no distingue. Se escabulle entre la confusión y sale a la calle como por milagro.

Los líderes fueron rápidamente identificados, aprehendidos y llevados al Campo Militar Número 1. A Guevara lo tuvieron ahí; un extranjero le golpeó el esternón con la culata del fusil; "aún tengo la cicatriz y un problema de organización en toda la caja torácica". David Vega, otro miembro del CNH, presenció la matanza de Tlatelolco:

> Siento un golpe en la cabeza contundente. Todo se me oscurece. Empiezo a caer, un instinto me reclama incorporarme, caigo, me levantan a jalones y me encuentro ante tres individuos, uno me pone una ametralladora *Thompson* en el estómago, "no te muevas hijo de la chingada", levanto las manos y los otros dos de guante blanco, me golpean con la pistola, me tiran cachazos a la cara y retrocedo hasta la pared con las manos en alto.[23]

---

[22] Raúl Álvarez Garín, "Las ondas expansivas", en *Pensar el 68*, p. 105.
[23] David Vega, "En el lugar de los hechos", en *Pensar el 68*, p. 122.

Luis Tomás Cervantes Cabeza de Vaca, delegado de la Escuela de Chapingo en el CNH, recupera aquellos días como "errores" de juventud: "En 1968 estábamos muy mal preparados políticamente. Algunos compañeros teníamos muchos pantalones, mucho corazón, pero a veces nos fallaba la cabeza y la preparación".[24] Pasó el 2 de octubre y su estela fatal, pero no la capacidad de lucha de sus dirigentes. Revueltas seguía escondido, huyendo de la policía. El miércoles 13 de noviembre, preparó una conferencia que debía dar en la UNAM; al mismo tiempo trazó un plan para evitar ser aprehendido por la policía. Ese día lo visitó su esposa y le contó un episodio: Román estaba en el baño y fue Mariate a ver qué hacía; lo encontró con la cabeza hundida bajo el agua. El niño explica: se prepara para la tortura y ha querido medir su capacidad de resistencia. Un día antes de la conferencia, Revueltas se instaló en un cubículo de la Facultad de Filosofía y Letras; ahí pasó la noche; a la mañana siguiente le llevaron algo de comer y esperó la hora. A las seis en punto de la tarde se presentó en el auditorio; satisfecho, contento, leyó su conferencia. A la salida lo identificó la policía y lo siguió; no pudo escapar. Fue tratado cordialmente pero sin juicio previo lo trasladaron a Lecumberri, acusado de varios delitos del orden común. Estaba preparado para resistir una vez más el rigor de la prisión. El 16, la prensa publicó la noticia: "José Revueltas, quien ayer habló en CU sobre la autogestión y la universidad crítica, fue detenido hacia las doce horas en su casa de Narvarte. Minutos antes, varios miembros del CNH se habían reunido con el escritor. Por el momento se ignora adónde lo condujeron sus captores".[25] Terminaba un periodo de incertidumbre y comenzaba otro de resistencia para el autor de *Los muros de agua*.

"Me llueve en los ojos"

Desde la clandestinidad, Revueltas le escribió a los compañeros presos para solidarizarse con ellos y brindarles todo su apoyo. Era preciso —decía— mantenerse firmes en la lucha. La carta, fechada el 7 de noviembre en Ciudad Universitaria, es una muestra fehaciente del

---

[24] Luis Tomás Cabeza de Vaca, "Ya vienen por mí", en *Pensar el 68*, p. 193.
[25] Reproducido por Daniel Cazés, "Han pasado 20 años. Detienen a José Revueltas", en *La Jornada*, noviembre 16, 1988, p. 10.

compromiso que Revueltas había contraído con el Movimiento estudiantil. Explica la actitud gubernamental como consecuencia de la crisis en el mundo; si Estados Unidos bombardea Vietnam sin piedad, y la Unión Soviética invade Checoslovaquia, ¿por qué el gobierno de GDO no iba a consumar la matanza en Tlatelolco? "sin que le haya quitado el sueño tampoco la consternación, el sobrecogimiento y el horror con que reaccionó la prensa de todos los países ante un acto monstruoso (...)".[26] Eran días inciertos en que Revueltas parecía herido moral y políticamente. Enfermo, a veces sin comer, dormía en cualquier sitio y poco, pensó que el mundo estaba llegando a una encrucijada sin límites. Bajo la pena que le provocó la matanza de Tlatelolco, escondido en casas y departamentos de sus amigos, Revueltas levanta el rostro y mira, a través de su prosa envolvente, las ruinas en que ha quedado el país después del 2 de octubre. Leyó los *Cuadernos de Malte Laurids Brigge* de Rilke y se identificó plenamente con la desolación rilkeana: "Sí, Dios mío, carezco de techo que me abrigue, y me llueve en los ojos".[27] A todos nos llueve en los ojos, explica. Y establece una comunicación ideológica, fraterna con los camaradas del Movimiento: "Advierto que cada quien, en la soledad de sus noches, no ha dejado de pensar lo mismo y en idénticos términos, como si dialogáramos a distancia, con señales visibles de tiniebla a tiniebla y nos entendiéramos respecto a la actitud, ya desde ahora colocados en manos del enemigo".[28] Revueltas escribía en ese periodo de pesadumbre con enojo y el resultado fue su prosa comprometida, intensa, que cala por su circularidad y sus nexos de solidaridad con los miembros del movimiento del 68. Asegura que la cuarta cultura ha sido ésta: "la sangre que corre en Tlatelolco, sobre la piedra de los sacrificios, como antes y después de Zumárraga". Y al preguntarse ¿quién ha caído?, contesta: "Todos somos una falsa alarma. Una falsa alarma de Dios, la matanza de los inocentes". Recuerda a los compañeros caídos, a los desaparecidos. Ve sombras, amigos en la mitad del fuego bestial, ya que "un fantasma recorre México, nuestras vidas. Somos Tlatelolco...".

Revueltas fue a prisión pero antes asumió muchos cargos por delitos que no había cometido, cargó las culpas de los demás como un

---

[26] J. R., "Carta abierta a los estudiantes presos", *OC*, v. 15, 1978, p. 91.
[27] J. R., "Un fantasma recorre México", *OC*, v. 15, 1978, p. 82.
[28] *Ibid.*, p. 83.

cirineo: era su costumbre ser un raro apóstol de las luchas revolucionarias, pensó en salvar así a los muchachos. En Lecumberri —afirma Federico Emery— Revueltas se da cuenta de que el movimiento del 68 no había servido de base para una revolución futura; comprendió que esa idea era un equívoco. Vio el desarrollo del país y captó su complejidad; vio el pasado revolucionario, sus luchas y martirios; entendió, tal vez, que ya no podía ser un hombre de vanguardia. Perdió la fe y la esperanza. "Su mundo político, que había idealizado, se le cae en pedazos. Ya no sería jamás un Lenin ni un Trotsky mexicano". Resulta difícil imaginar a Revueltas en la cárcel, inactivo, cruzado de brazos. En Lecumberri lucha, se declara en huelga de hambre —el 10 de junio de 1969— porque "sujetaron violentamente al recluso Maximino Díaz a quien enseguida introdujeron con brutales empellones a una celda, en cuyo interior lo golpearon (...)". No soporta la injusticia ni el abuso de autoridad. Denuncia otra violación a los derechos humanos: "Desde hace más de un mes, el compañero norteamericano Bernard Phillips, procesado por presuntos actos de violencia política, ha sido privado de su derecho a visitas, así como del que le asiste para entrevistarse con sus defensores". ¿Redentor o comunista? Las dos cosas a la vez; Revueltas no podía quedarse callado frente a la violencia policiaca y carcelaria.

En su *Diario de Lecumberri* anota, el jueves 15 de mayo de 1969 que él no desea visitas convencionales como la de Marco Antonio Montes de Oca. Le parece respetable este "poeta comprometido" pero su presencia le resulta una ofensa. "Hay que entender que no se viene a visitar al preso político ni por misericordia cristiana ni para darle consuelo: los revolucionarios no necesitamos ni lo uno ni lo otro. La amistad es ante todo amistad de las ideas y yo no puedo entenderla de ningún otro modo que así".[29] Revueltas parecía empeñado en proseguir la lucha estudiantil aunque estuviera preso. Lecumberri se convirtió en realidad en su oficina; en una carta (29-XI-68) le dice a Martín Dozal: "No hemos sido derrotados y verlo así no tiene el menor sentido. Estamos y seguimos en la lucha, dentro de una nueva fase del Movimiento que consiste en la reagrupación de fuerzas (...)". Tres días después le vuelve a escribir una carta extensa en la que Revueltas analiza la situación política de la

---

[29] J. R., "Diario de Lecumberri", *OC*, v. 15, 1978, p. 214.

izquierda, sus perspectivas, y llega a la conclusión de que se necesita un nuevo partido histórico de la revolución socialista. Además hace una ardua justificación del hombre político y del militante, anima a los jóvenes a no dejarse vencer por el pesimismo y la apatía. En la prisión su rebeldía es mayor; envía cartas al director del penal quejándose por el maltrato a los compañeros del 68 y si no recibe respuesta, amenaza con ponerse en huelga de hambre. Es un hombre activo, incansable y la cárcel le sirve para su militancia. Revueltas no cede ni acepta las reglas impuestas en el penal por una administración corrupta. Emery recuerda:

> En la crujía, Revueltas se encerraba muchas veces en su celda y no aparecía en varios días. Quería trabajar, o simplemente estar solo. Sufría fuertes depresiones, también momentos de lucidez increíble. Para poder beber, inventamos un alambique primitivo en el que hacíamos alcohol de papa, de manzana o de guayaba. Revueltas fue el primero en aprobar el proyecto, yo me encargué de ejecutarlo. Leíamos y teníamos nuestros seminarios. Fue una experiencia positiva. También teníamos fuertes discusiones, derivadas de las distintas posiciones ideológicas ahí representadas. Estaban los maoístas, los trotskistas y los miembros del Partido Comunista Mexicano, además castristas, liberales, etc. Revueltas discutía a fondo con Marcué y no podía verse con Heberto Castillo y sus seguidores. Las facciones dividían a los presos políticos.

Gilberto Guevara Niebla, preso en Lecumberri, define el carácter separatista de la cárcel, la incomunicación y la soledad. Sin embargo, reconoce que los del 68 hicieron del Palacio Negro una escuela, una asamblea permanente de discusión y análisis político. Había cursos de francés, seminarios para leer a los clásicos. Guevara inclusive hizo ahí su tesis: "Hice mi tesis y pedí mi examen profesional, pero las autoridades del DDF impidieron que la cárcel fuera declarada recinto universitario". Claro que el encierro solía producir con frecuencia el *carcelazo*, un estado de ánimo que Revueltas describió extraordinariamente: "depresión o reacciones psicológicas de desesperación que con frecuencia se expresaban con mal humor y entre los más jóvenes, con violencia".[30]

---

[30] Citado por G. Guevara Niebla, en *Pensar el 68*, p. 137.

Uno de los libros importantes que Revueltas leyó en Lecumberri es *La confesión* de Arthur London. El testimonio de un comunista que había sufrido los procesos estalinistas de los años treinta, lo impresionó totalmente. Cuando vio a su hija Andrea, la que le había enviado *La confesión*, Revueltas no hablaba más que de ese libro: "Le parecía sorprendente el paralelo que existía entre la vida de London y la suya. De la misma generación de comunistas, los dos habían comenzado a militar desde temprana edad, antes de los catorce años, y a partir de ese momento se habían entregado por entero a la lucha revolucionaria".[31] Tal vez en London, Revueltas halló al fin al hermano siempre buscado, el ausente que imaginó de viaje provisionalmente pero que volvería. Era su gemelo: ambos fueron delegados de sus respectivos partidos comunistas al Congreso de la Internacional Comunista en 1935, hicieron frente a los mismos problemas como la guerra civil española, el nazismo y la época del culto a la personalidad. Revueltas seguía siendo el soñador de toda la vida o, como lo llama Eduardo Lizalde, un mártir que se entregó a una "causa ética y metafísica de oscura y respetable alcurnia".

Los dirigentes estudiantiles que fueron encarcelados y los que permanecieron "libres", han opinado *in extenso* sobre el movimiento del 68 y sus éxitos y fracasos. Barros Sierra, declaró que los estudiantes "cometieron el gravísimo error, insisto, de efectuar el mitin del 2 de octubre en la llamada Plaza de las Tres Culturas en Tlatelolco". Y Eduardo Lizalde va más allá; responsabiliza de la "derrota" a los dirigentes que se "autoagitaron" y no vieron las proporciones políticas de un movimiento que los rebasó desde el principio. Asegura que:

> Con Revueltas (ahora puedo decirlo), discutí estas cosas antes del 2 de octubre. Le hice ver lealmente —siempre fuimos cordiales amigos y camaradas— mi discrepancia con el romántico aliento que él trataba de darle a la organización estudiantil, le expresé mis temores de una represión implacable, que se anunciaba en el Informe Presidencial del 1 de septiembre de 1968.[32]

---

[31] Andrea Revueltas, "Plática con Arthur London sobre mi padre", en *Revista de Bellas Artes*, nueva época, núm. 29, sep.-oct., 1976, p. 43.
[32] E. Lizalde, "¿Hemos aprendido algo del 68?", en *Vuelta*, núm. 23, octubre, 1978, p. 10.

Pero nadie previó un desenlace tan cruel. Revueltas hizo un gesto de aprobación del discurso de su querido y viejo camarada Lizalde y siguió adelante. El Movimiento no se detuvo hasta ese 2 de octubre. En la cárcel empezó la reconstrucción y el análisis de lo que había sucedido. De ahí la proliferación de grupos de "estudio" partidistas, grupusculares, que polemizaban arduamente día y noche.

En febrero de 1969, Pablo Neruda —desde Isla Negra— envió una carta al presidente de México, Gustavo Díaz Ordaz, pidiendo la libertad de José Revueltas. El poeta chileno citaba a la familia Revueltas como ejemplo de talento y de trabajo dedicados al arte y la cultura, parecida a los Parra de Chile. Contaba también la anécdota de su encuentro con Silvestre Revueltas en México. Un día apareció Silvestre en el departamento de Neruda en su estancia en México y así mismo desapareció. Esa noche Neruda fue a Bellas Artes a escuchar a Revueltas pero el músico jamás apareció. Hasta su palco, llegó José, se acercó rápidamente y le dijo que Silvestre había muerto. En la carta, agrega:

> Pero, ahora, nuestro importante Revueltas es José. Contradictorio, hirsuto, inventivo, desesperado y travieso es José Revueltas: una síntesis del alma mexicana. Tiene, como su patria, una órbita propia, libre y violenta. Tiene la rebeldía de México y una grandeza heredada de familia. (...) Se aprende a amar a México en su dulzura y en su aspereza, sufriéndolo y cantándolo como yo lo he hecho, desde cerca y desde lejos. (...) Yo reclamo la libertad de José Revueltas, entre otras cosas, porque seguramente es inocente.[33]

Neruda le pidió a César Marino que entregara personalmente la carta a Díaz Ordaz; fue a verlo y lo recibió. Marino asegura que el Presidente lo escuchó con profundo interés y al terminar la lectura, se quedó callado, luego dijo: "Publique usted esta hermosísima prosa de Neruda. En este momento no recuerdo más que otro caso semejante, en que un hombre haya escrito tan bellamente una petición, como esa que usted acaba de leer del gran poeta chileno pidiendo la libertad de José Revueltas. Viene a mi memoria la carta que escribió Víctor Hugo al señor Juárez para pedirle la vida de

---

[33] Citado por Cueva, *op. cit.*, p. 293.

Maximiliano".[34] Con todo, Díaz Ordaz no cedió; le explicó a Marino que no estaba en sus manos la libertad de Revueltas y aseguró que admiraba a esa familia. Finalmente pidió que le volviera a leer un fragmento de la carta. De todas maneras, José Revueltas no hubiera aceptado un indulto de quien se había responsabilizado de la matanza de Tlatelolco.

Revueltas escribía más que nunca; se reunía con sus colegas de presidio, charlaba, bebía y pasaba horas frente a su máquina de escribir. En sus escritos de ese periodo hay una frescura inusitada. El 19 de julio de ese año, escribió: "Aquí, un mensaje a Octavio Paz" en el que afirma que es reconfortante ver a los jóvenes leer al poeta de *Libertad bajo palabra*. Califica a Paz de "gran prisionero en libertad, en libertad bajo poesía" y le habla de los jóvenes encarcelados que "son el otro rostro de México". Mira a nuestro país como reo, le pide a Paz. Insiste: "Martín Dozal lee a Octavio Paz; tus poemas, Octavio, tus ensayos, los lee, los repasa y luego medita largamente, te ama largamente, te reflexiona, aquí en la cárcel todos reflexionamos a Octavio Paz, todos estos jóvenes de México te piensan, Octavio, y repiten los mismos sueños de tu vigilia".[35] Revueltas quería salvar a esta generación del 68, impedir a toda costa que la cárcel y los golpes brutales la desgarraran. Fue su mayor preocupación en esos días. En ese mensaje a Paz, declara su admiración por Dozal, pues se ha entregado a una causa noble (maestro de escuela) con su "iracunda melena, con sus brazos, entre las piedras secas de este país". Revueltas vive dolido de la crisis política del mundo y de la violencia atroz que Díaz Ordaz desató contra una sociedad indefensa. La noche de Tlatelolco está viva en su pensamiento: "Hemos aprendido desde entonces que la única verdad, por encima y en contra de todas las miserables y pequeñas verdades de partidos, de héroes, de banderas, de piedras, de dioses, que la única verdad, la única libertad es la poesía, ese canto lóbrego, ese canto luminoso. Vino la noche que tú anunciaste, vinieron los perros, los cuchillos (...)".[36]

Mientras la cárcel se volvía una pesadilla absurda y el temor aumentaba, Revueltas permanecía en su celda escribiendo y leyendo. Mandaba a todos —amigos, seguidores y admiradores—

---

[34] *Ibid.*, p. 294.
[35] J. R., "Aquí, un mensaje a Octavio Paz", *OC*, v. 15, 1978, p. 215.
[36] *Ibid.*, p. 217.

a la chingada y, en sus largas horas de soledad, pensaba. Entre esas paredes sucias, donde se había colocado un cartel con la foto del Che Guevara, Revueltas soñó con un hombre nuevo en y para el socialismo, ajeno al egoísmo y el amor individual, en la sociedad sin clases ("la expresión más elevada del ser social"). Soñó en que el materialismo científico era el único método para conocer racional y exactamente el universo. El 10 de diciembre de 1969, 86 presos políticos iniciaron una huelga de hambre por tiempo indefinido. Revueltas la encabezó; escribió un proyecto del movimiento huelguístico y acusó al gobierno de antidemocrático y de haber desatado una permanente intimidación contra los presos. Viejo combatiente, Revueltas organizó junto a sus camaradas, Eli de Gortari, Jorge Peña Martínez, Federico Emery, Carlos Martín del Campo, Rodolfo Echeverría, un comité de huelga. La petición era clara: sus procesos estaban empantanados por la burocracia del Poder Judicial. La huelga fue levantada el 20 de enero de 1970, pero en el lapso que duró, las autoridades carcelarias planearon un "golpe" contra los huelguistas. La noche del 31 de diciembre y el primero de enero, los reos comunes los atacaron. Casi desfalleciente, enfermo y achacoso por sus 56 años de edad, Revueltas escribió con furia para denunciar la argucia gubernamental y para informar a los camaradas que apoyaban su movimiento en México y en el extranjero, las amenazas de que eran objeto. Después de la huelga, Revueltas se enfermó notablemente; había vivido su última huelga de hambre pero no su última lucha. En realidad siguió protestando hasta su muerte.

En su excelente texto, "Año Nuevo en Lecumberri", Revueltas describe la agresión de los reos comunes contra los presos políticos. En realidad fue una trampa que les tendió el director del penal a los del 68. Llegó la noche. Cada preso volvió a su celda. Pasó el toque del rondín. Entonces aparecieron los "comunes" armados de palos, tubos. Los "políticos" se alarmaron. Revueltas, Emery, Eli de Gortari y otros compañeros se refugiaron en la celda número 21; su construcción ofrecía probada seguridad. Se encerraron. Sintieron que afuera pasaban como una jauría desenfrenada, perros hambrientos que pedían víctimas. Se miraron a los ojos; Emery vio que a los "viejitos" les temblaban los labios. El silencio se hizo insufrible. "Apareció el miedo con su rostro de impotencia". La furia desatada de los reos comunes hacía pensar en barbaridades. "Amontonamos tras de la puerta de la celda 21 las camas, una mesa y cuanto objeto fue posible y corrimos el cerrojo. Minutos después se inició el saqueo de la crujía y luego el asedio a la celda 21. A nuestros oídos llegaba cínico, obsesivo, el grito de iniciación del pillaje de los hampones, entonado con esa modulación lastimera y repugnante, que es el estilo de hablar entre ellos, ¡lléguenle, lléguenle!".[37]

Últimas tardes en la cárcel

Durante la huelga de hambre, asediado, en lucha con los camaradas que no apoyaron sus propuestas, Revueltas polemizaba. Discutir, rebelarse ante cualquier tipo de poder, fue una de sus misiones permanentes, autoencomendadas. Practicó la retórica, el "arte que enseña los ardides con que se debe ofender y defender cualquier plaza. Controversia por escrito sobre materias teológicas, políticas, literarias o cualesquiera otras". En una de las cartas a Arthur Miller, habla del Año Nuevo en Lecumberri y al mismo tiempo denuncia la podredumbre que caracteriza al sistema penitenciario mexicano. Nadie como él lo conoció mejor. El 13 de mayo de 1971, Revueltas abandonó por fin el Palacio Negro de Lecumberri, bajo protesta. El daño a su salud ya estaba consumado. Sin embargo, él no había aceptado las condiciones de las autoridades para desistir de su "delito", pues sabía que era un preso político, no un delincuente. Días antes, trató de disuadir a sus compañeros del Movimiento que rechazaran la oferta del gobierno de sacarlos de la cárcel "ilegalmente". Le pareció extraño que fueran precisamente los más radicales los que obtuvieran su libertad bajo condiciones "deshonestas". Si él salía tenía que ser como lo que era: un preso político. Revueltas, en esta ocasión, o bien una vez más, remaba contra la corriente. Gilberto Guevara Niebla pensaba muy distinto: "No fuimos nosotros, sino el gobierno mismo quien tomó la iniciativa para liberarnos haciéndonos salir del país (...) El gobierno nos enfrentó a un dilema inexorable: o aceptábamos salir del país, o permanecíamos indefinidamente en prisión". Aclara que no por eso renunciaron a sus convicciones revolucionarias; además, su liberación resultaba políticamente favorable a otros presos políticos. Con todo, Revueltas inició su descenso pues

---

[37] J. R., "Año Nuevo en Lecumberri", *OC*, v. 15, 1978, p. 231.

vio el peligro inminente de quedarse, él y algunos camaradas, solos, expuestos al "grosero cinismo 'a la mexicana' y 'por pendejos', como lo diría toda la gente de este abominable país". Revueltas empezó a desarrollar su "tesis del fracaso" y repudió con más fuerza que antes el país ingrato que le había tocado vivir. Salió de la cárcel divorciado de su segunda esposa, María Teresa Retes, con algunos padecimientos pulmonares, y sobre todo con la satisfacción de haber escrito una novela breve, intensa y descarnada, *El apando* (1969). Según Rosaura Revueltas, su hermano salió de la cárcel contento, seguro de sí mismo, dispuesto a emprender una tarea muchas veces aplazada: dedicarse por completo a escribir; ya no desperdiciaría ni un instante de su vida. "Desgraciadamente no fue así y eso me entristeció mucho. Yo tenía una fe ciega en él; estaba segura que iba a cumplir su propósito de dejar la bebida que tanto lo perjudicaba, y de dedicarse íntegramente a su obra literaria, y de hacer a un lado sus actividades políticas".[38] Pero nada ni nadie lo apartó de su camino, como si tuviera un destino manifiesto.

A su salida de la prisión, sus compañeros del 68 se llevaron a Revueltas de juerga. "Fue una barbaridad, una desconsideración con él y con sus familiares. Imagínese, él salía achacoso, enfermo y para colmo sigue bebiendo".[39] En diciembre de 1972 fue internado en el Hospital de Nutrición; Revueltas fue operado. Mariate recibió una llamada de los médicos para que fuera a verlo, pues su ex marido se hallaba en tratamiento psiquiátrico. El diagnóstico era que su crisis se originó por la separación; en sus pesadillas nombraba a Mariate. "Me dio mucha compasión y ternura ir a verlo. Lloré. Aún hoy me dan ganas de llorar sólo de acordarme". Volvió a visitarlo después de la operación. Lo encontró triste, desolado; él le dijo que ahí había estado su compañera, Ema Barrón. Sin embargo, Mariate le dio de comer, lo atendió; quiso despedirse pero él se empeñó en acompañarla hasta el elevador.

—Entonces te veré, ¿verdad? —preguntó él.
—Creo que no; he venido a despedirme... así tiene que ser.
—Pero regresa, Mariate, por favor.
—Claro que no.

---

[38] Rosaura Revueltas, *op. cit.*, p. 138.
[39] Entrevista Ruiz Abreu/Eugenia Revueltas, marzo, 1989.

—No Mariate, no era esto lo que yo quería —dijo Revueltas, y le rodaron gruesas lágrimas de los ojos. Mariate no volvió a verlo.

Ella asegura que después de su última prisión, Revueltas caminó a la deriva; "nadie se preocupó por él. José Revueltas murió de hambre, no de la bebida, que quede claro". Su pancreatitis fue en aumento porque no comía; "tal parece que se dejó morir". Rosaura Revueltas asegura que sus hermanos jamás se sintieron derrotados, pues siempre permanecieron firmes en sus convicciones, pero debieron haber nacido en otro país donde sí se reconoce al artista. "¿Dolida? Sí. ¿Cómo no voy a estar dolida cuando mis hermanos Silvestre (el músico) y Fermín (el pintor), murieron en la más completa miseria; cuando mi otro hermano, José (el escritor y político) salió tan enfermo de la cárcel que sólo fue para morir?"[40] Muchas cosas se rompieron en la mente de Revueltas después de Lecumberri; solía decir que "el Partido Comunista no puede seguir siempre bajo las mismas líneas políticas y tácticas; ya las recorrí todas y no veo la salida. Ya las viví".[41] Quienes compartieron con él la cárcel, dicen que vivía feliz, como en la casa que nunca tuvo. Salió enfermo del páncreas, se casó, viajó a Estados Unidos, a Europa; su pasión por la lucha política se detuvo; el 68 había sido su última esperanza de transformación social de la realidad mexicana, y al derrumbarse ese movimiento, también cayeron por tierra las ideas renovadoras de Revueltas, su moral política, su fortaleza revolucionaria. Pero su ejemplo parece haber impregnado a la generación del 68 que lo recuerda a menudo: "Revueltas se entregó, como era su costumbre, a una cruzada más. Bebía y platicaba entusiasmado, con nosotros. Lo vimos en las calles, en los mítines, en las asambleas interminables de CU; también marchando en la gran Manifestación del Silencio. Lo vimos afrontar el peligro y las constantes redadas policiacas. Se hizo joven. Seguirá siendo joven. No cabe duda que después de la cárcel parecía apagado".[42]

De su salida de la cárcel hasta 1976, Revueltas siguió en sus labores habituales: conferencias, alegatos políticos, promesas para dedicarse al fin sólo a escribir, parrandas con sus nuevos amigos del 68, un poco de bohemia y de arte y de política. Pero la enfermedad no lo dejó en paz. En marzo de ese año recibió una impresión que de plano

---

[40] Ana María Longi, "Rosaura y los Revueltas", en *El Sol de México en la Cultura*, núm. 161, octubre 30, 1977, pp. 4-5.
[41] Entrevista Ruiz Abreu/Federico Emery, febrero, 1989.
[42] Entrevista Ruiz Abreu/Enrique Sevilla, marzo, 1988.

no soportaron sus fatigados años. Los restos de su hermano Silvestre son desenterrados y por orden presidencial se trasladan a la Rotonda de los Hombres Ilustres. La familia intenta oponerse, pero Eugenia y José, primos encadenados por un raro sino, deciden que Silvestre es un patrimonio artístico y moral de México. Asisten a la ceremonia. José revive la imagen de su hermano querido. Cree escuchar la voz indeleble, triste y sobre todo paternal de Silvestre; vuelve a sentir aquella mirada del hermano-padre y casi desfallece. He aquí un testimonio inigualable por su pureza:

> NARRADOR: José pálido, enfermo, pero lúcido, contemplaba la ceremonia: sus ojos fugazmente parpadearon, su mandíbula se contrajo y luego digno y sereno, acompañado de Ángela, de Eugenia y del resto de la familia, hizo junto al Presidente la guardia de honor. Momentos antes había escuchado el grito de rebeldía y amor de Silvestre en las notas de *Redes*.[43]

Desde ese momento, Revueltas prometió no volver más al hospital, ni en caso de una recaída súbita. Se entregó a acariciar en la distancia el rostro estirado y enfurecido de Silvestre. A las dos semanas de esa ceremonia implacable y dolorosa, también cayó él. En la Semana Santa de 1976, después de haber bebido un vaso de vodka (licor mortal para un enfermo de pancreatitis) fue conducido de emergencia al Hospital de Nutrición. Ahí murió, bajo el recuerdo de su hermano Silvestre.

La muerte no parece haberlo sorprendido, pues la esperaba con ansiedad últimamente; desde joven la había desafiado muchas veces. En sus primeros relatos y los últimos, Revueltas estableció un juego con la muerte en el que la risa del hombre se volvía mueca, nada. Carlos Eduardo Turón llama a Revueltas agnóstico de gran corazón, pobre de inmensa humanidad: "Nunca se sabrá quiénes fueron los buenos y los malos que vivieron de su alma —porque fue pobre—, de su honradez que dio sombra —porque fue árbol luminoso— y de su singular militancia comunista que únicamente los imbéciles y los feos (es decir, los malvados) se atreven a negar".[44]

---

[43] Eugenia Revueltas, *José Revueltas en el banquillo de los acusados y otros ensayos*, Textos de Humanidades, UNAM, 1987, p. 37.
[44] Carlos Eduardo Turón, "El agnosticismo de J. Revueltas", 2a. parte, en *La Cultura en México*, suplemento de *Siempre!*, núm. 1396, enero 25, 1989, p. 40.

Recuerda algunas de las frases que le escuchó en varias ocasiones y que corroboraban la idea de que Revueltas fue una luz para las letras y para la libertad humana; "nunca escribas con alcohol en la barriga", y ésta más precisa: "cuando muera, protesta si me traicionan más de lo que me han traicionado".

Revueltas escribió casi toda su vida poesía; no intentó siquiera publicar sus versos porque no se sentía poeta. Asombra, sin embargo, que lo mismo en las Islas Marías (1934) que en México, en el mes de junio de 1974 no haya dejado de escribir poemas. "La palabra", de éste año, encara la disyuntiva de que todo está prohibido, solamente el poeta espera. En 1972, dice: "No puedo conmigo. Soy una cruz hablando. /No tengo sombra ni consuelo. Soy una cruz hablando". Entonces ya se sentía cansado y enfermo, pero siguió en su tarea; desde San José, California, hizo versos en los que se desdobla y se desnuda. El 14 de junio de 1974, dos años antes de su muerte, escribió un canto a la muerte, a la que desdeña y al mismo tiempo contempla con ojos desmesurados:

> De la muerte, no
> Sálvenme de la vida
> Sálvenme de mis ojos
> Ya invadidos de gusanos,
> De la herrumbe de mis huesos
> Y del alma.[45]

Quiere que lo salven de la vida eterna, convencionalismo cristiano del que Revueltas se burla. Profundamente religioso, consciente de que la fe es una aventura metafísica, Revueltas solía decir que a él no le gustaría ir al cielo sino al infierno. ¿Por qué? Porque era un sueño que contaba como un cuento, lo llamaba del cielo y del infierno. Le preguntaban adónde quería ir y respondía que al infierno porque allá están sus amigos, su mamá, las putas. Broma o no, Revueltas estuvo convencido de su ateísmo que nunca puso en duda. El 10 de octubre de 1964 escribió: "Pienso que, en fin de cuentas, si el cerebro es lo primero que sufre el colapso, la muerte deja de tener cualquier significación para quien la sufre: es la nada, una cesación sin transiciones, sin dolor, sin angustia".[46]

---

[45] J. R., *OC*, v. 11, p. 293.
[46] J. R., *OC*, v. 26, p. 159.

La muerte era como un sueño interminable, no sentir ni sufrir. Tal vez por eso dijo que la muerte era un acto amoroso y el asunto más normal del mundo:

> La muerte para mí es una cuestión completamente íntima y próxima. No me importa morir en este instante, ahorita mismo que estamos haciendo la entrevista. La muerte es para mí un problema secundario, de tal modo que abordo cualquier peligro; la muerte no me interesa en lo absoluto, es una sensación natural y te puedo decir que en cierto modo la amo.

Con esa filosofía de la muerte a cuestas, murió consciente de su misión. Esta vida había comenzado su historia, bajo otro cielo, lejos del ruido citadino y las convulsiones de los años setenta, en las montañas de Durango, a finales del siglo pasado.

II
La familia

José Revueltas nació el 20 de noviembre de 1914 en la ciudad de Durango. Su padre era un comerciante nómada que se había asentado en Santiago Papasquiaro después de conocer a Romana Sánchez, en San Andrés de la Sierra, un pueblo de mineros perdido en las montañas. José Revueltas Gutiérrez fue un comerciante que caminó por las sierras y los pueblos de Durango, vendiendo telas, granos, implementos agrícolas. Nadie sabe con precisión de dónde era, dice Eugenia Revueltas, "tal vez mi abuelo venía de Guatemala porque de su cuello colgaba una imagen de la virgen de Esquipulas. Venían del sur y subieron hasta Mazatlán. Antes de quedarse en Santiago Papasquiaro era un comerciante trashumante". En cambio, Romana Sánchez fue la segunda hija del matrimonio Fermín-Edelmira, que tuvo una hermana gemela, Dolores. Romana fue una mujer siempre risueña, alegre y sensible. Don José llegó a San Andrés de la Sierra como tenedor de libros de la compañía minera, "oficio que fue aprendiendo a través de sus largos años de trabajo en la tienda de abarrotes".[1] Conoció a las hermanas Sánchez y se enamoró de Petra, la mayor, pero lo rechazó. Murió soltera. En las tardes, don José visitaba a las Sánchez, tomaba café, comía pan de huevo y platicaba. El calor era intenso. Una de esas tardes, se fijó en Romana y fue correspondido. Romana ya había tenido un primer amor, al que le dedicó muchos versos encendidos; era el

---

[1] Rosaura Revueltas, *op. cit.*, p. 22.

hijo del dueño de la mina, rubio de ojos claros, buen jinete, que fue rechazado por la muchacha debido a un defecto: la bebida. Tuvo un fin trágico. "Pocos días después de que mi madre se casó, cayó del caballo y se mató",[2] aclara Rosaura Revueltas. Romana aceptó casarse con don José; la novia tenía 16 años, una gran imaginación y amor por el novio. A petición de sus padres, la boda fue en San Andrés de la Sierra; pero después, se fue con su marido a Santiago. En sus ojos llevaba la imagen de los paisajes agrestes de su infancia y la vida en comunidad. Ahí nacieron sus primeros cinco hijos, Silvestre, Fermín, Consuelo, Maximiliano —que murió recién nacido— y Emilia. "Silvestre, el mayor, nació el 31 de diciembre de 1899, cuando los cohetes, la banda de música y los fuegos artificiales anunciaban y festejaban el nacimiento del *nuevo siglo*".[3] En poco tiempo, los hijos le robaron la paciencia de hacer versos y la capacidad de soñar; parió doce hijos. Romana había sufrido ya algunos golpes debido a que su padre, Fermín Sánchez, se gastaba el poco dinero que ganaba en la bebida. Le decían *el Plebeyo* por su vida disipada y solitaria. Los disgustos con su esposa Edelmira eran frecuentes. Rosaura recuerda: "A mi abuelo le quedó hasta el final de su vida la costumbre de beber" y de minero pasó a comerciante pequeño; tuvo una tienda ahí mismo, en Canatlán y siempre andaba "alumbrado" como decía su hija Romana. Edelmira Arias tenía que atender a sus hijos y la tienda; fue una mujer luchadora, originaria de Canelas, una zona minera de Durango, hija de españoles. Solía improvisar versos y de muchacha había sido rebelde, pues se escapó de su casa a los 14 años con un pretendiente. Más tarde contrajo matrimonio con Fermín Sánchez y tuvieron cinco hijas que nacieron y crecieron en San Andrés de la Sierra, un mineral de Durango.

Poeta de la vida humilde

José Revueltas Gutiérrez fue "un poeta de su vida humilde", un hombre honesto y disciplinado, trabajador incansable. Cuando se asentó en Santiago Papasquiaro, el pueblo era pequeño y de escasa activi-

---

[2] *Ibid.*, p. 23.
[3] *Ibid.*, p. 24.

dad comercial; sin embargo, él inauguró la época de los grandes comerciantes. No tuvo rival en su empresa: la compra y venta de granos, manteca, utensilios de labranza, abarrotes. En poco tiempo prosperó de una manera inimaginable. Revueltas hacía dinero, mientras su mujer paría hijos. Avanzaba el siglo XX y el porfiriato seguía afianzado en el lema, "orden, paz y progreso" de los Científicos. La casa de los Revueltas vivía como en una fiesta permanente; bautizos y cumpleaños de los niños, viajes de negocios de don José, hasta que en 1910 llegó el miedo y la incertidumbre. El país fue estremecido por una nube negra de violencia; la Revolución mexicana empezaba. Los revolucionarios sembraron inestabilidad y desconfianza sobre todo en el campo y los pueblos. Entonces, don José decidió abandonar Santiago; se fue con su "prole" a la ciudad de Durango, pero antes había andado de un lugar a otro, arrastrando a su propia familia en busca de lugares más o menos seguros. En Durango puso un comercio, *El Naranjo*, que rápidamente llegó a ser un establecimiento con más de 35 dependientes y uno de los principales de la ciudad. Trabajaba sin descanso, asegura Eugenia Revueltas: "Fueron años difíciles para mis abuelos, porque a la inestabilidad política del país, hay que agregar la brutalidad de las facciones revolucionarias que con o sin motivo saqueaban tu casa, mataban como escarmiento a tus padres, y te dejaban huérfano en un instante".[4] De su padre, Rosaura dice: "Mi padre era un hombre riguroso y severo", que trataba a sus hijos "como si fueran adultos" para hacerlos responsables. "Descubrir su gran corazón, su profundo sentido religioso y su pensamiento firme y audaz (...)"[5] fue una tarea casi imposible para Romana, su mujer. Su sencillez procedía de la austeridad en la que había vivido en Santiago y en esas regiones montañosas, tan apartadas de las ciudades. Allá las únicas diversiones eran ir a misa los domingos y escuchar la serenata en la Plaza de Armas. Don José vendía su mercancía en los pequeños poblados, a lomo de mula, ofreciendo frijol, piloncillo, sal, aguardiente, zapatos, agujas, cintas. En esta empresa se jugaba la vida. Para él era un oficio como otro, pues desde niño aprendió el arte del comercio; trabajó en una tienda para sobrevivir. Antes que la escuela, conoció el sacrificio y la responsabilidad. Sus hermanos, Vicente y Salvador eran afinadores de metales.

---

[4] Entrevista Ruiz Abreu/Eugenia Revueltas, marzo, 1989.
[5] Rosaura Revueltas, *op. cit.*, pp. 24-25.

Un oficio raro. Quedaron huérfanos muy pequeños, junto a su hermana Luz. Su madre, Consolación Gutiérrez, se quedó en la pobreza y el desamparo a la muerte de su marido Gregorio Revueltas. José Revueltas Gutiérrez tuvo que ser adulto prematuramente. Su ritmo de trabajo lo llevó de un lugar a otro, sin tiempo para pensar en sí mismo. En sus cartas se nota que fue —como lo sería años más tarde su hijo José— un nómada. El 5 de febrero de 1911, desde Estación Osuna, Sinaloa, escribe:

> Mi querida e inolvidable esposa: No quiero que sufras en lo más mínimo en nada pero es indispensable en algunas ocasiones y en estos casos lo único que hay que hacer es procurar aminorar las penas no preocupándose demasiado.[6]

Se refiere a las deudas contraídas en su comercio y al mismo tiempo suplica a su esposa que no se preocupe por Silvestre y Fermín. Siente gusto de que Silvestre haya hecho su primera comunión y se compadece de ellos: "Pobrecitos de mis hijos. Dios me los conserve muchos años y les dé salud". Le ruega a Romana que jamás dude de su afecto y le dice que es preciso el sufrimiento, porque si no, "no apreciaríamos el placer". Este hombre de las sierras, se confiesa como creyente: "Yo no puedo odiar, no sé, tú lo sabes muy bien; en mi pecho no existe el odio ni el rencor". Se trata de un hombre íntegro que le dice a su esposa que su amor es divino y prueba la existencia de Dios: "No tengas ideas, amiga mía, que me hieren y lastiman, si me quieres no me hagas daño, mira que la duda es el termómetro del amor y a medida que ésta avanza aquél retrocede".

Don José no quería comerciantes en su casa, menos abogados o contadores, sino artistas; de ahí, que enviara a sus hijos mayores a los Estados Unidos; Silvestre, estudió música y Fermín, pintura. No era un hombre culto, pero sí inquieto, instruido, que leía ciertas obras clásicas y principalmente literatura española y rusa del siglo XIX. Aparte de esta herencia, sus hijos recibieron otra, más decisiva: la piedad y una moral inquebrantable. Los hombres y las mujeres de la casa, lo veían como un patriarca y se inclinaban para saludarlo. Don José imponía respeto. Afortunado en los negocios, también lo era en su relación conyugal. Su mujer, fiel a los principios fijados por

---

[6] Correspondencia de José Revueltas Gutiérrez, inédita.

el pilar de la casa, cuidaba que se aplicaran. Entre 1911 y 1920, pasó largas temporadas en Torreón, la ciudad de México, Guadalajara, Sinaloa y Michoacán. Aun lejos no dejaba de pensar en sus hijos y de aconsejarlos; a Rosaura le escribía: "¿Que no tienes botines? Eso no lo creo, pues mamá siempre está pendiente de que nada les falte"; su hija tenía 10 años. Don José saltó de felicidad el día que se enteró de que su mujer había comprado un piano, pues Silvestre podría tocar cuando fuera de vacaciones a Durango. A él le gustaría escuchar algunas piezas. Ese año —1918— le escribe a Fermín y le da lecciones sobre el arte, que para él está reñido con las finanzas y exige concentración y entrega desinteresada. "Si al arte sigues, tu vida será un ensueño", pues nada hay comparable con un ideal estético. Y a Silvestre y Fermín les enseña que la escasez trae la dicha: "necesitamos conocer la escasez para saber apreciar la abundancia", luego los bendice y sólo les pide cariño. Les recuerda que los Revueltas son pobres de ambiciones y de bienes, pero no le importa, él solamente desea educar a sus hijos. Y se despide: "tu mamá no les escribe porque está un poco mala de catarro, pero les manda muchos recuerdos y lo mismo todo el viejerío de esta su casa inclusive Joselín que también pertenece al gremio mujeril". Son años de grandes proyectos para don José; busca a como dé lugar establecerse en México porque así sus hijos tendrán mayores oportunidades educativas. Este hombre que apenas había cursado la primaria, escribe como predicador; en esos años, adquirió una máquina de escribir y se sentía orgulloso, satisfecho, de poder redactar sus cartas en ella. En 1919, le escribe a Silvestre que se halla en Chicago, lo anima en su vocación de músico y le cita versos de un poeta español: "Mentira que el dolor nos mata el alma, sufriendo se engrandece el Corazón". Le envía 600 dólares para que al fin compre su violín. Don José era feliz con tener en casa un hijo músico y otro pintor. Viajar fue su destino. Romana lo esperaba en Durango y se afligía por las cuentas que debía pagar a los acreedores, los movimientos bancarios y los pedidos de mercancías para *El Naranjo*. Don José pedía paciencia; "debo procurar el pan para todos" explicaba y juraba regresar pronto. Él continuaba su itinerario ambulante, largo y caprichoso como quien busca una estrella. Al fin la encontró en la ciudad de México a la que llegó en 1920. En una de sus numerosas cartas, está plasmada su moral, su inflexible conducta, que sus hijos recibieron y tuvieron que padecer: "El que no respeta y ama a sus padres, no puede esperar nada bueno sobre la tierra" y por mi parte sé decir que con los procedimientos de ellos,[7] los hijos crecen y aprenden. Este "buhonero", dice Eugenia Revueltas, fue muy severo y nunca pudo ser comprendido por sus hijos; hombre excepcional que con sólo mirar de reojo a sus muchachos infundía miedo. Inculcó en sus hijos un catolicismo moderado; misa obligatoria los domingos, primera comunión y nada más. Para Silvestre, su padre fue "un poeta de su vida humilde", a quien él le debió "lo mejor de su vida y lo más puro de su amor para los hombres"; era un raro ejemplar de comerciante que amaba el arte y la poesía y viajaba como gitano. Romana fue soñadora y estoica. Sus confidencias despertaron en el ánimo de Silvestre las ansias de saber, de vivir, de viajar. "Y es a ella también a la que debe la sencilla comprensión del dolor de los humildes". El dolor para Romana no era una cuestión sentimental, pues lo "lleva grabado en la carne y el espíritu". Hija de mineros, vivió la dura existencia de los mineros en un viejo mineral del estado de Durango. "Y como si la naturaleza quisiera establecer con mayor fiereza lo duro del contraste, las tenebrosidades de la mina disfrutaban de un marco exuberante de quebradas y árboles, de flores y cascadas". Romana Sánchez escribía versos pero además solía sentarse en la plaza del pueblo a escuchar música. La curiosidad por conocer nuevos horizontes la mantenía despierta, atenta a lo que sucedía más allá de las montañas. Silvestre evoca la nostalgia de su madre: "Ella me ha contado su infinita curiosidad por el mundo que ocultaban las altas montañas que rodeaban su pueblo; sus sueños y su, cada día, nueva admiración y amor por la naturaleza. Soñaba con tener algún día un hijo artista: poeta, escritor, músico, alguien que pudiera expresar todo lo que ella amaba y disfrutaba de la naturaleza y de la vida (...)". Esta mujer llena de nostalgia y de poesía, escribía versos cálidos, bañados de modernismo, en los que dibuja el paisaje como se puede ver en "Añoranza":

> Tardes azuladas como sus montañas,
> tardes refulgentes doradas de sol
> reviven en mi mente aquellos paisajes
> que fueron emblema de mi juventud.

Y otro, en el que sufre por el ser amado y se lo reprocha "A la luna":

---

[7] Rosaura Revueltas, *op. cit.*, p. 38.

> Hermosa luna te vas,
> al instante te alejas,
> oh, luna que no reflejas
> la tristeza en que me dejas.
> Tal parece que te escondes
> bajo densos nubarrones.
> ¿Tienes pena de mirar
> la pena que mi alma esconde?[8]

La declara "amiga discreta", confidente, que juega a las escondidas. Eso había sido antes de trasladarse a Durango, antes de dedicarse por entero a la casa, los hijos, el negocio, las preocupaciones, porque su marido nunca estaba con ella, el pánico causado por la Revolución mexicana y su secuela sangrienta. Romana y su esposo, abandonaron su tierra en 1920 con la intención de ver colmados sus sueños artísticos en sus hijos. En el tren que los llevó a la capital, sintieron que la mano de Dios los guiaba a mejores horizontes y, tal vez, hacia una tierra prometida. Habían procreado once hijos, el último era José o "Josecito" que nació en 1914 en Durango. En México todavía nació otro, Agustín. A la ciudad de México llegaron: Consuelo, Rosaura, Emilia, Cuca, Luz, María y Josecito; Silvestre y Fermín, los mayores, se integraron luego y por su cuenta.

"Sombra amable y lejana"

Don José pudo establecerse en la ciudad de México a fines de 1920. Estaba fresco aún el episodio de Tlaxcaltongo y el país se preparaba para lo que se llamó la reconstrucción nacional que encabezó el presidente Obregón. La familia Revueltas llegó a la colonia Roma; vivía en una casa alquilada, en Guanajuato número 94, a una cuadra de la Plaza del Ajusco. Don José se entregó al comercio que había instalado por su cuenta —*El Naranjo* era una sociedad entre él y un socio, que tenía la firma "Jesús Gutiérrez y Cía. Comerciantes y Comisionistas" en Durango— en La Merced. Muy pronto creció el negocio y compró una casa en el mismo barrio de la Roma; estaba situada en la calle Querétaro 22, amplia, con patio en el centro. Don José sólo le dirigía la palabra a sus hijos mayores, a las mujeres y

---

[8] Citado por Rosaura Revueltas, *op. cit.*, pp. 47-48.

a los pequeños los mantenía a distancia. Llegaba agobiado del comercio, comía en absoluto silencio y luego dormía una larga siesta; se levantaba y ponía a Emilia a tocar el piano. Don José escuchaba las notas y se quitaba de encima el trajín de La Merced, las cuentas y las vicisitudes de la compra y la venta de manteca, granos y pieles. Pedía a su hija las *Sonatas* de Beethoven o los *Estudios* de Schumann. Bebía una cerveza solamente y jamás fumó. Las mujeres estudiaban en el Conservatorio y los pequeños asistían al Colegio Alemán. "Romanita, una tierna y bondadosa mujer a quien las diabluras de aquella banda traían en un trance de resignados suspiros",[9] le aconsejaba a sus hijos cada vez que iban al cine Royal: no vayan a hablar muy recio para que no se vea luego luego que son de Durango. Mientras que don José quería que sus hijos aprendieran alemán, veía en la cultura alemana una veta infinita de posibilidades culturales. Pero además, creía en Alemania como potencia económica, espiritual, de Occidente. Esta germanofilia singular la infundió en sus hijos, sobre todo en las mujeres, que aprendieron la lengua germana, y dos de ellas se casaron con alemanes, Rosaura y Cuca, quien vivió buena parte de su vida en aquel país.

Josecito había estudiado parvulitos en Durango; a su llegada a la ciudad de México empezó a cursar la primaria en el Colegio Alemán, donde sólo estuvo dos o tres años, pues al morir su padre, abandonó la escuela privada y entró a una pública. De esos años, hay una impresión que José Revueltas contó de muchas formas. "Mi *Du coté de Swan* es la visión que tengo de la vida y las cosas de aquellos años".[10] Puede decirse que él vivía *del lado* del Colegio Alemán que se hallaba en La Piedad, en el callejón de la Romita: "un sitio que ocupa determinado lugar en nuestras existencias de un modo físico y a la vez emotivo. Veo las relaciones, las gentes, el paisaje, y asumo la atmósfera y mis sentimientos (...)".[11] Vivía en un barrio elegante, la Roma, "donde se habían instalado las antiguas familias ricas que sobrevivieron a la Revolución" y donde fue concentrándose la nueva "aristocracia revolucionaria". Los Revueltas no pertenecían a esa clase, por supuesto, pero tenían una posición moderada. Josecito asistía al Colegio Alemán según la orden del

---

[9] Manuel Maples Arce, "Notas sobre los hermanos Revueltas", en *México en la Cultura*, núm. 53, febrero 5, 1950, p. 3.
[10] J. R., *OC*, v. 25, p. 53.
[11] *Ibid.*

padre; pero la disciplina y algunas burlas —debido a sus botines "provincianos"— lo irritaban. Siempre recordó eso como un agravio. El otro lado del Colegio Alemán era o representaba la otra cara de la ciudad de México: los muros grises del Hospital General, la colonia de los Doctores y sus calles sucias. Para Revueltas ese mundo parecía un abismo; una mancha sucia y sórdida, acechante. Un día traspasó aquellos límites, conducido por la sirvienta que iba a una cita "de amor". Allí vio lo que desconocía: casas bajas, chatas, en los quicios mujeres feas y flacas; un zanjón largo y maloliente, atestado de desperdicios, perros muertos; la calle, la del Doctor Vértiz. ¡Qué travesía! Como de un continente a otro, como de la realidad a la fantasía. Visitó un corralón donde había circo y canciones, una carpa. Años más tarde lo recordaría: "Salimos de la carpa envueltos —ahora sí— en la sombra del crepúsculo. Un atormentador apresurarse por las espantosas calles de los Doctores, apenas con luz y llenas de gente fantasmagórica, de apariencia hostil".[12]

Aparte de esa huida hacia un mundo de fantasía, Josecito se fugó con un amigo y descubrió la morgue del Hospital General. Fue una aventura típica de la infancia. Cruzan la calzada de La Piedad y franquean una puerta de metal sostenida por un alambre, y entran a una quietud de cementerio; ni siquiera el viento sopla; caminan como sonámbulos y llegan a un pabellón; el ambiente estruja el alma; de pronto, se quedan impávidos mientras un olor jamás percibido se les pega en la garganta. En unas planchas de cemento están tendidos los cadáveres de hombres y mujeres. El horror se estrella contra sus sentidos infantiles. Josecito observa los detalles: las posiciones de los muertos que están retorcidos, con las piernas abiertas; un líquido viscoso cubre las planchas y forma charcos en el piso. Por la puerta que entraron, salen disparados hacia la luz. "Era por esa puerta donde los muertos desconocidos se sacaban del hospital, por las noches, en que una negra *góndola* —así se llamaba la plataforma que utilizaban los servicios fúnebres de los tranvías, sobre la vía del mismo tren de Tizapán— los conduciría a la fosa común del Panteón Civil de Dolores".[13]

José Emilio Pacheco ha visto en estas aventuras de la infancia de Revueltas, un elemento que decide todo lo demás. Se trata de esa

---

[12] *Ibid.*, p. 56.
[13] *Ibid.*, p. 57.

tarde en que "dejó atrás la seguridad de la colonia Roma y el Colegio Alemán y pasó al otro lado, *el lado moridor*, diría él. Cruzó la línea divisoria, la calzada de La Piedad, y halló en la colonia de los Doctores la miseria de la vida y la muerte, los canales putrefactos, las vecindades leprosas y los cadáveres mancillados e incorruptibles de la morgue. Fue como si de un solo golpe se le revelaran las necesidades de cambiar el mundo y la urgencia de *escribirlo* para entenderlo; la conciencia de que nació 'para la intranquilidad y la zozobra ardientes de una lucha sin reposo' y de que también nació para que al convertirlo en lenguaje, al compartirlo de esta manera, todo aquello que vivió y padeció no resultara inútil".[14] Por su parte, Carlos Eduardo Turón describe al niño aprisionado en el Colegio Alemán de rígida disciplina; lo imagina en esos años como un Revueltas descuidado y se pregunta:

> ¿Qué encuentra, contra qué choca en su niñez más tierna, dentro de los muros del Colegio Alemán? Seguramente excesos disciplinarios; fanatismos aritméticos que le inspiran acerbas críticas contra los espíritus encerrados en la matemática, que padecen negligencias de imaginación y de entrega a la vida, y fanatismos deportivos, ansia por competencias que no van más allá del orgullo del triunfo.[15]

Fue un mal alumno, sometido a la doble vigilancia del Colegio y de su padre que "no sabe castigar, castiga 'por un fútil motivo', trabaja como comerciante en granos, por el rumbo de La Merced, y se le ve, sobre todo, a la hora de las comidas, cuando despliega todo su imperio".[16] Doña Romanita sólo tiene tiempo para atender a sus hijos y escuchar las órdenes de don José, es como una "sombra amable y lejana que siempre recordarán sus hijos con gratitud y cariño". Los Revueltas hubieran seguido tal vez su carrera ascendente si no hubiera muerto don José el primero de diciembre de 1923 de una afección renal. La familia queda a la deriva, no obstante que Consuelo, la hermana mayor, se hace cargo de los negocios. Pero no detiene la caída; sus hermanos "manirrotos, son artistas, son hijos de

---

[14] José Emilio Pacheco, "Prólogo" a *Las evocaciones requeridas*, ed. cit., p. 14.
[15] Carlos E. Turón, "El agnosticismo de José Revueltas", 2a. parte, *La Cultura en México*, suplemento de *Siempre!*, núm. 1396, enero 25, 1989, p. 40.
[16] *Ibid*.

caballero y, por una parte el arca no tiene fondo; por otra, los préstamos son fáciles de obtener, y es preciso guardar las apariencias".[17] El mismo año había nacido el último hijo de la pareja Romana-José: Agustín Revueltas. Josecito apenas registra la imagen de su padre; años más tarde, lo recupera en una entrevista con Ignacio Hernández:

> Hay un recuerdo muy lejano, pero que distingo claramente: me veo de la mano de mi papá por las calles de Durango. Íbamos a votar (bueno, él) por José Agustín Castro, para gobernador constitucional del estado. (...) Me acuerdo también de las noticias extranjeras, especialmente lo que ocurría en Rusia. ¿Quiénes serán los bolcheviques y los espartaquistas?, me preguntaba.[18]

Don José ya había formado a su "prole" y les había dejado la semilla de la inquietud artística y la inconformidad con el mundo. Eugenia Revueltas lo recupera así: "Mi tía Consuelo dice que su padre solía sentarse en la mesa del comedor para leer en voz alta fragmentos de Pérez Galdós o de Dostoievski. Todos escuchaban con atención. En esta casa no se perdía el tiempo porque siempre existían obligaciones. A veces, mi tía Emilia tocaba el piano y aquella 'fiera' que era mi abuelo, se transformaba con la música".[19]

Romana y sus hijos abandonaron la colonia Roma que poco tiempo habían disfrutado y se fueron a vivir a La Merced. Ahora comenzaba una etapa nueva, incierta, de tropiezos económicos. El negocio se vino abajo; parece que Silvestre y Fermín llegaban de vez en cuando y "limpiaban" la caja del dinero. Entonces hacía falta la energía de don José, su voz, sus manos amenazantes para controlar el ímpetu desbordado de sus hijos. En las noches, Consuelo se reunía con su madre, hacían cuentas, sumaban y restaban, la evidencia del fracaso caía como un balde de agua fría sobre sus ojos. Josecito empezaba a dar dolores de cabeza; las calles se convirtieron para el niño en un pasatiempo que lo puso en relación con el mundo. De su padre recordaría los días que lo llevaba en el tranvía de Tizapán; el niño miraba los movimientos del motorista y las calles que pasaban frente

---

[17] *Ibid.*
[18] Ignacio Hernández, "José Revueltas: balance existencial", en *Revista de Revistas*, núm. 201, abril 7, 1976. p. 18.
[19] Entrevista Ruiz Abreu/Eugenia Revueltas, marzo, 1989.

a sus ojos asombrados: "Hay, pues, en mis recuerdos de 1920 a 1928-29, dos etapas que el tranvía de Tizapán une entre sí y que confluyen en la calle de Uruguay 150, esquina con Las Cruces. ¿Se me creerá si digo que el número de tal tranvía era el 830?".[20] Después de la muerte de su padre, Josecito se convirtió en un rebelde; rechazó la escuela, la familia, las obligaciones de un adolescente y se hizo a la mar en brama. "La pobreza, entretanto, ahorca a la familia, afloja los lazos, y el niño Revueltas vaga por las calles de una ciudad en donde sopla el miedo, sin saber que hacer con los problemas de su hogar. Se aventura a las noches sin techo. Sigue el camino de un anciano barbudo, que habla solo, mitad visionario, mitad muerto en vida: un hombre que dice tener no sé qué fórmulas de salvación".[21]

Nace un autodidacta

Josecito tenía seis años cuando llegó a la ciudad de México. A raíz de la muerte de su padre, conoce el arrabal citadino, los barrios bajos, la miseria, el sudor de los trabajadores. Esta ciudad se asemeja a la que observa Calixto en *El luto humano*. Licenciada la División del Norte, el exvillista descubre una ciudad de México "nutrida de chiquillos ventrudos", tendederos, mendigos, "polvorienta, de pequeños edificios y rectas calles, con sus cocheros desgarbados y sus vertiginosos, insensatos automóviles Ford". El niño busca un asidero y no encuentra sino hostilidad, la vida incesante que se mueve bajo el cielo de los gobiernos de Obregón y de Calles. Desde la ventana de su casa, en la esquina de Uruguay y Las Cruces, fue sorprendido por un "Cristo" de túnica blanca, barba crecida, ojos luminosos, que hablaba de igualdad, del Apocalipsis, de Dios. La religión se volvió un refugio para huir de la escasez familiar y de la burguesía posrevolucionaria. Maples Arce, al evocar las tertulias con las hermanas Revueltas, en las que se bebía café y se escuchaba música, asegura que José era entonces un rapazuelo de ocho o nueve años. Andaba por los rincones de la casa, ajeno a todo lo demás, con un libro entre las manos. "Recuerdo que esto me llamó la atención y le pregunté una vez a Consuelo: —¿Qué lee José con tanto interés? —Vidas de santos—, me respondió. Tal vez su adhesión

---

[20] J. R., *OC*, v. 25, p. 52.
[21] Turón, *art. cit.*, p. 40.

irrestricta a una causa y su misma vocación de escritor tuvieron influjo en sus lecturas de la infancia".[22] Y su hermana Consuelo, que tanto cuidó al pequeño José por cuestiones obvias y porque ella fue relativamente el soporte de la casa en la medida de sus posibilidades, retrata a su hermano así: "—Era un niño magnífico, muy obediente, muy sumiso. Cuando vivíamos en las calles de Uruguay debe haber sido un chamaco de siete u ocho años, cuando mucho, y con frecuencia salía de la casa para ver a un 'Cristo', un santón que traía una túnica blanca, una barba muy crecida y hablaba mucho de comunismo. Al regresar escribía con todo cuidado lo que el santón aquel decía".[23] Ese santón que tanto llamaba la atención a José, alzaba la voz para impugnar a los ricos, señalaba con el índice la injusticia que cometía el Cielo con los hombres. El niño hacía apuntes y los guardaba. Jugando al reportero, entrevistaba a su madre con preguntas como: "¿Cree usted en Dios? ¿Cree usted que algún día seremos iguales, que no habrá ricos ni pobres y todos tendremos de qué vivir?".[24] Pero una tarde desapareció el "Cristo" y también Josecito; se fueron los dos, aquél a seguir predicando, éste quizás para aprender del maestro. Regresó pálido, en dos días no había comido. ¿Habrá sido su primera huelga de hambre?

José camina día y noche entre voces, barrios, calles que "van hiriendo sus ojos, sus oídos, su olfato". Hace frío, el hambre cala. Hay un mundo que le atrae, otro que rechaza. Los hombres se dividen en dos clases. Amaba a dos personas, a su hermano Silvestre y al pintor Julio Castellanos, novio de su hermana Emilia. Entregado a una causa que aún no se le revelaba, José descubrió los vicios y las ingratitudes de los hombres. Tomó la religión como soporte temporal de su incesante búsqueda de Dios; estuvo encerrado en la Biblioteca Nacional muchos días tratando de descifrar el misterio. Fue una etapa crítica que pudo superar porque llegó a la conclusión de que los santos eran "tipos morales no metafísicos". Desde el balcón de su casa, José escuchaba los domingos el "Corrido de Zapata" en compañía de sus hermanas Cuca, Luz y Rosaura. Abajo estaba el negocio de abarrotes con una marquesina de letras azules que decía *José Revueltas, Sucra*. Eso sucedía en el seno de la familia Revueltas. Afuera,

---

[22] Maples Arce, *art. cit.*, p. 3.
[23] Raquel Tibol, "La infancia de José según Consuelo", en *Revista de Bellas Artes*, nueva época, núm. 29, septiembre-octubre, 1976, p. 21.
[24] *Ibid.*

Fermín trabajaba con Diego Rivera y José Clemente Orozco, entre otros, para *El Machete*, órgano de vanguardia revolucionaria. José devoraba el periodiquillo semanalmente y todos los días pasaba por el local del Partido Comunista, ubicado en Mesones e Isabel la Católica. También leía otras publicaciones de izquierda; supo de Sandino, de Roa. El pequeño José quería ya ingresar al Partido, tal vez como imitación de su hermano Fermín, miembro y colaborador permanente. En su intento por militar en el Partido, José dejó la escuela y comenzó a estudiar por su cuenta y riesgo. Ya adulto Revueltas diría que él había sido autodidacta, que en los años veinte le impresionaron mucho las noticias de Sacco y Vanzetti: "Estas cosas me formaron bastante respecto a la tendencia. Y luego, el maltrato de los peones mexicanos... Ya aquí en La Merced, donde vivíamos, me irritaba profundamente, me daba el sentido de la justicia y desde luego el deseo de luchar".[25] Además, hacía periodiquitos "de mano para uso familiar"; aún no descubría su vocación, simplemente los hacía por una necesidad de comunicarse a través de la palabra escrita. José no permanecía tranquilo un instante; el mundo entraba en sus sentidos y lo turbaba. A los 13 años, doña Romanita, preocupada por el futuro de su hijo, lo metió a trabajar en la ferretería Ricoy y Trujillo. Ella no se cansaba de recomendarle serenidad, le decía que no se anduviera metiendo en cuestiones políticas, asuntos de los mayores, y él, un chamaco flaco, chaparro, desgarbado le respondía: "Mamá, el mundo es muy injusto". Por lo pronto era mozo de Ricoy y Trujillo de la calzada de La Piedad porque la familia se hallaba en absoluta bancarrota, en la "miseria más escandalosa". Meses más tarde, ingresó a una imprenta como aprendiz. Ahí empezó a escribir algunos cuentos terribles. Formó la primera plana de una novela cuyo título, *El parricida*, era una imitación de Dostoievski. Los personajes eran rusos y la historia se desarrollaba en Petrogrado, basada en la vida de unos terroristas. Iván Petrov, el protagonista, se había comprometido con una organización subversiva para cometer actos de terrorismo. "Su padre, agente del zar, llegaba súbitamente a aprehenderlo. En la trifulca de la aprehensión Iván mataba a su padre. De ahí el nombrecito".[26]

En esos años que dejaba de ser niño para saltar prematuramente a ser hombre, leyó mucha literatura rusa influido por sus hermanos

---

[25] I. Hernández, *art. cit.*, p. 18.
[26] *Ibid.*

Silvestre y Fermín que no lo tomaban en serio, pues José era físicamente un "niño". Su hermana Consuelo tuvo también mucho que ver en la formación de José, en sus lecturas y actitudes políticas posteriores. Ella le hablaba de los curas y de la Iglesia católica, del poder acumulado y de las injusticias que cometían. José escuchaba atento, sólo de vez en cuando hacía una pregunta y su hermana seguía "adoctrinándolo". Entonces, sin proponérselo, se hizo anticlerical. Tenía dos realidades: la primera y más decisiva, fue la de sus hermanos artistas, Silvestre casado ya con una norteamericana, y Fermín comprometido en la política, hombres de probada militancia, bohemios y rebeldes; la segunda, el deterioro de la economía familiar y por tanto de los proyectos de sus hermanas y su madre, que se reflejó en su vida infantil y adolescente. Josecito tomó una opción propia, sacada de su manera de sentir y comprender el mundo, que lo llevó al centro de las actividades izquierdistas de los años veinte. Lo que se incubó entre 1923, en que don José muere, y 1929, en que el adolescente Revueltas llega al Socorro Rojo Internacional es aprehendido y encarcelado por vez primera, dará sus frutos en la siguiente década. Es preciso recordar que ya en su primer "empleo", en la ferretería Ricoy y Trujillo, el muchacho se asoció a un camarada apodado *Trotsky*, que los reunía en las bodegas del negocio y adoctrinaba a sus colegas de trabajo. Eran auténticas lecciones contra el capital y el patrón, en una época en que los comunistas actuaban como mártires. "A raíz de estas conversaciones con *Trotsky* decidí buscar a los comunistas".[27] El "instructor", Manuel Rodríguez, sembró la semilla de la inconformidad social en José; después de las reuniones "clandestinas" en la bodega de la ferretería, Revueltas permanecía inquieto. Una noche tuvo una revelación: "Esto merece que le entregue yo mi vida entera",[28] y así fue. Su cuestionamiento del mundo había comenzado, ardiente, con una fe sin límites. "Y, en una ocasión, cae en sus manos un folleto que propone la salvación terrestre, la destrucción de este valle de lágrimas y la construcción próxima —¡en una o dos generaciones!—. La construcción dialéctica de la Ciudad del Hombre (...)".[29] Queda arrobado; ya no le importará conseguir o no un empleo, ganar algunos centavos para llevárselos a su madre; él solamente vivirá por y para

---

[27] Elena Poniatowska, "Entrevista inédita con J. R.", en *La Cultura en México*, núm. 744, mayo 11, 1976. p. IX.
[28] I. Hernández, *art. cit.*, p. 18.
[29] Turón, *art. cit.*, p. 41.

la lucha de los comunistas, ciego de fe, clarividente al fin. La infancia casi ha quedado atrás, ahora los peligros comienzan, las amenazas, las persecuciones y sobre todo, la pobreza. Ya no vive don José para regañar a sus hijos si desobedecen, como lo hizo con Fermín cuando éste fue a una manifestación en el Zócalo, guiado por David Alfaro Siqueiros. Luz le dijo a José que iban a regañar a Fermín; sería durante la comida, "reunidos en torno a la mesa, conforme al estricto e invariable rito patriarcal de la familia, madre, hermanas y hermanos —Fermín y yo en este caso—, las *niñas* (o tías) Petra y Mercedes, la prima Margarita y nuestro padre, a la cabecera de la mesa, no se advierte nada que parezca anormal, ni que oculte la inminencia de una tormenta. (...) Un aire de catástrofe se respira en la atmósfera. Después de la comida, empero, nada ocurre, sino ya cuando mi padre, dormida su siesta, se ha marchado al trabajo. Así que la cosa es menos terrible de lo que esperábamos".[30] José había vivido bajo la tutela paterna muy poco tiempo; desde los nueve años parecía liberado de ella y se arriesgó por el mundo convulso, violento, con escasa experiencia pero con el coraje de los comunistas de fines de los veinte y principios de los treinta. El coraje de un misionero.

---

[30] J. R., *OC*, v. 25, p. 61.

III
A las puertas del Paraíso

Después de algún tiempo de zozobra porque el Partido Comunista no le abría sus puertas, Josecito, de probada capacidad de entrega a la causa del comunismo, entró al gremio. Las puertas del Paraíso se cerraron y él quedó adentro; y una vez marcado con ese hierro era imposible volver la vista atrás. Según Juan de la Cabada, las primeras comisiones que el compañero Revueltas realizó se reducían a la entrega de correspondencia, mandados. 1929 apareció en la actividad política del joven Revueltas como un faro que lo llamaba y quería indicarle rutas para hacerse a la mar que era entonces luchar por el comunismo internacional. "Como era pequeño, Diego Rivera solía decir que él había llevado de las orejas a Revueltas a las oficinas del Partido".[1] Ese año, el Partido Comunista fue declarado ilegal y pasó a la clandestinidad, lo que implicó una persecución abierta y descarnada; el *crack* estadunidense cruzó las fronteras de los Estados Unidos y repercutió en México, el movimiento vasconcelista puso al descubierto la poca democracia del recientemente creado Partido Nacional Revolucionario (PNR), obra del general Calles. Revueltas cayó en su primera cárcel. Fueron días terribles en que se agudizó la represión estatal contra cualquier signo de oposición.

El Partido Comunista, fundado en 1919 como se verá después, en el periodo 1920-1929, destacó a sus mejores cuadros a la lucha

---

[1] Entrevista Ruiz Abreu/Juan de la Cabada, 1977.

campesina y se convirtió "de hecho en la vanguardia de la revolución agraria burguesa". Antes del pleno de julio de 1929, apoyó franca y decididamente a Obregón y Calles; inclusive celebró la frase del Jefe Máximo cuando dijo que "él moriría envuelto en la bandera roja del proletariado".[2] Revueltas agrega: "El viraje de 1929 es una vuelta al izquierdismo", cuya consigna fue "lucha de clase contra clase".

Revueltas había soñado hacerse comunista de tiempo completo, dedicar su talento y su energía a la lucha contra el capitalismo y la explotación; al fin consiguió su propósito; un día le entregan cinco pesos y lo envían a su primera misión política:

> El dinero no es suyo, es del Partido; es decir, estrictamente, unas monedas que no debe gastar en su subsistencia, porque es el dinero de la mística, únicamente para la tarea encomendada. Debe probar la solidez del operario, su capacidad de sacrificio. Importa la tarea y su radiante futuro, pero no se han de tomar en cuenta los laberintos, el hambre, las aflicciones cotidianas del misionero.[3]

Él veía que sus camaradas eran iguales que él en el sacrificio y la obediencia. El Partido acostumbraba dar las órdenes y no aceptaba impugnaciones; todo acto de rebeldía era una prueba de infidelidad y más aún, de incapacidad para abrazar la causa. De ese periodo, De la Cabada decía: "Algunas veces Pepe y yo, llegábamos a su casa después de haber andado 'vagando' por la ciudad; al atardecer, una vez que el hambre nos aventaba a casa, íbamos con doña Romanita y bueno, pues casi no había qué comer, las ollas de la cocina estaban vacías. Antes del almuerzo nos regañaba por nuestra filiación partidista".[4] Pero sabían que por lo menos había un asidero en sus vidas: la militancia. La radicalización del Partido Comunista durante el maximato tiene su origen en el pleno del Comité Central de julio de 1929, en el que se afirmó que los regímenes de Calles y Portes Gil se habían vendido al imperialismo; la lucha de las masas trabajadoras debía tomar una forma radical anticapitalista; se condenó

---

[2] Guadalupe Pacheco, *et al.*, "Conversación con José Revueltas", en *Cárdenas y la izquierda mexicana*, Juan Pablos Editor, México, 1975, p. 184.
[3] Carlos E. Turón, *art. cit.*, p. 41.
[4] Entrevista Ruiz Abreu/Juan de la Cabada, 1977.

el bloque revolucionario caudillista y comenzó "la guerra". La Comintern hizo sentir su presencia en esto que se llamó "viraje a la izquierda".[5] Pero los jóvenes que se acercaban al Partido no veían esas contradicciones internas, sino armonía y fraternidad en el movimiento comunista internacional. La fe, la pasión, los cegó.

Primera caída

En noviembre de 1929, los comunistas organizaron un mitin en el Zócalo. Ahí conoció Juan de la Cabada a Revueltas: "izamos una bandera roja en el asta principal y nuestra manifestación fue severamente castigada, pues el gobierno, asustado, pensó que íbamos a tomar el poder". Hubo una redada y aprehendieron a Revueltas, apenas un adolescente. Llegó el 20 de noviembre, fecha en que cumplía 15 años y pasó su aniversario en la correccional. Doña Romanita recibió la noticia y se afligió; no quería perder a su hijo, estaba al tanto de los asesinatos que se cometían contra los comunistas, fue para ella un duro golpe. Años más tarde, Revueltas dijo que él "festejó" sus "quince" en la correccional donde estudió mucho; fue una experiencia valiosa para su formación, leyó nada menos que a Ibsen, Strindberg, Shoemberg. Uno de sus amigos del Socorro Rojo Internacional, le llevaba libros; conoció el *Diccionario filosófico* de Voltaire y textos marxistas. Por eso, "Yo siempre tomo las cárceles como una especie de beca que me dan para ponerme a estudiar".[6] En esa ocasión, fue apresado —recuerda— mientras hacía un mitin en el Monte de Piedad; sus camaradas izaron una bandera roja en el Zócalo, acto que pareció "peligroso" al gobierno, que "pensó" se preparaba un levantamiento armado.

Revueltas encontró en la correccional una primera revelación de lo que era el autoritarismo y también autoafirmó su decisión revolucionaria. Se había quedado sin escuela por su propia voluntad; caminaba a la deriva; este adolescente de fines de los años veinte, halló la "universidad" perfecta para sus intereses políticos: la cárcel. En las prisiones aprendió a conocer la vida y sus calamidades, a descifrar la compleja red del poder y sus aparatos represivos. Estudiaba

---

[5] Véase Barry Carr, "Temas del comunismo mexicano", en *Nexos*, núm. 54, junio, 1982, p. 22.
[6] I. Hernández, *art. cit.*, p. 18.

por su cuenta, un tanto en desorden y hacía notas de sus lecturas; sin darse cuenta cabalmente empezó a poner en práctica las enseñanzas —la disciplina, la honestidad— de su padre. Se inició en la práctica y no en la teoría, en el temor y el sufrimiento en vez de en la escuela, la seguridad familiar y la enseñanza académica. Para un joven de su edad, conocer las prisiones era resultado, por supuesto, de un abuso de autoridad, pero también un mérito enorme que llenaba de orgullo a los comunistas. Sus camaradas perseguidos y encarcelados representaron durante el maximato una constante amenaza para el gobierno. En sus primeros relatos, la autobiografía carcelaria es evidente. El personaje Gabriel Mendoza del relato "Esto también era el mundo..." parece definir al autor: apóstol, revolucionario, encadenado a una fe inquebrantable, amante de la muerte más que de la vida, intransigente en sus convicciones, fracasado como le decía su "aristocrática hermana": "—Tú estás en el sitio de los fracasados. De los que han visto en la revolución un recurso para consuelo de sus vidas en derrota. Esto es resentimiento, sólo resentimiento y amargura...".[7] A Mendoza le "mordía el alma" esa frase condenatoria. Al mismo Revueltas lo regañaron muchas veces por sus actividades revolucionarias tempranas. Cuando habla de Mendoza ¿no estaría mostrando su propio autorretrato? ¿No sería al mismo Revueltas que lo atormentaban las frecuentes réplicas de su hermana Rosaura por sus actividades? Tal vez; lo que importa es la recurrencia prematura al mundo de las cárceles que cercó a Revueltas.

Valentín Campa ha sugerido que las luchas de los comunistas de la clandestinidad del PCM, estuvieron dominadas por una táctica "sectaria". Frente a la línea adoptada por el callismo, agrega, "nuestra actividad fue muy militante, muy abnegada, pero muy sectaria". Los métodos del Partido eran radicales, violentos, "a sabiendas de que en todas las acciones tendríamos que chocar con la policía y el ejército".[8] Recuerda las huelgas agrícolas de Lombardía y Nueva Italia (donde estuvo Miguel Ángel Velasco disfrazado de campesino), en las que hubo bajas comunistas: muertos, heridos, detenidos. En ese periodo, proliferaron las marchas de desocupados; el Partido las promovía y apoyaba; sobre todo, les daba asesoría política, ideológica.

---

[7] J. R., "Esto también era el mundo...", en *Las cenizas*, OC, v. 11, 1981, p. 69.
[8] G. Pacheco, *et al.*, "Entrevista a Valentín Campa", *op. cit.*, p. 133.

Campa cita la de Tampico y la de Puebla; la primera fue interceptada por la policía y disuelta; la segunda llegó a su destino: la ciudad de México. Pero al llegar, la policía montada rodeó a los desocupados en San Lázaro; mujeres y niños se agruparon; el sable no los intimidó y quisieron romper la valla policiaca. La tarde cayó sobre sus pobres cuerpos y también una terrible paliza. Los caballos se acercaban y el sable caía enérgico sobre los rostros, sobre las humildes espaldas. Campa asegura que de aquellas gargantas brotó, como un grito de salvación, el canto fuerte de "La Internacional". Y ya nada pudo dispersarlos; llegaron al Zócalo.* Escenas de este tipo eran comunes; en ellas participaban miembros del Partido Comunista, jóvenes decididos a todo, que encabezaban las manifestaciones, los mítines, las marchas como la de los desocupados.

Revueltas participó en muchas huelgas obreras, mítines, movilizaciones campesinas. "Cuando yo me aproximé al movimiento revolucionario fue por los años 1929-1930. Después de la muerte de Mella yo sentí un gran interés por las actividades del Partido y de los comunistas de México. Leía ya *El Machete* (órgano del PCM en aquel entonces) y algunos folletos de propaganda. Cuando quise aproximarme a la Juventud Comunista con el propósito de ingresar, comenzó la represión de Portes Gil contra nuestro Partido".[9]

Desde su primera estancia de varios meses en la cárcel, Revueltas se portó valiente y decidido; fue rebelde en su derecho a ser tratado como preso político y no como delincuente. De ahí que él y sus compañeros organizaran una huelga de hambre para protestar por el mal trato de que eran objeto. En febrero de 1930, Revueltas seguía detenido; en esa fecha: "Ante la Suprema Corte de Justicia de la Nación, el secretario general del Socorro Rojo Internacional, Guillermo Peralta, demanda la libertad de algunos comunistas, entre los que se encuentran Valentín S. Campa y Alberto Martínez, respectivamente, secretario general de la CSUM y secretario de la Cámara del Trabajo Unitaria del Distrito Federal; una y otra, labor de David Alfaro Siqueiros".[10] Y el 15 de marzo estalló una huelga de hambre de varios ferroviarios detenidos y en apoyo a los comunistas presos. El primero de mayo, durante el desfile obrero, los comunistas hacen

---

[9] J. R., "Una ruta a discusión", *OC*, v. 12, 1984, p. 180.
[10] R. Salazar, *Historia de las luchas proletarias en México, 1930-1936*, México, 1956, p. 12.
* Este episodio forma parte del final de *Los días terrenales* (1949) de José Revueltas.

acto de presencia. En el balcón del Palacio Nacional, Calles, Ortiz Rubio, Amaro, Almazán, saludan a los contingentes de trabajadores. Es un día lleno de sol. "He aquí a la Revolución Social avanzando con pasos de galápago. Los comunistas hacen escándalo, pero la policía detiene a algunos jóvenes miembros de ese Partido".[11] Estos comunistas fueron consignados a la Procuraduría General de la República, entre ellos Siqueiros. El ambiente revolucionario no solamente lo imponían los comunistas, sino también los generales, Plutarco Elías Calles y varios de sus colaboradores; el país vivía inclinado hacia el proletariado. Baste recordar que el gobierno declaró a Felipe Carrillo Puerto, "benemérito del proletariado" y "apóstol" por decreto del presidente Pascual Ortiz Rubio. El mismo año de 1930, llegaron a la Estación Colonia los restos de Úrsulo Galván, dirigente de muchas huelgas campesinas, fundador de las ligas de comunidades agrarias en Veracruz; había muerto en Rochester, EU. El recibimiento del cadáver revela claramente el clima político de la época:

> El cadáver de Úrsulo, gran amigo y compañero del autor de esta obra (Rosendo Salazar), es llevado en hombros de sus camaradas al local que ocupa en la capital de la República la Liga Nacional Campesina, por él creada, Humboldt número 16, de cuyo lugar fue conducido a Xalapa, Veracruz, para ser sepultado, por orden del gobernador y coronel Adalberto Tejeda, en la montaña denominada el Macuiltépetl.[12]

Eran los años en que un comunista podía parar o levantar multitudes; en que un puñado de ellos, ponía a temblar a la policía por su desenfadada valentía. El 5 de noviembre de 1931, fue asaltada la radiodifusora XEW, en la calzada de Tlalpan, por miembros del Partido Comunista Mexicano, con el fin de divulgar su credo político y social; en los medios políticos y policiacos, la noticia causó pánico. Este periodo de luchas heroicas y despiadadas, dejó su huella en los jóvenes de entonces. Revueltas percibió con particular énfasis los movimientos sociales de los años 1929-1930. Su primera cárcel fue una aventura que forma parte de su quehacer cotidiano y del

---

[11] *Ibid.*, p. 18.
[12] *Ibid.*, p. 27.

lazo indisoluble que se tendían los comunistas. El momento los hacía invencibles.

> En la asfixia de la cárcel, José Revueltas, adolescente, se mira desnudo y descubre, total y cruelmente lúcido, la contradicción entre su yo de insobornable pureza y el mundo farisaico, ultrajador, anticristiano por excelencia. El nódulo, la semilla de la creación literaria, vagamente se había insinuado desde sus conflictos rebeldes en el Colegio Alemán, pero la gran semilla, maciza, húmeda de lágrimas, fértil de propio dolor y de comprensión desmedida por una muchedumbre sin dirección, sin salud, sin escapatoria, se evidencia cuando aúlla en silencio durante esos largos días de juventud carcelaria. Los mundos que exorcizará, a partir de entonces, habrán de ser los calabozos del húmedo y siniestro infierno oculto en cada hombre.[13]

Aparte de ese mundo "anticristiano", Revueltas encontró en el reformatorio la solidaridad entre hombres del mismo credo, y la apatía, la indiferencia y el olvido de todo principio humano, de quienes no se apoyaban en nada. El PCM dirigía los actos, la conducta y el pensamiento de sus cuadros juveniles. "Es cierto —reconoce Miguel Ángel Velasco— que estábamos supeditados al Partido pero es preciso recordar que otra sería la historia de México o estaría incompleta si no se incluye la actividad del PCM durante esos años. En 1928 el PCM apoyó la reelección del general Obregón; no fue un error, al contrario, respondía a una táctica política; nosotros veíamos el peligro que se cernía sobre México de una intervención de Estados Unidos, pues Jenkins había ofrecido pruebas al Departamento de Estado de que México y su gobierno entregaron armas a Sandino. Hearst publicó esa noticia y de inmediato nos sentimos amenazados. Y al año siguiente caímos en el extremo opuesto: atacar al gobierno, declararle la guerra".[14]

Mientras tanto, Revueltas recibía la visita semanal de su madre y sus hermanas y algo más: decenas de consejos para arrepentirse, dejar la actividad política y buscar un empleo, proseguir sus estudios. El muchacho había adelgazado, parecía una sombra pálida y doña

---
[13] Carlos E. Turón, *art. cit.*, p. 41.
[14] Entrevista Ruiz Abreu/Miguel Ángel Velasco, abril, 1989.

Romanita nada más de verlo se ponía impaciente. "En una ocasión fuimos a verlo, lo tenían en una caseta al fondo del patio, lo habían llevado de castigo porque se quiso escapar, pero lo encontraron. Eran tres y cuando ya estaban en el agujero del techo un chiquillo les dijo: 'Llévenme, no sean malos'. Conmovidos, lo quisieron sacar y les cayeron".[15] Toda la casa se mantenía al tanto de la vida de Josecito; sus hermanas no se cansaban de sugerirle cosas, actividades. Él persistía en sus ideas, inamovible, escuchaba los consejos como oír llover. Sin embargo, empezaron a verlo con cierto respeto y admiración. ¿No tendrá razón José? Bastaba ver la pobreza de la gente, los barrios de la ciudad, el hambre y el olvido en que vivían los campesinos. Se hicieron estas preguntas, recuerda Consuelo Revueltas, y se solidarizaron con el joven revolucionario sin decirle una sola palabra. Vivían en Revillagigedo y Pescaditos. "No nos gustaban los barrios tan pobres y tan feos, se nos hacían muy sórdidos esos mundos". Ocupados en sus cosas, los hermanos mayores no se preocupaban por la casa ni en saber si Romanita y sus hijas comían. Menos iban a pensar en Josecito y sus andanzas. Revueltas había probado el rigor de la prisión y al mismo tiempo su resistencia y su voluntad. Pudo percatarse de que su misión en la vida se había despejado: luchar al lado de los trabajadores por su emancipación, construir en México un Estado como el soviético, sin clases, sin ricos ni pobres. Un reino de este mundo a imagen y semejanza del comunismo, guiado y bendecido por la Internacional Comunista y su brazo activo en México, el PCM. "Esos comunistas de los que le hablo no eran leídos ni poseían más cultura política que la aprendida aprisa en las oficinas del Partido. Carecíamos de información sobre lo que sucedía en el mundo; pero eso sí, se entregaron al movimiento, claro que sí. Tenían confianza en sus dirigentes y en lo justo de su lucha y su pasión por cambiar el mundo".[16]

Salió de la cárcel —hacia mayo de 1930— pero no volvió a su casa ni a cruzarse de brazos; su experiencia primera le sirvió para que el PCM lo admitiera al fin. Sus hermanas ya no le prohibieron nada, sabían que nadie iba a impedir la militancia de José. Además, siempre se habían dado cuenta del carácter que tenía su hermano

---

[15] R. Tibol, "La infancia de José según Consuelo", en *Revista de Bellas Artes*, núm. 29, septiembre-octubre, 1976, p. 22.
[16] Entrevista Ruiz Abreu/Miguel Ángel Velasco, abril, 1989.

menor; templado, analítico, poblado de humor y paciencia. Era bueno como el pan —recordaría Consuelo—, "se conformaba con lo que se le daba, no exigía más de comida, de zapatos; el muchachito más conforme que quieras ver. Lo que no le gustaba era que teníamos muchos pretendientes. Una mañana muy temprano le dejó a mamá una carta en un florero. Decía así: 'Me voy de la casa porque mis hermanas son muy novieras'. La apuración de mi mamá y de toda la familia fue muy grande. Lo buscamos por un lado y por otro. A los dos días llegó más pálido que un limón. Había estado todo el tiempo en la Alameda sin comer".[17] Había sido su primera huelga de hambre, es decir, su primer acto rebelde; Revueltas tenía sólo doce años.

Tiempo de sufrir

Miguel Ángel Velasco conoció a Revueltas en 1930, cuando éste militaba en las juventudes comunistas; se veían con cierta regularidad en los sitios clandestinos en que los miembros del PCM hacían sus sesiones. Velasco ya tenía algunos años en el comunismo y era dirigente del Comité Central. "Nos veíamos con frecuencia; recuerdo que Revueltas era muy inquieto y travieso, debido a su juventud. Los jóvenes nos hacían perder la paciencia muchas veces". En una reunión que tuvieron en la calle de Ecuador, número 32, fueron detenidos; pero como a nadie conocía la policía excepto a Velasco, se lo llevaron solamente a él. Pues ya había sido encarcelado antes, junto con Juan de la Cabada. Entonces lo llevaron a la sexta demarcación, en Revillagigedo y Victoria. Ahí recibió el año de 1931. Al año siguiente, volvió a caer preso y lo condujeron a la Jefatura de la Guarnición, a un costado del Palacio Nacional. Ahí estaba sin proceso, cuando llegó Revueltas, al que habían detenido en una manifestación; también era reincidente. Transcurrió la noche; permanecían en una zozobra total pues el clima de amenazas y sobre todo la represión generalizada del maximato contra los comunistas habían aumentado últimamente.

Amaneció. Ni él ni Revueltas habían cerrado los párpados en toda la noche. Los sacaron de ahí y los trasladaron a la prisión de Santiago Tlatelolco. Conforme avanzaba el día, fueron llegando

---

[17] R. Tibol, *art. cit.*, pp. 21-22.

otros camaradas, Gómez Lorenzo, Evelio Vadillo. Los encerraron en verdaderos calabozos sin luz, de cuatro por cuatro y los privaron de todo, inclusive de agua. Decidieron protestar y armaron un escándalo monumental al grito de "agua y sol". Tocados por la solidaridad decidieron declararse en huelga de hambre; a la quinta noche los sacaron al corredor de la prisión. ¿La ley fuga? Tal vez. Velasco, miembro del Comité Central del PCM, fichado ya por la policía, tenía ciertos contactos entre los soldados, pues los comunistas querían agrupar en un mismo frente de lucha a los obreros, los campesinos y los soldados. ¿Quién podría creer que algunos sectores del ejército simpatizaban con los comunistas? Un capitán le dijo a Velasco que su petición de "agua y sol" iba a ser cumplida al pie de la letra. Que no se preocuparan. En efecto, los sacaron de la prisión y en San Lázaro les entregaron un salmón, unas galletas de soda y los treparon a un furgón. Nadie sabía adonde los llevaban, aunque en sus cabezas imaginaban el destino final. Lo supieron sin duda cuando desembarcaron en Manzanillo; en el muelle de la armada apenas se movía *El Progreso*, un viejo lanchón. Aparte de la "cuerda" de comunistas, en Manzanillo se unió a ellos el esposo de Benita Galeana, Manuel Rodríguez. Tirados como bultos navegaron en la bodega, bajo un calor endemoniado, expuestos a la asfixia; era tiempo de sufrir, tiempo de martirio.

La "vieja guardia" del comunismo mexicano que formó a Revueltas y en cuyo proyecto él creció, vivió su prueba de fuego entre 1929 y 1934. Al romanticismo de los mensajes radicales se unió la clandestinidad del Partido Comunista de México, "cuando los comunistas se muestran abnegados al extremo del sectarismo y sectarios al punto del martirio"; a más persecución más sacrificio de los "iluminados" del proletariado. Monsiváis especifica: "El callismo los persigue y ellos responden negándose a cualquier alianza con la pequeña burguesía y declarando a obreros y campesinos (¡únicamente ellos!) fuerza motriz de la Revolución mexicana. A las huelgas el Estado envía policía y ejército. Los activistas sepultan a sus compañeros entre banderas rojas y se disfrazan de obreros agrícolas, predican en ejidos o agitan desde el penal de las Islas Marías".[18] El martirio haría libres a los hombres. La mística del comunismo internacional se volvió inflexible y llamó a sus militantes a derramar

---

[18] C. Monsiváis, *Amor perdido*, Ed. Era, México, 1977, p. 122.

su sangre en nombre de la fe. Fue el tiempo en que el Partido Comunista de México, desde la clandestinidad, sostenía luchas titánicas. En los potreros de Durango, por ejemplo, los caballos y las reses, las mulas y los cerdos, fueron marcados con el hierro de la hoz y el martillo, pues se decía que habían pasado a ser propiedad del pueblo. Para los comunistas, la burguesía había traicionado a la Revolución mexicana y no había que agregar más palabras para satanizarla. Urgía una alianza entre obreros y campesinos, soldados y militantes, asaltar el poder e implantar un gobierno regido por *soviets* en un plazo perentorio. Velasco agrega: "Los años de 1929 a 1934 fueron años de trabajo penoso, abnegado, ennoblecido con el sacrificio y el martirio de millares de magníficos comunistas que cayeron en las cárceles, que fueron arrojados a las Islas Marías, que dieron sus vidas defendiendo los derechos de los trabajadores".[19]

En esta lucha a muerte por la revolución del proletariado se unieron bajo la misma consigna del PCM las mujeres. Benita Galeana también visitó las cárceles del maximato; en 1932, estuvo en la sexta demarcación, a un costado del Palacio Nacional y al día siguiente fue trasladada a la prisión militar de Santiago Tlatelolco. "Se llevaron a los demás camaradas, y nos dejaron sólo a Revueltas y a mí. No querían sacarnos a todos juntos para que no se hiciera el escándalo. Por fin dieron la orden de partir. Se formó una escolta de treinta hombres, soldados con bayoneta calada y un oficial. Nos pusieron en medio a Revueltas y a mí y dieron orden de salir".[20] Dieron la orden, ¡de frente, marchen! y salieron. Frente a la puerta del Palacio Nacional, Benita empezó a gritar "mueras" al gobierno de Ortiz Rubio y "vivas" al Partido y logró juntar a muchos curiosos; de nuevo se oyó la voz del oficial, ¡media vuelta, ya! Regresaron y Benita Galeana fue severamente advertida que si volvía a armar escándalo... Prometió permanecer callada si le decían adónde los llevaban. "A Santiago" le dijeron y salieron de nuevo los presos comunistas; pero ella no se aguantó y volvió a gritar sus consignas; la gente fue siguiendo a aquellos reos hasta la prisión militar. "Ya llegando a Santiago, iban acompañándonos como doscientas personas. Hubo un momento, ya cerca del cuartel, en que el pueblo se quiso echar sobre los soldados para libertarnos. El oficial tuvo que

---

[19] M. A. Velasco, "22 años de lucha del Partido Comunista", en *La voz de México*, núm. 375, septiembre 15, 1941, p. 8.
[20] Benita Galeana, *Benita*, México, 1974, p. 158.

pedir auxilio a la guarnición de Santiago. Llegamos. Revueltas con los compañeros, y yo con las compañeras". Se decía que los iban a enviar a las Islas Marías; todo era oscuro y misterioso, de manera que los presos de Santiago decidieron ponerse en huelga de hambre. La prensa dio la noticia en enormes tipos, "cincuenta comunistas en huelga de hambre". En realidad, era la señal que necesitaban para iniciar la huelga. Al día siguiente les llevaron el desayuno, dice Benita:

> —¡No queremos comer. Estamos en huelga de hambre! —les dijimos. Luego hicimos un mitin, cantando "La Internacional", "mueras" a Ortiz Rubio y "vivas" al Partido Comunista de México. En los discursos atacábamos a los jefes y defendíamos a los soldados, que entonces ganaban sólo un peso cuarenta centavos. Les hablamos de la miseria de sus familias; de sus hijos sin zapatos, sin escuela... Los soldados se solidarizaron con nosotras, pero los oficiales dieron orden de que se nos encerrara de nuevo.

Quisieron separarlas y ellas protestaron, "no salimos de aquí" sino juntas, y el oficial les dijo: "Pues ustedes salen a huevo". Y el escándalo se intensificó porque las comunistas cogieron las bacinicas, los platos y se enfrentaron a los oficiales. Se propuso como intermediario a Evelio Vadillo, que fue a verlas y les dijo: "si quieren separarlas no lo permitan compañeras; las mujeres comunistas deben estar juntas y morir juntas si es necesario". Luego, dirigiéndose a los soldados, Vadillo "les habló de sus problemas económicos y de que debían solidarizarse con los trabajadores".[21] Fue así como los soldados estuvieron con las comunistas durante la huelga de hambre y a veces gritaban "¡vivan las comunistas!". Al fin, una madrugada, hacia las cinco, las despertó un toque de corneta y los soldados les informaron: "¡Ya van rumbo a Manzanillo!". Habían sacado a los compañeros a medianoche. "Se los llevaron a las Islas Marías: Gómez Lorenzo, José Revueltas y otros... Ese mismo día nos pusieron en libertad". Aún en la cárcel, los comunistas festejan su martirio; no hay barrera que los separe de su entrega a la causa; ¿quién puede detener la marcha de la historia? Ni los fusiles ni el gobierno. "Perseguidos por la policía, golpeados y torturados,

---

[21] Citado por Benita Galeana, *op. cit.*, p. 163.

asesinados, los cuerpos lanzados a barrancas y callejuelas, los militantes se dieron tiempo y creyeron en su dominio de las circunstancias, odiaron a los desviacionistas, mantuvieron exigencias de pureza incontaminada. Carentes del poder político, pretendieron el monopolio moral (...)".[22]

Rumbo a las Islas Marías, a bordo de *El Progreso*, Revueltas no salía de su asombro; se alejaba de tierra y el mar aparecía indescifrable; ahora se hallaba privado de la libertad —diría años más tarde— no por centímetros de piedra sino por kilómetros de agua. El lanchón atracó, después de varias horas de travesía, en el improvisado muelle de las Islas Marías; el director de la colonia, general Francisco Mújica vio descender la "cuerda" de comunistas. Cuál no sería su sorpresa al toparse frente a frente con Revueltas. De inmediato le preguntó: ¿por qué está aquí? y el muchacho levanta el rostro, mira retadoramente y responde "por mis convicciones políticas, señor". Mientras tanto, en la ciudad de México se organizaron algunas manifestaciones para protestar por los presos políticos, muchos de ellos menores de edad. El escándalo fue inminente. Al saber la noticia, doña Romanita y su hija Consuelo fueron a la estación de San Lázaro para tratar de ver a Josecito y despedirse de él. Llegaron en la noche; vieron mujeres y niños que corrían con sus petates bajo el brazo, para unirse con sus maridos que deportaban. Fue inútil. Jamás localizaron a Revueltas, pero le dijeron adiós a todas las manos tendidas y regresaron. Consuelo Revueltas recordaría que cuando se llevaron a su hermano a las Islas Marías fue reconocido por el teniente de corbeta Alfonso Vertier, que enamoraba a una de sus hermanas, y al verlo le dijo "¡pero muchacho, cómo has venido a parar acá!". Como respuesta, Josecito "agarró sus tiliches y pasó el puente del lanchón cantando 'La Internacional'. Entonces uno de los soldados le dio un bofetón que le hinchó la cara, pero José no cedió, siguió adelante".[23] En la colonia penitenciaria fueron reducidos a un número, José de Arcos, el 1372, Francisco García, el 1373, Prudencio Salazar, el 1375, Miguel Ángel Velasco, 1371, José Revueltas, marcado con el 1374. Mújica apoyó a los comunistas; inclusive renunció a su cargo porque no estaba de acuerdo con encarcelar a "adolescentes". Un poco antes, había propiciado que Revueltas y sus camaradas fueran

---

[22] Carlos Monsiváis, *op. cit.*, p. 127.
[23] R. Tibol, *art. cit.*, p. 22.

empleados en la escuela para reos analfabetos. José se especializó en civismo y tenía a su disposición la biblioteca del penal donada por el propio Mújica. Los ayudó mucho también un maestro de apellido Livas, regiomontano. Trabajaban —agrega Velasco— en las salinas, en el corte de leña, en diversas actividades; los presos "viejos" nos enseñaban algunas mañas para hacer menos ingrato el trabajo. Llegaron más presos comunistas, eran de Xalapa, Veracruz, "y los vimos bajar del mismo lanchón en que nos habían traído a nosotros. Revueltas y Guillermo Palacios gritaron en el muelle '¡viva el Partido Comunista!'. Creyeron que yo los había inducido —ellos eran muy jóvenes— y me castigaron. Es cierto que dormíamos en barracas pero es justo decir que no hubo maltrato físico. Recuerdo que después del cordonazo de San Francisco, la playa quedó llena de calamares, de inmediato los recogimos y nada, pues estuvimos comiendo calamares varios días".[24] Vivían como en la edad de piedra, dormían sobre la tierra y andaban semidesnudos, en calzones, para protegerse del sol, sombrero y huaraches. Balleto era el campamento central; Arroyo Hondo y Salinas, los más incómodos. Gómez Lorenzo, Vadillo y Revueltas vivían en Balleto; hacían un periodiquito en mimeógrafo, especie de órgano oficial de la colonia. Pero Revueltas también estuvo en Arroyo Hondo "comisionado" para cortar leña.

A los cinco meses fue dejado en libertad. Un mañana, bajo un sol cenizo pero terrible, lo aventaron al muelle de Mazatlán; Revueltas se sintió menospreciado, rebajado. "Me siento vacío, sin fuerzas, sin nada por dentro, con la maldita fiebre del paludismo que no me deja otro deseo que el de echarme en cualquier sitio, como sea, del modo que sea. Me han arrojado en algo como un muelle —no sé— igual que si hubieran arrojado algún saco de basura pestilente y el barco ha vuelto a zarpar enseguida.[25] A la deriva, sudoroso, pestilente, con unos zapatos que le queman los pies; él mismo no soporta sus olores. Le han entregado su salvoconducto —reo 1374— y ocho pesos y lo han dejado en un muelle de tablones que el mar agita. Revueltas siente náuseas; la fiebre lo consume. Piensa en el dinero que su madre le habría enviado; camina por las calles como un mendigo y espanta a la gente. En el telégrafo le informan que no hay nada para él, ni siquiera unas palabras de aliento. ¿A qué árbol asirse? El sol de mediodía golpea sus ojos, le irrita la cabeza y lo hace girar sobre sí

---

[24] Entrevista Ruiz Abreu/Miguel Ángel Velasco, abril, 1989.
[25] J. R., *OC*, v. 25, 1987, p. 45.

mismo; camina a la deriva, ¿en qué sitios? Hay basureros, perros agonizantes que devoran carroña en los tiraderos. Se acerca a la playa y sólo ve sombras. La fiebre avanza a más de cuarenta grados. Mazatlán se ha borrado para él, parece un ciego. Entra a una fonda inmunda y la dueña lo mira con miedo, sospecha de un asalto. Revueltas aclara que viene de las Islas Marías y no es asesino ni ladrón. No va a estrangularla, le suplica sin convicción, le repite que no es ratero sino un militante del Partido, un comunista. La mujer escucha pero no registra esas palabras. ¿Comunista? Llega su marido o su "hombre" para tratar de entender. Nada. El mundo se cerró para un ex reo de las Islas Marías y más para un comunista. Al fin hay un gramo de piedad y le alquilan un cuarto de paredes amarillas de salitre. Lo dejan ahí, con su fiebre, expuesto a todo. La mujer piensa que su huésped morirá. El dinero que con tanto esfuerzo envió doña Romanita llega al fin pero no va a dar a sus manos. Son días de extraña soledad —diría Revueltas— en los que descubre a una mujer que lo cuida en su desmantelado cuarto. Era delgada y miserable; recogía desperdicios en el mercado y se unió a la miseria de ese joven delgaducho, tembloroso que pedía auxilio. Lo vio en el abandono más absoluto y pensó que serían amigos en el desamparo. "La recuerdo en fragmentos, en pedazos de ella, en voces suyas desamparadas hasta el extremo más infeliz. Echada sobre mi hombro gemía en una protesta sorda y rabiosa contra mí, igual que si con toda su alma anhelara mi muerte. ¿Por qué eres tan pobre, Dios mío?".[26] Esa mujer como salida del infierno de la miseria se quedó en la mente del adolescente Revueltas. Sólo ella como nadie podía concebir que hubiera alguien situado más allá de la miseria, alguien que fuera más pobre aún. ¿Fue realidad o solamente el delirio? Por fin rescataron a Revueltas los miembros del Sindicato de Artes Gráficas y abandonó aquel infierno. Llegó a la ciudad de México donde lo esperaba su familia en medio de múltiples conjeturas. Vio caras queridas y sus ojos brillaron; siguió pensando en aquella mujer que en mitad de la desolación le hizo compañía.

Su familia vivía en un departamento en las Delicias y San Juan de Letrán, y ahí lo acogieron. Temblaba aún de la fiebre palúdica pero con los cuidados de sus hermanas y de su madre, Revueltas pudo reponerse con cierta facilidad. Salió a la calle, volvió a su

---

[26] *Ibid.*, p. 47.

verdadera casa, al PCM que seguía en la clandestinidad y en plena efervescencia política. Era 1933, la experiencia de las Islas Marías no había menguado el ímpetu de Revueltas en la lucha revolucionaria; al contrario estaba más convencido que nunca de su entrega al Partido. No busca un empleo, se dedica más que antes a la militancia partidista. "En esos años, el Partido nos enviaba a una misión y podía darnos algunos pesos o de plano nos mandaba en blanco. Comíamos en fondas en las que el Partido tenía crédito. Pero muchas veces íbamos a remotos lugares y simple y sencillamente era pan y agua. Nadie se quejaba ni exigía, de manera que primero estaba el mitin, apoyar una huelga, el trabajo clandestino, cuidar el 'pellejo' y luego la comida. ¿De qué vivían los comunistas, Revueltas, García Salgado, Evelio Vadillo, Gómez Lorenzo, y tantos más? Nos nutríamos de la esperanza".[27]

En 1933 Revueltas fue nombrado secretario juvenil de la Confederación Sindical Unitaria; debía coordinar las fuerzas del PCM que estaban emergiendo y establecer "contactos" que fortalecieran la lucha partidista. En una entrevista de 1971, Revueltas consideró que tanto su primera estancia en las Islas Marías como la segunda le hicieron mucho bien: "Me mostraron las relaciones humanas en su desnudez más completa, sin convenciones de ninguna especie. La cárcel tiene esa virtud. Desnuda al hombre. No hay más convenciones que las que se crean en ese mundo tenebroso. Entonces el hombre se ve en su propia esencia, desnuda, sin adornos, directa, patética, elevada y sucia a la vez".[28] Después de su primera deportación al penal del Pacífico parecía más seguro de su decisión y estaba dispuesto a entregar su fuerza y su inteligencia al Partido. Los comunistas eran perseguidos sin clemencia y esto legitimaba su lucha y los obligaba a mayores sacrificios. Empezó la agitación política para el cambio de gobierno y el general Lázaro Cárdenas fue postulado candidato a la Presidencia de la República. Los comunistas le dieron la espalda. El 29 de octubre de 1933, Vicente Lombardo Toledano declaró:

> Los comunistas son grupos de agitación; no representan a la clase obrera; no hay tales sindicatos unitarios y quieren

---

[27] Entrevista Ruiz Abreu/Miguel Ángel Velasco, abril, 1989.
[28] E. Poniatowska, "Entrevista inédita con J.R.", en *La Cultura en México,* núm. 744, mayo 11, 1976, p. IX.

> provocar la exacerbación de pasiones de las masas para precipitar la revolución social. Esta es una táctica miope, pueril (...) si no hay convicción, ni unidad pensante, no puede haber factores de transformación del régimen imperante. Por eso califico de suicida la táctica de los comunistas de México; están unidos a los elementos de la candidatura de Tejeda; se hacen llamar obreros y es falso porque no son más que agitadores.[29]

Atacado por sus mismos simpatizantes, guiado desde el exterior por la Internacional Comunista, asediado por el maximato y su retórica izquierdizante y socialista, el PCM navegaba en río revuelto. Ese mismo año, el general Calles declaró en una entrevista con Ezequiel Padilla, que el sistema capitalista se encontraba en bancarrota, que era urgente implantar de una vez un sistema "distributivo nacional" que abriera la brecha para conquistar un Estado socialista. Fueron tan sólo palabras, aclara José C. Valadés,[30] pues Calles no iba a cambiar el sistema presidencialista mexicano por un Estado semejante al de la URSS. Pero la situación era propicia para que los ciudadanos creyeran que el advenimiento del socialismo era inminente.

La convulsión social arrastró con mayor facilidad a los jóvenes cuya pasión fue capitalizada por esa fiebre socialista; unos se pusieron al lado del Jefe Máximo, otros se afiliaron al Partido Comunista de México. Revueltas cayó en esa profunda movilización de obreros y campesinos, convencido de que un Estado comunista traería naturalmente bienestar, educación, salud y alegría a la sociedad mexicana. Por lo pronto había sido encarcelado, perseguido; se había graduado de misionero de la Internacional Comunista. A su regreso de las Islas Marías, su hermana Rosaura lo notó enfermo, delgado: "Veía al pobre muchacho hecho un ovillo sobre el sofá de la sala, envuelto en varios sarapes, sacudido por los fríos de la enfermedad. Mi madre sentada a su lado lo abrazaba queriéndole pasar su propio calor".[31] Esto pertenecía ya al pasado; Revueltas tenía un futuro: luchar con el PCM por la clase obrera; para eso estaba adiestrado; resistiría nuevas persecuciones y cárceles.

---

[29] Rosendo Salazar, *op. cit.*, p. 92.
[30] Véase José C. Valadés, *Historia general de la Revolución mexicana*, M. Quesada Brandi Editor, v. IX, Cuernavaca, Morelos, 1967.
[31] Rosaura Revueltas, *op. cit.*, p. 142.

IV
Los queridos años treinta

1

En los censos ordenados por el general Calles en 1930, se vio que la población económicamente activa del país estaba dedicada a las labores del campo en un 70.2 por ciento y sumaba 3.5 millones de habitantes, sin contar los emigrados a los Estados Unidos. A fines de ese año, el ingeniero Pascual Ortiz Rubio trazó un plan nacional para construir escuelas, abrir carreteras, hospitales y urbanizar las ciudades. Pero el país era eminentemente una sociedad agrícola. El campo padecía falta de inversión, crecimiento desmedido de su población, atraso y carencia de educación, reflejo claro de una masa campesina desprotegida y en el olvido. Fue evidente también el éxodo del campo a las ciudades en gran escala; atraídos por mejores salarios —dice José C. Valadés—,[1] comodidades, perspectivas de educación, la capital del país se convirtió en el Edén que debía conquistarse si un mexicano quería ser parte del México moderno. Surgieron los "paracaidistas", que ocuparon por la fuerza o sin ella áreas urbanas y suburbanas. Hacia 1934 existían 36 colonias proletarias en el Distrito Federal y su área aumentó, de 1931 a esa fecha, de 6,500 a 9,200 hectáreas. El crecimiento de la población también fue desorbitado, de un millón 200 mil en 1931, a un millón 750 mil en 1934. Se poblaron rápidamente las colonias Roma, Juárez y Cuauhtémoc. México debía formar su propia fisonomía moderna

---

[1] Véase José C. Valadés, *Historia general de la Revolución mexicana*, v. IX, p. 80

para lo cual tenía que dejar atrás los levantamientos armados (el último importante fue en 1929) y la producción agrícola rudimentaria.

Al tomar posesión de la Presidencia, el general Lázaro Cárdenas se encontró con un país pacificado. Concibió la idea de formar un Estado benefactor que atendiera y escuchara las demandas obrero-campesinas, para lo cual abrió las puertas del Palacio Nacional a los "pobres de México". Creyó que la agricultura por sí misma bastaría para construir un país rico y progresista. Aparte de estas reformas de corte social y económico, el cardenismo despertó una fiebre socializante sin precedente. En 1936, la Secretaría de Educación Pública editó una biografía de Marx, y advirtió que la educación socialista debía estar bajo la soberana autoridad del Estado. Promovido por Cárdenas, se formó el Comité Nacional de Defensa Proletaria, integrado por organizaciones obreras; pero como el Comité no fue suficiente para los planes gubernamentales (termina con el callismo, su mortal enemigo, aliándose a las clases trabajadoras del país), el 21 de febrero de 1936 se creó la Confederación de Trabajadores de México (CTM) bajo el liderazgo de Lombardo Toledano. Se tuvo la certeza de que el gobierno iba a dar un giro de 180 grados, entre otras razones, porque Cárdenas criticó la economía individualista y la escuela liberal. Portes Gil dijo que el pasado de México había servido a la explotación capitalista y Lombardo habló de las "cincuenta virtudes cardinales de Rusia" como reglas aplicables a México.

Revueltas vio esa realidad agitada, paradójica, y la empezó a digerir desde la óptica del PCM. Puso en duda el "cambio" que se quería llevar a cabo para dar paso a la vida moderna de los años treinta, su entrega al comunismo se lo impidió. Su atención estaba puesta en la explotación que se hacía de los campesinos en las haciendas y el poder de los caciques amparados en sus guardias blancas. Ser comunista en esos años implicaba hacer un juramento más allá de la disciplina y la obediencia. La consigna del PCM de luchar por el poder —aunque no existieran las condiciones objetivas para ello— motivó arduas polémicas entre sus filas, que fracasaron rotundamente. Según Revueltas, la "huelga bananera de Colombia, la gran huelga petrolera en Venezuela, la rebelión de los marinos chilenos, por ese año, y la trágica y espantosa revolución 'comunista' de El Salvador en 1932",[2] son producto de la misma táctica equivocada. En ese

---

[2] G. Pacheco, *et. al.*, "Conversación con José Revueltas", *op. cit.*, pp. 184-185.

contexto, el PCM hizo un llamado a enfrentarse con el gobierno y levantarse en armas. Algunos grupos campesinos obedecieron y tomaron las armas. "Hubo mártires de este movimiento que a todas luces no podía ser más insensato". Revueltas fue uno de esos "mártires" que expusieron todo por defender la línea política y táctica del Partido Comunista, pero por fortuna sobrevivió. Participó en las tareas de los comunistas de los años treinta: el Partido tenía células en varios cuarteles del Distrito Federal y Revueltas fue comisionado para penetrar ahí. Trabajó en la clandestinidad promoviendo mejores salarios para los soldados, higiene en los cuarteles, educación política. Esta misión había sido concebida y planeada en el seno de la Internacional Comunista que no conocía México ni su situación social y económica.

Amar, sobre todas las cosas, a Stalin

Valentín Campa asegura que los comunistas hicieron bien en no apoyar a Cárdenas; aunque cometieron un error en no haber hecho una alianza con Adalberto Tejeda. Para él, Cárdenas mantenía vínculos muy estrechos con Calles y era preciso por lo menos "sospechar" de las intenciones del cardenismo. La posición del PCM fue "excesiva y sectaria" pero jugó un gran papel en el rompimiento de Cárdenas con Calles. Bajo el gobierno cardenista, el Partido Comunista salió de la clandestinidad e inició sus actividades políticas, fue ganando terreno en algunos gremios sindicales como mineros, electricistas, petroleros. Campa agrega: "Teníamos una gran influencia entre los maestros, constituimos el primer Sindicato Nacional de Trabajadores de la Educación en Querétaro". Había sin embargo incapacidad teórica y para ser comunista se necesitaba como requisito indispensable ser miembro de la Internacional Comunista; "este era el dogma" y "no estábamos en condiciones de rebasarlo... era mucho el peso de la IC", reconoce Campa.

El PCM parecía un corderito inducido suavemente por la "línea" de Moscú; lo que allá se decidía era impuesto a los países donde existía un Partido Comunista afiliado a la Internacional Comunista. Cuando Stalin desató la persecución y la difamación a Trotsky, el seno del PCM se sumó a la ofensiva; se le llamó "máximo agitador de la burguesía internacional" que quería desacreditar la lucha de las masas trabajadoras. El primero de abril de 1934, Hernán Laborde, dirigente del PCM, escribió: "Junto a los Judas tradicionales del movimiento obrero, tenemos que denunciar hoy a los discípulos del agitador máximo de la burguesía internacional, del máximo proveedor de calumnias e insultos contra la Internacional Comunista y contra la URSS: Trotsky".[3] Stalin fue la "percepción del heroísmo", de él recibieron los comunistas su "sentido de las proporciones". Seguirlo era convertirse de entrada en un exégeta, un apóstol. "El Partido tenía razón. La Unión Soviética tenía razón. Los dirigentes solemnes y viajados tenían razón".[4] Y sus admiradores se entregaron totalmente a esa "razón" ciega, inviolable. Dice Barry Carr que está aún por determinarse qué tanto influyó la Comintern en la dirección del Partido Comunista de México en los diferentes periodos de su historia, y la naturaleza de la relación con el Partido Comunista estadunidense CPUSA, "que desde 1920 recibió de la Comintern obligaciones especiales de 'supervisión' de sus partidos hermanos de Latinoamérica".[5] Pero es un hecho que las directrices de la Comintern eran seguidas al pie de la letra por el PCM. Aunque tal vez, los comunistas mexicanos adaptaban en ciertas ocasiones esas consignas a la realidad social y política de su país. "Todos los partidos, por muy obedientes y 'estalinizados' que estuvieran, asimilaron inevitablemente muchas de las características peculiares de las culturas y tradiciones de sus países". El PCM tuvo en realidad una doble dependencia; la primera y más directa —durante sus primeros treinta años por lo menos— fue con la CPUSA. Dirigentes del CPUSA figuraron como miembros de la Dirección del PCM, "guiaron el sentido de las decisiones en los plenos claves del Comité Central o actuaron como árbitros finales en las grandes discusiones de la época". La segunda, fue su dependencia de la Comintern y el oro de Moscú. Ahora bien, sigue Carr, no es como quiere Jean Meyer que el PCM en sus primeros años haya sido "un partido totalmente artificial, inventado desde arriba y dirigido por extranjeros", pues todos los partidos comunistas fueron hijos de la misma asociación entre la izquierda nacional y la Revolución de Octubre.

Revueltas y sus camaradas no estaban al tanto de las discusiones que se llevaban a cabo en el Comité Central del PCM, ellos obedecían y nada más. Velasco recuerda que "no podíamos opinar; si nos

---

[3] Citado en "Antología del estalinismo en México", *Nexos*, núm. 54, junio, 1982, p. 3.
[4] C. Monsiváis, *Amor perdido*, Ed. Era, México, 1977, p. 127.
[5] B. Carr, "Temas del comunismo mexicano", *Nexos*, núm. 54, junio, 1982, p. 21.

enviaban a una huelga, un mitin, una asamblea, sabíamos que la policía o el ejército iban a perseguirnos, encarcelarnos. En cada acción, nos jugábamos la vida". Los militantes del PCM de los treinta —Revueltas fue uno de ellos— eran como misioneros que debían sufrir para salvar al mundo; sufrían por partida doble; en primer lugar debido a las misiones "imposibles" que les pedía su propia militancia y las cárceles y sentencias que padecieron. En segundo, las prohibiciones a que estaban sujetos; no leer a ciertos autores, como Gide, Zola, Joyce, Proust; rigidez moral, disciplina sexual. Más que un partido político parecía una orden religiosa. Era un partido atrasado ideológicamente que tenía pocas publicaciones y no se preocupaba por preparar teóricamente a sus cuadros. Dice Revueltas: "Yo leí el *Materialismo histórico* de Bujarin en una copia mecanografiada: nos la pasábamos de mano en mano y además sin seguridad de que fuera una buena traducción. Las publicaciones marxistas vinieron mucho después, digo ya en la época cardenista".[6] Los militantes debían disciplinarse como en el ejército y obedecer. Discrepar de la línea trazada por la IC era "un pecado capital". El PCM se había convertido en una Iglesia: "Entonces considerábamos con una disciplina casi eclesiástica el subordinarse a la Internacional Comunista, el Estado Mayor de la revolución mundial, organismo que no podía equivocarse".[7] No solamente prohibía el PCM lecturas de ficción, sino también textos "clásicos" del marxismo como los *Manuscritos del 44*. El dogmatismo iba en serio; fueron prohibidos Radek, Zinóviev, Kámenev, Trotsky, etc. De ahí, el atraso ideológico tan marcado. Revueltas señala: "El Partido se había convertido en una Iglesia, no había lucha de tendencias, no había democracia cognoscitiva interna; entonces no podíamos rebasar el nivel de un partido sectario, de un partido de agitadores y ni siquiera de propagandistas".[8] La dirección del PCM era muy estrecha en sus planteamientos; sostenía que fuera del Partido no podía haber marxistas, o "no se puede ser marxista sin ser miembro del Partido Comunista". El mismo Revueltas reconoció que sí había marxistas fuera del Partido y cita a Lombardo, Bassols y sus amigos.

El marxista de los años treinta lo era de carnet. Sólo así se explicaría la crisis del Partido en junio de 1937, con la política de la

---

[6] G. Pacheco, *et. al.*, "Conversación con José Revueltas", *op. cit.*, p. 188.
[7] *Ibid.*, p. 193.
[8] *Ibid.*, p. 195.

"unidad a toda costa", impuesta por la IC a través de su representante en México, Earl Browder. Sembrado el desconcierto, el PCM perdió influencia, los militantes desertaron y entonces la dirección del Comité Central supeditada a Lombardo, aceptó que el Partido de la Revolución Mexicana (PRM) "era un tipo de frente popular". Browder había sido invitado por Lombardo para "ajustar" algunas líneas políticas y de acción en el seno del PCM. Mediatizado, expuesto a desajustes internos, el Partido fue un apéndice de la Internacional Comunista, y cuando dejó de serlo, apoyó incondicionalmente el culto a la personalidad, a Stalin y a las barbaridades cometidas en los procesos de Moscú.

Rechazó la candidatura del general Cárdenas a la Presidencia, luego estuvo en contra de sus medidas políticas y en 1940, el Partido apoyó sin medida al candidato "de las organizaciones revolucionarias", Manuel Ávila Camacho, "hombre que guiará su acción gubernativa por el programa trazado por las organizaciones revolucionarias y por el camino de la defensa de los intereses de la nación y del pueblo".[9] Campa explica: "Hay quienes afirman, sobre todo lombardistas —los que ahora podríamos llamar aperturistas—, que nosotros deberíamos haber apoyado a Cárdenas. Nosotros hemos reexaminado el problema con un sentido de investigación, de autocrítica, y llegamos a la conclusión de que no existían las condiciones políticas para haberlo hecho".[10] En 1935, Revueltas escribía en *La Voz de México* —órgano del Partido, al que volvió en 1956, en su calidad de dirigente de la Federación Juvenil Comunista— que la lucha debía ser en ese momento por México y atacaba al gobierno de Cárdenas porque recibía placenteramente a los marinos nazis del "Kaulsruhe" enviados de Hitler. En cambio, Cárdenas aplaza reanudar relaciones diplomáticas con la URSS. Por tanto, no había duda de que este gobierno, "bajo el manto de múltiples y engañosas declaraciones pacifistas, se orienta a llevar a la joven generación a la nueva matanza mundial que está por estallar".[11]

La política de los "frentes populares", tan confusa y contradictoria, se vio reforzada por los procesos de Moscú que fueron condenados unánimemente por quienes sabían que era un crimen craso fusilar

---

[9] "Antología del estalinismo en México", p. 5.
[10] G. Pacheco, *et. al.*, "Entrevista a Valentín Campa", *op. cit.*, p. 135.
[11] Citado por O. Rodríguez Araujo y Manuel Márquez, *El Partido Comunista mexicano*, Ed. El Caballito, México, 1973, p. 192.

a los bolcheviques más valiosos que habían combatido al lado de Lenin en la Revolución de Octubre. "El primer proceso comenzó el 19 de agosto de 1936 y terminó con el fusilamiento de Zinóviev, Kámenev, Smirnov y otros. El 30 de enero de 1937 fueron procesados Piatakov, Serebriakov, Mowralow, Radek, Sokolnikov y otros viejos bolcheviques. El tercer proceso se llevó a cabo el 2 de marzo de 1938".[12] En el VII Congreso de la Internacional Comunista se había decidido defender a la URSS de la amenaza alemana; protegerla del fascismo y la guerra desatada por Hitler; no "asustar" a las clases medias con medidas radicales y consignas anticapitalistas; se promovió la "perpetuación de la dominación colonial y la represión de los movimientos de emancipación en todo el mundo". Se creó además la noción del Frente Popular para oponerse al fascismo antes que a cualquier otro enemigo del proletariado. Una vez dictadas las "políticas a seguir", los partidos comunistas se ajustaron a tales disposiciones. El PCM siguió fielmente la consigna estalinista del frente popular y se alió a las grandes centrales de trabajadores como la CTM y la CNC. Fue así como el Partido Comunista se unió con la CGOCM de Lombardo Toledano en el llamado Comité de Defensa Proletaria, "olvidando sus postulados anteriores, tirando por la borda su lucha por la emancipación obrera, optando en suma, por el afianzamiento de las instituciones democráticas y por el derrotamiento de los contrarrevolucionarios".[13]

La llegada de León Trotsky a México, el 9 de enero de 1937, desató una ola de protesta de los comunistas que acusaron de inmediato al presidente Cárdenas y su gobierno. En *El Machete* de ese mes, se atacó duramente a Cárdenas por haber dejado entrar al país a un enemigo plenamente identificado con el frente antifascista mundial. La propaganda antitrostkista fue inclemente y se inició en la CTM no obstante que esta central obrera no podía atacar al presidente. Sin embargo se hizo un llamado general para analizar cómo los trotskistas eran "espías y provocadores". Se responsabilizó al gobierno por la presencia de Trotsky en nuestro país. Sólo Diego Rivera le ofreció amistad y ayuda; lo llevó a Coyoacán y pudo instalarlo ¿Diego fue fiel a Trotsky? Tal vez. Pero el bastión estalinista en México, el PCM, protestó por "haber admitido al enemigo del pueblo". Mediante un

---

[12] *Ibid.*, p. 190.
[13] *Ibid.*, p. 196.

comunicado al presidente Cárdenas se le hizo saber que no descansarían hasta que el "jefe de la vanguardia de la contrarrevolución" fuera expulsado de México. Revueltas no tomó partido contra Trotsky; él había estado en Moscú en 1935 —en circunstancias que páginas arriba se relatan— y se había enterado de las manifestaciones trotskistas; por tanto permaneció callado; parece que el creador del Ejército Rojo le inspiraba cierta confianza y Revueltas no tomó una actitud definida aunque era miembro del PCM.

El 28 de mayo de 1940, el PCM hizo una declaración en la que se podía comprobar que los comunistas no estaban contra Trotsky: "El llamado atentado contra Trotsky tiene todas las características de las provocaciones organizadas por los capitalistas con el propósito malsano de crear el ambiente que les permita descargar golpe tras golpe contra la clase obrera y el movimiento revolucionario".[14] Y en agosto del mismo año, redactó un boletín de prensa en el cual el Partido señalaba que si llegara a comprobarse que alguno de sus miembros había participado en el atentado, lo expulsaría. "A este respecto, el Partido Comunista quiere aclarar con toda precisión que el señor David Alfaro Siqueiros y otras de las personas que aparecen como culpables en el primer atentado, no representaron nunca ni representan al Partido (...)".[15] Fue una época difícil, cambiante, que arrastró a los comunistas a posiciones radicales muchas veces insensatas. Revueltas actuó de acuerdo a la corriente frenética de esos años; como militante le fue imposible evadirla. El dogmatismo era hermético, asfixiante, diría Revueltas años después, y lo impregnó todo, inclusive la vida familiar de los militantes. El Partido vigilaba las amistades de sus miembros, propiciaba relaciones entre camaradas para evitar que el individuo fuera desviado por "sentimientos burgueses". El Partido aprobaba matrimonios si eran entre camaradas y los condenaba si eran con un elemento extraño, perturbador del comunismo. Aunque Miguel Ángel Velasco asegura que en la vida privada *casi* no intervenía el Partido, acepta que les hacía un llamado de atención a los "compañeros" infieles con sus esposas. "Si una camarada, por ejemplo, se quejaba de infidelidad o maltrato, se le daba un consejo y ya".[16] Una cosa era evidente: entre el compromiso familiar y el contraído con el Partido, primero estaba

---

[14] "Antología del estalinismo en México", p. 3.
[15] *Ibid.*
[16] Entrevista Ruiz Abreu / Miguel Angel Velasco, abril, 1989.

éste y mucho después aquél. "Vivíamos bajo el culto a Stalin, lo que provocó mucho dogmatismo". "Pero yo le pregunto, ¿quién podía excluirse de todo un ambiente, una época que después se hizo fácilmente criticable pero que en los años treinta se veía como lógica y natural?", pregunta Velasco y contesta: "Nadie". Recuerda que el PCM aprobó completamente los procesos de Moscú porque creyó, tal vez ingenuamente, lo que se decía de los acusados. "No había escapatoria".

El asedio a Trotsky fue pavoroso; el Frente Socialista de Abogados, integrado por Enrique Pérez Arce, José González Bustamante y Ricardo Abarca Silva, se dedicó, tal vez por "falta de quehacer", dice Novo, a recabar datos para el jurado que juzgaría a Trotsky. Los "datos" del Frente provenían de la URSS y habían sido proporcionados por los "amigos" de Stalin. Mientras tanto, Trotsky, sereno, aguardaba en su casa de Coyoacán el fallo de sus jueces. Visitó las pirámides, Xochimilco, se entusiasmó por la arquitectura mexicana y de la escultura dijo que era "una tragedia viva". Fue acusado de ser agente provocador, aliado de Hitler. El periodista norteamericano, Carleton Beals preguntaba si era cierto que Trotsky había enviado a México en 1919 a Borodine con el fin expreso de conquistar a ese país para el comunismo y la agitación. Trotsky le respondió que había sido Stalin el que envió a Borodine para que hiciera propaganda. Stalin, dice Novo, no contó con que un hombre perseguido, calumniado, en la penuria económica, desterrado, sin una burocracia a sus órdenes, sería incapaz de reconstruir todos los momentos de su vida errabunda y que por eso mismo sería fácil inventarle entrevistas incomprobables. "En el abrumador Trotsky se halló (Stalin) la horma de su zapato".

La actitud asumida por el PCM durante la consolidación del poder en México, mostró su gran debilidad, no obstante haber sido teóricamente uno de los focos de acción independiente. Para Lorenzo Meyer,[17] durante la campaña de Lázaro Cárdenas, el PCM, en la clandestinidad, lo atacó. No quería nada con Calles ni con Cárdenas, y a través de la CSUM trató de formar un bloque en 1936 para luchar contra el gobierno. Un año antes, en el conflicto Calles-Cárdenas, la CSUM apoyó a Cárdenas. Entonces el PCM anunció que

---

[17] Lorenzo Meyer, "El primer tramo del camino", en *Historia general de México*, v. IV, El Colegio de México, 1976, p. 184.

colaboraría con las "masas cardenistas" manteniendo su independencia, pero después de que el VII Congreso de la Internacional Comunista decretó la formación de los frentes populares aunque fuera con la burguesía, lo llevó a enfrentarse con la CTM. El frente propuesto por el PCM no llegó a consolidarse. Cuando el PNR se convirtió en PRM los comunistas le dieron todo su apoyo y más tarde respaldaron al candidato de dicho partido: Ávila Camacho. La desorientación política y táctica fue recurrente en el PCM; primero contra Cárdenas, luego a su favor y por último en su contra. Los comunistas de la época resintieron esos vaivenes de una manera directa. Revueltas jamás dejó de escribir sobre el PCM y sus deformaciones ideológicas en los años treinta; en poemas, ensayos, crónicas, novelas y cuentos, reflejó ese mundo con sus temores y sus angustias.

Segunda caída

Los años treinta estuvieron siempre presentes en la vida y la obra de Revueltas; es más, se trata de un periodo que lo rebasó y al mismo tiempo le proporcionó un material literario inigualable. Poco antes de su muerte, cuando Revueltas se identifica con Arthur London, escribe una carta a su hija Andrea:

> Tu relato de la conferencia de London, te lo confieso, me hizo llorar. ¡Los comunistas...! Es decir los comunistas auténticos. Disto mucho de ser un buen comunista, pero no disto nada de nuestro sufrimiento y ¿por qué no decirlo? de nuestra amargura. Cada que me encuentro con un comunista de los 30 —y quedan pocos— me basta mirarlo a los ojos: son un pozo de tristeza, de larga e increíble soledad. Queda algo importante: el amor que nos tenemos y la decisión desesperada, si lo quieres, de seguir luchando.[18]

Aparte de esa mirada nostálgica sobre los años treinta, Revueltas tuvo que sumarle varios hechos familiares trágicos: la muerte de su hermano Fermín, de su hermana Luz y la de Silvestre. También se le

---

[18] Andrea Revueltas, "Plática con Arthur London sobre mi padre", en *Revista de Bellas Artes*, núm. 29, septiembre-octubre, 1976, p. 43.

debe abonar su ingreso al PCM en 1930, sus primeras cárceles, las dos deportaciones —la segunda en 1934, como se verá después— a las Islas Marías, el viaje a Moscú de 1935, y su ingreso a la literatura mexicana. De ese tiempo hasta su muerte, Revueltas siguió siendo un comunista, como lo dice a su hija Andrea. Una especie de santo o apóstol que se entregó de joven a una causa social que fue un verdadero apostolado. "Revueltas se considera, y jamás dejará de hacerlo, un bolchevique, un comunista, alguien que piensa heroicamente en un medio donde la palabra 'comunista' evoca mujiks fornicando en la cama de los zares, asesinato de una familia real, destrucción de la propiedad privada, subversión de la moral y complot contra la existencia de Dios".[19] Este "bolchevique" vivía agitado en 1933 porque su nombramiento como secretario juvenil de la Confederación Sindical Unitaria de México lo obligaba a una actividad intensa. A principios de 1934 fue comisionado por el PCM a Monterrey con el fin de coordinar sindicatos y hacer proselitismo a favor del comunismo internacional. Mientras hacía asambleas y concertaba citas con obreros, se enteró que en Camarón, Nuevo León (hoy Ciudad Anáhuac), había estallado una huelga de 15 mil obreros agrícolas que exigían el pago del salario mínimo. Sin esperar instrucciones ni buscar recursos para emprender el viaje, se trasladó allá. Entre las inclemencias del tiempo y el riesgo, la aventura le resultó reconfortante a este comunista intrépido. Guiado por un campesino, simpatizante del Partido, Revueltas hizo el recorrido a caballo. Platicó ampliamente con el hombre que lo conducía y llegó a su destino. Apoyar a los huelguistas, convencerlos de su papel en la lucha por alcanzar un Estado socialista, era más que suficiente. Encontró a unos huelguistas organizados y un movimiento que en poco tiempo se había consolidado; había grupos para hacer propaganda, grupos de defensa. Había enviado ya proclamas a todo el país. El gobernador del estado se enteró de los alcances de la huelga y de la difusión que rápidamente se le estaba concediendo. Supo además que el PCM había ido a "auxiliar" a los huelguistas a través de un "joven agitador" con antecedentes penales. En vez de evitar ese apoyo, el gobernador se solidarizó y envió un telegrama en el que reconocía la justa demanda de los agricultores. Pero los terratenientes se asustaron del rumbo que estaba tomando un asunto local y promovieron la represión. Revueltas se hallaba

---

[19] C. Monsiváis, *op. cit.*, p. 122.

en su improvisado cuarto de madera, cuando fue sorprendido por unos desconocidos que lo secuestraron junto a sus colegas José Duarte y Luis García. Los "pasearon" por varias cárceles del norte, los amenazaron y sometieron a duras pruebas. Era mayo de 1934. La incertidumbre volvió a apoderarse de los comunistas y sobre todo el temor de ser asesinados y aventados en una zanja. Después de noches a la deriva, vieron el Pacífico otra vez, el muelle de Mazatlán y el lanchón que los conduciría a las Islas Marías.

De sus misiones Revueltas escribía a su madre y sus hermanas; desde Camarón, N.L., les dice: "Tengo las mejores impresiones de estos lugares que me han gustado enormemente. De Sabinas hice el viaje a caballo, durante todo el día, y teniendo que dormir en una pequeña congregación: El Nogal. Si bien un poco cansado, el viaje resultó por demás agradable, a pesar de la monótona vegetación, etcétera".[20] En su segunda deportación a las Islas Marías iba, como en la primera, con una "cuerda" de delincuentes comunes, pero aparte, como si en efecto Revueltas y sus otros tres colegas fueran "reos de mucho peligro". Frente a la curiosidad "cristiana" debían explicar que eran huelguistas y no ladrones; el maltrato inducía al público a darles cigarrillos, dinero, solidaridad. A su paso, la "cuerda" recibía hasta oraciones. Quedó claro que eran huelguistas, "detenidos por defender a los obreros, por traer ideas nuevas de redención social, y sobre todo: de que no seríamos fusilados, como les dijeron".[21] Se embarcaron y sólo el mar fue testigo de aquella nueva aprehensión arbitraria, sin leyes de por medio. "Sin la angustia ante lo desconocido de la primera ocasión, resignado y sereno, tratando de tranquilizar a sus nuevos compañeros de 'cuerda', Revueltas se preparó para su segunda deportación a las Islas Marías, tenía veinte años de edad, pero era ya un veterano del destierro".[22] Los llevaron al campamento de Arroyo Hondo y la colonia tenía como director al general Gaxiola, "excelente persona". El trabajo era intenso, agobiante. A Revueltas a veces le sangraban las manos y tenía ampollas como globos en los dedos por el trabajo pesado: el corte de leña. "Se trabajaba ocho horas al día, con un salario de cincuenta centavos a un peso, según el comportamiento; la comida no podía ser mejor; pescado, verdura, arroz, carne los jueves y los domingos, frijoles, etcétera. Los presos sentenciados

---

[20] Citada en J. R., *OC*, v. 25, 1987 p. 69.
[21] *Ibid.*, p. 72.
[22] Cueva, *op. cit.*, p. 43.

a largas condenas podían llevar a su familia y la colonia les daba una parcela de tierra para cultivarla y vivir".[23] En las noches, los "políticos" reconstruían las historias de los reos comunes, sus pasiones desmedidas que los habían inducido al crimen, sus penurias y fracasos. Revueltas registraba ese mundo sórdido, tan específico de las cárceles mexicanas. José de Arcos Martínez, Francisco G. García, Prudencio Salazar y Revueltas se unieron y desde el penal lanzaron proclamas y llamaron a sus compañeros del PCM a solidarizarse con los comunistas presos. "Hoy somos catorce los comunistas y obreros revolucionarios en las Islas Marías. Entre ellos una mujer. Los obreros y campesinos, los intelectuales deben luchar: ¡por la libertad de todos los presos políticos de clase! ¡Contra el terror blanco! ¡Por el respeto al derecho de organización y de huelga! Desde estos lugares les enviamos nuestro saludo. Agosto de 1934".[24]

No obstante el aislamiento en que se hallaba, Revueltas mantenía contacto más o menos permanente con el PCM; le escribía pidiéndole información sobre los sucesos recientes, sobre nuevas disposiciones y además periódicos (como "Filoso" que en clave era *El Machete*). Desde allá la capacidad de lucha revolucionaria no parecía detenerse ni un momento. Mientras tanto se entregaba a su nuevo oficio de alijador que consistía en cargar los barcos con la sal que había en el presidio. A consecuencia de esto, Revueltas padeció una hernia y en 1947 fue operado. Pero el corte de leña era peor, debía cortar una determinada cantidad de leña, su "cuota", y comprobarlo. Una vez terminada su labor, Revueltas, incansable, caminaba al campamento principal donde había una escuela y la precaria biblioteca. Ahí, estudiaba y escribía un rato. Era una manera de escapar de aquel laberinto de asesinos, ladrones, homosexuales, drogadictos, en que se encontraba. "Revueltas concedía especial atención al asesino, al que consideraba un ser humano excepcional. En cambio, al ratero no le daba la menor importancia pues era, según él, un ser menor, débil. No así, el criminal: hombre decidido, resuelto a todo, seguramente dotado de una psicología extraña y de una sensibilidad extrema".[25] Solía contar macabras historias escuchadas en la colonia penitenciaria, a veces en broma pero muchas veces con un agudo sentimiento dramático. Sobre

---

[23] J. R., *OC*, v. 25, 1987. p. 87.
[24] *Ibid.*, p. 92.
[25] Entrevista Ruiz Abreu / María Teresa Retes, marzo, 1977.

todo, la culpa por el sufrimiento que le provocaba a su familia no se borró fácilmente de él.

En una carta que su hermana Rosaura le envió a las Islas Marías, le decía que no lograría sus propósitos si permanecía en una cárcel, "y sólo acabarás por olvidar lo poco que has aprendido, y te llenarás de miserias, porque sólo verás miserias y maldad a tu alrededor, y tu corazón se alimentará al fin y al cabo solamente con odio a tus opresores y desesperación por tu impotencia".[26] Le decía que "el saber te dará el poder", recomendándole aprender siempre y dejar de ser un ignorante; reconocía en su hermano una calidad moral diferente, un hombre de gran corazón que debía aprender inglés o alemán para enterarse de la gran esclavitud y miseria que reinaba en Rusia. Esa carta que incluye párrafos poéticos y conmovedores, le hacía un reproche al joven revolucionario pero al mismo tiempo dejaba ver que, en el fondo de su alma, Rosaura compartía los ideales de su hermano: "Yo no te culpo porque seas como eres, yo pienso que si hubiera sido hombre, hubiera sido más impetuoso y apasionado todavía que tú". Le citaba la desunión entre los propios camaradas del PCM y la imposibilidad de ponerlos de acuerdo. Era un diálogo entre hermanos que habían vivido varias desgracias familiares, varias caídas aplastantes. Rosaura también odiaba la injusticia y la opresión. Pero le recomendaba a su hermano tener prudencia, esforzarse y algo más sentimental y privado: considerar a su madre, un poco enferma por las preocupaciones que sus hijos le daban. "... Piensa en nuestra pobre madre que está enferma y sufre y llora tanto por ti, tú eres su más grande preocupación, siempre que viene alguna noticia mala de ti, se enferma a ponerse a las puertas de la muerte".[27] Revueltas salió de la cárcel después de diez meses de confinamiento, en febrero de 1935, gracias a la amnistía decretada por el presidente Cárdenas y a las presiones que algunas organizaciones políticas ejercieron para que dejaran en libertad a los presos políticos. Volvió a la ciudad de México, se incorporó a las oficinas del Partido, después de haber reencontrado a su familia. Revueltas se vio libre con un amplio porvenir revolucionario.

La Comintern organizó su VII (y último) Congreso Mundial de la Internacional Comunista en Moscú, y el PCM nombró a sus delegados: Hernán Laborde su secretario general, José Revueltas, Miguel

---

[26] Reproducida en J. R., *OC*, v. 25, 1987, p. 32.
[27] *Ibid.*, p. 324.

Ángel Velasco y Ambrosio González que se encontraba allá. Salir de México y además visitar la Unión Soviética no fue poca sorpresa para Revueltas; vio que sus esfuerzos, su lealtad y su fe en las luchas revolucionarias abanderadas por el Partido, no se las había llevado el aire, sino que iban a fructificar en el conocimiento de camaradas de otros países, dirigentes de la IC de todo el mundo, en el intercambio de ideas y experiencias con ellos. Llegaron el 25 de julio de 1935, justo a la apertura del Congreso. Velasco, Laborde y Revueltas vieron ondear las banderas de los partidos comunistas de Italia y Argentina, de Francia y México, de España y Perú y de tantos países; era un día de fiesta universal en que los comunistas por fin iban a discutir y a conocerse. Durante los recesos, Velasco y Revueltas conocieron a la *Pasionaria*, y a Dimitrov que se había enfrentado a los tribunales nazis a raíz del incendio del Reistach. Pudo burlar la vigilancia y llegar a la patria de Stalin. Dimitrov habló el día de la inauguración; fue el informante del primer punto de la orden del día. Intervino Laborde y también Velasco, querían ser escuchados en el seno de la Internacional Comunista. Según Velasco, se tomó en cuenta la voz de los partidos comunistas del mundo. Cada país cantaba su himno; todo invitaba a la fraternidad. La delegación mexicana se sintió como en su propia casa; fueron días de solidaridad y promesas por seguir luchando hasta la victoria. Escucharon la voz de Stalin y hubo aplausos, vivas, cantos, himnos, hasta enloquecer. Era preciso luchar por la paz y defender principalmente a la URSS de sus enemigos y entregarse cada día con más firmeza al comunismo. De ahora en adelante, la Unión Soviética exigía solidaridad de sus colegas para enfrentar la amenaza fascista. "A partir de ese momento —asegura Velasco—,[28] los partidos comunistas se comprometieron a brindar todo su apoyo a la iniciativa de crear los frentes populares, las alianzas con todas las fuerzas en contra del peligro nazi. También recogió el Congreso las opiniones de los delegados comunistas de todo el mundo, no como antes que sólo tomaba decisiones verticales. Fue una gran experiencia, una enseñanza política sin igual para el comunismo internacional".

---

[28] Entrevista Ruiz Abreu/Miguel Angel Velasco, abril, 1989. Velasco asegura que en el Hotel Lux en Moscú se encontraron a Lombardo que había sido invitado también al Congreso. A su regreso a México, Lombardo fue recibido con hostilidad por los "cinco lobitos": Fidel Velázquez, Jesús Yurén, Luis Quintero, Alfonso Madariaga y Fernando Amilpa.

Impresionado por la fortaleza ideológica y social de la Unión Soviética, Revueltas fortaleció su fe en el socialismo y en la sociedad sin clases que estaba construyendo. Vio a las nuevas generaciones comunistas que crecían bajo la bandera de la Revolución de Octubre y robusteció su idea de que ésa era la solución ideal para curar los males de México. Allá descubrió al hombre creado a imagen y semejanza del socialismo trazado por José Stalin. En la Plaza Roja, durante el Día Internacional de la Juventud, Revueltas se estremece frente a los jóvenes soviéticos y de todo el mundo que desfilan exaltados por su fe en el futuro. La verdad de la historia se dibuja en sus rostros. Revueltas se conmueve. En sus labios hay una sonrisa feliz. Hasta él llega un reportero del *Pravda* y le pregunta: "¿qué le parece esta demostración?". El joven de 21 años se queda inmovilizado; una nueva pregunta del periodista: "¿qué le decís a la juventud soviética?" lo obliga a hablar:

> ¿Qué decir? Habría tan pocas palabras. Que estamos entusiasmados. Que consideramos a la juventud soviética nuestra guía, el nuevo mundo que apunta, luminoso, su fuerza pujante en el Oriente; que estamos con ella; que daremos toda nuestra fuerza y toda nuestra vida para que en nuestra patria tengamos pronto una juventud tal, plena de optimismo, segura de su vida, amante de las fuerzas nuevas que regenerarán el mundo podrido por el capitalismo infecundo y en decadencia.[29]

Llegó el otoño y Revueltas aún seguía en Moscú; sus colegas de la delegación mexicana del PCM ya habían regresado a México, pues sólo habían ido al VII Congreso, mientras que aquél había sido invitado especial al Día Internacional de la Juventud. Quería regresar y poner en marcha sus planes políticos; también deseaba ver a Luz, una compañera de la que se había enamorado apasionadamente. Los camaradas del Partido no la querían y casi le prohibieron al joven Revueltas continuar una relación sentimental o amorosa de tipo "burgués". Él siguió llamándola, soñándola y tal vez siempre la amó porque sus pesadillas eran gritos en los que la invocaba. Fue un nombre pero también un símbolo: la luz que le faltaba —en sus sueños—

---

[29] J. R., "Dos generaciones. Dos perspectivas", en *Lucha Roja*, Morelia, Michoacán, agosto 1o., 1936, p. 3.

a las cárceles que padeció. El dirigente de las Juventudes Comunistas del PCM recorrió las calles, las plazas y los alrededores de Moscú; pudo ver la organización en la producción, el trabajo en las fábricas y su entusiasmo por el socialismo creció notablemente. "Vamos a Kusminsk, que es una antigua propiedad de grandes señores en las proximidades de Moscú. Es toda una mansión con un bosque encantador, donde hay cerezas, unos pinos que cantan, un lago quieto, tranquilo, transparente. Aquello parece una dulce, melancólica prosa de Turguéniev, cuando habla de esos amores en la tarde llena de perfume".[30] Y una tarde, al regresar del hotel recibe la noticia de la muerte de su hermano Fermín. Guarda silencio y sube a su habitación. Su dolor no lo comparte, jamás buscó compasión de esa manera. Moscú y el gran líder, Stalin, quedaron suspendidos.

Fermín Revueltas murió el 9 de septiembre de 1935, a los 32 años de edad. Fue una muerte "súbita, inesperada, solitaria". Rosaura fue a visitar a su madre que vivía en el departamento de Las Delicias, en el centro. Platicaban de los muchachos y de cosas en general, "cuando llamaron a la puerta. Al abrir, me encontré con una mujer de edad indefinida, delgada, vestida de negro y cubierta con un chal también negro", que dijo sencillamente, "vengo a avisarle a doña Romanita que Fermín murió esta mañana".[31]

Según Rosaura, Fermín murió en la soledad más fría, de una manera ingrata; estaba casado desde los 19 años con una maestra de escuela, mayor que él: Ignacia Estrada. Desde Moscú, Revueltas envió una carta breve a su madre, en la que dice haber recibido la noticia, y se preguntaba cómo era posible, recordaba a un Fermín tan lleno de vida y de vigor. Fermín había muerto como consecuencia de su apego a la bebida, en su soledad rebelde. Murió en la miseria; un grupo de pintores pidió al gobierno que se encargara de las deudas y otros detalles que Fermín Revueltas dejó pendientes. "José siempre recordaba a sus hermanos Fermín y Silvestre; los quiso tal vez demasiado, de una manera celosa y despiadada; para él habían sido luchadores incansables, hombres cogidos por el alcohol y la desesperanza".[32] No pudo asistir a los funerales de su hermano y semanas más tarde le dijo adiós a la Unión Soviética, la tierra de promisión para los Revueltas.

---

[30] J. R., *OC*, v. 25, 1987, p. 100.
[31] Rosaura Revueltas, *op. cit.*, p. 125.
[32] Entrevista Ruiz Abreu / María Teresa Retes, marzo, 1986.

"Todo se ve irreal, lejano. (...) Además la mañana está gris. Y éste es Moscú, y los últimos minutos de Moscú".

En los seis meses que Revueltas permaneció en la URSS, se dedicó a comprobar la grandeza del socialismo soviético; pasaba muchas horas junto a Evelio Vadillo, su viejo camarada de cuerda en las Islas Marías, que se hallaba en Moscú estudiando. Iban a museos, visitaban centros de trabajo; vieron la tumba de Lenin y guardaron un minuto de silencio ante el rostro embalsamado del jefe de la revolución bolchevique. Vadillo lo condujo por los vericuetos de la gran ciudad socialista; a veces recorrían el Kremlin durante todo el día.

Una noche fría de noviembre, el ex embajador de la URSS en México, Stanislav Pestrovsky, invitó a varios mexicanos a cenar. Revueltas y Vadillo fueron a la casa de Pestrovsky, conversaron, bebieron vodka y el tema dominante en la velada fue el recuerdo de México. Los ex reos de las Islas Marías tomaron la palabra y contaron una vez más las anécdotas que habían vivido en el penal del Pacífico. Rieron copiosamente y escucharon música de Ucrania, luego les llegó la nostalgia y cantaron canciones mexicanas. El ex embajador, miembro de la sociedad de viejos bolcheviques, se veía contento. En la reunión, recordará Revueltas, se habló poco de política y en cambio "rendimos nuestro ferviente tributo gastronómico a unas latas de chipotle, con las que condimentó (Pestrovsky) una conmovedora cena". Antes de la medianoche, cuando Revueltas ya había tomado velocidad alcohólica, se despidieron amablemente del anfitrión y de su esposa, y salieron en silencio. En Moscú, debía guardarse serenidad; era preciso, inclusive, hablar poco y con amigos de mucha confianza. Ese año comenzaron los procesos de Moscú.

Revueltas y Vadillo iban todos los días a una cervecería del Boulevard Pushkin; la especialidad de la casa era el tarro de cerveza alemana. Revueltas se bebía varios y Vadillo lo observaba risueño, con la mirada perdida. En la víspera del regreso de Revueltas a México, en el mes de noviembre, pasaron la última larga y agradable tarde en esa taberna. Se miraron fijamente a los ojos; los unía la solidaridad comunista, la tierra lejana, las faenas humillantes en las Islas Marías, pero los separaba el estalinismo ciego, la cercanía de la guerra, el militarismo alemán, Hitler y su mano amenazante hacia el socialismo, los procesos. Revueltas volvió a México. Vadillo se perdió esa noche en la oscuridad del estalinismo; misteriosa e inexplicablemente desapareció; regresó a México en 1955, enfermo, prematuramente envejecido, venía de los campos de concentración del estalinismo más que decepcionado, arrepentido de haber puesto en duda alguna vez la redención del hombre en el socialismo. Volvió a su país tan sólo a morir.[33]

Revueltas tomó el avión con destino a París, al día siguiente de su charla con Vadillo. En la escala que hizo en París, estuvo una noche en Montparnasse, donde escuchó música rusa para exiliados que consideró un raro lamento triste, hiriente, de la patria perdida, a través del cual se agradece al corazón todas las lágrimas que ha vertido. Recordó Moscú y pensó en la felicidad humana; él y Velasco no vieron

---

[33] En su artículo, "¿A qué van a Rusia los estudiantes?" (*Excélsior*, octubre 3, 1963, pp. 6A-8) Rodrigo García Treviño menciona las escuelas de entrenamiento de la URSS en las que caían estudiantes de los países subdesarrollados para ser "preparados" en el marxismo-leninismo. "En 1935, *verbi gratia*, a esa escuela fue nuestro entrañable amigo Evelio Vadillo, a quien acompañó un tal Ambrosio González. El primero, que era honrado a carta cabal, no pudo aceptar con entusiasmo las prácticas totalitarias de Stalin y tuvo que pasar en las mazmorras 'socialistas' veintiún años, en tanto que el segundo, aun conociendo la falta de culpabilidad de su 'compañero', calló servilmente tanto en Rusia como aquí, a su regreso, como también lo hizo, con idéntica abyección, el novelista José Revueltas, quien por aquellas fechas también estuvo en Moscú".

El 9 de octubre, Revueltas contestó. Indignado, rechazó las acusaciones de García Treviño y al mismo tiempo echó un poco de luz sobre el oscuro caso de Vadillo. En su carta, publicada en "Foro de *Excélsior*", dice entre otras cosas: "Años después de 1935 corrieron algunos rumores extraños en México sobre Vadillo, en el sentido de que algo 'desagradable' le habría ocurrido en la URSS. Pregunté entonces a un miembro del Comité Central respecto a dichos rumores y la respuesta fue que Evelio Vadillo se encontraba en algún lugar de China, como comisario político adjunto a una partida de guerrilleros del Partido Comunista Chino. Era inútil averiguar más si las actividades de Vadillo supuestamente debían mantenerse ocultas tras el velo de la más estricta reserva.

"No supe la realidad completa de lo ocurrido con Vadillo —prisión, deportación, y más tarde, asilo transitorio en la embajada mexicana y otra nueva deportación— sino hasta que un amigo mío, que llegaba de Moscú, me contó los pormenores.

"Mal hubiese podido yo protestar —cuando estuve en la URSS en 1935 y a mi regreso, en México— ni tampoco Ambrosio González por el infame atropello que se cometió contra Evelio Vadillo; primero, porque en 1935 Vadillo estaba en libertad y sin que pesara sobre él ninguna amenaza; y segundo, porque yo, como todos los miembros del Partido Comunista Mexicano en aquella época, fuimos engañados de modo abierto o se nos apaciguó con versiones verosímiles, más o menos 'tranquilizadoras', sobre el particular. (Hice constancia de tal hecho y de mi protesta consiguiente, al denunciarlo ante el Partido en agosto-septiembre de 1957, en la Conferencia de los comunistas del DF, ante la cual fui delegado).

nada extraño en la URSS estalinista; todo marchaba sobre ruedas. Ninguna persecución ni espionaje por palabras o frases sobre la política interna del país. "Mire usted, éramos comunistas por la Comintern, no podíamos dudar de las buenas intenciones políticas e ideológicas que animaban el socialismo de los años treinta. Existía, ya luego lo supimos, vigilancia excesiva de los camaradas 'sospechosos', encarcelamiento y tortura claramente injustos o injustificables, pero nosotros no vimos nada".[34]

Los folletines de la redención

La cárcel hizo a Revueltas escritor; podía negársele la libertad pero no la palabra, la usó como arma para defenderse de la opresión y como necesidad interior. A su regreso de la Unión Soviética, el PCM lo llamó para que se encargara de hacer propaganda a través de folletines y hojas volantes; él mismo debía recabar información, redactar y, en algunos momentos, incluso imprimir lo escrito.

En 1936, la Federación Juvenil Comunista de México (sección de la Comintern) inauguró un folleto llamado *El Activista* en el que Revueltas dio sus primeros pasos como periodista e ideólogo. En los

"Quede pues la calumnia del señor Rodrigo García Treviño en su sitio, y la abyección de que me acusa sobre su conciencia" (p. 45-A).

Vadillo estuvo muchos años preso en Alma Atá, campo de concentración de la Rusia oriental acusado de "agente" y "traidor del comunismo internacional". Perdió contacto con la realidad hasta que pudo salir de la URSS ayudado por la embajada de México en ese país. A su regreso, Revueltas lo vio, intentó saber su "historia", pero el camarada de las Islas Marías le respondió con el silencio. Murió de un ataque cardiaco en el *Café La Habana* y su "caso" es un misterio, aparte de representar una "novela" digna de contarse algún día. Es uno de los personajes centrales de *Los errores* (1964) de Revueltas y aparece con el nombre de Emilio Padilla, acusado en la URSS por conspirador, asesino en potencia del camarada Stalin.

El caso Vadillo se removió con el relato de Héctor Aguilar Camín, "El camarada Vadillo", *Nexos*, núm. 147, marzo, 1990. Esto provocó que se publicara el "reporte" de García Treviño de la conferencia de prensa que Vadillo ofreció a su llegada a la ciudad de México, el 16 de octubre de 1955, en la que hizo esta aclaración de entrada: "Yo soy un hombre que estuvo en Rusia veinte años contra mi voluntad. Fui miembro del Comité Central del Partido Comunista en México. Dirigí organizaciones obreras e internacionales en mi país. Fui enviado a las Islas Marías, sufrí persecuciones, y como pago a mis servicios al proletariado nacional y de todo el mundo recibí el mayor castigo de mi vida, viviendo veinte largos años en un país extraño, donde todo era hostil e injusto, aislado de mi patria y de los míos (...)".

[34] Entrevista Ruiz Abreu / Miguel Ángel Velasco, agosto, 1989.

números de marzo, abril y mayo de ese año, publicó algunos artículos. Antes que nada, Revueltas escribió una crónica del VII Congreso de la IC celebrado en Moscú; transcribía el saludo del Congreso al camarada Stalin: "Somos tu generación, la generación de Lenin y Stalin, la generación de la victoria".[35] En el de abril publicó "Cómo debemos entender el reclutamiento en las condiciones de la nueva línea" y en el de mayo, "Ante el ejército de la Revolución", en el que se plantea la conveniencia de influir en las bases del ejército mexicano, pero identificado con el prócer de la clase castrense: el general Lázaro Cárdenas. Revueltas además de militar en el PCM, y redactar panfletos para organizaciones de izquierda que se identificaban con el PCM, escribir artículos, crónicas y leer material literario, fue profesor de derecho obrero en la escuela nocturna número 9 del Distrito Federal, tarea que asumió como parte de sus compromisos sociales. Sus escritos de esta época son didácticos y se dirigen al proletariado. Uno de ellos, el más intrépido por su tono profético y su afán proselitista es *Joven trabajador, ¡acá está el camino!* El folletín es un llamado a los patrones y a los gobernantes para evitar la explotación de los menores de edad, "trabajadorcitos" que ganan en la industria del vidrio salarios de 50 centavos, alimentados con arroz y frijoles, presa fácil del patrón que los exprime. Citaba el autor a los cientos de niños tuberculosos, devorados por el capitalismo. Y esto mismo ocurría con los campesinos, clase marginada, ignorante, olvidada y lo peor: sin tierra y engañada. En pleno año de la expropiación petrolera, Revueltas lanzaba esa acusación inclemente contra la explotación y la soberbia. Según él, no había ni una migaja para el campesino de todo el presupuesto de la Secretaría de Educación Pública. Los comunistas deseamos —subrayaba Revueltas— que "seas libre, sin opresor, campesino; que no destruyan tus costumbres, ni tus ritos, indígena; que ambos progresen y se den el gobierno que quieran". Pero también los obreros vivían en un "basurero moral", en la "insalubridad y expuestos a morir muy jóvenes". Palabras compasivas y proselitistas con las que Revueltas quería entrar en la conciencia de los trabajadores, de ahí que le preguntara a sus "hermanos" qué sienten cuando llegan a casa, cansados, después de una brutal jornada de trabajo; chiquillos sucios y llorando porque no han comido, la madre desesperada, lavando ropa

---

[35] J. R., *OC*, v. 25, 1987, p. 105.

ajena: "¿No has examinado bien tu vida, joven trabajador?" Si deseas asegurar "el mañana", "acude a nosotros".[36]

Preocupado profundamente por el destino de la juventud mexicana, Revueltas la describía sumergida en una crisis nacional sin solución; juventud sin perspectivas que sucumbía en el hampa, la prostitución, el robo, las drogas, la vagancia, porque el capitalismo la orillaba a eso. Ante esta situación, era —según Revueltas— explicable que los trabajadores se decidieran por la lucha mediante las huelgas: de tranviarios, electricistas, camioneros del DF; sólo así se entendía el paro de choferes de 1934 en el que se luchó en las calles a pesar de la represión desatada por el gobierno cardenista. La única agitadora en todo esto, compañero, decía Revueltas, es una vieja anciana, "que podéis ver en cada barrio obrero": el hambre.

Y de esa situación, suponía Revueltas, debía responsabilizarse también al cine y a la prensa, la radio y al PNR, pero sobre todo a un enemigo más sutil: el clero, organismo "retardatario" que ataca la educación socialista y ha declarado una guerra "a muerte al comunismo" y a las teorías progresistas. Por último, comparaba la situación mexicana, tan desdichada, con la de la Unión Soviética, tan plena y feliz. En la URSS, los trabajadores tenían jornadas de sólo seis horas al día, además de buenos salarios, clubes en sus fábricas, diversiones. Por eso, la juventud soviética tenía el porvenir asegurado y "lo forja conforme a su voluntad". El ejemplo a seguir era el socialismo soviético, su organización obrera, sus consignas realizadas como la de: "Tierra libre para todos, tierras sin amos ni capataces", idéntica a la de Zapata. Esa era la juventud soviética: libre, progresista y feliz. México aún estaba a tiempo de implantar ese modelo, pues

> El proletariado revolucionario junto con el campesinado, junto con las diferentes nacionalidades de indios que hay en México, junto con los artesanos, empleados y estudiantes e intelectuales, realizará la revolución, bajo la dirección de su vanguardia, el Partido Comunista y del mejor ayudante de éste, la Federación Juvenil Comunista de México.[37]

Más allá del análisis de los marginados y la incapacidad gubernamental para ayudarlos, Revueltas tejió un raro "programa de gobierno" intitulado el *Poder soviético en México*, que daría solución

---

[36] J. R., *Joven trabajador, ¡acá esta el camino!*, Ed. Espartaco, México, 1935, p. 10.
[37] *Ibid.*, p. 35.

definitiva a la juventud campesina (tierras y ayuda técnica y científica); a los jóvenes artesanos se les agruparía para ofrecerles escuela normal o universitaria; a los jóvenes estudiantes (escuela gratuita, libros gratuitos, el gobierno soviético de los obreros, campesinos y soldados construiría ciudades estudiantiles). "Gozarán, además, desde dos hasta tres meses de vacaciones pagadas". Los intelectuales, cuyos conocimientos serían puestos al servicio de la población, vivirían decorosamente y en libertad.

Como lo había prometido en 1935, Revueltas quería cumplir su palabra de dar su fuerza y "toda su vida" porque en México hubiera algún día la felicidad de la URSS. Y no cejó en su empeño. En 1937, aseguraba que la juventud estaba desequilibrada, confundida debido a los cambios súbitos en el mundo; en especial, se refería a los jóvenes alemanes a los que el fascismo les "ha arrebatado el corazón". Por fortuna, América estaba al margen de esa crisis, ya que la juventud parecía dispuesta a unirse para edificar un mundo mejor:

> Los jóvenes mexicanos llamamos ardientemente a la juventud americana a cumplir esta tarea. Que los jóvenes socialistas, apristas, comunistas, formen un solo núcleo, una sola voluntad combativa, una sola acción revolucionaria. Que sepamos contribuir a la redención de nuestro continente, oprimido por siglos de esclavitud y oprobio.[38]

Si al principio Revueltas había visto con recelo la política del cardenismo, hacia 1938 modificó su punto de vista. En un breve ensayo de 1938, asegura que la Revolución mexicana se dirigía, por caminos propios, a niveles superiores: "El futuro de la Revolución se presenta, hoy como nunca, pleno de perspectivas inmejorables".[39] Creía en la propuesta cardenista de los ejidos y las cooperativas que demostraban claramente la tendencia de organizar el trabajo de manera colectiva, socializante. En esta misión, el proletariado debía estar alerta, ya que la "Revolución Nacional está en marcha". Revueltas hizo así un llamado a los trabajadores para que permanecieran conscientes de que debían dirigir esa revolución, de acuerdo a lo que demandaba la historia. El PCM había dado ya el viraje en su política y apoyaba abiertamente al gobierno del general Cárdenas.

---

[38] J. R., "Una generación sin tregua", en *Grito*, julio, 1937, p. 4.
[39] J. R., *La Revolución mexicana y el proletariado*, México, 1938, p. 37.

Años más tarde, Revueltas dijo que de pronto, el PCM se había vuelto más cardenista que el mismo Cárdenas y pasó a ser un apéndice del partido oficial, el Partido de la Revolución Mexicana (PRM), que incluyó en sus filas inclusive a funcionarios del régimen. "Cárdenas no solamente era el líder nacionalista del país entero, sino también el líder del proletariado y su más distinguido paladín".[40] Lo dijo claramente el secretario general de la CTM, Vicente Lombardo Toledano: el agitador número uno de México, era sin duda el general Lázaro Cárdenas. Revueltas mientras tanto se hacía nacionalista-comunista, a veces radical miembro del PCM cuya finalidad era robustecer los frentes populares y luchar contra Hitler y así defender la patria de Stalin, y a veces antinacionalista, enemigo filoso del cardenismo.

> Finalmente, en 1940 y de manera un tanto imprevista, el PCM volvió a romper con Cárdenas y fue reprimido. En buena medida estas variaciones de la dirección del Partido obedecieron a razones externas y llegaron a desorientar a sus propios miembros.[41]

Es decir, los comunistas se quedaron —argumenta Lorenzo Meyer— fuera o al margen de las grandes movilizaciones de masas del cardenismo; esto debilitó al Partido y creó el germen de futuras polémicas y deserciones, rupturas y fracasos increíbles. Revueltas presenció esas oscilaciones ideológicas y las vivió en carne propia, pero muy pronto se rebeló y empezó a explicarse lo que había sido su conducta, su militancia, su ideología llena de dogmas y esquemas, dentro de las filas del Partido Comunista de México. Para Valentín Campa, la crisis del Partido había comenzado en junio de 1937, con la política de "unidad a toda costa, impuesta por la Internacional Comunista por conducto de Earl Browder". De inmediato se sintió un marcado desconcierto y el Partido perdió influencia en los círculos obreros y campesinos; los comunistas desertaron. Fueron días difíciles, subraya, para el mundo y para el PCM

En su folleto, *Las masas tienen derecho a un partido comunista* (1940), Revueltas decía que los ataques al Partido se debían a que era el partido de la clase obrera, el que encabezaba sus luchas, porque

---
[40] Cueva, *op. cit.*, p. 52.
[41] Lorenzo Meyer, *op. cit.*, p. 184.

estaba en contra de la burguesía y el capital, y defendía sobre todas las cosas los derechos de los proletarios. Ofrece una lección sobre qué es un burgués: el que posee los medios de producción; ¿y un proletario?, el que sólo tiene su fuerza de trabajo. Cada uno tiene conciencia de lo que es, o sea, "conciencia de clase". Revueltas insistía en que ambos son iguales, en que pensaban, dormían, vestían, pero se distinguían en que uno tenía una "conciencia burguesa" y el otro una "conciencia proletaria". Los proletarios se agrupaban, según su conciencia, en un partido encargado de dirigir a toda la clase y obligado a conducirlos al aniquilamiento definitivo de la clase enemiga. Se trata del partido de la clase obrera que debe "comprender cabalmente cuáles son los intereses de la clase obrera; tiene que contar en sus filas con los mejores elementos de la clase obrera, los más abnegados, los más valientes, los más intrépidos; tiene que poseer una teoría revolucionaria; tiene que conocer las leyes del movimiento revolucionario".[42] Entre otras ideas, Revueltas destacaba que no fue Cárdenas el que hizo posible la expropiación petrolera, sino el proletariado, lo que demuestra claramente su participación en la Revolución mexicana. Pero existía el peligro de que la reacción intentara un golpe para impedir que la revolución siguiera su curso y colocara a un presidente centrista para asegurar sus objetivos. La única respuesta se hallaba en la organización del pueblo mexicano, conseguir la participación del proletariado y obtener la victoria. Revueltas aceptaba que entre 1935 y 1939, el PCM había reducido su papel al aplaudir las medidas progresistas del gobierno y al declarar que el PRM era en sí mismo un frente popular; entregó las masas a la burguesía liberal y esto fundamentalmente porque se infiltraron en sus filas elementos corruptos, oportunistas, trotskistas, almazanistas y hasta masones. Era urgente considerar —sentenciaba Revueltas— que "un Partido de la Clase Obrera debe ser un Partido de férrea disciplina y de inquebrantable unidad. No debe tolerar en su seno agentes de la contrarrevolución burguesa, enemigos de la URSS, trotskistas ni provocadores".[43] Con todo, el PCM estaba en la ruta de convertirse en el partido de la clase obrera que el pueblo mexicano requería, si lograba cambiar de dirección en su Comité Central. Sólo así sería posible luchar por el avance

---

[42] J. R., *Las masas tienen derecho a un partido comunista*, México, 1940, p. 4. Revueltas expuso este asunto en el Congreso Nacional del PCM como miembro de la Comisión de Prensa y Propaganda del DF, del PCM.
[43] *Ibid.*, p. 7.

de la Revolución mexicana; la entrega de toda la tierra a los campesinos y de las empresas extranjeras a la nación; por último, luchar contra la guerra imperialista y a favor de la independencia de México. El Partido debía colocarse a la vanguardia de muchedumbres y cumplir su función específica en la historia del país, sus hijos lo apoyarían con obediencia y disciplina para obtener sus propósitos. En 1937 el joven José Revueltas le dedicó al Partido un canto:

> No hay mejor mundo
> en los mundos bajo el cielo,
> ni mejor alegría,
> que la de ser miembro del Partido Comunista,
> (...)
>
> No, no es con versos que habría
> que gritar eso,
> sino con muchedumbres cantando
> y con banderas, (...)[44]

---

[44] J. R., "Oda al Partido Comunista", en *El Machete,* junio 26, 1937, p. 3.

V
Los queridos años treinta
2

Pasajero sin destino

A su regreso a México, Revueltas vio que su país estaba muy lejos de la realidad soviética y tal vez muy lejos también de convertirse en una República socialista. Había sí una fiebre socializadora proveniente de un gobierno cuya misión era redimir al pueblo a través de la educación socialista. Con todo, Revueltas estaba inmerso en las luchas del Partido y, por lo mismo, en el proceso político del país, aunque a veces atacaba el programa cardenista y a veces lo elogiaba. Y recorría el país en misiones casi imposibles, era un pasajero sin un destino fijo. Una de esas misiones, fue la que le dio el Comité Central del Partido para que se entrevistara con el general Mújica, secretario de Comunicaciones y Transportes del gabinete de Cárdenas. A pesar de que Mújica era un hombre considerado como progresista y simpatizante de los grupos de izquierda, para el PCM era sólo un "representante de la burguesía". Pero lo escogieron para que Revueltas, que ya lo había conocido en las Islas Marías en 1932, le pidiera unos pases de ferrocarriles que le permitieran a algunos militantes del Partido movilizarse por varios estados de la República. Revueltas llegó al despacho de Mújica y el secretario se acercó a saludarlo amablemente:

—¿Cómo estás muchacho Revueltas? ¿Qué me cuentas de la Unión Soviética, eh? —preguntó Mújica, con una sonrisa amplia.

—Nada, ¿qué puedo decirle de la URSS? —respondió Revueltas, de mal humor, retador— que me fue un poco mejor que en las Islas Marías ¿no le parece?

El general Mújica regresó a su asiento, miró al escuálido muchacho de pies a cabeza, comprendió que no sería posible hablar con él, y le dijo:

—Está bien, dime qué se te ofrece.

El joven representante de las Juventudes Comunistas tomó asiento y fue a ponerse frente al escritorio del Secretario; sabía que el cigarro era su fobia y encendió uno. Fumando de prisa, seguro de que su petición era justa, le explicó los motivos de la entrevista. Mújica escuchó con mucha atención y con voz definitiva, tajante, le dijo: "Lo que usted me pide es ilegal. La Secretaría a mi cargo no expide pases sino a sus empleados y funcionarios que viajan en misiones oficiales. ¿Está claro? No puedo permitirme transgredir en lo más mínimo las normas de honradez administrativa con las que trabajo y que tanto caracterizan al gobierno revolucionario que encabeza el presidente Cárdenas".[1]

Revueltas salió rápidamente de la oficina; había confirmado su hipótesis y la del Partido: Mújica era un "aliado de la burguesía". Sin embargo, años más tarde, Revueltas recordaba la anécdota y se hacía una autocrítica demoledora. Se nombraba joven egoísta, al que la vanidad había encegueceido, comunista "deformado por la autosuficiencia" y las ideas esquemáticas del comunismo de los años treinta. Marxista superficial, insolente, que se había medido con un hombre como Mújica que siempre dio pruebas fehacientes de su honestidad y su rectitud moral e ideológica. Los "golpes de pecho" llegaron muy tarde. En esa ocasión, su actitud fue muy clara frente a un funcionario al que el Partido y Revueltas le exigían un "favor".

En esa época la tarea de Revueltas como dirigente de las Juventudes Socialistas Unificadas de México (JSUM), era clara: reclutar jóvenes para la causa del Partido, y para ello debía viajar al interior del país. Empeñado en esa cruzada por el comunismo internacional, Revueltas casi no tenía tiempo para su vida íntima. Pero en su incesante actividad, conoció a la profesora Olivia Peralta, miembro del Partido, camarada suya, que deseaba fervientemente entregar su vida a la causa. El 11 de octubre de 1936 le declara su amor por carta: "¿Tendría usted algún compromiso? ¡Sería eso tan doloroso! Le suplico, Olivia, que no lo tenga, estoy enamorado de usted/ Rev."[2] Mientras el novio viaja como puede a apartadas zonas del país, concierta asambleas y

---

[1] La anécdota está reproducida por H. Cueva, *op. cit.*, pp. 53-55.
[2] J. R., *OC*, v. 25, 1987, p. 109.

promueve arduas discusiones sobre el futuro del socialismo, llama a los trabajadores a abrazar la causa de Stalin, también le escribe encendidas cartas a su amada. En la distancia encuentra la solidaridad de su joven compañera; ambos parecen bautizados con la misma agua bendita del PCM. Él busca por muchos sitios un empleo, ganar un poco más de lo indispensable, y sólo encuentra escasez; sus ingresos apenas le alcanzan para malvivir. Desterrado por vocación, Revueltas quiere hallar su destino y camina a la deriva, parece remar contra la corriente. En una carta le dice a Olivia: "ten siempre un espíritu práctico y resuelto. Esta es la condición de una joven comunista".[3]

Revueltas trabaja mucho y lee desordenadamente pero con interés a Novo y Gorostiza, también a D. H. Lawrence; se detiene en Gorki, Tolstoi y Chejov. Los escritores rusos, por herencia paterna y por admiración ideológica, le parecen el centro de la literatura. Exalta a Gorki y le reprocha a Tolstoi su antipatía y el haber sido un "peregrino ruso, absurdo, lleno de la más estúpida de las pasiones, la piedad. Ese amor hacia abajo, sin truenos, sin rayos, sin exaltaciones de tormenta".[4] Descubre autores y obras, paladea espontáneamente la literautra universal. Revueltas recomienda *Pan* de Hamsum y *La puerta estrecha* de Gide. Andreiev le parece un atormentado, similar a su hermano Fermín; ambos son hijos del dolor. "Debemos vivir en la exaltación y la tormenta", aconseja a su querida "Solveig". Viaja como puede, en condiciones desastrosas, sin comer bien, apenas un poco de pan y agua. Adonde llega, lo primero que hace es coger su máquina de escribir que siempre lo acompaña o simplemente papel y lápiz y enviarle cartas a Olivia. En las mañanas, Revueltas va a la estación de trenes y pregunta si hay carta para él. Cuando le dicen que no, regresa colérico, angustiado, lleno de dudas e incertidumbres.

En esos días de 1936 en que Revueltas se hallaba en Morelia y despertaba feliz, seguro de sí mismo y estimulado por la fuerza de su pasión joven, descubrió un libro "mágico": le anunciaba a "Solveig" que le escribiría extensamente sobre él, porque era preciso "divulgar ese libro", "despertar el interés" sobre todo de las personas a las que se ama. Era *La montaña mágica* de Thomas Mann. Ahí despejó la gran incógnita del hombre contemporáneo: la angustia y

---

[3] *Ibid.*, p. 115.
[4] *Ibid.*, p. 110.

al mismo tiempo el valor para superar esa enfermedad. Más de una vez Revueltas hablaría de la honda impresión que dejó en su formación Hans Castorp, el personaje central que le sirve a Mann para dar su visión desesperada de la existencia. Mencionaba de paso algunos asuntos del Partido sin darles importancia, como si Revueltas hubiera apartado de su pensamiento la militancia política a la que estaba entregado.

El noviazgo siguió su curso incesante aunque previsto. "Somos los cruzados de una causa de amor perfecto. Esto no es idealismo", escribe. Después de una relación intensa, la pareja se casó el 15 de mayo de 1937, precisamente el día del maestro. Y al año siguiente, no obstante la inestabilidad económica, tuvo su primera hija, Andrea. En su departamento de doctor Velasco, en la colonia Doctores, Olivia esperaba a su marido semanas largas y tediosas, consciente de que la "causa" era primordial. Revueltas viajaba sin itinerario fijo. "Al principio de su matrimonio vivían muy pobremente, casi exclusivamente con el sueldo que tenía Olivia como maestra, y con lo poco que él ganaba de los artículos y ensayos que escribía para algún periódico o revista".[5] Rosaura los ayudaba en lo que podía, aunque siempre consideró a sus hermanos mayores, Silvestre, Fermín, como unos bohemios irredentos, y a José, uno de los pequeños, un caso especial.

Revueltas vivía solo con su familia, desprendido de sus hermanas y su madre. En sus ausencias, no proporcionaba ningún sustento pecuniario. Nada importa. Primero estaba la lucha por la transformación de México, la salvación de los desvalidos y explotados; luego su esposa e hija. Importaba más procurar bienestar a la sociedad que al individuo. Obtener unos centavos podía ser innoble en un país tan corrupto y degradado. Así, Revueltas rechaza toda comodidad; vive en los suburbios de la ciudad, igual que su hermano Silvestre. Vivían en la misma calle; se hicieron vecinos. Una noche, cuenta Eugenia Revueltas, Silvestre fue a ver a su hermano; lo encontró en su pequeño cuarto, bebido.

—No puedo creerlo, José, ¿tú también?

—Claro que sí, hermano, yo también quiero ser artista.

Silvestre abandonó de inmediato el tono de "hermano mayor", le palmeó la espalda y le pidió que leyera un fragmento de lo que

---

[5] Rosaura Revueltas, *op. cit.*, pp. 142-143.

estaba escribiendo. José apuró su trago, le prometió que lo haría otro día. "Recuerdo que mi padre —asegura Eugenia Revueltas— y mi tío se encerraban en un cuarto; hablaban fuerte, solos, de la guerra, el socialismo, la Unión Soviética, y de literatura. Horas y horas pasaban así sin que nadie los molestara, aunque la casa se estuviera cayendo en pedazos. Y mientras platicaban, bebían, bebían".[6] Nada les preocupaba sino los asuntos sociales y políticos, la lucha que se estaba librando en España, la amenaza nazi, el destino de México. José y Silvestre no pensaban en el dinero y las necesidades de sus hijos, parecían estar más allá del mundo y las cosas materiales. Eran en esos años uno para el otro. Silvestre hablaba y, con mucha atención, su hermano menor lo escuchaba como quien escucha la última verdad. La palabra y la acción de Silvestre fueron para José una señal de "conciencia revolucionaria". Fue algo más que un hermano: la imagen del artista rebelde, del suicida que rechaza el mundo por su ingratitud y su irracionalidad; José convirtió a Silvestre en una tormenta viva, en un modelo de talento y sensibilidad

"Recuerdo que había una cantina, donde tocaban 'El Barrilito', a la que iban con frecuencia mi padre y mi tío José. No, no parecían hermanos, sino camaradas, entrañables amigos. A veces se metían en un cuarto de la casa que mi papá tenía muy ordenado; tenían su estilo: bebían pero nunca cuando escribían. Bebían muchísimo. Luego, mi padre entró en su última crisis y no volví a escuchar sus sonoras carcajadas. Los Revueltas tenemos cierta tendencia destructora, tenemos un carácter *ciclotímido*, vamos de la alegría profunda a la depresión. Mi papá era así y mi tío José también".[7]

En 1938 Revueltas se inició como "ruletero" en *El Popular*, hizo un trabajo periodístico profundo, extraño para esa época por su dinamismo y su sensibilidad. Entonces enviaba, desde donde se encontrara, cariñosas cartas a su esposa Olivia, consolándola, abriéndole gratas ilusiones para el futuro. Ella debía ir a las oficinas de *El Popular*, cobrar los quince pesos por la colaboración de su marido, o bien pedirle a Efraín (Huerta) un préstamo y seguir adelante. Más que de ingresos regulares y suficientes, se mantenía de la fe depositada en José y, sobre todo, de sus promesas reiteradas. En una carta, enviada desde Mérida, Revueltas le dice: "En mi próxima carta te

---

[6] Entrevista Ruiz Abreu/Eugenia Revueltas, abril, 1989.
[7] *Ibid.*

mandaré un artículo para *El Popular*. Debes entregárselo a Octavio Paz o a Enrique Ramírez. En cuanto se publique deben darte quince pesos, de los cuales puedes disponer como quieras menos enviándomelos. Que Octavio te explique cómo debes cobrar. Vale".[8] Revueltas escribe mucho, todos los días redacta cartas, artículos de varios tipos, polémicas con el PCM, y parece centrado en su novela *El quebranto*; anunciaba haber comenzado la segunda. Lee lo que cae en sus manos. Se preocupa de su Olivia, de nuevo embarazada, de su madre y, fundamentalmente, de su hermano Silvestre. También se había convertido en colaborador del *Diario del Sureste* de Mérida, Yucatán, en el que podía cobrar diez pesos por artículo. Revueltas parecía feliz, lleno de entusiasmo y de planes. En esos años sólo lograba irritarlo la "grilla" entre camaradas del Partido, ciertas disposiciones arbitrarias y las intrigas de rutina en los círculos intelectuales que le relataba con fino humor Efraín Huerta.

Silvestre era su dolor de cabeza y su eco. El músico había sufrido una crisis y lo habían internado en el hospital siquiátrico. El 31 de mayo de 1938 explica a Olivia que

> Lo de Silvestre me ha ensombrecido. Sin embargo, no hay que dolerse de lo que le pasa. Hay que comprenderlo. Comprenderlo con todo nuestro amor. Él es ante todo un artista, un artista tremendo y doloroso que sufre por todos nosotros; que nació para sufrir y llorar mucho; todas las lágrimas que no se lloran, todo el inmenso dolor inexpresado que hay en los pobres corazones de las gentes. Bebe para sufrir —no para gozar, como la mayoría de las gentes— y para entrar más en la vida —no como las demás gentes, que beben para huir de ella. Él sufre mucho y hay que estar con él y amarlo.[9]

Revueltas pedía a Olivia que no se preocupara, él no iba a beber más de lo debido pues tenía un gran dominio sobre sí mismo. Confesaba algunas caídas "leves" en el alcohol pero sin gravedad. Prometía estudiar cada día más, y trabajar con energía y disciplina. Escribir, siempre escribir. Como vocación y huida, como necesidad y búsqueda de su propio nombre, escribía horas, días, semanas. Inquieto por el desarrollo político del país y por el papel que el Partido cumplía

---

[8] J. R., *OC*, v. 25, 1987, p. 163.
[9] *Ibid.*, pp. 148-149.

como representante del comunismo internacional, Revueltas y Silvestre seguían entusiasmados por la Unión Soviética y su proyecto socialista. "En esa época ellos no sabían las cosas terribles que pasaban en la Unión Soviética y tanto mi papá como mi tío vivían ilusionados en el proyecto socialista de Stalin. Era una esperanza encendida. Mi papá solía decir 'yo estaría luchando allá'. Yo pienso que si él o mi tío hubieran ido a la URSS, a vivir y luchar por el socialismo, seguramente se hubieran desilusionado del mundo estalinista cerrado, monolítico, porque ellos eran espíritus rebeldes".[10]

Literatura proletaria

En los años que Revueltas comienza a escribir, la atmósfera cultural está impregnada por el realismo socialista y por un movimiento claramente nacionalista, defensor del indio, el obrero y el campesino. El nacionalismo cultural de los años veinte se propagó en la década siguiente; se trataba a toda costa de exaltar al trabajador y al trabajo; rechazar los prejuicios clericales, poner fin al elitismo burgués del arte europeo, reivindicar las tradiciones indígenas. Según Monsiváis,

> Sin decirlo, la Vieja Izquierda acentuó y pulió la idea del martirio, venerándola en su dimensión vicaria, la sangre del obrero borra y limpia los pecados nacionales, sal a las calles con los brazos abiertos para que alguna descarga homicida te sorprenda en cruz. Claro que no fue así, tal distorsión es inadmisible, o mejor, sería inadmisible de no haberse dado la "literatura proletaria", el adensamiento de versos y novelas donde el obrero muere en el último capítulo a tiempo de que su joven novia recoja de sus manos la (empapada) bandera rojinegra. La circularidad del martirio, sufrir y morir y renacer en el pueblo, resucitar en los ojos arrasados y los puños en lo alto de una manifestación de protesta.[11]

Los pintores, los poetas, se dieron cita en el Partido Comunista de México para reafirmar su tendencia estética y su definición política.

---

[10] Entrevista Ruiz Abreu/Eugenia Revueltas, abril, 1989.
[11] C. Monsiváis, *Amor perdido*, Ed. Era, México, 1977, pp. 130-131.

Ávidos de robustecer sus intentos revolucionarios, vistieron de overol, salieron a las calles a gritar su inconformidad con el gobierno capitalista y su apoyo incondicional a la Unión Soviética.

La proclamación oficial de la doctrina del realismo socialista se hizo en el Primer Congreso de Escritores Soviéticos de 1934. Karl Radek atacó el modo de "escribir moderno, occidental, especialmente la técnica de Joyce". Se recomendaba crear una literatura antifascista siguiendo el método tradicional: el realismo del XIX al estilo de Balzac o Tolstoi. Un poco antes, en 1925, los escritores se habían organizado en una "comunidad de trabajo de escritores comunistas" dentro de la Liga de Escritores Alemanes, que en octubre de 1928 fundaron la Federación de Escritores Proletarios Revolucionarios (FEPR). Esta federación tuvo su órgano de divulgación, *Linkskurve* que propagaría la nueva idea del escritor y la literatura en el mundo. Según la FEPR, la nueva literatura proletaria "contempla y estructura el mundo desde la posición del proletariado revolucionario. Es la rebelión contra el mundo tal cual es ahora, el llamamiento a los cerebros bien irrigados de sangre y a los hombres de anchas espaldas".[12] Se pretendía que el escritor creara una "literatura operativa" que pudiera cambiar el orden social dominante, y que obligara al lector a tomar una posición y lo indujera a la acción. El arte y el proselitismo no eran excluyentes sino complementarios de un mismo fin: instaurar el reino del socialismo en el mundo.

El punto clave que debía desarrollar la FEPR era unir a todos los escritores proletarios bajo una sola bandera: la Unión Soviética. Defender el socialismo de Stalin, difundir los logros económicos y las realizaciones culturales de ese país, era contribuir con el comunismo internacional. "La participación activa de todos los escritores proletarios-revolucionarios en la defensa de la Unión Soviética era uno de los dos puntos principales del programa de la Unión Internacional de Escritores Revolucionarios, de Moscú".[13] Era urgente formar cuadros de escritores jóvenes que escribieran sobre la nueva buena del socialismo. Construir teatros proletarios, publicar folletines comunistas, llamar a los escritores "procedentes de la clase obrera", eran objetivos inmediatos que debían cumplir los comunistas.

---

[12] H. Gallas, *Teoría marxista de la literatura*, 3a. edición, Siglo XXI, México, 1979, p. 25.
[13] *Ibid.*, p. 27.

Ni la mayoría de los escritores y artistas mexicanos, ni José Revueltas fueron inmunes a esa línea estética y política marcada desde afuera. En su libro, *El cuchillo entre los dientes,* traducido y leído en México en los años veinte, Henri Barbusse anunciaba en tono profético "una nueva verdad" que abrazaría el mundo: la del socialismo. Se vivía —agregaba— en el umbral de una nueva Historia en la que triunfaría, la verdad, ya que el mundo actual se encontraba agobiado de mentiras, explotado material y espiritualmente por el capitalismo: "La igualdad ha llamado a la puerta de nuestra época con el nombre de socialismo internacional".[14] El eco de las consignas de Barbusse llegó lejos. Aparte de haber sido leídas por los comunistas de los años veinte y treinta, sus ideas fueron un catecismo. Desde el órgano oficial del PCM, *El Machete*, Xavier Guerrero, Diego Rivera, Fermín Revueltas, José Clemente Orozco, Carlos Mérida y David Alfaro Siqueiros, entre otros, hicieron un llamado al proletariado mexicano e internacional, a los artistas e intelectuales de Europa y Norteamérica para librar la batalla final contra el capitalismo. Paralelamente a esta acción política asumida por el PCM, fue propagada la idea de que el arte debía cumplir una función social.

En el Congreso de Escritores de 1934, Zhdanov dijo que el arte tenía que servir a las clases explotadas concentrándose en los "elementos positivos del comunismo y del proletariado".[15] No sólo había que pintar la miseria de los obreros, sino además proponer soluciones a esa miseria. El escritor debía concentrarse en "la educación ideológica y en la educación del pueblo trabajador en el espíritu del socialismo".[16]

---

[14] H. Barbusse difundió sus ideas en la revista *Clarté*, título que fue imitado en algunos países de América Latina, y fue un punto de referencia obligado para los comunistas de los años veinte y treinta. Véase José Mancisidor, *Henri Barbusse*, Ed. Botas, México, 1945; en donde analiza la vida y la obra de este escritor y teórico marxista. Incansable luchador social, combatiente en la Revolución de Octubre, seguidor fiel de Stalin, recorrió Europa y luego los Estados Unidos divulgando "su verdad". "Sus discursos ('Yo acuso', 'El deber de los trabajadores hacia la Revolución rusa'), grabados en el corazón de las masas, expresan con hondura admirable su pensamiento", señala Mancisidor.

[15] Jean Franco, *Historia de la literatura hispanoamericana*, Ariel, Barcelona, 1975, p. 153.

[16] *Ibid.*, J. Franco descubre que la importancia de la literatura proletaria y la de contenido social radica en que sustituyó los estudios sociológicos que faltaban en América Latina en esos años.

En el contexto latinoamericano era casi imposible aplicar tal realismo socialista, pues acá, a diferencia de Europa o los Estados Unidos, no existía un proletariado organizado como clase, sino indios, mineros, estibadores, campesinos, que no se planteaban aún la necesidad de agruparse en forma independiente. No obstante, los comunistas latinoamericanos fomentaron este realismo; *Amauta*, revista que fundó José Carlos Mariátegui fue un ejemplo en el Perú. Algo parecido hicieron los escritores argentinos del grupo *Boedo*. César Vallejo escribió una novela en la que al menos había la intención de aliarse al realismo socialista, *El tungsteno* (1931), cuyos protagonistas son mineros. La primera edición se hizo en España, bajo el sello de una editorial que divulgaba la producción literaria de la Unión Soviética. En Bolivia, Augusto Céspedes publicó *Sangre de mestizos* (1936); en el Ecuador muchos escritores del realismo socialista ingresaron al Partido Comunista, de donde salió José de la Cuadra que escribió *Los sangurimas* (1934). En Argentina, iniciaron la novela proletaria Max Dickman, Leónidas Barletta y Lorenzo Stanchina. Los mexicanos hicieron lo suyo en esta labor concientizadora de la que casi nadie podía prescindir. Mauricio Magdaleno, José Mancisidor, Juan de la Cabada, Francisco Sarquís, Gustavo Ortiz Hernán y José Revueltas escribieron bajo el ideario del realismo socialista y crearon en algunos momentos la epopeya de los mártires del comunismo.

Esa narrativa se vio reforzada por un movimiento de intelectuales revolucionarios que cubrió los años treinta. En 1931, Siqueiros, Pablo O'Higgins, Leopoldo Méndez y Juan de la Cabada fundaron la LIP (Lucha Intelectual Proletaria) y su órgano *Llamado* que sólo vio la luz un número. Pero sin duda la organización más acabada en esos años fue la Liga de Escritores y Artistas Revolucionarios (LEAR) que se fundó en 1934 y rechazó a Cárdenas y a Calles, y exigió la libertad de los presos detenidos en las Islas Marías. En la LEAR se juntan tendencias extremas, amigos y enemigos: Luis Arenal, Juan de la Cabada, Leopoldo Méndez, Ángel Bracho, Antonio Pujol, David Alfaro Siqueiros, Fernando Gamboa. Editan una revista, *Frente a Frente*. El deseo es unánime: la estricta militancia del escritor. Los empleados del periódico *El Nacional*, el más importante de la época, fundan el Sindicato de Escritores Revolucionarios (SER), dirigido por Héctor Pérez Martínez y Gustavo Ortiz Hernán. El poeta Carlos Gutiérrez Cruz apareció como el teórico del realismo socialista:

> Afirmo que el arte debe asumir un papel eminentemente social y que solamente debe ser portador de asuntos y sentimientos interesantes para la colectividad... cuando no está al servicio de ningún sentimiento general o personal sencillamente no es arte; podrá ser ejercicio lingüístico, ensayo literario, hasta filigrana admirable por la maestría con que fue ejecutada, pero si una obra carece de sentimiento, no puede ser obra de arte.[17]

El ambiente internacional y local era propicio para impulsar el "arte proletario" como salvación del país. Se pensó que México podía transformar su estructura política y económica si lograba crear una literatura que llegara al proletariado. Los jóvenes comunistas se entregaron a esa cruzada, decididos a llevar hasta sus últimas consecuencias los dictados del socialismo internacional. Revueltas fue uno de ellos y uno de los más destacados. Escribió textos, cuentos, poemas, inclusive cartas, marcados con el sello del arte proletario y el realismo socialista.

Su colega José Mancisidor escribió *La ciudad roja* (1932); es la historia de un movimiento obrero que trata de impedir los atropellos a que muchos inquilinos han sido sometidos injustamente. El Sindicato Revolucionario de Inquilinos enarbola una bandera local, y después una internacionalista, a través de la cual hace un llamado a los proletarios mexicanos a unirse en su lucha contra la burguesía. Esta novela, con portada de Leopoldo Méndez, fue publicada por la Editorial Integrales que hace una aclaración: esta obra podría verse como "un grito en la noche, cuando es, en realidad, el rumor del paso pesado de las multitudes efervescentes que van hacia los días ya en prenda y que Integrales recoge y entrega a la llamada universal de unir las filas bajo el sol de una sola bandera".[18] El asunto central de *La ciudad roja* está dado por su protagonista, Juan Manuel, que abandona su pueblo para trasladarse a la ciudad donde debía cumplir una misión social. Allá quedaron sus padres. Sintió el llamado para ir a levantar a las masas oprimidas, reivindicar al obrero que

---

[17] Citado por C. Monsiváis en "Notas sobre la cultura mexicana en el siglo XX", *Historia general de México*, v. II, México, 1986, p. 1461.
[18] José Mancisidor, *La ciudad roja. Novela proletaria.* Ed. Integrales, Xalapa, Veracruz, 1933, p. 9.

ha permanecido humillado durante siglos. En una manifestación que él encabeza, mira a los soldados antes de hacer fuego y les recuerda que son hermanos de la misma suerte. De inmediato, la orden se cumple y las balas pegan contra la masa indefensa. La ciudad, dice Mancisidor, comenzó a teñirse de rojo. Juan Manuel permanece quieto hasta que una bala lo tira al suelo; ya herido, con el "rojo gallardete" al lado, puede aún entonar, con voz doliente pero inmortal, el canto de "La Internacional".

Revueltas también logrará el mismo efecto dramático de la represión en algunos de sus relatos. Igualmente Gustavo Ortiz Hernán, en *Chimeneas* (1937) narra las vicisitudes de una huelga, en la fábrica de hilados y tejidos La Perfeccionada. Como en *La ciudad roja*, en esta novela también surge un redentor social, Elpidio Acosta que explica a los huelguistas la razón última de la lucha: "—Compañeros, la burguesía tiene instintos de fiera, instintos de chacal. Es cual vampiro que chupa la sangre de los trabajadores, cual tigre que destroza a sus víctimas".[19] Pero Acosta es un falso representante del proletariado, pues antes de la huelga ya la vendió al patrón. El mensaje social es evidente: los trabajadores deben detectar a tiempo a quien puede traicionarlos. Otro ejemplo más de esta literatura de clara tendencia proletaria que proliferó en los años treinta, es *Mezclilla* (1932) de Francisco Sarquís. La novela se desarrolla en San Blas, una especie de *soviet* mexicano en las afueras de Jalapa, Veracruz. También Sarquís rinde culto al proletariado a través de Leoncio Cruz, apuesto militante del Partido Comunista, dispuesto a sacrificarse por la libertad de los oprimidos. Su movimiento ha sido salvajemente reprimido, pero él se mantiene en pie de lucha. Desde la cárcel sigue en su misión; golpeado, tirado a un calabozo como animal, Cruz se levanta para comunicarse con los presos. Les habla de la redención de los oprimidos, del gran día que se acerca en que los pobres de la tierra se levantarán y olvidarán el oprobio en que los tiene hundidos el trabajo y el capital. Leoncio paga muy cara su pasión por el comunismo.

Esta literatura y su llamado directo para hacer la revolución, dejó en México una huella gigantesca, sembró las semillas esquemáticas de la fe ciega en los dictados de la URSS y su líder José Stalin. Revueltas nació a las letras bajo ese signo pero agregó a su obra elementos

---

[19] Gustavo Ortiz Hernán, *Chimeneas*, México Nuevo, México, 1937, p. 136.

telúricos, una visión apocalíptica y un mundo religioso terrible y contradictorio. Es evidente que la fuerza del estalinismo cautivó a una generación completa de escritores, militantes, artistas y periodistas. Fue un tiempo de entrega religiosa a la causa del comunismo. Durante un mitin bajo la lluvia, Germán de Campo, baluarte de la revolución del provenir, dijo: "Alguien tiene que morir para que México se salve, y ese alguien probablemente sea yo. Si me matan, si me toca caer, pónganme sobre la tapa del féretro para hacer callar para siempre, con mi presencia muerta, a los enemigos del pueblo".[20]

Primeros pasos

Desde que Revueltas comenzó a escribir, lo hizo con una pasión liberadora que le permitió aproximarse a los laberintos de la literatura. En 1934, recluido en las Islas Marías, escribió un poema; se trata de algunas imágenes que tenía de Homero y Cervantes, Valle-Inclán y Rubén Darío, y que utilizó para cantarle a la mujer amada. Sueños, nombres, deseos, para rechazar "todas las cosas de las gentes sensatas".[21] Poco tiempo después, en 1937, compuso el "Nocturno de la noche", poema sobre el sinsentido de la vida y del mundo. Sangre derramada, asesinos, vientres embarazados deben arrepentirse, señala el poeta, que quiere golpear en el polvo.

> Cuando la noche.
> Cuando la angustia.
> Cuando las lágrimas.

A pesar de estas incursiones poéticas, jamás se sintió poeta; sus versos fueron pasatiempo o descarga sentimental, no una función específica en su quehacer literario. En sus primeros relatos, de 1937 a 1940, Revueltas fue creando un mundo sórdido, hermético, proclive a la predestinación del sufrimiento, y de acentos autobiográficos. El hombre que aparece en ellos es mártir o verdugo, culpable o inocente, iluminado o fracasado. Aunque eran sus primeros pasos literarios, ya perfilaban al escritor posterior. Pero en sus poemas,

---

[20] Véase Mauricio Magdaleno, *Las palabras perdidas*, Fondo de Cultura Económica, México, 1956, p. 167.
[21] J. R., *OC*, v. 11, 1981, p. 255.

como el citado "Nocturno de la noche", también hay desesperanza. Ahí alude al semen espía, maldito semen, coludido con la noche en la que hay un submundo que agobia al poeta: "los papeleros se duermen en la calle". Lo más importante que escribió Revueltas en esos años fue sin duda su novela *El quebranto*, que perdió en 1939 en la estación de trenes en Guadalajara. El año anterior, se encontraba en Mérida, Yucatán, adonde había ido a trabajar como profesor de primaria. Desde allá le anunció a su esposa Olivia que había terminado su novela y comenzaba rápidamente a escribir otra. Por lo menos, *El quebranto* fue concluida en Mérida, y comenzó *Esto también era el mundo...*, que dejó inconclusa y sin título definitivo.

Revueltas trazó un plan para desarrollar "El quebranto" que incluía la vida en el reformatorio, el amor infantil del protagonista, la caída, la tempestad. Era una historia un tanto lineal, plana. Efraín Huerta, que conoció el manuscrito, fue el primer crítico de Revueltas al que llamó "joven promesa de la literatura". Revueltas "es muchos hombres a la vez y un solo revolucionario. Ágil —tiene mucho de ave del altiplano—, siempre despierto, sonriente y amigable"[22] nos obliga a entrar en un mundo terrible. Revueltas había entrevisto en el mundo carcelario una profunda visión del hombre azotado por la injusticia: "En los reformatorios el joven queda partido por la mitad, para toda la vida incompleto, con un trozo mínimo de espíritu, media sonrisa y un solo ojo para no ver más que el color gris".[23] En ese mismo artículo publicado en *El Nacional* el 16 de mayo de 1938, Huerta señalaba la importancia de escribir una literatura desde el tormento y para la negación del hombre: "Se llega a un lugar de negación. Lugares de negación son los hospitales, los manicomios, los orfanatorios y las cárceles. Todo aquí es de una tristeza descarnada. Todo aquí está regido por un formalismo de hielo mortal".[24]

Emocionado, Revueltas le comentó por carta a su esposa Olivia que agradecía mucho a Efraín sus atenciones. Le decía que al leer el artículo en Mérida se quedó asombrado porque es "la primera crítica literaria que sobre mí se ha escrito". Estaba contento y no quería disimularlo, prometía seguir escribiendo, en primer lugar, sus experiencias carcelarias y, en segundo, su visión escéptica del mundo. Este fragmento de novela fue el germen de los asuntos que

---

[22] El artículo de Efraín Huerta está reproducido en J. R., *OC*, v. 11, 1981, p. 301.
[23] *Ibid.*
[24] *Ibid.*, p. 302.

posteriormente apasionaron a Revueltas; además, marcó el punto de partida de una visión desgarrada y profundamente religiosa del mundo y de los hombres. Es la historia de Cristóbal, encarcelado a los 14 años de edad; desde la prisión recupera fragmentos de su infancia (de la que aún no sale): los hospitales que alguna vez observó, el calcio que su madre le daba porque tenía muy débiles los huesos, también la casa de los masones cuando vivía en provincia, lugar que era un misterio. Revueltas confesó que el protagonista, en efecto, era él, y el reformatorio donde lo ubica, el mismo en el que estuvo preso. Con todo, *El quebranto* —un fragmento que se recuperó de la novela extraviada en Guadalajara— tiene su propia dinámica basada en dos personajes nebulosos: Cristóbal, especie de memoria del propio autor, y Abel, un ángel que socorre, comprende y estimula a su colega de desdichas. Esta primera cárcel que nos describe Revueltas, aún no toma las proporciones oscuras, diabólicas, de las que seguirán después. La de este relato parece una cárcel-dormitorio, internado informal que permite observar la mística carcelaria.

El tiempo que ocupa el relato es mínimo, lo que dura el registro de un "reo" de nuevo ingreso en el reformatorio de la ciudad. Pero está poblado del mundo infantil de Cristóbal. Se trata de recuerdos a veces incoherentes, como los de cualquier niño, a veces claras protestas y a veces franca fatalidad: "Allá afuera el crepúsculo estaba a punto de caer. Dentro del alma de Cristóbal se sucedían sentimientos contradictorios ante el espectáculo que ofrecía aquella tarde agonizante".[25] Y califica esa visión de fantástica y sobrenatural, mientras que al empleado lo compara con el *Hombre invisible* de H.G. Wells. En tanto que Cristóbal evoca algunas imágenes de la escuela y de su maestra que tocaba el piano para que los niños cantaran "una mañana de abril, perfumada de jazmín", trasunto del Paraíso perdido, Revueltas establece un contrapunto con el *abril* en que se desarrolla la historia del relato, un *abril* triste en que la cárcel y sus muros inmundos de cemento aprisionan a Cristóbal. Este abril se ha convertido en un número; pues la prisión suprime todo recuerdo sublime y transforma todo en noche interminable. Afuera, la libertad y la nostalgia: "Allá, el día, el sol y la esperanza", en el interior del reclusorio y de Cristóbal, la conciencia del martirio:

---

[25] J. R., *Obra literaria*, Empresas Editoriales, México, 1967, v. II, pp. 416-417.

"¡Dios mío! ¿Si se habrá caído todo, si todo no será ya solamente tinieblas y ceguera?".[26]

Los recuerdos de Cristóbal parecen ligados a la vida de Revueltas. Pero, sobre todo, anuncian el camino que seguiría su narrativa. Esa impresión concedida a Cristóbal, de la noche y la oscuridad como de algo inacabado, ciego, inmortal, se detecta en otras historias y personajes revueltianos. Cristóbal recuerda a su hermana y los cuentos que le contaba de muertos en una llanura vacía, despoblada, infinita de tan larga. "Cuando llegaba el crepúsculo, que era negro: el sol era negro y no tenía luz, aparecía en el horizonte una mano blanca como el papel y larga, que llamaba a los caminantes. (...) Todos los hombres que seguían la mano —y eran muchos—, desaparecían para siempre y 'nunca, nunca, nunca —decía su hermana ahuecando la voz—, por los siglos de los siglos, de los siglos, volvía a saberse su paradero'. Aquí ella daba un grito: ¡ah! y él prorrumpía en llanto, asustado".[27]

El burócrata que recibe a los presos es comparado con un murciélago; allí estaría él toda una eternidad, en aquella noche, como purgando su propia condena. A Cristóbal sólo le llegan imágenes difusas de su pasado, bajo la niebla, poco precisas. Entre el empleado —producto de una burocracia torpe— y él, hay una distancia que la luz decide; es una luz que jamás habían visto los ojos de Cristóbal, la luz del desamparo y el dolor, de la crueldad y la enajenación, precisamente a la que el empleado está acostumbrado. Los seres que él descubre en el reformatorio parecen bañados por esa luz que los blanquea y los convierte en espectros; sus actos, sus sueños y deseos, sus palabras están rociados de luz opaca, de vacío. Seres grotescos, de cabezas rapadas, uniformes, en actitud servil. Viven en un espacio clausurado. "Cristóbal presentía el mundo al cual estaba penetrando: un mundo de humillación, de descarada tristeza, de desorden y abatimiento".[28] Los compara con perros obscenos, satisfechos con su suerte, incapaces de imaginar otra realidad que no sea este mundo desnudo, frío y desolado donde subsisten, mundo de la desnudez, "del quebranto". Aunque adolescente, Cristóbal se plantea cuestiones profundas: se le acusaría "frente al tribunal del mundo" y toda la tierra conocería sus debilidades, y regresa a su

---

[26] *Ibid.*, p. 404.
[27] *Ibid.*, p. 417.
[28] *Ibid.*, pp. 411-412.

pensamiento la hermana inquisidora, cruel, vigilante que lo atormentaba de niño.

Cristóbal conoce ahí a Abel, otro joven a la deriva. Entre ambos nace una extraña relación de solidaridad y amor. El narrador se pregunta, asombrado: "¿Qué relación fantástica y sobrehumana se ha establecido entre ambos jóvenes? ¿Qué ocurre en este mundo?" Se besan en el dormitorio como poseídos; en seguida pagan su culpa con el desprecio de los demás compañeros que los señalan.

En los relatos sobre cárceles, Revueltas describe homosexuales, desviados, prostitutas y drogadictos. Pero es poco frecuente hallar escenas como la de Abel y Cristóbal, que siendo camaradas manifiesten un gesto homosexual. Y el narrador, inclemente, descarga toda la autoridad de la cárcel sobre ellos. Sobresale en *El quebranto* la agresividad de las instituciones y el mundo sórdido, gris, que seguirá a Revueltas hasta su tumba.

El fragmento de la otra novela que Revueltas escribió en Mérida, en 1938, *Esto también era el mundo...*, se desarrolla, como el anterior, en la cárcel. Su fuerza radica en la bruta descripción del dolor. Su estilo es barroco, de periodos largos, tedioso, débilmente estructurado; pero interesa notar que los presos en huelga de hambre que nos entrega Revueltas son verosímiles debido, entre otras cosas, a su calidad de sombras que, incluso al borde de la última caída, se solidarizan y muestran su vocación revolucionaria. Es una historia en la que vemos, a través de esos seres desvalidos, el vértigo, la expiación, el abismo al que están sometidos irremediablemente. Hay algo más: el tiempo estático. Una campanada suena en la inmensidad de la noche y el narrador señala que no marcaba —ese reloj— ningún tiempo. "Había vibrado en el aire y se había metido en la galera incorporándose a las camas, a las paredes, a los diez hombres que se estaban odiando ahí, en la Prisión Militar de Santiago".[29]

Las prisiones que Revueltas conoció en su adolescencia fueron tema obsesivo en sus relatos. La autobiografía será una constante en su obra. En el personaje Gabriel Mendoza de *Esto también era el mundo...*, Revueltas se autodefine: revolucionario encadenado a una fe, rebelde, amante del peligro y de la muerte más que de la vida, porfiado en sus convicciones, apóstol del proletariado. De nuevo, regresa a la memoria de Mendoza el reproche de su "aristocrática hermana"

---

[29] J. R., *OC*, v. 11, 1981, p. 86.

que le dijo que era un fracaso rotundo: "—tú estás en el sitio de los fracasados. De los que han visto en la revolución un recurso para consuelo de sus vidas en derrota. Esto es resentimiento, sólo resentimiento y amargura...".[30] Frase condenatoria, hiriente que se apodera de Gabriel y no lo suelta. ¿No sería que al mismo Revueltas lo atormentaban las frecuentes réplicas de su hermana Rosaura por sus actividades revolucionarias? Tal vez. Pero un aspecto determinante de Mendoza es el contraste que se establece entre él y Rosendo, un zapatero en prisión que soporta con estoica felicidad la injusticia detectable en su mirada, en su barba "que le daba un aire de santo". En la prisión militar se encuentran varios revolucionarios cuya fe los alienta minuto a minuto. En su huelga de hambre, el jefe de la cárcel se sienta frente a la celda —mesa con mantel, cubiertos— de los huelguistas, y le sirven sopa, carne, ensalada; los comunistas le dan la espalda para evadir la provocación y acto seguido, "se pusieron a cantar un himno revolucionario". Una y otra vez cantaron "La Internacional" hasta que lograron destruir el insulto del coronel; el canto enérgico vence de un tajo la inmoralidad, el autoritarismo y la voluntad minúscula de ese "hombre". Son escenas donde triunfa la voluntad revolucionaria, la mística de los camaradas.

Aparte de haber sido un fantasma y una terrible realidad que siguió a Revueltas toda su vida, la prisión es un lugar que puede redimir al hombre. Eso se debe a que describe las prisiones como purgatorio y paraíso. "El sufrimiento, la pasión, la inspiración humanas pueden tener lugar en el más reducido de los espacios. Estamos acostumbrados a la cólera, al odio, a la nobleza, a la rectitud de nuestros semejantes. Pero eso es *allá*, del otro lado. Aquí todo se agranda, se hace monstruoso: el valor y el miedo, el sufrimiento y la alegría, la cólera y la bondad".[31]

Desde su celda, el revolucionario Mendoza, que se lanzó como Revueltas a la lucha a los 14 años de edad, reflexiona sobre la vida y el sentido de la revolución, piensa en su familia y en la miseria, la soledad, el olvido. Para vencer las sombras de la prisión se requiere valor, una luminosa conciencia del hombre y transformar la realidad social, se dice a sí mismo. Pero ve que está encadenado. Repasa su existencia y anuncia que cumplirá veinte años próximamente, y que

---

[30] *Ibid.*, p. 69.
[31] *Ibid.*, p. 67.

lleva seis en la lucha revolucionaria. Justifica su decisión porque el "hombre es sufrimiento vivo" del que ha de salir para alcanzar la alegría. Mendoza es azotado por haber hecho una pregunta imprudente; lo amarran entre los barrotes de su propia celda y el sable cae sobre la espalda de este Cristo del comunismo. Del fondo del dolor brota como un bálsamo que cura todas las angustias, el canto de "La Internacional" que lo sitúa de inmediato por encima del mundo. Mediante su firmeza y su temple, Mendoza vence la irracionalidad del verdugo, vence la "gran máquina de triturar hombres".

La presencia de esos lugares de degradación conmovió al escritor y al militante. La cárcel, desde *Esto también era el mundo...* a *El apando* (1969), es luz y sombra, castigo y recompensa, martirio y placer, pero sobre todo es un espacio unidimensional, enajenado. La patología de la cárcel parece el reflejo de la locura de la sociedad; el sistema político implanta un estado represivo que agrede la conciencia y en la cárcel la agresión se vuelve enfermedad. Las cárceles sirvieron a Revueltas para conocer en detalle a los hombres del subsuelo, los endemoniados que viven prisioneros de sus propios fantasmas. En ellas se pierde todo signo humano y reina el hombre en estado primitivo; borradas las esperanzas más elementales, el reo se introduce en sus infiernos interiores. De ahí que la esperanza única que tienen los revolucionarios como Mendoza es la redención que les concede el Partido Comunista. En sus largos monólogos, el preso sabe que se encuentra humillado, reducido a un número y piensa en el amor, en la calle y el Partido, "en la libertad". Mendoza descubre que su sufrimiento carcelario queda justificado por la lucha partidista. Anticipación de la obra posterior de Revueltas, "Esto también era el mundo..." describe la cárcel como purgatorio necesario para las "almas puras" del Partido Comunista. Este esbozo de novela muestra la realidad de la muerte apoderándose de los movimientos de cada personaje, de sus gustos y deseos. La idea de la muerte como vocación y motivo literario que Revueltas convertirá en su obra posterior en reflexión metafísica.

Los dos textos señalados parecen un mismo ensayo autobiográfico dirigido a la comunidad comunista que en esos años luchaba contra el sistema carcelario implantado por el Estado. Había que destruirlo y en su lugar construir la sociedad sin clases, sin explotadores, humana y feliz. Otro cuento de esos mismos años es "Foreing Club" (1937), cuya historia es una huelga de choferes que termina en masacre. Dedicado a los "trabajadores del volante", está basado en la huelga de diez mil "ruleteros" que el 19 de julio de 1934,[32] durante la campaña presidencial del general Cárdenas, se declararon en huelga en la ciudad de México, "en contra del concesionario de un sitio de automóviles establecido en el Foreing Club".[33] El motivo que origina la huelga en el cuento de Revueltas es el aumento injustificado en el precio de la gasolina. Una noche se dan cita frente al Foreing Club, pues ahí se encuentra cenando con su amante el presidente de un importante consorcio petrolero que sugirió subir el precio de la gasolina. Un tanto inexplicablemente, los choferes caen en una emboscada tendida por la policía y el ejército. Estos infatigables luchadores proletarios son descritos como hordas dispuestas al sacrificio, no precisamente como revolucionarios. Son guiados, en primer lugar, por el Partido Comunista de México; en segundo, por una fuerza ciega que domina sus voluntades. Aún más, cuando del Club empiezan a sonar los primeros disparos, los choferes no intentan ponerse a salvo. Las balas hacen que algunos de ellos caigan heridos, pero la entrega de estos hombres puede más. Para Revueltas era más importante sacrificar a sus personajes en nombre del comunismo, que escribir un cuento razonable. En la noche los trabajadores parecen "negros y brillantes"; la solidaridad los hace invencibles. El cielo también goza de ese regocijo, pues está poblado de estrellas que se encienden y se apagan y revelan una "disciplina inexorable, que anuncia una potencia destructiva e invencible, superior a los hombres como el rayo o la tormenta". Luego llega la masacre.

Un detalle impresionante de "Foreing Club" es que el narrador encabeza a los choferes, va en primera fila, narrando en plural y en primera persona: "Bañado de luz, esbelto y bruñido, aparece el Foreing Club ante nuestros ojos". Ellos gritan "abajo el alza de la gasolina" pero además "abajo el imperialismo" y la exaltación y el odio se apoderan de la masa que de repente empieza a volcar los coches estacionados junto al club. Es el momento de la represión, pero también de mostrar que los proletarios deben sacrificarse por

---

[32] Véase R. Salazar, *op. cit.*, p. 107. Salazar aclara que esa huelga de choferes —semejante a otras que estallaron en esos años— fue desconocida por la Junta de Conciliación y Arbitraje, después de tensas discusiones sobre si los taxistas eran trabajadores o simples arrendatarios. La Junta decidió excluirlos; es decir, no los consideró como trabajadores porque sus relaciones de trabajo "son de índole distinta al contrato de trabajo".

[33] J. R., *OC*, v. 11, 1981, p. 164.

su redención social y económica, política y humana, bajo la bandera del socialismo. Entonces todo se tiñe de rojo: "El cielo, parpadeante, azul, de obscuro razo, se nos nubla. Mi camarada ya no está conmigo. Yo estoy en tierra, mojada mi camisa en un líquido espeso, caliente, acogedor, móvil y puro".[34]

En 1939 Revueltas estuvo en Guadalajara, comisionado por el Comité Central del PCM; fue amonestado seriamente por su conducta irresponsable: se había emborrachado y no se presentó a las oficinas del Partido. Ante esta acusación, hizo un examen de conciencia, y en una carta dirigida a Andrés Salgado, Revueltas se arrepiente de su falta:

"Quisiera un castigo muy fuerte, muy enérgico, pero el pedir esto aparecería como insincero y tonto. ¿Qué hacer? Nada me causa más terror como que esas cosas se digan en público, en una reunión. No podría asistir, de ninguna manera, a la cita que me dan en la comunicación que te copio. Lo fantástico es que nunca he experimentado tal insatisfacción conmigo mismo, nunca me he despreciado tanto".[35] Y en esa carta usa por vez primera, la frase de Goethe, "Gris es la teoría, y verde es el árbol de oro de la vida", que lo acompañará siempre.

En diciembre de 1939, Revueltas parecía sometido a una disciplina partidaria rígida y esquemática de la que ya empezaba a incomodarse y, sobre todo, a ver con ojos críticos. Volvió a Guadalajara con la intención de cerrar la herida que había abierto su conducta y la carta acusadora de la comisión juvenil del Partido. Entonces perdió sus papeles, libros y manuscritos; se lo confiesa a su esposa Olivia: "Como te digo, perdí mi maleta; con ella a mi hermano Nietzsche, los *Diálogos* de Platón; *La montaña mágica*, Eça de Queiroz. Además los originales. Pierdo totalmente *El quebranto* (lo cual ni me apena ni me regocija). Las otras cosas: 'Las cenizas', 'La fealdad de Dios', y 'La conjetura' se salvan, para desgracia de la literatura".[36]

Revueltas siguió en Guadalajara el mes de diciembre y, al llegar la Navidad, le envió una carta a su hija Andrea que tenía un año de edad. Le decía que su padre era un "joven lejano que nunca ha sido pobre", sino siempre rico y espera con ansiedad que el "Amanecer" llegue pronto. Esa Navidad quiso comprarle a su pequeña Andrea un

---

[34] J. R., *OC*, v. 25, 1987, p. 185.
[35] *Ibid.*, p. 189.
[36] J. R., *OC*, v. 11, 1981, p. 194

hermoso juguete. Lo estuvo mirando tras la frontera imposible del escaparate, pero "la riqueza" le impidió comprar el juguete. A cambio del juguete, su padre escribió un cuento, le armó un "Espanta-pájaros", "un terrible monigote" que podría servir tanto para ella "como para otras hijas e hijos que andan por ahí, soñando con Navidades que no se les pueden regalar". El cuento es una parábola que no dejaba de reflejar la lucha interna que Revueltas libraba. Solidaridad con las causas nobles de la humanidad, mensaje de amor, invitación a reconocer en la pobreza el estado natural del hombre, manifestación política y partidista de un militante del PCM, "Parábola del espanta-pájaros" es un texto clave. Por un lado, deja entrever que el hombre explotado por un señor (el dueño de la tierra) que paga a esbirros (el espanta-pájaros) debe romper esa cadena armado de voluntad y de fe; por otro, pretende demostrar que la felicidad es posible si hay una repartición equitativa de los bienes, se extirpa la competencia y se instaura una nueva armonía universal. El personaje del cuento es un labriego que se queda dormido en mitad del campo y de sus espigas; sueña que han desaparecido del mundo la explotación y la riqueza, el Estado y su aparato represor. Vemos que el trigo que cuida ya no pertenece a un propietario sino a todos los hombres de la Tierra; esto lo impulsa, al despertar, a derribar el espanta-pájaros que vigila las tierras del patrón, y entonces ya es capaz de decirle: "—¡Guardián miserable de un trigo que pertenece a todos los hombres y las aves, y no a un solo dueño! —gritó el labriego", al tiempo que lo derriba de un golpe. En ese instante, como una revelación, bajan del cielo miles de pájaros cantando alegremente para darle más fuerza y más valor. El sueño del labriego se vuelve realidad; soñaba que los pájaros llegaban felices por un granito de trigo y cuando despierta y mata al espanta-pájaros, en efecto sucede la imagen soñada.

> En su sueño aparecieron entonces grandes y dorados montones de trigo. Era el trigo de toda la Tierra. Trigo de la hermosa Australia, trigo de la magnífica América, trigo de Rusia, trigo de la India... Hombres de los más distintos: rubios, negros, morenos, amarillos, vestidos de muy diversas maneras, con turbantes, con feces y extraños gorros, tomaban una parte del trigo —por cierto bien pequeña—, la indispensable para hacerse un pan grande, que repartir con los hijos.[37]

---

[37] *Ibid.*, p. 178.

Como toda parábola, la de Revueltas tiene una enseñanza moral; él quería unidad, hombres en completa armonía social, económica y ética. En su conciencia se debatía el ser atormentado por una culpa inmensa y el idealista. En sus cartas de esos años, prometía disciplinarse y estudiar en serio, mientras Olivia y su pequeña hija Andrea extrañaban al padre ausente. ¿De qué tipo fue aquella culpa? Moral y sobre todo religiosa, cercana a la piedad. En sus poemas —que escribió en su estancia en Mérida— habla del llanto, de la sangre derramada. En su "Canto irrevocable" declara: "Yo, que tengo una juventud llena de voces, de relámpagos, de arterias vivas", deja ver su desesperación. Otro verso desgarrado: "y llora mi sangre". Otros poemas muestran asimismo al poeta indefenso frente a la risa de los niños, solitario y pobre.

En su relato "Las cenizas" (1939), Revueltas se aparta de las cuestiones revolucionarias, la exaltación del comunismo y los querubines del proletariado, y como en esos poemas citados, entra en las profundidades del alma humana. "Las cenizas" cuenta la historia de un hombre que escribe su testamento moral, antes de suicidarse. Desgarrado en su vida matrimonial (Lucrecia, su esposa, se cortó las venas después de haber parido a Julián), se encuentra aislado de la sociedad en tanto sufre alucinaciones de la muerte, el suicidio, entre los cadáveres que destaza para venderlos a estudiantes de medicina. Julián descubre a tiempo el intento de su padre y lo maldice por cobarde, porque es un viejo ruin y desdichado. A través de la relación padre-hijo, sólo vemos desolación, una existencia al borde de la explosión. Están cogidos por la desgracia y las alucinaciones. Desequilibrados, se odian terriblemente con la esperanza de llegar pronto a la autodestrucción. El padre escribe: "Pero existimos hombres tan malditos, tan grandemente solitarios y abandonados, que hasta la misma mentira se nos niega, que la verdad se nos muestra con toda su alucinadora presencia. Tenemos que marchar, entonces, al sacrificio. Al sacrificio de vivir, al sacrificio de soportar sobre nuestras espaldas una verdad incomunicable y perniciosa".[38] Azotado por una pesadumbre que lo trastorna, desea la muerte, mientras el hijo lo maldice en un ambiente de desdicha. Seres como poseídos por la misma obsesiva enfermedad de la alucinación y el desvarío. Mentes aprisionadas porque no ven sino sombras a su alrededor, y sólo les interesa desgarrarse.

---

[38] J. R., *OC*, v. 24, 1983, p. 217.

"Porque el hombre es una criatura miserable y pobre". Aparte de su propensión al suicidio, el padre de Julián es un borracho que ha caído en el vicio, en la podredumbre cotidiana. La influencia de *La casa de los muertos* de Dostoievski y *La montaña mágica* de Mann resulta evidente; también de algunos cuentos escabrosos de Poe. Pero era un mundo literario aún en ciernes, que Revueltas construía con desbordada entrega y sobre todo, con su propia inclinación al sufrimiento, la culpa, el alcoholismo, y su confianza pasajera en la salvación del hombre mediante el socialismo soviético.

La narrativa de Revueltas en estos años se caracteriza por su tendencia a mostrar situaciones en el límite, personajes abatidos por la angustia de haber venido al mundo o por las balas represivas del sistema capitalista. En sus artículos también es posible advertir esa preocupación por la muerte, el porvenir, la decadencia generacional y la maldición sobrenatural que pesa sobre el hombre. "Luchando contra el fracaso", también escrito en ese intenso 1939, es uno de esos textos prematuramente maduros de Revueltas. En él, habla del fracaso como una expresión de la decadencia capitalista; de paso describe a Tolstoi que pasó sus últimos días huyendo, llorando "por su fecunda esterilidad". Lo llama arrepentido y "santo ruso" que buscó la verdad toda su vida sin lograrlo. A Nietzsche lo llama "genio del individualismo burgués y de la negación". La historia nos conduce al escepticismo; no hay lugar para el optimismo ni para la plenitud. Revueltas se hallaba convencido de que el futuro borraría esa idea enferma que provoca el fracaso y sólo quedaría como un eco en la memoria. Pedía acercarse a una idea "más alta y generosa" que hiciera posible el triunfo del hombre, no del individuo. Y concluía: vivimos bajo la sombra del fracaso.

Uno de los ensayos más densos y apasionantes de ese 1939, es sin duda "Sobre Tolstoi y Dostoievski", donde Revueltas se descubre y deja ver la tremenda similitud que encontró entre éste escritor ruso y su propia vida. Escrito a los veinticinco años, es un testimonio que permite establecer cierto paralelismo entre ambos. "Dostoievski era un niño abandonado en la calle o en la estepa sin voces, un niño que aullaba buscando consuelo, gritando por todas las paredes, perseguido por la maldad y la perfidia de los hombres".[39] En ese abandono Revueltas vio tal vez el suyo. Pero Dostoievski fue azotado por una

---

[39] *Ibid.*, p. 219.

fuerza invencible: el miedo. Sentía miedo de todo y a todas horas. ¿No fue ese miedo el que le negó el valor de hacerse a la lucha?, pregunta Revueltas. En la soledad de Dostoievski, en su martirio y claudicación, se advierte una contradicción irritante, terrible. Revueltas lo considera un escritor extraordinario, pero rechaza su llamado a la sumisión del poder imperial. Ve en sus "amores satánicos y desdichados", quebranto y pecado, un espejo en el que "todos los hombres pueden contemplarse". Le sorprende que después de la prisión, Dostoievski se haya sentido agradecido con su verdugo, el zar. Es una prosa intensa, salida de un sentimiento profundo y trágico de la vida, que sale de Revueltas convertida en análisis de esa figura sublime, gigantesca, llena de martirios y huidas que fue Dostoievski: "Se le han abierto los ojos a una nueva luz, la vida aparece ante él como algo renovado; de ahí en adelante sus propósitos serán los de entregarse a la edificación moral, al ejemplo cristiano. Esta actitud no solamente sorprende y desconcierta, irrita, exaspera". Es decir, Revueltas entiende la situación moral de Dostoievski, pero no su llamado al sufrimiento ni su idea de poner la otra mejilla. Al hablar de las ideas políticas de Dostoievski, las justifica pues se inscriben en el "socialismo" que lo rodea. Se trata de un socialismo "antipático", puesto de moda por los "lectores burgueses de Darwin". En varias ocasiones, Dostoievski se burló del socialismo; en sus obras lo ve como un sistema imposibilitado para establecer una sociedad más justa en el mundo. Y esto molesta a Revueltas, aunque le concede al escritor ruso una inmensa humanidad que hizo posible una obra indeleble. Dostoievski aparece ante los ojos del joven Revueltas como el pecador de infinita piedad, el solitario, el sometido, el hombre que ha padecido cárceles e infortunios, penuria, pobreza, dolor. Y con todo, fue el escritor más sólido de su generación. Tolstoi en cambio, se irguió ante el cristianismo, mientras que Dostoievski se mostró siempre indefenso, rendido, humillado.

En 1945, Revueltas, retomó la discusión sobre estos dos escritores rusos, ampliándola y profundizándola notablemente. La idea de Dios, dice Revueltas, levanta el ánimo y la fe de Tolstoi, mientras que a Dostoievski lo hace caer de rodillas y pedir perdón a los hombres. A éste, Dios lo destroza, le quema las entrañas; es culpa y martirio: "La idea que Dostoievski tenía de su propia pequeñez e insignificancia con respecto al misterio de lo divino —pequeñez e insignificancia radicales, abrumadoras, sin concesión alguna—, no le hubiera permitido jamás un desplante como el de Tolstoi. El cristianismo para Dostoievski parece implicar en ciertos momentos hasta la no creencia en Dios".[40] Piensa que creer en Dios es una actitud temeraria y se dedica a "predicar el sufrimiento, la destrucción, el caos, la expiación". El autor de *Crimen y castigo* propone el sufrimiento como una forma para alcanzar el reino vedado a los hombres; padecer por los demás y por el pecado, he ahí la salida. El fin del hombre radica en sentirse peor que sus semejantes y hacerse responsable de los pecados de la humanidad. Tolstoi busca a Dios sobre todas las cosas, para tranquilizarse y vivir en armonía; le teme a la duda y más aún a caer "en manos del Dios vivo". Su idea central es que el hombre no tiene nunca un fin, no sabe adónde lo conduce la jornada. Tolstoi aspira a la santidad, después de haber escalado la montaña de la vida.

> Su vida —piensa— ha estado llena de equivocaciones, de desvíos, quiere morir olvidado y que en la conciencia de todos no quede sino el recuerdo de sus fracasos; pero —y aquí el ángel rebelde se posesiona de su espíritu—, quiere morir como un santo, como un profeta silencioso y siempre en el olvido, mas en todo caso superior, por encima de todo el resto.

Revueltas comprendió muy bien la dimensión moral y religiosa de Tolstoi y Dostoievski, la lucha entre el bien y el mal que libran sus personajes, el sufrimiento y la humillación a que la sociedad los expone. Aprendió la lección. Y algo más: conoció parte de la biografía de cada uno y, por lo tanto, el valor con que Tolstoi y Dostoievski se enfrentaron a los infortunios de su tiempo. En 1940 Revueltas hizo un llamado a la juventud para no dejarse llevar por el escepticismo, al que califica de *dostoievskismo*.[41] Ya que los jóvenes de entonces carecían de vocación para el sufrimiento, era preciso dejar en paz al atormentado y humillado autor de *Demonios*. Revueltas observaba la falta de fe y de moral: se habían perdido todos los valores y no había confianza ni en los nuevos ni en los viejos valores. Todo olía mal. Persistía una voluntad de sufrimiento y sacrificio opacada por los "filisteos" que la negaban o no

---

[40] *Ibid.*, p. 222.
[41] Se trata de un artículo agudo, "Moral de filisteos", reproducido en *OC*, v. 24, pp. 161-163.

les importaba. Revueltas aseguraba que se vivía en una época de transición que suele traer "aparejados grandes peligros para la moral del hombre"; se vivía una prueba dura, "de fuego y de lágrimas, de esperanzas y desencantos".

VI
La generación perdida

El periodo que va de 1935 a 1940 fue decisivo en la actividad política y literaria de Revueltas. En realidad atendía tres frentes; primero, el de su militancia rígida, con algunas fallas, en las filas del PCM; segundo, la escritura de textos literarios, manifiestos proselitistas, artículos sobre escritores, crónicas; y por último, los asuntos familiares que precisamente en esos años lo abrumaron. Revueltas juraba a menudo enmendarse, evitar a toda costa las caídas alcohólicas, como puede verse de una manera transparente en su correspondencia. ¿Pero quería y no podía?

La Revolución mexicana era un fenómeno social que lo subyugaba, y al mismo tiempo veía en el PCM una posibilidad concreta de redención de los trabajadores. Sus ojos estaban puestos en el comunismo soviético. En algunos escritos sugería estudiar y capacitarse en el taller, en la fábrica, en la cátedra, en la prensa. La juventud marxista, para poder transformar la sociedad vigente, debía estudiar economía y biología, higiene e historia. En esto descubría una labor noble, heroica y abnegada.

A Revueltas y su familia les unía la pobreza. Muerto Fermín, Silvestre se había convertido en un músico famoso. Se casaron Rosaura, Consuelo y Cuca. La familia creció rápidamente; José y Olivia tenían dos hijos, de los cuatro que procrearon; Silvestre y su esposa Ángela sólo tuvieron a Eugenia; Silvestre fue el hijo único de Fermín e Ignacia Estrada. Pero el 27 de agosto de 1939 murió a causa de una embolia, doña Romana Sánchez, viuda de Revueltas.

Temporada en el infierno

Ese día, Revueltas fumaba en un parque y la cabeza le daba vueltas. Su madre se encontraba gravemente enferma y él esperaba el desenlace de un momento a otro. Escéptico, colérico, llorando, escribió unas líneas en las que llama a los hombres "perros". Se iba la tarde y también doña Romanita. Murió a las 5:45, cerca del crepúsculo. Revueltas decía que los perros eran más puros, bondadosos y honestos que los hombres. Su queja era amarga, dolorosa, pues los hombres carecían de calidad moral. Su estado de ánimo estallaba en pequeñas explosiones internas que salían a la superficie convertidas en palabras: "El hombre tiene esa cosa diabólica que es la inteligencia. Y con ella hace tratados y filosofías y queda Grande, Intocable, en medio de las cosas que existen. Odio ese poder que nos ha dado el Demonio. Aborrezco ese poder que nos ensalza y que nos niega".[1] En esos instantes llegó a odiar la literatura, no obstante que se había entregado por completo a ella. Confesó en el mismo texto que tituló "Mi temporada en el infierno", que escribir era su manera de llorar; quería olvidarse de todo, del viento y de la muerte, y gritar "hasta quedar sordo", pedir perdón, recibir una limosna, porque el hombre más poderoso y el más humilde tienen necesidad de la limosna del mundo. La distancia que tomó Revueltas con su "yo" parece un desdoblamiento. Tal vez se avergonzó de haber llorado en una plaza pública pero era su forma de reclamar a los hombres su terrible egoísmo. Revueltas pasó por una crisis moral intensa que lo desequilibró. La fiebre se apoderó de su cuerpo y de su mente. Sudaba como si estuviera en la hoguera. Había perdido a su madre y comenzó a descifrar el sufrimiento que la aniquiló y lo fundió con el suyo. Eugenia Revueltas aclara: "Mi abuela murió a los 55 años de edad y su aspecto, rígido, triste, era el de una viejecita. Claro, le tocaron épocas difíciles, junto a sus hijos. Nuestra familia estuvo marcada por una división: las ricas y los bohemios, revolucionarios y borrachos que fueron mi tío Fermín, Silvestre mi padre y mi tío José".

¿Cuándo comenzó ese camino al infierno de Revueltas? Tal vez en su primera prisión en las Islas Marías, o durante aquella terrible semana en Mazatlán, palúdico, asistido por una rara Magdalena del

---

[1] J. R., *OC*, v. 25, 1987, p. 180.

horror. Pero es evidente que se trata de un proceso que duró varios años. No era solamente su entrega como mártir al comunismo, lo que le inducía naturalmente al sufrimiento, sino un fervor religioso a través del cual entró en los terrenos de la culpa y el pecado. El hombre era un ser desamparado a merced de la guerra, el frío y el hambre, la injusticia y el desamor. Y en ese valle de lágrimas, el artista debía sufrir, soportar el desprecio de la sociedad, sacrificarse en nombre de una ética y una estética que transformarían el mundo. En una carta a su entrañable hermano Silvestre, fechada en la ciudad de México (1938), Revueltas le decía que cada día amaba más a Dostoievski porque tenía toda la razón del mundo cuando proponía vivir en la exaltación y el sufrimiento. "Hay que sufrir ahora por los demás", escribió Revueltas en un tono serio, académico por sus citas a Malraux, a los Misterios de la Iglesia, a Wagner, Debussy, Ravel, por su juicio sobre Goya, Rubens. Era preciso

> Entender que el artista hoy, en esta sombría etapa de la historia, no puede ser sino un sacrificado, un ser que llora todas las lágrimas que no quiere que lloren los demás. No excluyo la alegría del arte. Pero me parece que el drama es lo que más acerca al hombre —mientras tengamos un hombre tan dramático— y que mientras más cerca del hombre esté el arte, es más arte.[2]

El sufrimiento obsesionaba a Revueltas y la muerte de su madre aumentó esa obsesión. Rosaura explica que el último cumpleaños de su madre, el 9 de agosto, días antes de su muerte, Silvestre y ella fueron a visitarla. Platicaron de los años de Durango, de la Revolución mexicana. Silvestre recordó sus andanzas en los Estados Unidos. Doña Romanita se veía contenta, tranquila. "Los años que sobrevivió a mi padre fueron los más aciagos de su vida, ya de por sí dura. En los 23 años de matrimonio procrearon doce hijos, de los cuales Silvestre fue el primogénito".[3] En 1939 habían muerto tres de sus hijos, y al año siguiente cayeron dos más: Luz y Silvestre.

Si la muerte de doña Romanita provocó un gran dolor, la de Silvestre fue una catástrofe, en especial para José. Desde 1920, Silvestre se había asentado en la ciudad de México, luego de su larga permanencia en los Estados Unidos. Vivía en la pobreza con su

---

[2] Carta reproducida, *ibid.*, p. 135.
[3] Rosaura Revueltas, *op. cit.*, p. 14.

esposa norteamericana, en inmuebles estrechos y barrios miserables. Rosaura confiesa que la separó de su hermano el afán de martirio que ella sólo pudo comprender más tarde. El medio artístico de México fue hostil a Silvestre. Rosaura entendió la "soledad infinita" de su hermano que rechazó siempre los círculos intelectuales, en los que sólo vio mezquindad. Pero Silvestre se convirtió en un gran talento musical que murió prematuramente en octubre de 1940. Rosaura fue a verlo al hospital y lo encontró en un estado lamentable. Las imágenes se le agolparon; recordó que su hermano Silvestre bebía, desde joven, desde que don José había ido a los Estados Unidos en trenes de segunda, ilusionado, haciendo un esfuerzo muy grande, a ver a sus hijos Fermín y Silvestre, y regresó desilusionado, con el corazón roto: comprobó que habían empezado a beber. Silvestre se divorció de su primera esposa; volvió a casarse y volvió a divorciarse. Al fin, conoció a Angela y se quedó con ella. Ángela sufrió las crisis infernales de su marido, y solía internarlo en un "sanatorio para enfermos mentales cada vez que se emborrachaba más de la cuenta". Murió en el sanatorio del doctor Falcón, del que era cliente asiduo. Según Rosaura, no permitieron que el cura que llevó Falcón al lecho de Silvestre, se acercara. ¿Por qué? Silvestre había sido un enemigo convencido de la Iglesia, los sacerdotes y la religión.

Esa muerte propició un drama familiar sin precedentes. Silvestre vivía en Doctor Velasco 127, en la colonia Doctores. "Su departamento estaba en el tercer piso. Había que subir por una escalera muy sucia, con paredes pintarrajeadas y llenas de mugre. Los barandales de los pasillos daban a un patio grande y sucio. La única nota alegre era la que ponía la ropa tendida al sol y a la luna".[4] Fue ahí donde se puso grave, después de haber permanecido bajo el efecto del alcohol dos noches. Rosaura lo vio tendido en la cama matrimonial, los ojos cerrados, dejando escuchar un sonido ronco, abismal. Ya no se daba cuenta de nada. José también se hallaba ahí, temblando. Rosaura recuerda que se acercó a José, que estaba junto a la cama. "Con una sola mirada medimos la inmensa pérdida que estábamos presenciando, y agarrados de la mano, como cuando éramos niños, contemplamos en doloroso e impotente silencio cómo se iba llendo la vida de aquel ser tan querido y tan incomprendido".[5] Una de las

---

[4] *Ibid.*, p. 104.
[5] *Ibid.*, p. 105.

veces en que estuvo internado en el sanatorio del doctor Falcón, Silvestre reflexionó sobre su situación y la describió. Se hallaba —desde su punto de vista— en el purgatorio. "Pobre ser humano conmovido; todo lo hace sufrir. Ver los árboles, las cosas. Ellos no tiemblan ni sufren. Pero el hombre está desamparado".[6] Pesimista, romántico hasta el delirio, Silvestre era ajeno al cristianismo, a Dios; se declaró indefenso, sin religión ni gracia de Dios. Le había escrito a su madre: "Con la tarde que se acaba se van también acabando las esperanzas."

El 4 de octubre de 1940, José Revueltas, reclinado sobre su escritorio, sintió el amanecer que vibraba detrás de las ventanas. La luz invadió el cuarto y él miró el cielo limpio de la colonia Doctores.

Puso punto final a su novela *Los muros de agua* y decidió que un poco más tarde se la llevaría a Silvestre que vivía a unos metros de su casa. Revueltas le consultaba a su hermano lo que escribía; recibir sus comentarios y críticas era una satisfacción muy grande. José lo escuchaba atentamente.

Llamaron a la puerta; Revueltas salió de su ensueño. Fue a abrir y tropezó con su cuñada Ángela que sin más le dijo que Silvestre se encontraba muy grave. De inmediato fueron a la casa del músico y las imágenes que percibió Revueltas jamás las olvidaría:

> Silvestre está en su casa, tendido de costado, con las dos manos juntas, palma contra palma, debajo de las mejillas, en la actitud de esos angelitos de barro cocido a los que el humilde material de que están hechos parece darles mayor inocencia todavía de la que tienen.[7]

Se sienta junto a su hermano:

"Silvestre abre los ojos y al reconocerme toma una de mis manos entre las suyas, la estrecha contra su corazón con un temblor convulso, y luego se la lleva a los labios para besarla. Esto me desgarra por dentro y una ola de sollozos me sube a la garganta (...)".[8] La muerte ha iniciado su recorrido implacable por el rostro de Silvestre:

---

[6] *Ibid.*, p. 75.
[7] J. R., *Apuntes para una semblanza de Silvestre Revueltas*, SEP, 1967, p. 62.
[8] *Ibid.*

> "Hermano, hermanito querido, hermanito del alma", escucho a mi hermana Consuelo que solloza con ronquido bestial, inhumano, al tiempo que toma entre sus brazos la cabeza de Silvestre y lo besa en la frente. Yo me arrojo a los pies de Silvestre y hundo mi rostro entre ellos. Son unos pies calientes, unos pies que arden y me queman los labios como una llama, en este abrumador incendio de su muerte.[9]

Revueltas se aproxima para contemplar el rostro de Silvestre, y se da cuenta de que nunca lo ha visto tan bello, "dulcemente quieto y en reposo, después de haber combatido por última vez".

La muerte de Silvestre tuvo un significado especial para Revueltas; vivirá por él y con él, será su referencia obligada y ejemplo a seguir. Silvestre lo estimulará con su fuerza; Revueltas moriría por Silvestre. Mucho tiempo después, cuando se desentierran sus huesos para trasladarlos a la Rotonda de los Hombres Ilustres en 1976, Revueltas revivirá aquella imagen junto a su lecho.

> Lo miro largamente, con un gran amor infeliz, y de pronto abre los ojos y los clava en mí. Pero es una mirada terrible, acusadora, airada, en la que me reclama, en la que me pide cuentas; la mirada iracunda y llena de colérico estupor que se dirige a un desconocido, a un intruso, a un asaltante que viola la muerte que no le pertenece.[10]

Días antes de su muerte, Silvestre había estado con José y Rosaura en la casa de la "hermana rica". Beben y hablan del nuevo gobierno que tomará las riendas de México; hay bromas y risas. De pronto Silvestre mira al cielo y suelta un sollozo, de abatimiento desconsolador. Ese día Silvestre dijo que sólo necesitaba diez años para llevar a cabo su obra; la cumpliría sin duda alguna. Rosaura y José experimentaron un presentimiento. "Creo que todos tenemos ganas de llorar", escribiría Revueltas al recordarlo en sus *Apuntes para una semblanza de Silvestre Revueltas* de 1966. Ningún texto revueltiano fue jamás tan intenso y claro, como la *Semblanza*. En su vida y en su obra, aludió a su hermano como un ser superior por su vocación para la lucha, el arte y el sufrimiento.

---

[9] *Ibid.*, p. 65.
[10] *Ibid.*, p. 64.

Revueltas solía decir que "sólo un necio o un ignorante puede dar por muerto a Silvestre; un hombre de las proporciones suyas no puede morir y ser olvidado. Silvestre está vivo, entiéndase".[11] Escribió además, que a nadie en el mundo había amado tan entrañablemente como a Silvestre. Lo quiso como hermano y padre, como artista desdichado y hombre de izquierda, como punto de partida y de llegada para toda empresa humana. "Silvestre es como un golpe de viento, como una racha de vida asaltada a continuo por los tumultos del alma", exclama Revueltas, y recuerda que su madre lo veía como un "ciclón".

Silvestre, según José, había muerto de una enfermedad social y artística: la melancolía. En su alma latía la insatisfacción por la injusticia cometida contra los explotados y humillados de la Tierra; vio las barbaridades de la Primera Guerra Mundial, luego la caída de España, el avance del nazismo y sintió una inmensa nostalgia por el reino vedado a los hombres. Entonces invadió su alma la idea que lo atormentó siempre: la nada. Revueltas dijo que Silvestre "ha perdido hijos, ha perdido hermanos, ha perdido a su madre, pero jamás pensó perder España".

La carta que le envió Silvestre a José, fechada en Morelia, el 19 de abril de 1938, refleja la influencia de aquél en el incipiente escritor: "Así que 'últimamente' de tu trabajo puedes hacer algo muy bueno, ya tienes el material, la base; ahora diafaniza tu material, cuida cada idea y háznosla conocer íntegra".[12] José admiró a Silvestre desde muy temprana edad. Llegaba a verlo ensayar en Bellas Artes, y ahí Silvestre se transformaba. Su hermano olvidaba al amigo con el que caminaba los domingos para ir a visitar a doña Romanita, hablando acaloradamente, y sólo veía al creador iluminado, en comunión con el universo y consigo mismo.

> En esto radica la suprema intrepidez, el dolor y la valentía, la soledad desorbitada y promisoria, de este ser tan lleno de las más humanas y nobles impurezas, de este pedazo de violencia corporal, y este existir apasionado, al que damos, a falta de otras palabras, el nombre de Silvestre Revueltas.[13]

---

[11] Entrevista Ruiz Abreu / Héctor Xavier, 1979.
[12] Reproducida en J. R., *OC*, v. 25, pp. 326-327.
[13] J. R., *OC*, v. 26, 1987, p. 302.

El 31 de diciembre de 1940, Revueltas había terminado su primera novela *Los muros de agua*, que le llevó a su hermano Silvestre, quien no pudo leerla ya. En su departamento de Doctor Velasco, mientras su mujer y sus hijos se preparaban para despedir el año, José hizo un balance. No, para él no había habido un solo día pleno y feliz, solamente fracasos económicos y políticos. Como nubes oscuras veía las muertes de Silvestre y de su hermana Luz; todo sucedía en la desolación más absoluta. La escasez de dinero y sus faltas eran una angustia permanente. Estuvo dos veces en la cárcel, lo que califica de "conducta atroz e insensata que me orilla a cometer bajezas y tonterías". Aceptaba como exclusivamente suya la culpa; y recaía en la autoflagelación. "Queda un consuelo, sin embargo: la culpa ha sido mía. Y éste es el consuelo más desconsolador, porque siempre, toda la vida, por los siglos de los siglos, la culpa seguirá siendo mía; mía y sólo mía, de nadie más".[14] Tenía sólo una esperanza: la escritura. Escribir se volvió, entre sus desenfrenadas convulsiones de miedo y dolor, un ejercicio liberador. Se refugió en la literatura, el periodismo, la crónica, el ensayo, la polémica, y concibió textos singulares por su autenticidad y su fuerza ideológica.

Los muros de agua (1941)

Los intentos de novela que Revueltas comenzó en 1937 y 1938, dieron como resultado que en 1940 terminara *Los muros de agua*, publicada al año siguiente en una edición particular, pagada con aportaciones de la familia. Por fin podía contar su experiencia en las Islas Marías y en las filas del Partido Comunista de México. Es evidente que siempre supo cuál sería el tema de sus relatos, el mundo que deseaba revelar: las cárceles, la acción de los comunistas perseguidos, los explotados, el submundo carcelario de ladrones, asesinos, prostitutas.

---

[14] J. R., *OC*, v. 25, 1987, p. 199. Este balance de 1940, lo hizo Revueltas también del año anterior, y la desilusión, la angustia, parecen iguales. En una carta a Olivia le decía: "¡Se pasa el año! ¿Qué hemos hecho de bueno? Este año 1939 debo señalarlo en mi vida como uno de mis años más desordenados, más estériles y más llenos de inutilidad. Necesito una energía de hierro y una intolerancia absoluta con respecto a mí mismo, para poder hacer algo." (p. 194). Esa energía y autodisciplina Revueltas nunca la conquistó.

Los muros de agua se inscribía en un panorama literario caracterizado por la novela indigenista, la de la Revolución mexicana, aún latente; el realismo socialista o lo que se llamó en México "novela proletaria", y el relato costumbrista. Había un cansancio de esos temas y recursos literarios y, por lo mismo, creció el afán por hallar nuevos caminos a la novela y el cuento. Empezó a surgir, como eco de la norteamericana, una generación "perdida" —ni con la misma intensidad ni con similares características—. Es el grupo al que perteneció Revueltas, que soporta el desencanto de la era posrevolucionaria. Los factores que lo deciden son conocidos: la guerra mundial, la guerra civil española, la desilusión porque la Revolución mexicana se había anquilosado; los escritores de esa generación fueron pesimistas, fatalistas y, en algunos casos, reaccionarios. Con todo, escribe James Irby:

> Hay que reconocer, al mismo tiempo, que la angustia y la desesperación de estos escritores es real, histórica, puesto que corresponde a la situación del hombre americano en una desgarradora encrucijada, y que tiene, por tanto, un contenido humano profundo pero estrecho, resentido por su posición solitaria.[15]

Según Irby, Revueltas perteneció a esa generación "perdida" latinoamericana que contemplaba un mundo en caos sin "explicación racional o lógica", animado por "fuerzas extrañas e inefables" ante el cual el novelista sólo podía gritar, gesticular, lamentarse, asumiendo posturas "proféticas" y conjurando "visiones apocalípticas", esforzándose por llegar a la última esencia de los hombres y las cosas "mediante una especie de intuición extática". Precisamente entre 1930 y 1940 se empezó a observar en la prosa latinoamericana un resquebrajamiento del realismo tradicional, una crisis que se manifestó inclusive en obras ciento por ciento realistas como *Doña Bárbara* (1929), *El mundo es ancho y ajeno* (1941), y en la novela proletaria ecuatoriana. En México, es posible hallar un ejemplo de esa bancarrota del realismo tradicional en una novela como *El resplandor* (1936) de Mauricio Magdaleno, en la que se incorporaban monólogos interiores y alteraciones cronológicas

---

[15] James E. Irby, *La influencia de William Faulkner en cuatro narradores hispanoamericanos*, tesis inédita, UNAM, 1956, p. 111.

propias de la novela europea. Esta crisis coincidió en cierta forma con la quiebra económica de los años treinta y cuarenta.

Cabe señalar que los escritores que iniciaron esa ruptura con el realismo tradicional compartían rasgos comunes: una vinculación más o menos íntima con la realidad (o con la tierra, o con las urbes en ciernes); una angustia, un pesimismo y fatalismo contundentes; una forma exagerada, casi expresionista; un lenguaje dirigido al pueblo, un estilo cotidiano que expresa el mundo confuso que les tocó vivir. Señala Irby:

> Muchos de ellos han sufrido una desilusión de tipo ideológico, ya sea por contacto directo y activo con algún movimiento revolucionario o bien como simples observadores interesados aunque al margen de las luchas políticas tan a menudo frustradas y trágicas en Hispanoamérica. Todos ellos muestran algún "trauma" de esta especie, agudizado y profundizado por la miseria de la crisis económica y por el horror y la destrucción de las guerras de España (1936-1939) y Mundial (1939-1945) que siguen.[16]

Aunque un tanto moralista, el juicio de Irby resulta definitivo para entender el movimiento literario en México y Latinoamérica de esos años. Juan Carlos Onetti dijo que su narrativa pintaba gentes, que aunque exóticas en Buenos Aires, eran en realidad representativas de una generación. "Los viejos valores morales fueron abandonados por ella y todavía no han aparecido otros que puedan sustituirlos. El caso es que en el país más importante de Sudamérica, de la joven América, crece el tipo del indiferente moral, del hombre sin fe ni interés por su destino".[17] Fueron años de búsqueda y tropiezos.

En México fue certero el rechazo a ese "realismo tradicional" que Octavio Paz llamó costumbrismo. Los novelistas de la revolución mexicana habían agotado su particularísima visión del mundo y de pronto se hicieron prisioneros de sus propios temas. Los intelectuales descreyeron de la fortaleza y los milagros prometidos por la Revolución, que de pronto fue despreciada en forma velada.

---

[16] *Ibid.*, p. 41.
[17] *Ibid.*, p. 42.

> Surgen entonces —precisa Irby— la angustia, la desorientación y el pesimismo, rasgos que alteran profundamente la concepción de la forma literaria y la temática entre ciertos escritores jóvenes. José Revueltas es uno de los primeros en México que postulan una literatura que refleje este cambio y que señale otros caminos posibles en la novela y el cuento.[18]

La insatisfacción con lo que se estaba produciendo en cuento y novela fue en ascenso. En un artículo de 1943, Octavio Paz no hallaba entre la nueva generación de escritores mexicanos sino opacos indicios de querer romper el saldo desfavorable de la novela de la Revolución mexicana en sus distintas versiones. Escribió Paz:

> Durante los últimos veinte años la novela ha servido para expresar, más que las tentativas literarias de sus autores, sus nostalgias, esperanzas y desilusiones revolucionarias. Pobres de técnicas, estas obras son más pintorescas que descriptivas, más costumbristas que realistas. Los novelistas de la Revolución, y entre ellos el gran talento miope de Azuela, cegados por el furor de la pólvora o por el de los diamantes de los generales, han reducido su tema a eso: muchas muertes, muchos crímenes y mentiras.[19]

Revueltas fue un ferviente impugnador de ese realismo trasnochado, pero también es obvio que logró apartarse de él gradualmente, no de una forma tajante. De ahí que su primera novela, *Los muros de agua*, haya sido considerada por su autor como un intento, una aproximación a lo que deseaba proponer como literatura realista. Esta novela se inserta en el género de "prisión política" —según Irby— especie de apéndice de la abundante producción de literatura social que proliferó en las décadas del treinta y el cuarenta en Hispanoamérica. Podría citarse al peruano Juan Seoane y su *Hombres y rejas* (1936), los venezolanos Antonio Arraiz que escribió *Puros hombres* (1938) y Miguel Otero Silva, *Fiebre* (1939), así como el ecuatoriano Alfredo Díez Canseco y su novela *Hombres sin tiempo* (1941). Y en México, la literatura de contenido social fue prolífica, reflejó la vida del indio, del campesino y el obrero, la represión

---

[18] *Ibid.*, p. 111.
[19] Octavio Paz, "Una novela mexicana", en *Sur*, Buenos Aires, 1943, p. 4.

sistemática a militantes del Partido Comunista de México, las huelgas, movimientos sindicales. José Revueltas se inscribe en esa generación "perdida" que se rebeló contra las formas y los contenidos sociales y literarios por caducos, inexpresivos y mediocres.

A pesar de la crítica severa que James E. Irby hizo de la obra revueltiana, no dejó de reconocer que José Revueltas fue uno de los primeros representantes de la reacción antirrealista en las letras mexicanas: llamó la atención sobre aspectos del espíritu humano y la realidad que nadie había tratado con tanta espesura como él. En *Los muros de agua* era posible advertir esa intención depuradora:

> Al evocar en diversas formas su experiencia dolorosa en prisiones y luchas políticas, Revueltas ha expresado en momentos aislados algo del terror y el desamparo del hombre moderno, que sacudido por cataclismos mundiales, camina vertiginosamente al borde de un abismo.[20]

Irby escribió esas ideas en 1956, entonces no era ninguna novedad afirmar que la literatura de Revueltas parecía sumergida en la desesperanza y el caos. Irby no veían sino desolación, repugnancia por lo vivido, tristeza y decadencia en las historias revueltianas. Nada tan cerca a la verdad. ¿No es eso precisamente lo que se desprende de la lectura de sus primeros relatos, "El quebranto", "Esto también era el mundo", "Natalia" y "Las cenizas"? ¿No era este fatalismo lo que otorgaba a su narrativa fuerza específica, originalidad y cierta búsqueda de nuevas formas expresivas? ¿Si Revueltas fue un alumno de Dostoievski nada extraño tiene su concepción agónica y desesperanzada del mundo, según la cual el hombre sólo alcanza su verdadera calidad humana a través del dolor y la soledad? Entonces Irby tenía sobrada razón al decir que

> En Revueltas, la confusión del periodo posrevolucionario se combina con ciertos traumas sufridos por el autor en el curso de sus actividades políticas —encarcelamientos, torturas, humillaciones, brutalidades e injusticias experimentadas o presenciadas—, para crear un tono en su obra parecido al de ciertos novelistas rusos del siglo pasado, como Dostoievski, Andréiev y Arisybáshev.[21]

---

[20] Irby, *op cit.*, p. 130.
[21] *Ibid.*, p. 112.

Esos "traumas" lo indujeron a crear historias patéticas relacionadas con las cárceles en que fue confinado por sus actividades políticas. *Los muros de agua* recoge las impresiones que el autor experimentó en las Islas Marías y según José Joaquín Blanco en esa novela está configurado el mundo literario de Revueltas; el ladrón, el asesino, el homosexual, el preso político, la prostituta, en una especie de "leprosario de los marginados"; he ahí, subliminado, el optimismo ideológico que corre como instinto solar: "los comunistas todavía no dudan, todavía no saben; a pesar de epidemias, azotes, estupros, jornadas brutales de trabajo, vejaciones y muertes, los camaradas recuerdan", bajo el signo de la añoranza y sueñan. Blanco subraya que "es, curiosamente, un libro que cree en la vida".

El año en que apareció esa novela se ha considerado fecha crucial en la historia moderna de México. *La unidad nacional* es lema del país, la lucha Almazán-Ávila Camacho casi lleva al país a una guerra civil, Lombardo Toledano se despedía de la CTM y Fidel Velázquez dejaba ver su rostro verdadero, cuando declaró:

> No soy comunista, pero admiro a los comunistas; porque son revolucionarios como yo y como todos los miembros de la CTM; por eso he de convivir con ellos, he de participar con ellos, tanto en la responsabilidad, como en la dirección de las organizaciones...[22]

En 1941, Alfonso Reyes publica *La crítica en la edad ateniense* y Octavio Paz *Entre la piedra y la flor*. Gastón García Cantú agrega: "Orozco termina de pintar la Justicia mexicana en la Suprema Corte", Cárdenas aún era historia. "Los muros volvían a levantarse. Las escenas de los prisioneros en el barco crujiente, vejándose con furia y vergüenza, podían ser, otra vez, lo real, lo inmediato. La ley fuga volvía en las iras sexuales de Maximino Ávila Camacho. Otra vez los paredones invisibles: los jóvenes politécnicos caían, acribillados en la avenida Madero. Los campesinos emigraban".[23] Y la izquierda perdió el control de sí misma, enloqueció y se dividió, "pactó sumisa y desató la lucha verbal y distante contra el fascismo".

---

[22] Gastón García Cantú, "1968, memorias de Revueltas", en *Excélsior*, abril 16, 1973, p. 6-A.
[23] *Ibid.*, p. 8-A.

Ese año no hubo comentarios sobre la primera novela de Revueltas; pasó desapercibida y era fácilmente comparable con *La isla* (1938) de Judith Martínez Ortega, narración sobre la organización penitenciaria y la vida de los presos en las Islas Marías. O bien, con la novela proletaria que se había escrito en los años treinta. Además, la envió a un jurado para que calificara si debía publicarse y la respuesta fue negativa. Revueltas siempre aceptó que *Los muros de agua* podía considerarse una "aproximación" a su literatura, un primer intento de poner en práctica un "realismo dialéctico" capaz de aprehender el movimiento de la realidad. "*Los muros de agua* recogen algunas de mis impresiones durante dos forzadas estancias que hube de pasar en las Islas Marías, la primera en 1932 y la segunda en 1934". Pero esta declaración de su autor no indica que la novela sea una copia fiel de las Islas Marías, sino tan sólo una referencia obligada. Centrada en el tema de la cárcel, esa obra penetra en el mundo en descomposición que promueve la misma sociedad ahí representada. La cárcel, como símbolo, destruye toda humanidad y, como apunta Eugenia Revueltas, "no sólo es un cuerpo enfermo, es un compendio, una condensación de las sociedades. Tiene sus clases sociales, sus tiranos, sus opresores, constituye entonces una reversión de la sociedad externa a los límites de una geometría enajenada".[24] *Los muros de agua* permite asomarse a ese "cuerpo enfermo" que se manifiesta a través de los bajos fondos de donde provienen los presos, la preceptiva socialista encarnada por los comunistas y el ambiente que reina entre estos humillados y ofendidos. Son asuntos esbozados apenas pero que anuncian ya lo que Revueltas escribiría posteriormente.

Los bajos fondos

Los muros de agua es la historia de cinco comunistas que son encarcelados en las Islas Marías, entre ellos, una mujer, la camarada Rosario. Desde el tren que los conduce a su prisión, en la noche, se oye la voz de Rosario, la primera que rasga el silencio y la oscuridad, donde apenas se percibía el rugir de la máquina. Ernesto, otro comunista de la misma "cuerda" empieza a entender a Rosario; los

---

[24] Eugenia Revueltas, *Vasos comunicantes*, Universidad Autónoma Metropolitana, México, 1985, p. 56.

demás hermanos de causa son Prudencio, Santos y Marcos. En el viaje, la división entre los comunistas y el resto de los reos es tajante; de un lado, los hombres condenados por una causa y un fin político; del otro, los hijos de los bajos fondos. Entre ellos, el *Marquesito*, drogadicto consumado a pesar de ser un adolescente; Soledad, prostituta ejemplar y su compañera Estrella, lesbiana; Gallegos, delincuente, mariguano, que es asesinado mediante la "ley fuga" aplicada durante el viaje; y como parte de esa sociedad espuria, los funcionarios, policías, guardias que vigilan a los reos. Una vez instalados en la colonia penitenciaria, esta "cuerda" se enriquece con otros presos como la *Morena*, afeminado que raya en la locura; el *Temblorino*, epiléptico y leproso que muere pocos minutos después de haber aparecido; la madre Conchita, enfermera de los presos políticos, condenada por su complicidad en el asesinato del general Obregón, Álvaro Campos, asesino de un siriolibanés; el *Miles*, delincuente condenado a ocho años por los delitos de asalto y robo al pagador de la *Banana Fruit* (finalmente se incorpora al grupo de los "políticos"); Ramón, homicida sobre el que pesan veinte años de condena, hombre bondadoso, encarcelado injustamente, comandante de Arroyo Hondo. Esos son los sentenciados; los hombres libres que vemos son el subteniente Smith; el cabo Maciel; el *Chato*, bajo las órdenes de Maciel; guardias, empleados del penal, policías.

Aparte de esos dos grandes grupos de personajes que veremos enfrentados, defendiendo valores opuestos, como en un infierno común, Revueltas introduce, a través del recuerdo de algunos de ellos y bajo el recurso del *flash-back*, historias que los explican y definen.

El penal que describe Revueltas siempre está marcado por su precariedad moral y humana; se trata de un espacio claramente degradado por la autoridad y el cinismo, por la voracidad sexual y las deformaciones físicas. Así como en la sociedad la explotación del trabajo es una forma cotidiana, en la colonia se repite el fenómeno pero más brutal y descarnadamente. Es un espacio profano que sólo sacraliza la mirada de Rosario, Santos y Ernesto. Con su fuego interno, casi divino, se colocan por encima del submundo que representa la prisión. Desde su punto de vista, la colonia no es solamente un purgatorio donde los presos parecen sometidos a un sufrimiento eterno, sino un lugar que puede ser lavado de la podredumbre. Rosario y Santos son capaces de modificar la naturaleza bárbara de la isla y hacerla deliciosa, habitable. El paisaje descrito está plagado de reptiles, plantas dañinas al hombre, un calor endemoniado, pero bajo la mirada comunista de Rosario ese mismo paisaje vil y decadente, se convierte en una sinfonía de luz y color. Esta metamorfosis se debe a la sola presencia de seres como Rosario y Santos; cada uno es capaz de sacrificarse por los demás. Pero como ellos viven en lucha permanente con fuerzas hostiles, negativas, son vencidos. Sólo queda su ejemplo, la integridad y la pureza de sus convicciones ideológicas, la fe en su causa, pues la guerra entre el bien y el mal destruye todo.

Lo importante de esta primera novela de Revueltas es que fue el anuncio de los asuntos que le importaban: indagar, profundizar en la debilidad del ser humano, en sus momentos límite. Para eso escogió comunistas, la cárcel, enfermos mentales, desviados social y moralmente, gente del subsuelo que a él lo apasionaba, seres para alimentar su mundo narrativo y literario, y su vida misma. Al año siguiente de haber publicado *Los muros de agua* escribió su segunda obra.

VII
Vocación nacionalista

Después de su primera novela, Revueltas se sintió seguro de su quehacer literario; escribía sin descanso en periódicos y revistas, viajaba y además seguía en las filas del Partido Comunista Mexicano. Era 1942. Pertenecía ya al sector intelectual y su actividad lo empujaba a diversos grupos; lo mismo colaboraba en *El Popular*, diario considerado de izquierda, que en la revista *Tierra Nueva* dirigida por Alí Chumacero, Jorge González Durán, José Luis Martínez y Leopoldo Zea. Había publicado textos en *Taller*, revista literaria dirigida por contemporáneos suyos: Octavio Paz, Efraín Huerta, y los sudamericanos Julio Cortázar y Nicanor Parra, nacidos también en 1914. Revueltas asistía a reuniones políticas, de célula partidista, y al mismo tiempo a las tertulias de los escritores, poetas, artistas, de la época. 1943 fue un año muy importante para Revueltas. "Hizo un viaje a Sudamérica en compañía de otros dos jóvenes reporteros que pronto iban a revelarse como escritores: Fernando Benítez y el entonces adolescente Luis Spota; polemizó con Juan Ramón Jiménez en defensa de Pablo Neruda y, sobre todo, escribió *El luto humano* (su única novela hasta hoy traducida a varios idiomas) que al publicarse en 1943 le daría el Premio Nacional de Literatura".[1]

Benítez, Spota y Revueltas fueron comisionados para cubrir una expedición científica que debía observar el eclipse de sol en Tlayo, Perú. Se embarcaron en Acapulco y en el barco Revueltas tuvo una

---

[1] J.E.Pacheco, "Inventario. Documentos sobre Revueltas", en *Diorama de la Cultura*, de *Excélsior* mayo 16, 1976, p. 14.

guerra de albures con uno de los oficiales al que derrotó después de ingeniosos juegos verbales. Desde ese instante hubo respeto para los periodistas. Dice Fernando Benítez:

> Llegamos a Panamá en plena Guerra del Pacífico; había millares de norteamericanos. Nos divertimos muchísimo. Revueltas se nos perdió de pronto en uno de los grandes burdeles que había en ese país. Recuerdo que eran casas enormes con jardines, y pululaban centenares de rameras venidas de todas partes de América. Luis Spota y yo nos propusimos buscarlo y, claro, lo encontramos, pero nos costó mucho trabajo. Durante el viaje, una de las cosas que me llamó la atención fue ver la forma en que Revueltas leía: devoraba libros, con esa misma pasión e intensidad con que hablaba atropelladamente. Tenía, además, un excelente sentido del humor; era un bromista que lo convertía en el compañero ideal de viajes. Realmente, no nos interesaba ver el eclipse; de manera que cuando llegamos al Perú, optamos por ir a Machu Pichu.
> En Lima conocimos a José Mújica, era un hombre muy rico, joven todavía, homosexual. Tenía una hermosa voz; se había hecho franciscano. Cuando cantaba en las iglesias, la gente aplaudía. Las mujeres lo seguían para quitarle un pedazo de sotana y guardarlo como reliquia. Por eso lo fuimos a visitar a su celda donde se había enclaustrado para retirarse del mundo; vivía con humildad. Revueltas le preguntó, durante la entrevista, si no tenía miedo de lo que pudiera sucederle en esos ayunos, si no temía a las alucinaciones, al encuentro con lo desconocido. Mújica contestó a todo; pues la entrevista duró tres días. El último día cantó para nosotros una canción en francés y otra mexicana. Fueron momentos inolvidables.[2]

Platicaron también con Arguedas, que los recibió en su tertulia literaria. En todas partes los trataban con cariño e interés. Luego regresaron de nueva cuenta por Acapulco. Era un puerto pequeño con dos o tres hotelitos. La tarde era calurosa y sólo deseaban tomar algunas cervezas. En la noche cayeron en un burdel; la música tropical, las mujeres gruesas, la charla, parecía el decorado forzoso del ambiente. Se desató una riña en la que nadie sabía contra quién peleaba. Llegó

---

[2] Entrevista Araceli Campos/Fernando Benítez, inédita, agosto 4, 1984.

la policía y se llevó a Revueltas preso. Benítez recuerda: "Yo creo que él tenía una predestinación por la cárcel". En la madrugada, Spota y Benítez fueron a ver al alcalde y bajo los gritos de ¡*Excélsior*!, ¡*Excélsior*!, salió asustado y le exigieron la libertad de su compañero. De inmediato fueron a rescatarlo a la prisión. "Lo sacamos y nos fuimos a ver el amanecer a la bahía". Desde el desembarco, Revueltas había estado como loco, haciendo travesuras; primero se puso a bailar en la proa; luego bajó al muelle cantando una canción que nadie conocía (seguramente la inventó de repente) a la que llamó "Somos los gatos locos". Esta euforia por el regreso al país natal, al menos para Revueltas, terminó en las paredes sucias de la cárcel. Benítez considera que aprendió mucho de Revueltas, no obstante "vivíamos una juventud llena de exaltación, confiada en la transformación del mundo. ¡Qué tiempos!".

Durante los meses de viaje, Revueltas no dejó de escribir artículos y, sobre todo, cartas a su esposa en las que promete olvidar su egoísmo que lo induce a frecuentes y largas ausencias y dedicarse a aportar dinero para el sostén de su casa. Sus promesas de enmendarse eran frecuentes; mantenía el tono de martirio y arrepentimiento. En su correspondencia íntima se confiesa como ante el Juez Supremo y revela una intensa culpa que no lo deja en paz. Además, pensaba en sus próximos libros. En ese viaje largo a Sudamérica, Revueltas planeó una novela en profundidad sobre México; quería adentrarse en la psicología del mexicano, en su historia hecha de agravios y mentiras; una novela de corte nacionalista. La idea le daba vueltas. En Lima, una noche soñó que "en un muelle, un grupo de muchachos pescadores se disponía a pescar, usando como carnada a un perro, al parecer muerto, al que se tenía amarrado del cuello. Sin embargo, el perro no estaba muerto sino agonizante y estertóreo. A mí me entraba una piedad terrible, pero al acercarme al perro, éste era una niña que tenía unos ojos llenos de ternura, quebrados por las lágrimas. Yo le acariciaba la cabeza y me ponía a llorar".[3] Lleno de piedad para los demás, Revueltas la tenía en primer lugar consigo mismo. No resulta extraño que haya sufrido porque su esposa y sus hijos se hallaban lejos, con lo indispensable para vivir. Revueltas huía, como otras veces en sus interminables giras periodísticas, del fantasma de su hogar.

---

[3] J. R., *OC*, v. 25, 1987, p. 232.

Tal vez se sentía impotente para aliviar la indigencia familiar. Prometía conseguir, ahora sí, un empleo bien remunerado, o pedir aumento al director del diario donde colaboraba. Nunca vio realizado ese sueño. A cambio, se refugiaba en la bebida. "Los periodistas bebíamos mucho", aclara Benítez, "pero en el caso de Revueltas era más intensa la bebida que en los demás; tenía una especie de maldición familiar. Su hermano Fermín murió prematuramente por el alcohol; Silvestre bebía demasiado y murió triturado por lo mismo. José acabó dominado por el alcoholismo. No importa. Los tres eran geniales, de una vitalidad increíble; inteligentes, dinámicos. Yo creo que tenían un exceso de vida que lo canalizaban en la bebida porque el mundo les parecía demasiado pequeño. Este sobrante de vitalidad, de fuerza, Revueltas lo descargaba en su actividad literaria". La preocupación por el dinero persiguió a Revueltas; no lo dejaba un instante tranquilo; pero él decía en sus textos de esos años que era preciso sufrir para que el artista tuviera una experiencia digna de contar; sólo así conocería el verdadero rostro del ser humano. Durante los días del viaje aquél, Spota le dejó un fragmento de su novela *Murieron a mitad del río* (1948); a Revueltas le gustó pero pensó que Spota necesitaba conocer más la vida y, sobre todo, sufrir. De la pobreza, Revueltas había hecho ya un requisito indispensable para no sucumbir a las tentaciones de la riqueza. Veía que necesitaba ganar dinero, pero en el fondo no le importaba, pues creía que el escritor tenía que ser como Dostoievski en la vida y como Tolstoi en el arte. Al menos eso pensaba entre 1935 y 1944; luego su idea sufrió algunas modificaciones, y finalmente cayó en el mismo rechazo por la riqueza.

En el viaje Revueltas no dejó de pensar en su futuro como escritor y en las calamidades del medio intelectual mexicano, al que impugnó frenéticamente en varios artículos, escritos antes y después. En una de las cartas dirigidas a Olivia, Revueltas se declara seguro de su trabajo. Habla de una "intuición sobrenatural" que tiene México para entender su destino y sin embargo es quizás un pueblo ciego, "tremendamente escéptico y fatalista". Estaba ahora sí lleno del nacionalismo de los años treinta y cuarenta; creía estar listo para emprender una larga travesía por el ser del mexicano, por la historia vista como circularidad que cíclicamente repite episodios oscuros, por la cultura mexicana entendida como usurpación y agravio, en fin, por la religión suplantada de los mexicanos. Vio al país manchado. El mexicano era un pueblo ofendido. "En él, como en ningún otro pueblo de la Tierra, se dan los dones más formidables junto a los vicios y las monstruosidades. México es como un mar. Lleno de silencios y de gritos, débil y al mismo tiempo lleno de una fuerza extraña".[4] Y en ese país ¿qué hacían los comunistas como él? He aquí su respuesta: "Los comunistas tal vez hayamos sido —o quizá lo continuemos siendo— una fracción equivocada del pueblo mexicano". Esto lo declara a fines de 1943, cuando ya había sido expulsado del PCM, en circunstancias que más adelante se describen. En ese panorama —que va de 1942 a 1944— fue incubada, escrita y luego publicada la gran novela de Revueltas, *El luto humano*, con la que obtuvo reconocimiento literario.

Revueltas trabajaba a destajo en las revistas *Así* y *Futuro*; para *El Popular* y *El Universal*; esporádicamente colaboró en *Letras de México* y otras publicaciones. Sus amigos solían verlo como un ciclón frenético que nadie iba a controlar ni detener. Uno de ellos, Ricardo Cortés Tamayo, con quien militó en el Partido, inicio su actividad periodística y literaria y con el que fue expulsado del PCM ese mismo 1943, guarda con cariño la imagen de aquel Revueltas. Es decir, el bonachón y travieso muchacho de fines de los treinta y comienzo de los cuarenta. "Conocí una cara joven, llena de inteligencia y vivacidad; le decíamos el *Pajarito*; tenía unos ojos llenos de luminosidad; su carácter era positivo; poseía una curiosidad por conocer y penetrar en las cosas; la ironía fue su pasatiempo; hacía chistes de todo y a todas horas. Me gusta más esta imagen que la de sus últimos años que, aunque siguió siendo inteligente, preocupada y combativa, se nubló; fue triste y apagada. Desgraciadamente tomaba mucho".[5]

El luto humano (1943)

De la rica y variada producción literaria de Revueltas en los años cuarenta, sólo cosechó aplausos y reconocimiento con *El luto humano*. Ese año, Revueltas trabajaba en *El Popular*, donde escribía notas de libros, críticas de cine, artículos políticos y extraordinarios reportajes. En 1943 ganó el Premio Nacional de Literatura con su segunda novela, calificada como la mejor obra extranjera en el concurso de la editorial neoyorquina Farrar & Rinehart, traducida a tres lenguas

---

[4] *Ibid.*, p. 221.
[5] Entrevista Araceli Campos/Cortés Tamayo, inédita, agosto, 1984.

y objeto de innumerables estudios en México y el extranjero, artículos y comentarios. El primero que saludó a Revueltas en nombre de la cultura nacional fue Octavio Paz;[6] la criticó pero le reconoció muchos méritos que seguramente su autor sabría canalizar para producir una obra de gran aliento. Aparte de asegurar que se trataba del tipo de literatura que urgía implantar en nuestro país, Paz confió en los nuevos escritores, entre ellos José Revueltas. Ermilo Abreu Gómez hizo una reseña de esa novela y vio que Revueltas demostraba claramente que se podía narrar de una manera innovadora; consideró que el premio otorgado a *El luto humano* en Estados Unidos era "un orgullo para México".[7] Poco después, en su balance anual de la literatura mexicana, el mismo Abreu Gómez hizo esta revelación: José Revueltas y Francisco Rojas González "son los dos novelistas más destacados".[8] Así, Revueltas se convirtió de la noche a la mañana en hito y promesa de las letras nacionales. En 1950 Enrique Ramírez y Ramírez vio en ella la "épica de la miseria" que ha captado la "hondura y la grandeza del pueblo mexicano". Jean Franco señala recientemente que la aportación de esa obra radica en

> haber situado estos problemas [la vida afectiva de los personajes, compenetrados de religión, anhelos de redención y sentimientos atávicos] no en personajes de clase media o en intelectuales, sino en marginados y campesinos. Es entre este sector donde la represión se siente más brutalmente y donde la compensación que traen la vida intelectual o afectiva parece mínima. Lo que le importa a Revueltas no es la salvación de un sector cultivado sino algo mucho más hondo, o sea la imposibilidad de cualquier asomo de humanidad mientras persista la explotación y brutalización de los marginados.[9]

---

[6] Citado por J.E.Pacheco, "Inventario", en *Diorama de la Cultura*, de *Excélsior* mayo 16, 1976, pp. 14-15.

[7] E. Abreu Gómez, "José Revueltas", en *Letras de México,* febrero 15, 1943.

[8] E. Abreu Gómez, "Esquema de las letras mexicanas", en *Futuro*, febrero, 1945, pp. 7-12.

[9] Jean Franco, "Ideología dominante y literatura", en *La Cultura en México*, núm. 799, junio 17, 1977, p. VI. Jean Franco señala que la barbarie representada en ciertas novelas de Azuela, Martín Luis Guzmán y otros escritores mexicanos de la Revolución, según la cual la violencia es característica de los pueblos marginados, encontró un enfoque diferente en la generación de Juan Rulfo y José Revueltas.

En el extranjero fue recibida esa novela con beneplácito y expectación; en Hungría se consideró —al menos si damos crédito al traductor— como una obra que enriquecía sin duda el "pensamiento del pueblo". En el agradecimiento podemos leer: "A don José Revueltas, primer escritor mexicano cuyas obras han llegado a enriquecer el pensamiento del pueblo húngaro en su camino democrático popular hacia el socialismo. Con un saludo atento del traductor: Hartai Emil".[10] La portada de la edición italiana, hecha en 1948, muestra a un hombre del campo cargando un niño mientras la madre muere en medio de un cielo agónico, gris, y una frase que dice: "Terra e sangue del Messico".[11] La frase parece definirla. Y la traducción al inglés de *El luto humano* que hizo R. H. Hays fue *The Stone Knife,* el cuchillo de piedra, que remite de inmediato a un significado prehispánico, demostró el interés que existía por la novela en los Estados Unidos. Los dos planos narrativos —de tiempo y espacio— que Revueltas maneja en *El luto humano* representan un laberinto. El primero, que podría llamarse la historia "real" del relato, está protagonizado por ocho personajes a quienes amenaza de muerte una inundación, un diluvio "divino". Ninguno pretende salvarse. El destino de cada uno ha sido ya planeado. Esta acción termina cuando los "náufragos", trepados en la azotea de la casa de Cecilia y Úrsulo, desfallecen. Los zopilotes acaban con ellos. El verdadero *leitmotiv* de esta historia es el *norte*, el mal clima que azota al pueblo desolado, estéril, habitado por cuatro familias: la de Úrsulo y Cecilia (y su hija de poca edad, Chonita, que muere al comenzar el relato); la de Jerónimo y Marcela; la de Adán y la Borrada y la de Calixto y la Calixta. El *norte* sobrevive a todo. Provoca que Úrsulo, después de muerta su hijita, vaya por el cura para lo cual debe atravesar el río crecido, furioso. De regreso, el *norte* solapa el asesinato de Adán, derribado por una certera puñalada del cura. El *norte* desborda el río y causa la inundación de toda la comarca. Ante todo, acerca a este puñado de campesinos colocados en una tierra de nadie a la muerte. Y bajo la sombra de la muerte comienzan a recordar, a rescatar fragmentariamente sus vidas. Estos fragmentos constituyen el otro plano narrativo de *El luto humano*.

---

[10] *Koroznek a Keseliuk*, Szikra Kiadás, Budapest, 1948.
[11] *Il coltello di pietra*, Einaudi Editore, Torino. La primera edición italiana, traducida por Enzio Giachino de *El luto humano*, es de 1948.

Revueltas puso en movimiento en esa novela una técnica al estilo de William Faulkner en la que hay varios puntos de vista; así, ninguna de las "dos historias" se cuenta cronológicamente. No hay linealidad en la narración y, además, se maneja el relato *enmarcado*. Quizá esto forme parte de las innovaciones atribuidas a *El luto humano*. En los años cuarenta no era costumbre entre nuestros novelistas, fraccionar el tiempo cronológico, imponer el monólogo interior como develador de una conciencia, o provocar rupturas en la narración en tercera persona para plantear observaciones en primera. Algunos hicieron intentos importantes, como Agustín Yáñez en *Al filo del agua* (1947), pero Revueltas estuvo a la cabeza de ellos.

El segundo plano de la novela recupera pasajes de la Revolución mexicana y de la guerra cristera. Pero se centra en el sistema de riego que dio pie al nacimiento de un pueblo de trabajadores agrícolas. Tanto esos movimientos armados como el pueblo floreciente, se rigen por la violencia. Ésta trunca la huelga, mata la ilusión de los trabajadores y deja apenas cuatro familias desamparadas a merced de la tierra yerma. Se aferran en realidad al vacío y a su propio pasado trágico que los une y los divide. La violencia frustra el cumplimiento cabal de los ideales de la Revolución mexicana. Revueltas distingue dos clases de violencia. Una es engendrada por fuerzas sobrenaturales, enviada por el cosmos a los mexicanos. Otra, ejercida por la voluntad humana, auspiciada por leyes sociales, políticas, es enemiga del progreso, reaccionaria. En los dos planos narrativos la violencia predestina y oprime a los hombres, los gobierna y extermina. De ahí que casi todas las acciones de los personajes estén destinadas al fracaso, inclusive sus sueños y esperanzas van a dar a la nada. Casi todo aparece en la novela cerrado, envuelto en una espesa noche que presagia destrucción y caos. En este sentido, revela a un escritor nihilista, aunque Revueltas lo haya negado rotundamente: "el existencialismo es un nihilismo perfectamente demagógico. Es, apenas, la teoría de la burguesía totalmente podrida que no ofrece una salida al hombre. Es, en última instancia, una filosofía de la gente *snob*".

Como un puente que une y separa simultáneamente esos dos planos narrativos, se encuentra un elemento rector de la novela: el sistema de riego, en el que se levantó una huelga dirigida por Natividad. Hay varias opiniones sobre el sistema de riego donde se desarrolla buena parte de *El luto humano*. Antoine Rabadán sostiene que el pasado histórico de la novela evoca la famosa zona de La Laguna (en

Torreón, Coahuila), en la que el presidente Cárdenas (1934-1940) realizó un importante experimento agrario. De ser así, el cardenismo y su afán nacionalista jugarían un papel básico en la novela, pues representan "la culminación del proceso revolucionario de 1910; es decir, la que determina toda la generación de José Revueltas".[12] En cambio, Torres Medina asegura que *El luto humano* reconstruye una parte del maximato (1928-1934); lo que es fácil de comprobar porque casi toda la obra revueltiana "está fincada en experiencias personales" que se agudizaron durante los años de la persecución del PCM. El lugar donde se desarrolla la historia, según esta versión, no es otro que el sistema de riego de Araujo, Nuevo León; allí Revueltas organizó una prolongada huelga enviado por el Partido, fue aprehendido y conducido por segunda vez (1934) a las Islas Marías.

Revueltas tenía su propia versión, más cerca a la de Torres Medina que a la de Rabadán. En una entrevista dijo que el sistema de riego fue construido durante el gobierno de Abelardo L. Rodríguez (1932-1934), "de una manera artificial y a un costo de millones de pesos" en el estado de Nuevo León, en la frontera con los Estados Unidos. La inexactitud aumenta porque en la novela se habla del "experimento agrario" que políticos e intelectuales habían aplaudido dando su consentimiento al programa del "socialismo mexicano". Durante un periodo más o menos largo, del gobierno de Álvaro Obregón (1921-1924) al de Lázaro Cárdenas, fue una moda la terminología socialista. A pesar de que el mismo Revueltas aclaró que el sistema de riego se suscribe al gobierno de Abelardo L. Rodríguez, es evidente que corresponde a distintos momentos de la historia reciente de México. Es decir, Revueltas no retrata una sola experiencia sino, como todo escritor profundo, refleja su peculiar *visión del mundo*, apoyado en un hecho. La importancia del espacio y del tiempo en que transcurre la historia de esa novela radica en que el sistema de riego es el punto de partida y de llegada de la estructura narrativa. Ahí hubo un "tiempo feliz" opuesto al tiempo mítico y al pasado histórico de *El luto humano*. En el sistema de riego nace y crece un pueblo con fe en el porvenir, seguro de llevar a sus últimas consecuencias la reforma agraria; ahí, el gobierno del centro hace una inversión política y económica trascendental. Florece el trabajo colectivo, brotan algunos amores grandiosos y puros (Cecilia-Natividad), vibran los tractores

---

[12] A. Rabadán, *El luto humano: un roman tragique,* Sorbonne, París, 1974, p. 19 (Existe edición en español).

—símbolos del progreso derivado de la Revolución mexicana— y surge una tecnología propia adaptada a las exigencias del agro mexicano. Y el Partido Comunista Mexicano vive momentos de gloria: dirige, a través de un *misionero,* Natividad, a los trabajadores agrícolas que han declarado una huelga indefinida porque la cortina de la presa se cuarteó. La corrupción llega implacable; primero se pretende disolver la huelga mediante los recursos comunes (esquiroles, amenazas) y no se logra; después, el líder Natividad, es asesinado y el pueblo se viene abajo junto con la moral de los trabajadores. Sólo Úrsulo recoge la bandera de Natividad —pues siempre quiso ser como él— y, de paso, a Cecilia, su mujer. Se marchan todos; sólo permanecen Úrsulo y Cecilia, Adán y la Borrada, Jerónimo y Marcela, Calixto y la Calixta. Se quedan en la tierra yerma dominados por el recuerdo claro de una frustración social, histórica. Así, no les queda otro horizonte que el de la muerte.

Aislados por un río que los separa del resto del mundo, viven sin producir nada; la tierra que pisan es estéril pero además está condenada a desaparecer pues carece de valor. Esperan la muerte como única salida; la muerte que viene a rescatarlos de ese ensueño en que habitan, no sin antes haber recobrado fragmentos de sus vidas. Después de la huelga, quedaron paralizados en el tiempo. Su único futuro es regresar a la nada: mirar la historia del país y su propia historia degradada, dominada por un agravio de siglos. Intentan llegar al origen de cada uno. Esa tendencia ha sido criticada en la novela, aunque también se ha visto como una virtud y un logro narrativo. Las rupturas temporales, la interrupción del relato cronológico y las repentinas zambullidas en el pasado, son cabos sueltos dejados así para que el lector los vaya trenzando.

En *El luto humano* hay un narrador omnisciente que se adelanta a las acciones, interrumpe caprichosamente el pensamiento de sus personajes y dirige y controla el relato. Pero Revueltas mezcla con toda intención los planos para incluir el *stream of consciousness* (o fluir de la conciencia), con lo que se acerca a la técnica de Faulkner. Esto podría considerarse una *desviación* narrativa; seguramente lo es; sin embargo tiene un fuerte vigor imaginativo, poético. Por ejemplo, el monólogo de la Borrada:

> ¿Qué es el viento y de dónde parte, de qué rincón? Sopla de pronto sobre la Tierra; invade el planeta; solloza largamente sobre el violín profundo de los meridianos. Su llanto sobre la

Tierra es para llorar las cadenas del hombre, que las siente más profundas cuando la palabra del viento corre por el mundo. Estoy aquí, calcinada planta, rama, rama oscura, y afuera el viento... Pasa el viento una vez, y otra, y otra más, hasta mil. Pasa. Desaparecen sobre la Tierra los hombres, las edades. Queda el viento.[13]

El luto humano está escrita en un estilo "circular" de párrafos largos, agobiantes, de ideas e imágenes rebuscadas. La novela es una inmensa hipérbole que siempre nos aleja de su centro. Úrsulo sale de su casa en busca del cura; debe atravesar el río crecido. Esta acción le sirve a Revueltas como pretexto para introducir a Úrsulo en el "ojo oscuro de la noche", vaga una "eternidad" buscando la orilla del río, se pierde en aquel "diluvio", tropieza con Adán, primer hombre, "Adán sin ojos", sin fin, "hijo de Dios", su mujer ahí "como un baúl de llanto". Y de pronto, Úrsulo es Ulises expatriado, sin ayuda, solo. Mientras camina piensa en Dios, en Chonita, en Cecilia, en la inutilidad de su vida, y el viento, el agua y la oscuridad lo hostilizan. Y cada personaje recibe un tratamiento similar, emparentado siempre con mitos cristianos y precolombinos, con una simbología desmedida.

Radiografía del mexicano

Una característica presente en *El luto humano* que pocas veces veremos en la obra de Revueltas con la pasión y el entusiasmo con que está ahí, es la preocupación por psicoanalizar al mexicano y su historia. Colocado en el laboratorio psicoanalítico para ser observado, el mexicano fue motivo de numerosas interpretaciones durante varias décadas. Cada personaje de *El luto humano* participa en mayor o menor grado de los atributos descubiertos entre 1930 y 1950 por los estudiosos que deseaban desentrañar el "ser nacional". No se trata solamente de descubrir el pasado, el presente y el porvenir de México para saber si puede competir con Occidente, sino de una moda generacional que influyó en el arte y la literatura, la filosofía y la vida social y política del país.

---

[13] J. R., *OL*, v. I, p. 315.

Los intelectuales latinoamericanos de finales del XIX y principios del XX vieron con gran dolor que sus países eran débiles, que permanecían a la zaga de la civilización y que no eran semejantes a Estados Unidos y Europa. En un primer intento por salvar a las naciones latinoamericanas del atraso, se pretendió europeizarlas para subirlas al tren del progreso. Se extendió la idea de que la raza india era inferior; y que el indio era el culpable directo o indirecto del subdesarrollo. En Argentina Carlos Octavio Bunge publicó un libro, *Nuestra América* (1903), en el que decía que nada rescatable hay en los indígenas. Alcides Arguedas, en Bolivia, ofreció un panorama sombrío al comparar al indio con el mestizo y el blanco (*Pueblo enfermo,* 1909). La misma idea sostuvo en Perú Francisco García Calderón en su estudio *Le Pérou contemporain,* donde se solicitan inmigrantes europeos que ayuden en la tarea de incorporar al indio a la vida nacional. En México, Francisco Bulnes llegó a la conclusión de que los indios estaban condenados a la inferioridad por su eterna dieta de maíz. En *El porvenir de las naciones latinoamericanas* (1899) propuso una inmigración blanca a los trópicos para acelerar el indispensable cruce de razas. Y el destacado antropólogo mexicano Manuel Gamio, atribuyó en *Forjando patria* (1919) el estancamiento cultural de México al desconocimiento del alma, la cultura y los ideales del indio; los indígenas son tímidos, carecen de energía y de aspiraciones, viven opacados frente al blanco y en su "frente todavía está la huella del verduguillo" del conquistador; son en una palabra —sigue Gamio— los siervos, los desheredados, que han vivido en el oprobio desde que Cortés llegó al Nuevo Mundo. El indio padece un atraso de 400 años: "No despertarás espontáneamente. Será menester que corazones amigos laboren por tu redención".[14]

En 1920 José Vasconcelos inició una extensa campaña de alfabetización nacional que buscaba "despertar" y "redimir" al indio. Concibió la educación como tarea evangelizadora y logró crear la fe en el libro y en las bibliotecas. Vasconcelos se impuso la misión de salvar al pueblo mexicano mediante la educación. Como funcionario y pensador se esforzó en crear un país de alta cultura. Inventó una quinta raza, la cósmica, que dominaría al mundo. Idealizó al

---

[14] Manuel Gamio, *Forjando patria*, 2a. ed., México, 1960, p. 22.

país, a sus campesinos, a su niñez, a sus instituciones.[15] En sus viajes por Europa comparaba la vieja cultura con las nuevas; mientras tanto, en México se publicaron *La raza cósmica* (1925) e *Indología* (1927), "obras que presagiaban el mejoramiento de la raza india por el mestizaje natural y selectivo, mediante la instrucción. México no podía existir de otra manera: se necesita acabar con los prejuicios de raza y levantar el nivel de los inferiores".[16]

Tanto si se quería enaltecer la raza como rebajarla, el indio fue tema obligado. En 1934, Jorge Ferretis, escritor y periodista asegura que se necesitan "inyecciones de sangre blanca", sobre todo para conservar a los mestizos. México estaba urgido de inmigrantes fuertes, valientes, que no despreciaran "a nuestras mujeres por su olor". Cerrarles las puertas del país sería una locura pues desaparecería el mestizaje por la acción del tiempo, el clima y la geografía. Conmovido, Ferretis asegura que día a día "nuestros mestizos" se oscurecen más. Entonces debía importarse sangre blanca para "evitar la degeneración". En esta radiografía del mexicano también participó Alfonso Reyes; para él, "nuestra raza" llevaba el germen de una semilla grandiosa que debía cultivarse mediante el latín. "La hora de América" no quiere decir que Europa se hunde tras el cancel del océano y acá surgimos nosotros, rebosantes; "la hora de América" —explica Reyes— quiere decir que vamos igualando a la cultura y civilización europeas.

La idea que impulsaba esta oleada nacionalista era clara: si América Latina quería convertirse —al menos en los años treinta, cuando fue vista como una fuerza política a través de la cual se reivindicaría la cultura universal— en un conjunto de países progresistas, debía cuidar a sus indios. Contaba con una "raza de bronce" o "raza cósmica" que era preciso despertar y valorar en su justa dimensión; lo primero que debía llevarse a cabo era una radiografía histórica, social, psicológica de esa raza. En México cundió rápidamente el proyecto.

Samuel Ramos inauguró en 1934 la interpretación de los mexicanos, su historia y su cultura. No pretendía condenar al mexicano,

---

[15] Véase José C. Valadés, *op. cit.*, v. VII, pp. 138-139. Valadés asegura que Vasconcelos inventó una niñez mexicana lectora de Platón y los clásicos; olvidó la realidad nacional; se leía poco, el analfabetismo era enorme, lo que dificultaba aún más llevar los clásicos al medio rural.

[16] John Skirius, *José Vasconcelos y la cruzada de 1929*, Siglo XXI, México, 1978, p. 21.

sino demostrar tan sólo su sentimiento de inferioridad. Basado en Adler, Ramos asegura que esa inferioridad aparece en el niño frente a la grandiosidad del padre; lo mismo le sucedía a México: se presenta a la civilización cuando ésta ya era madura y él apenas un "bebé". Los mexicanos debían estar conscientes de que "llevan en su interior fuerzas misteriosas que, de no ser advertidas a tiempo, son capaces de frustrar sus vidas".[17] Convertido en psicólogo nacional no exento de positivismo, Ramos trajo a estas tierras la nueva de que los hombres estaban determinados por la raza, el clima y el medio ambiente. Mezcla de Ortega y Gasset, Adler, Jung y Spengler, promovió un psicoanálisis colectivo para superar los males nacionales y hacer que los mexicanos fueran, al fin, dignos de Occidente. Sus ideas proliferaron y surgió en cadena el estudio de lo mexicano.

Esta marejada filosófica no tardó en llegar a la literatura. En los años treinta se exaltó al indio y se le dibujó sublime, puro. Yáñez, Rojas González, Henestrosa, Revueltas y muchos otros escritores llevaron al plano literario el nacionalismo y las premisas de Ramos. *El luto humano* está marcado por ese fervor que pretendió descubrir de una vez por todas la esencia de México para hacerlo progresar, purificarlo, alejándolo del vicio y las desviaciones naturales, históricas y raciales. Se quería apartarlo de la ética protestante y el materialismo de los Estados Unidos.

Parece evidente que cuando Revueltas escribió esa novela era ajeno aún al pensamiento del maestro Ramos y sus discípulos. Él coincide con Ramos, aunque éste haya iniciado su filosofía desde 1930, pero también con Uranga, Paz, Zea, Villoro, Moreno Villa, Carrión, etc., a pesar de que éstos publicaron sus análisis del mexicano a partir de 1950. Revueltas coincide con este puñado de escritores y de intelectuales cuando intenta profundizar en sus personajes y los remite a la Conquista y la Colonia con un criterio positivista. Adán, Úrsulo, la Borrada, Calixto, el cura, Jerónimo y Marcela son víctimas de un atavismo trágico, del pasado histórico como agravio y culpa al que están atados. Como resultado del mestizaje perdieron su identidad primera; por eso son seres inferiores, determinados por el clima, la raza y el medio ambiente. El primer ejemplo es Adán,

---

[17] Samuel Ramos, *El perfil del hombre y la cultura en México*, 6a. ed., México, 1976, p. 145.

"ixcuintle" sin voz, "sin pelo", animal semisalvaje nacido de la fusión de la cultura española y la india. Su sangre está envenenada y su espíritu es etéreo. Fue útil para el nacimiento de una nación; es el primer hombre-padre; el Adán bíblico. Los indios a quienes gobierna durante algún tiempo lo consideran una fuerza avasalladora, un redentor que los protege de todo. A la vez lo contemplan con nostalgia, pues representa también el naufragio inmemorial de la raza. Sólo Úrsulo lo considera durante la travesía del río, en la noche, remando en la *Cautivadora*, como el asesino que debe varias vidas. Entonces piensa matarlo; no porque Adán sea el culpable de la ruina del pueblo, o porque mató a traición a Natividad, sino por un rencor sordo pero vivo como ellos mismos. Este deseo Revueltas lo justifica porque Adán y Úrsulo habitan una tierra cruel, hostil, mala, esa tierra con que está hecho el país.

El impacto producido por la Conquista divide, condena y angustia a los personajes de *El luto humano*. Impotentes para comprender su origen nebuloso, son seres inútiles, frustrados, incapaces siquiera de hacer un mínimo esfuerzo para salvar sus vidas. Guiados por un destino que los lleva al caos, aparecen fragmentados interiormente. Ninguno piensa salvarse; todos caminan hacia la muerte. Sólo en el pasado tuvieron algún significado humano, social; en el presente añoran lo que pudieron haber sido y se precipitan al abismo porque son ya basura que recogerán los zopilotes. Participaron en la Revolución mexicana y tuvieron ideales, deseos de vivir, grandes ilusiones, pero la historia también les fue adversa.

Revolución misteriosa

Nacido un año después de la caída de Madero y en el mismo en que comienza la Primera Guerra Mundial, Revueltas pertenece a esa generación de escritores que concibió la Revolución mexicana como un movimiento de liberación nacional, a partir del cual era posible hablar de una cultura, una psicología y un espíritu mexicanos. En sus artículos, Revueltas califica a la Revolución como una lucha "democrático-burguesa", pero en *El luto humano* la describe como tragedia. Calixto, Natividad y Adán, unidos por la imagen sanguinaria, inabarcable de la Revolución permiten entrever el sentido, las peculiaridades, que adquiere en Revueltas el movimiento de 1910.[18]

Villoro y Zea, Alfonso Reyes y Octavio Paz, hicieron una mística de la Revolución mexicana; para ellos era un beneficio espiritual y material que recibió con júbilo el país. La novela, en cambio, hizo (o trató de hacer) lo contrario: desmitificarla. Azuela, López y Fuentes, Martín Luis Guzmán y muchos más la narraron de una manera cruda; la Revolución mexicana que describen no tuvo objetivos ni ideología clara; fue un movimiento huérfano de dirección. A diferencia de sus colegas, Revueltas ofrece la visión de una Revolución mexicana degradada, la convierte en epopeya religiosa, histórica, en martirio y herida aún abierta por la que sangra el pueblo.

Esta tendencia de la novela, puede localizarse también en algunos artículos de Revueltas. En uno, de 1942, anuncia la caída irremediable de Europa, ya que después de la guerra de 1914 no ha superado la profunda crisis moral y espiritual que la azota. Preocupado por el destino de los europeos, Revueltas pregunta si debemos naufragar junto con la cultura occidental. La respuesta la ha ofrecido México a través de su Revolución que le ha permitido a la juventud mexicana rechazar toda falsedad del pasado y afianzarse en lo *propio*. Como ejemplo de este afianzamiento, Revueltas cita el arte indigenista que expresa sólo lo americano. Es el momento de emprender la marcha hacia la conquista de lo autóctono. No es ninguna utopía, aclara.[19] Una idea similar lleva a Leopoldo Zea a decir que nuestra historia es de frustraciones "pero también de esperanzas" porque ahora el europeo descubre que su cultura está en decadencia y reconoce al fin su soledad, su angustia. El europeo está en lucha consigo mismo, y ya no puede mirar a los americanos como bárbaros. Hoy,

> México se da cuenta del alto espíritu humano de que está provisto a pesar de todos sus errores y fracasos. Ya no puede ser

---

[18] Antes y después de 1940, Revueltas escribió gran cantidad de artículos y notas en los que trató de explicar el sentido histórico, ideológico y social de la Revolución mexicana. Véase sobre todo, "De la Independencia a la Revolución", en *La voz de México*, septiembre. 15, 1941; y "Naturaleza de la Independencia nacional", en *Futuro*, septiembre. 1940.

[19] Véase su artículo, "Fisonomía de América: El problema de la cultura", en *El Popular*, marzo 20, 1942, p. 5, en el que Revueltas sugiere, como lo hizo Reyes en su "Discurso por Virgilio", levantarnos sobre las ruinas de Europa.

visto como un país símbolo del atraso o la barbarie, porque ha luchado en la Revolución por alcanzar un bienestar general. Este atraso y barbarie se hacen ahora patentes, elevados al más alto grado, en los cultos pueblos que hasta ayer se lo reprochaban.[20]

De la experiencia revolucionaria de Calixto sólo se concluye que la Revolución mexicana nació y murió huérfana de ideología. Este soldado de la División del Norte traiciona la integridad y los ideales de la Revolución. Calixto carece de objetivos y de una conciencia mínima en su lucha; es vencido por la irracionalidad de la guerra. Descubre que su rifle (el derecho de hablar) y su cargo militar (el poder) le permiten saquear la casa de don Melchor, donde fue pisoteado y explotado de niño. Calixto roba unas joyas y mata. Esta acción lo desarticula emocionalmente durante algún tiempo. En la capital, ya licenciada la División del Norte, tratando de vender su herencia revolucionaria (las joyas), recobra su humanidad perdida en la Revolución, pues el rencor (histórico, social) se ha borrado. De paso observa una ciudad de México "nutrida de chiquillos ventrudos", tendederos, mendigos.[21] En esta apreciación de una realidad que desconocía, comienza su metamorfosis. Salva de las garras de un administrador de hotel a la Calixta, esclava y amante de éste. Calixto ha cometido atropellos combatiendo, pero vuelto a su calidad civil, impide la injusticia. Más aún: durante la huelga en el sistema de riego, años después de haber depuesto las armas, Calixto es un obrero agrícola del lado de las fuerzas revolucionarias. Sigue el ejemplo de Natividad y de Úrsulo. Permanece en aquella tierra inhóspita por solidaridad con sus hermanos de clase. Termina convertido en un revolucionario que ilumina la acción promisoria de Natividad. Otra hubiera sido la Revolución, insinúa Revueltas, con una docena por lo menos de Natividades.

El servicio que Natividad presta a la Revolución, más que defensa de una causa es labor de apostolado. Cura enfermos, atiende a mujeres parturientas y maneja un viejo Overland donde van los objetivos, los catalejos, el alma de la Revolución. Natividad también es un

---

[20] L. Zea, *Conciencia y posibilidad del mexicano*, México, 1974, p. 40.
[21] Esta ciudad vista por Calixto después de haber sido licenciada la División del Norte es quizás una parte de la que Revueltas descubrió a su llegada, en 1920, al DF. La familia Revueltas llegó "muerto ya Carranza" y se instaló en la colonia Roma.

vidente; presiente al espía infiltrado en las filas revolucionarias y lo descubre a través de su quinto sentido. Se trata de un catrincito sin ideología, oveja del porfirismo, egresado del Colegio Militar. Con toda su sincera entrega a la Revolución, Natividad la contempla con desconfianza; su mirada sobre las fuerzas en pugna es claramente escéptica. La tropa desarticulada, sin metas, inmersa en un éxodo hacia ningún lado, se le aparece como la comprobación de la confusión y el desaliento que es el movimiento armado. Lo único que deja Natividad a la Revolución es su ejemplo.

Terminada la guerra, los soldados villistas de *El luto humano* ignoran adónde ir, qué hacer, cómo reiniciar la vida en paz otra vez. Ellos hubiesen querido "que continuara todo otra vez como siempre, con las montañas y llanuras otra vez, con los balazos, con el temor, con la sensualidad ruda y estremecedora de la muerte".

Adán significa, en oposición a Calixto y Natividad, el espíritu degradado de la Revolución mexicana. No se trata del combatiente dominado por la brutalidad de la guerra como Calixto. Tampoco se asemeja a un revolucionario fiel a un ideal que se desilusiona por el presentimiento fatal de la Revolución (Natividad). Adán niega todo principio reformador. Es el reverso y la parte podrida de la historia de México. Durante la Revolución es solamente un ladronzuelo, comete toda clase de atropellos bajo la tutela de un general que lo apoya. Años después, Adán y la Revolución se institucionalizan, y él se convierte en pistolero a sueldo, y aquélla es desviada, pervertida.

Otro aspecto que era imposible que Revueltas dejara fuera de *El luto humano* es la militancia comunista. Si el nacionalismo desbordado que late en esa novela es producto en parte de los años treinta en que el Estado mexicano forjó una mística nacionalista y que Revueltas vivió a su manera, el estalinismo que vemos ahí es aún más intenso. Cuando escribió esta novela era miembro del PCM; uno de sus exégetas, uno de sus ángeles que pronto iban a rebelarse. La actitud asumida por los comunistas de *El luto humano* es tremendamente religiosa, está impregnada de una fe y una mística atormentadas, ateas, que ponen en entredicho la existencia de Dios. La duda invade *El luto humano*.

Los comunistas de esta novela, Natividad, los huelguistas y Úrsulo, revelan bondad, resignación, religiosidad, no reflexión ni planteamientos marxistas. Su movimiento está basado más en la fe que en la decisión política. Se trata de un puñado de militantes obedientes, guiados por una mano anónima, muy semejantes a los miembros del

PCM de los años treinta. Es decir, tanto los militantes del Partido descritos en *El luto humano* como los comunistas de la realidad, se organizan, militan y mueren, bajo la doctrina estalinista. Hay similitud entre unos y otros, pero también terribles diferencias; por eso, los militantes ficticios alcanzan dimensiones reales y los que conocemos por la historia (Revueltas, por ejemplo) están próximos a convertirse en héroes de ficción.

No vemos en *El luto humano* campesinos sin tierras, ávidos de organizarse en cooperativas, sino caricaturas que desearon un poco de justicia social y que al serles negada optaron por el suicidio colectivo. Tampoco hay allí dirigentes agrarios como tales, comprometidos con su ideología, militantes que utilizan una estrategia de lucha para obtener conquistas reales que demandan los trabajadores. Hay más bien almas puras, reprimidas por ángeles del infierno. La síntesis es Natividad: Cristo que soporta vejaciones, y perdona al prójimo porque su reino —el comunista— no es de este mundo. Muere en nombre de la humanidad.

Una religión triste, resignada

Tal vez la disciplina paterna en materia religiosa tocó severamente a Revueltas, y lo dotó de una obsesión por el cristianismo, el pecado, la redención, la vida de Cristo. O fueron las lecturas tempranas de escritores como Dostoievski, cuya obra se centra en el dilema del bien y del mal, del libre albedrío, Dios, el demonio, los Evangelios... Lo más seguro es que ambas cosas incidieron en la formación de Revueltas para dotarlo de una aptitud excepcional en materia religiosa que afloró en *El luto humano*. El problema de Dios y la Iglesia católica forman parte indisoluble de los temas que Revueltas trata en esa novela de una manera profunda y muy peculiar. Esto último, porque mezcla la religión pagana con la católica, ritos aztecas con los ritos cristianos, la Iglesia apostólica romana con la cismática. Él vivió en los años veinte esa lucha frontal contra la Iglesia católica que desembocó en la guerra cristera (1926-1929); se enteró del intento —fallido, por supuesto— de Morones, líder de la CROC, por fundar una Iglesia nacional, separada de la potestad del papa. Además, el problema religioso también fue parte de la tarea que se impusieron los estudiosos de México, para los que entender el presente del país exigía conocer ampliamente el pasado. El mexicano era presa de una religión impuesta, ajena a su idiosincrasia. Revueltas parece el resumen de esas tendencias culturales. Eso explicaría parcialmente su inclinación desmedida por cubrir de religión a sus personajes, sus historias y acciones no sin antes criticarla. Así, los seres de *El luto humano* viven atormentados por la idea de Dios y el castigo eterno y sin embargo la duda los asombra y paraliza.

Revueltas los ha dotado de cierto ateísmo a pesar de que son creyentes. Esto lo ha visto con acierto Octavio Paz cuando dice que Revueltas "vivió el marxismo como cristiano y por eso lo vivió, en el sentido unamunesco, como agonía, duda y negación";[22] su ateísmo es trágico porque "como lo vio Nietzsche, es negación del sentido". Paz le aplica a Revueltas esta frase de André Bretón: "el ateísmo es un acto de fe" y al mismo tiempo lo compara con Bloch cuando dijo: "Sólo un verdadero cristiano puede ser un buen ateo; sólo un verdadero ateo puede ser un buen cristiano". Pero aparte de esa paradójica actitud, Revueltas enseña en *El luto humano* una religiosidad llena de nostalgia de la que jamás se divorciará. En 1958, pensará serenamente sobre la fe del mexicano en estos términos:

> Es natural, por ejemplo, que la religión católica del mexicano sea una religión triste, desgarradora y llena de nostalgia, pues se trata de una religión destinada a sustituir algo que se ha perdido y que ya no se sabe qué es.[23]

Esa es la religión que aparece conduciendo el alma de Úrsulo y Adán, del cura: "resignada y triste". Uno de los asuntos centrales de esa novela es la oposición entre Iglesia católica (dirigida desde Roma), y la cismática. Sólo ésta podría edificar sobre bases mexicanas una religión autóctona con la cual los feligreses de México no se sentirían humillados, traicionados, sino al contrario: plenos, identificados con lo propio. Esa oposición es evidente cuando Úrsulo va a buscar al cura a pesar de que no cree en él ni le inspira ninguna confianza su Iglesia. Úrsulo no lo considera un misionero; lo ve como un extraño y le insinúa que regrese a su Iglesia, lo que desalienta profundamente al cura. Escéptico, desconfiado de la

---

[22] Octavio Paz, *México en la obra de Octavio Paz*, FCE, v. II, 1987, p. 575.
[23] J. R., *México: una democracia bárbara*, Ed. Anteo, México, 1958, p. 78.

eficacia del cura, rehúsa los santos óleos para su hija Chonita; duda que éstos salven el alma de la pequeña. Este cura "enviado" de Dios, se convierte en pecador, cuando duda de su Iglesia y asesina a Adán. Revueltas lo muestra como un ser castrado que no representa a su grey.

No obstante que los seres de *El luto humano* ven que la muerte se avecina no solicitan al cura; rechazan el cristianismo pero están atados a él. ¿Es que el mexicano vive su catolicismo como un refugio? Tal vez. Úrsulo y Cecilia, Jerónimo y Marcela, Calixto y su mujer, parecen preparados para un éxodo final no en busca de nuevas tierras sino en cumplimiento de su destino: la muerte que se les aparece en su orfandad, túnel que los une al vientre materno. De tal manera igualan el nacimiento con la muerte: comenzar a ser mediante la desintegración del ser. Sólo la nada reivindicará la vida y el alma de estos campesinos desamparados. Paz explica: "La orfandad que provoca la ruptura de la Conquista se resuelve en un regresar a las oscuras entrañas maternas. La religiosidad colonial es una vuelta a la vida prenatal, pasiva, neutra y satisfecha".[24]

Úrsulo y Adán, Calixto y los demás seres de *El luto humano*, viven su religión, negándola, y al mismo tiempo exigiéndole lo que no puede darles. Sólo los remite al pasado, al seno materno en sus sueños; en la realidad, los induce inevitablemente a la nada.

---

[24] Octavio Paz, *El laberinto de la soledad*, 6a. ed., Colección Popular, FCE, México, 1978, p. 149.

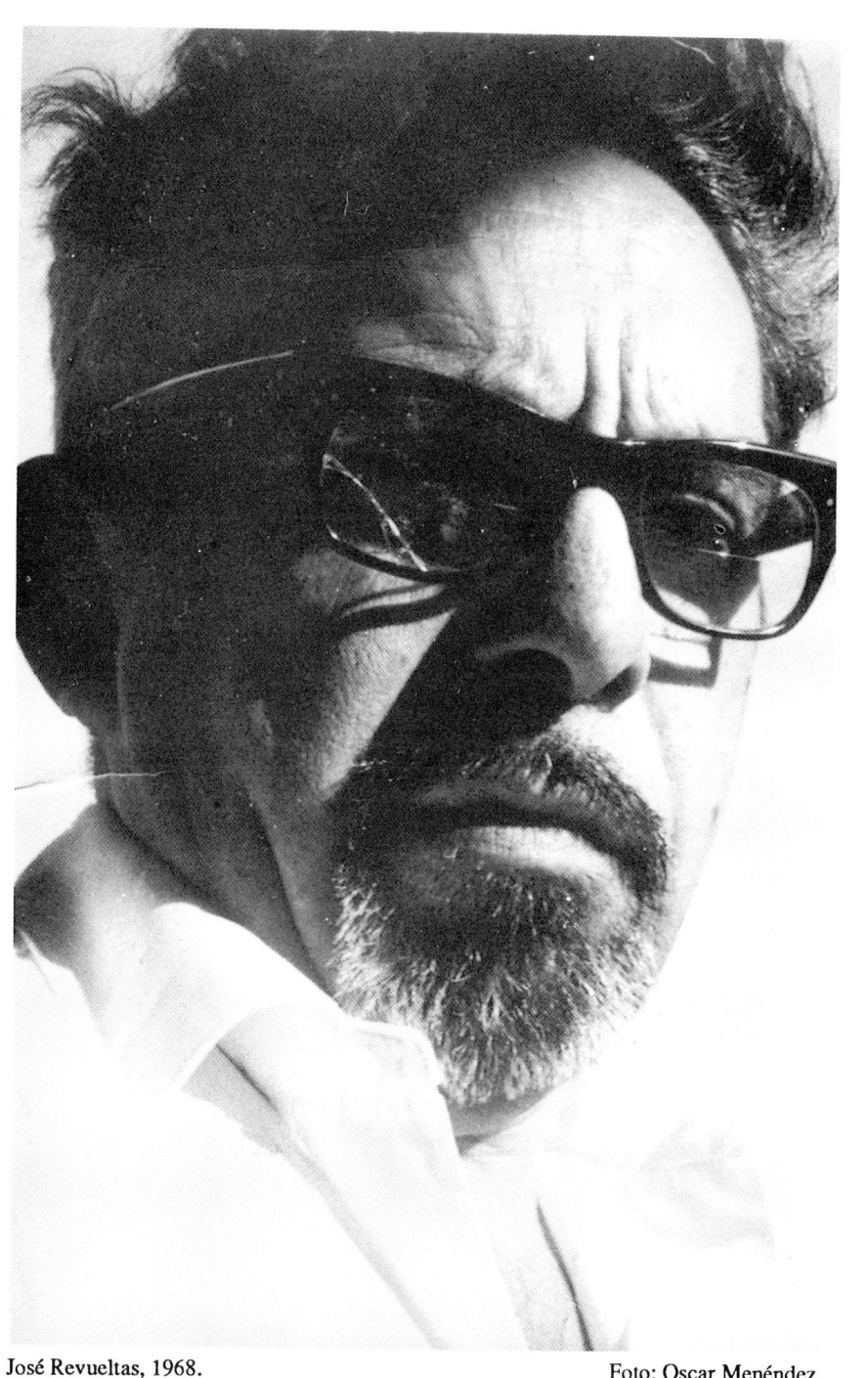

José Revueltas, 1968. Foto: Oscar Menéndez.

Un "camarada" no identificado, Prudencio Salazar y José Revueltas en las Islas Marías, 1934.
Foto: AGN.

Evelio Vadillo, al centro con la mano en alto, frente a la Cámara de Diputados, 1932.

Foto: *El Machete*

Manifestación obrera del PCM, ca. 1940. Foto: AGN.
En primer plano, José Revueltas con el puño en alto.

Soviet de los treintas en Jalapa, Veracruz, donde Fidel
y Julia se conocieron en *Los días terrenales*. Foto: AGN.

El General Francisco J. Mújica en el extremo izquierdo.
Vicente Lombardo Toledano el tercero de izquierda a derecha,
en una reunión sindical, 1936.

Foto: AGN.

José Revueltas con José Mancisidor, ca. 1947-48.

Foto: AGN.

Con Walther Bodenstedt, marido de Rosaura Revueltas, ca. 1950.   Foto: AGN.

José Revueltas con su primera esposa, Olivia Peralta, y su hija Andrea.

Foto: AGN.

Foto: AGN.

Recibiendo de Agustín Yáñez el premio Xavier Villaurrutia, **diciembre, 1967.**

Con María Teresa Retes
en el teatro Arbeu, 1950.
Foto: AGN.

José Revueltas en su celda, Lecumberri, 1970.

Foto: Oscar Menéndez

José Revueltas, noviembre, 1975.　　　　　　　　　Foto: Renata von Hanffstengel.

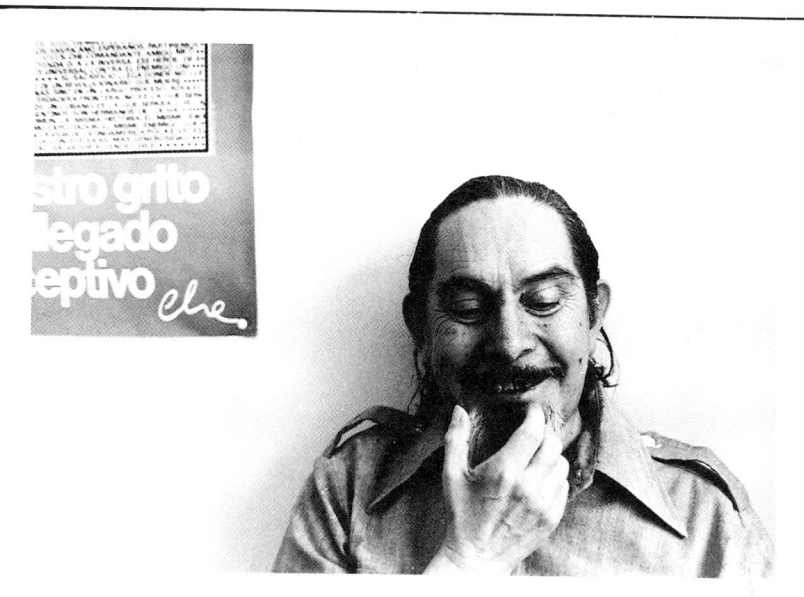

José Revueltas, 1975.

Fotos: Renata von Hanffstengel.

De izquierda a derecha: Enrique Sevilla, José Revueltas y Roberto Escudero en apoyo al SPAUNAM. 1975.
Foto:
Renata von Hanffstengel

Reinhumación de los restos de Rafael Ramírez y Silvestre Revueltas. De izquierda a derecha: **Luis Echeverría, Víctor Bravo Ahuja, José, Rosaura y Eugenia Revueltas, 1975.**

Foto: Oscar Menéndez.

José Revueltas con María Teresa Retes, su segunda esposa, y su hijo Román, 1968.

José Revueltas con Arturo Cantú, Navidad, 1973.

San Angel, 1973. De izquierda a derecha: Martín Dosal, José Revueltas, Carlos Sevilla, Julio Pliego, Eli de Gortari.

De izquierda a derecha: Enrique Sevilla, Emma Barrón, Martín Dosal, José Revueltas.

Martín Dosal y José Revueltas. Fotos: Enrique Sevilla

Entierro de José Revueltas
en el Panteón Francés, abril, 1976.

Juan de la Cabada en el entierro de Revueltas, 1976.

Entierro de José Revueltas en el Panteón Francés, abril, 1976.

Fotos: AGN.

José Revueltas, noviembre, 1975, cinco meses antes de su muerte.

Foto: Renata von Hanffstengel.

VIII
Tiempo de crisis

El luto humano había sido aplaudida y premiada; con motivo de ese reconocimiento, se organizó un banquete-homenaje a Revueltas en un salón capitalino; asistieron sus amigos cercanos, Ramírez y Ramírez, José Alvarado, Efraín Huerta, entre otros; su esposa Olivia Peralta, su hermana Rosaura y muchos nombres conocidos en el medio artístico como el Indio Fernández, José Clemente Orozco, Pablo Neruda, etc. Revueltas se había convertido en un personaje excepcional de su tiempo: viajes al extranjero, infinidad de misiones cumplidas para el Partido Comunista Mexicano en remotos lugares del país, largas giras como reportero (la del Pacífico en compañía de Benítez y Spota, la del noroeste que lo llevó a Durango, Sonora, Baja California y por último a Los Ángeles). Las páginas escritas en ese 1943 son numerosas y variadas; cuentos, reportajes y crónicas, reseñas, avances de novelas, y cartas, sobre todo, cartas a su esposa Olivia y a sus hijos Andrea y Fermín, porque su padre apenas los conocía. En ningún momento abandona la lectura. Ese año descubrió dos obras, *Mientras yo agonizo* de Faulkner y *La serpiente emplumada* de D. H. Lawrence; de la primera comentó haberla leído en el tren que lo llevó a su tierra natal: "Es una novela espléndida, profunda y llena de poesía". También le dice a Olivia haber leído un libro "profundo y hermoso": *La importancia de vivir* de Lin Yu Tang. Visitó Durango y Santiago Papasquiaro, sitios ante los cuales se muestra indiferente; no hay ninguna frase de entusiasmo para su terruño; ninguna alusión al paisaje, sólo una voz como perdida que le dijo: "eres el retrato fiel de tu padre".

Revueltas hizo un extenso reportaje del noroeste; asediado por el calor y la incomodidad, soñaba cada noche con sus hijos y el día lo pasaba preso de la angustia y el temor. Sólo su trabajo lo distraía. Escribe de Mexicali y de Tijuana; siempre escribía ampliamente y en detalle. Pregunta a su esposa si tiene apuros económicos, mientras tanto envía algunos centavos. En Mexicali estaba preocupado porque no se cumplía el proyecto con Gabriel Figueroa y la señorita Mateos para hacer cine. Revueltas había entregado un argumento y era la hora que no tenía respuesta. "Aquí en Mexicali me he pasado noches enteras jugando ajedrez. La última vez jugamos desde las ocho de la noche a las cuatro de la mañana". Anuncia, feliz, que sólo ha tenido "dos cuetecitos" insignificantes y promete seguir así: bebiendo sólo cerveza helada.

Durante su viaje por Perú, ese mismo año, Revueltas sigue enmendándose a sus buenos propósitos en cierto modo parecidos a una mística cristiana en la que se mezclan pecado y arrepentimiento. En una librería compró *Crimen y castigo*; volvió a leer ese libro que tanto disfrutara en charlas con Silvestre y la piedad de Marmeladov lo orilló a sentir un pesar profundo. Era la culpa que lo seguía; la culpa de un ateo que había abandonado la idea de Dios para entregarse a la causa del hombre. Su ilusión más grande era dedicarse al cine al lado de Gabriel Figueroa. Por lo pronto, el sueldo que obtenía en revistas y periódicos era insuficiente. Le asegura a Olivia: "A mi regreso plantearé a Ortega un aumento de sueldo, en un mínimo del cincuenta por ciento más. En caso de negarse abandonaré la revista y me iré a trabajar, tal vez, en *Excélsior*, donde hay posibilidades para mí".[1] Aparte de estas promesas, Revueltas solía recomendar a su esposa que no les hablara a sus hijitos de "Diosito" ni nada parecido; evitar a toda costa la religión era su consejo. Revueltas escribía largas cartas que asumía como confesiones de un pecador. No ocultaba, al menos a su esposa, que bebía a menudo; le pedía perdón; analizaba su moral y su estado psíquico, y prometía alejarse del vicio. De Arequipa, Perú, le escribe a Olivia: "He inaugurado una etapa de gran laboriosidad. También he decidido, formalmente y para siempre, algo que

---

[1] J. R., *OC*, v. 25, p. 225. La revista del "Negro" Ortega es *Así*, de la que Revueltas fue colaborador y jefe de información.

te va a alegrar: no volver a tomar, ni para remedio. Estoy convencido de que no podré hacer nada serio si no tengo auténtica disciplina".[2] Revueltas tenía treinta años de edad; deseaba volver a México con una actitud diferente, ser un hombre nuevo, comenzar a trabajar disciplinadamente en el periodismo y, sobre todo, en su quehacer literario. Dedicarse por entero a escribir fue su mayor ilusión; ¿quién iba a pensar que seguiría siéndolo hasta su muerte? Pero cuando escribió esa carta, Revueltas se había quedado completamente huérfano: había sido expulsado del Partido Comunista Mexicano, lo que le dolía mucho y le hería la conciencia.

Huérfano de partido (1943)

Desde su ingreso a las juventudes comunistas, Revueltas había desempeñado en las filas del PCM una intensa labor, apegada a los lineamientos ideológicos y tácticos de la Internacional Comunista. Pero después de tanto golpe recibido en las propias filas del Partido, de tanto cambio injustificado de política, Revueltas comenzó a dudar. Esta duda del zar del comunismo internacional de los años treinta, José Stalin, y de su doctrina ejecutada religiosamente por los partidos comunistas de todo el mundo, comenzó a aflorar en 1940. Entre otras razones, se debió a la presencia de Trotsky en México. El buró político del PCM fue sacudido en sus cimientos. Diego Rivera, protector de Trotsky, rompió con el PCM y con David Alfaro Siqueiros, amigo y viejo camarada suyo. Varios agentes de la GPU, la policía secreta soviética, fueron trasladados a México para cazar al "enemigo de la revolución bolchevique". Venían de España donde Siqueiros los había conocido en la guerra civil; los recibió con beneplácito para organizar un atentado contra "el traidor escondido en Coyoacán". Revueltas se mantuvo al margen de cualquier intento de ataque contra Trotsky, pero la avalancha tuvo que haberlo tocado de cerca. Es decir, el estalinismo reinaba y sus dictados eran cada vez más dogmáticos. Nadie que militara en el PCM en esos años podía mantenerse al margen del odio político e ideológico que se le tenía a Trotsky. Stalin había mandado fusilar

---

[2] *Ibid.*, p. 237

ya a muchos bolcheviques honestos, de probada filiación comunista en los famosos procesos de Moscú.³

La tensión acumulada durante los años treinta estalló de alguna manera en 1940. El PCM vivió ese año una prueba de fuego más de las muchas a que lo había acostumbrado la Comintern; tres observadores o delegados de esa central comunista vinieron a México con el fin de "cerrar" el caso de los dirigentes Laborde y Campa, acusados de proteger a Trotsky. Fue una intensa campaña de difamación y tortura ideológica en la que finalmente el estalinismo triunfó. En *La voz de México* (3 de marzo de 1940) apareció este comunicado:

> La Comisión (Nacional) Depuradora, conjuntamente con la Comisión Política, ha decidido en uso de los amplios poderes que el pleno del Comité Nacional le otorgó, separar del Secretariado a los compañeros Hernán Laborde y Valentín S. Campa, relevándolos de todo puesto de Dirección.⁴

Se les llamó "enemigos del pueblo" que debían permanecer fuera de las filas revolucionarias. El furibundo comunista Andrés García Salgado, escribió: "Yo quiero pasar a los hechos que han impulsado a la Comisión Nacional Depuradora a determinar que Campa y Laborde no asistiesen al Congreso. No se trata de miedo a lo que ellos puedan decir, se trata de que ellos no son dignos de participar en este Congreso junto con los comunistas".⁵ Sonaron las voces estridentes de "¡fuera, fuera!" y los aplausos. Había triunfado la acusación hecha desde Moscú contra el Comité Central del Partido Comunista Mexicano de encubrir a Trotsky y a elementos trotskistas en su seno. El Congreso Extraordinario del PCM no había invitado a los enemigos de Moscú: Laborde y Campa. El nuevo dirigente, Dionisio Encina propuso un "nuevo" programa: la unidad de todos los sectores, en primer lugar con la CTM, la CNC y el

---

³ Véase M. Márquez y Rodríguez Araujo, *op. cit.*, p. 190.
⁴ Citado por Barry Carr, "Antología del estalinismo en México", p. 4. Revueltas recordó este "juicio" en una entrevista; sí, García Salgado era el jefe de la comisión depuradora que expulsó a Campa y Laborde: "Les hizo un juicio de diga sí o no, al que sólo se presentó Campa, de tal suerte que parecía una copia de los procesos de Moscú. Yo abandoné verdaderamente irritado la sala". (G. Pacheco *et al.*, "Conversación con José Revueltas", *op. cit.*, p. 218).
⁵ Citado por B. Carr, *art. cit.*, p. 4.

PRM, para crear un frente amplio de oposición al fascismo. El resultado fue la crisis interna del Partido, sobre todo de su dirección, que provocó un viraje hacia la derecha "que hizo de la membresía del Partido un trampolín mucho menos útil para tener influencia en los sindicatos y en la política". Vinieron las expulsiones masivas de militantes comunistas, lo que redujo notablemente el crecimiento y la fortaleza del PCM.

En sus *Memorias*, Campa trata de aclarar ese periodo cuando señala "que el primer motivo de su expulsión fue su oposición y la de Laborde a la presión soviética sobre el PCM para facilitar los preparativos del asesinato de Trotsky".[6] Parece fidedigna esta versión si se considera la histeria colectiva de los estalinistas contra el "traidor" refugiado en Coyoacán.

> El primero de mayo de 1940, 20 mil comunistas desfilaron por la ciudad de México con la consigna "¡Fuera Trotsky!" inscrita en banderas.[7]

Fue una tempestad dogmática la que cayó sobre los comunistas de esa etapa. Revueltas se mantuvo como observador. Sus innumerables actividades, sus viajes tan frecuentes y a veces tan largos, lo mantenían lejos del Partido. La crítica empezó a caer sobre el PCM. Se le reprochaba la falta de una visión dialéctica en el papel que había jugado en el desarrollo histórico de México, por tanto no era un partido marxista-leninista ni mucho menos la vanguardia del proletariado mexicano. Impugnado acremente, el Partido perdió fuerza. Revueltas lo vio así y entendió que su Partido atravesaba por una enfermedad histórica que se hallaba sin duda en su seno.

Esa enfermedad, según Revueltas, no era más que el reflejo de la caída de la Unión Soviética en poder de los alemanes. Tres años después de haber comenzado la Segunda Guerra Mundial, invadido el país, Stalin dio a entender al mundo que no había enemigos de clase, ni "frentes populares" que organizar, sino una lucha encarnizada contra Hitler en nombre de la democracia. Propició la desaparición de la Comintern, disuelta en abril de 1943. Las células comunistas en las fábricas no tenían sentido y fueron disueltas. El criterio fue que el proletariado y la burguesía, "explotados y explotadores, formaran un

---

[6] *Ibid.*, p. 22.
[7] Cueva, *op. cit.*, p. 67.

mismo frente, codo con codo, contra el fascismo internacional".[8] En *La voz de México* se atacó también al Partido; fue una nota anónima en la que se decía que el PCM había dejado de ser una fuerza política en México; "no ha respondido, y en la situación que ahora se encuentra no podrá responder, a las exigencias de la situación nacional e internacional". Se preguntaba cuáles eran las fuerzas reales con las que contaba el Partido. Y también, "¿cuáles son las fuerzas que nuestro Partido pone en movimiento para evitar que el gobierno de Ávila Camacho caiga a la derecha y se convierta en realidad en un gobierno claudicante y rectificador de la obra positivista, en algunos aspectos, de Lázaro Cárdenas?".

La confusión imperante en el PCM se evidenció en el órgano informativo de la célula de periodistas "José Carlos Mariátegui", llamado *El Partido*, cuyo director era José Revueltas. Ahí Revueltas escribió que:

> La ausencia de un verdadero y gran partido de vanguardia del proletariado en México, se ha dejado sentir en una forma aguda y crítica, que se refleja, en primer término dentro del propio PC.[9]

También salió a la superficie la crisis interna del Partido; Revueltas manifestó su desacuerdo con los procedimientos utilizados en la expulsión de Laborde y Campa; pero también criticó el antimarxismo de éstos. La Dirección encabezada por Dionisio Encina y Carlos Sánchez Cárdenas, tampoco era una solución pues despreciaba los principios del marxismo-leninismo-estalinismo, subrayó Revueltas. Así, el 20 de octubre de 1943 se firmó la resolución en donde se desconocía a Encina, avalada por José Revueltas, Rodolfo Dorantes, Efraín Huerta, Enrique Ramírez y Ramírez, José Alvarado, Vicente Fuentes Díaz, Antonio Prieto, Carlos Rojas, Rogelio Rivera e Ignacio León. El Comité Central del PCM reaccionó de inmediato y fueron expulsados. En poco tiempo, entre expulsiones y renuncias, el PCM perdió 14 mil miembros. Encina consideró que esta cifra era nada más "la basura del Partido". Mientras tanto, Revueltas reafirmó en el segundo número de *El Partido* la idea de que luchar contra Dionisio Encina era luchar por

---

[8] M. Márquez y Rodríguez Araujo, *op. cit.*, p. 245.
[9] Citado por Cueva, *op. cit.*, p. 72.

la salvación del PCM y contra el trotskismo. Ese periódico de cinco centavos tuvo mucho éxito entre los comunistas disidentes y grupos afines. Respondía a una necesidad: democratizar al Partido mediante un diálogo indispensable y un intercambio de puntos de vista encontrados. Revueltas empezó a esbozar en *El Partido* algunas de las razones por las cuales el PCM no había sabido colocarse a la vanguardia de la clase obrera. Esta tesis la desarrollaría ampliamente casi veinte años depués en su *Ensayo sobre un proletariado sin cabeza* de 1961.

El grupo expulsado del PCM siguió luchando verbalmente porque a fin de cuentas lo que deseaba era su reingreso. El más dolido quizás fue Revueltas; sufría fuera del Partido; ese organismo político le había servido como puente entre su adolescencia y su vida adulta, ahí se inició su actividad política y literaria. En él, Revueltas había desarrollado sus aptitudes. Cuántos años dedicados al Partido, obediente y sumiso con sus consignas, atento a sus disposiciones y órdenes. Cuánto sufrimiento a causa del Partido y, también, los estímulos recibidos a través de él. Y ahora, este hijo nato del Partido Comunista Mexicano se rebelaba contra la autoridad paterna y la hostilizaba, la ponía en la balanza de los acusados. Desde *El Partido* —que comenzó su trabajo en 1943—, Revueltas lanzó críticas denodadas al marxismo mal aplicado y al dogmatismo de ciertos comunistas. Citaba errores y estupideces en la historia reciente del Partido Comunista Mexicano: "La posición de la gente del buró político es, por ello, nefasta para el comunismo y llega, desde luego, a la traición", le escribió Revueltas a un camarada de Tijuana, el 30 de septiembre de 1943. Veía dispersión y ceguera de los dirigentes del PCM, un desastre insalvable que le quemaba el alma. Sufría como místico al ver que su Iglesia rodaba por los suelos; fue una época de crisis.

Revueltas se acostumbró a la disciplina partidista, resintió las exigencias del PCM y sus imposiciones ideológicas. Pero no podía vivir sin él. Fuera de las filas del Partido, Revueltas se quejaba amargamente. Había empezado a escribir desde adolescente con un tono didáctico, para la causa del comunismo internacional, luego lo hizo con algún rigor crítico, y después de su expulsión en 1943, fue implacable en su análisis de los errores del PCM. Discutió durante años, hasta su muerte, con el Partido, que se fue convirtiendo en una sombra, en su martirio, un eco que escuchó seguramente hasta en la muerte.

El Partido había comenzado a anquilosarse, dijo Revueltas años después, a la luz de la distancia. Ingresaron a sus filas funcionarios públicos, logias masónicas, y todos los viejos militantes de probada convicción marxista fueron vistos como residuos del pasado; entonces la Dirección del PCM perdió el sentido de las proporciones políticas y revolucionarias. Perdió antes que nada el sentido marxista-leninista y se enfrascó en los métodos típicos de la política mexicana: la corrupción y la maniobra. Los cambios bruscos de dirección política y táctica, la enorme sumisión a la Comintern y al oro de Moscú —como dice Carr—, la penetración masiva en obreros y campesinos, su expansión, sus éxitos y fracasos, José Revueltas los vivió a una edad crucial, de los 16 a los treinta años de edad. Era obvio que esa marejada estalinista de cambios y reveses, traiciones y desencantos había arrollado a Revueltas. Con todo, él sostuvo sus interlocuciones con el Partido. En su artículo, "Caracterizando a la antigua Dirección", de 1940 acusó a Hernán Laborde y a Valentín Campa de haber traicionado el movimiento obrero nacional; haber engañado a los trabajadores, al PCM y a la Internacional Comunista porque pensaron que en México ya existía "una forma específica" de los frentes populares representada por el Partido de la Revolución Mexicana (PRM); los acusó de deformación ideológica. Tres años más tarde, Revueltas se hallaba fuera y desde ahí siguió impugnando a sus correligionarios. Triste por haber sido echado a la calle, se dedicó a militar donde pudo. Urdió una lucha singular tendiente a formar un verdadero partido marxista-leninista en México; tarea que no abandonaría nunca y a la que dedicó días y años.

Dios en la Tierra (1944)

Mientras esa discusión ideológica y partidista aumentaba y no parecía terminar, Revueltas juntó varios cuentos publicados en periódicos y revistas desde 1938 y los publicó en Ediciones El Insurgente. *Dios en la Tierra* fue el título, claramente religioso, con que apareció este tercer libro de Revueltas. El tono general de esos relatos es fatalista, extensión evidente de *Los muros de agua* y *El luto humano*. De nuevo, los laberintos de la miseria; el fanatismo intenso, frío, derivado de la guerra cristera y de la historia precolombina; otra vez la prostitución, relacionada estrechamente con la piedad y con las luchas sociales, tan bien dibujada en "El corazón verde". He ahí las cárceles y su irracionalidad, el sistema penitenciario como reflejo de la sociedad en "El quebranto". Es decir, *Dios en la Tierra* era una extensión de la obra revueltiana y el presagio de lo que escribiría; corroboración de sus temas y preocupaciones, era también compromiso del realismo místico, revolucionario, paradójico y escéptico que había gestado Revueltas.

El mejor cuento, por su intensidad y su desaliento, es sin duda el que da título al libro. Se trata de una versión nueva del retorno de Dios a la Tierra, con cierta similitud al pasaje dostoievskiano del "Gran Inquisidor". Revueltas desarrolla su idea de Dios: algo indeterminado, pero presente en el trabajo y en las calles; sordo, terco, de piedra, sin principio ni fin, Dios es una entelequia aunque determina la vida de los hombres, aunque éstos mueran por defenderlo y se maten entre sí por esa gran Idea. La guerra cristera, que ya Revueltas había literatizado en *El luto humano* y que él vivió en una edad crítica —después de la muerte de su padre y entre los doce y los quince años— le sirve de pretexto en "Dios en la Tierra" para revelarnos la crueldad de Dios. El odio de estos cristeros que han cerrado sus puertas, se debe a Dios. Es un odio que en el mundo revueltiano resulta superior a la razón y sólo obedece a la fe. Es un odio nacido de las tinieblas, antes del Génesis. Otra vez, Revueltas atribuye esa irracionalidad y la fe que desata, a los poderes ciegos de la naturaleza. "Era el odio de Dios". Personifica a Dios: con sus puños, su rabia, había cerrado el pueblo. Dios que ha convertido los campos en yermos y niega el agua —nada menos que la sustancia con la que fue hecha el mundo— a los hombres. "Y del agua nace todo. Las lágrimas y el cuerpo armonioso del hombre, su corazón, su sudor".

Otro relato impregnado de religiosidad es "¿Cuánta será la oscuridad?"; es la historia de un pastor protestante que en la calle de cierto pueblo es solicitado por una mujer para calmar el llanto de una niña. Era un llanto envejecido, advierte Revueltas, "más allá de la edad". La niña llora por algo indescifrable pero espantoso. Igual que el cura de *El luto humano*, el de este cuento siente "la infinita inutilidad de su propia vida y de la vida en general". Impotente para auxiliar al prójimo, débil frente a la injusticia humana y frente al dolor, el pastor es invadido por la duda: "¿Por qué no habrá detrás del hombre, sino pavor?". El cuento termina cuando este pobre hombre queda ciego y las tinieblas invaden el mundo. La idea revueltiana parece clara: al perder la fe, el hombre vuelve al caos; el hombre sin Dios se autodestruye.

El tema religioso es constante en la obra de Revueltas. Su vida misma, una actitud heroica de entrega a sus semejantes, de olvido de sí mismo —como lo señaló Elena Poniatowska en una entrevista— fue un ejemplo inigualable de vocación religiosa. Revueltas aceptó la semejanza. En otra entrevista, se le preguntó cuál era su idea de Dios y por qué había tanta resonancia bíblica en su obra. Entre otras cosas, contestó que sólo existían verdades provisionales y la verdad absoluta "sería Dios":

> Y repito lo que decía Feuerbach en su *Esencia del cristianismo*: "Dios no ha creado al hombre, sino los hombres son quienes han creado a Dios". Dios es una entidad social e histórica, y como tal entidad social e histórica, y además ideológica, expresada en la religión, no puede prescindir de ella. Rige social e históricamente las relaciones entre los hombres y, por tanto, no puede prescindirse de esa entidad, bien se crea en ella o no se crea.[10]

Esta "entidad social e histórica" sin la cual no pueden vivir los hombres, aparece de distintas maneras en los cuentos anteriores y en "La acusación", también incluido en *Dios en la Tierra*. Revueltas aborda los problemas religiosos en ese relato como si Dios, la Biblia y la Iglesia católica fueran fuerzas conjuradas —junto con la naturaleza y los mitos precolombinos— contra los pobres de la Tierra. La historia de "La acusación" es inusitada: Cristo (diminutivo de Cristóbal) tiene el ojo izquierdo herido, sus abejas lo picaron. En la zona hay sequía, muerte, hambre, calamidades, debido al entuerto. Brota grandioso el odio a Cristo. Por fin, matan a Cristo y le extirpan el ojo de la desgracia común. Como su nombre lo indica, Cristo no se opone a que lo crucifiquen si a cambio su pueblo recobrará la felicidad y los campos volverán a florecer. Aquí también hay un Cristo negativo —como Adán en *El luto humano*, como el Dios de "Dios en la Tierra" que sólo trajo calamidades; es un Cristo similar a Caín.

---

[10] Gustavo Sáinz, "La última entrevista con Revueltas", en *Conversaciones con José Revueltas*, Universidad Veracruzana, Xalapa, 1977, p. 11.

Lo odiaban a muerte, pero con terror, suponiéndole una fuerza sin medida. Los dos enemigos de Cristóbal —de Cristo, como le decían— experimentaban todo el miedo infinito de matar a ese hombre duro, a ese hombre cruel, invencible, en cuyo ojo derecho se concentraba el poder de Dios, del Dios malo y sordo que gobierna los misterios del mundo.[11]

Cristóbal tiene rasgos de Natividad pero sin ideología. Ambos quieren redimir el mundo, defender a los pobres y humillados; tienen una misión específica que cumplir en la Tierra. A los habitantes de este pueblecito, Revueltas los compara —como en *El luto humano* a los trabajadores del sistema de riego— con ídolos de "una liturgia llena de misterio".

En estos cuentos teñidos de religión, Revueltas depositó su peculiar manera de entender a Dios, el cristianismo y la Iglesia. El tema lo seguirá explorando pero cada vez con mayor refinamiento y sutileza, hasta alcanzar una forma justa a sus intenciones. Como síntesis y proyecto del mundo literario que le interesaba revelar a Revueltas, aparece en *Dios en la Tierra*, un relato de los bajos fondos, "El corazón verde", mezcla de apostolado revolucionario y prostitución al estilo de Dostoievski. Lleno de significado ideológico, de piedad cristiana, es un cuento que muestra el submundo urbano; los barrios proletarios y su secuela de suciedad y decrepitud.

Revueltas ofrece en "El corazón verde" algunas descripciones como la de Azuela en *La marchanta* (1944): barrios sencillos, de casitas de madera, braseros en las casas, desempleados, fábricas, donde transcurre "una vida sin derechos" junto a la vía del tren, a la que se agrega el olor a perro y a lavanderas, a olanes y mezclilla. El ojo del narrador, como el lente de una cámara en movimiento, se detiene en una sastrería, *La Nueva Moda*. El barrio fabril, abatido por el hollín y la tierra desteñida, adquiere fuerza, vitalidad, debido a los méritos que le atribuye Revueltas. De la desolación física y la miseria, brota —como en otras obras de Revueltas— la solidaridad, la identidad espiritual que empuja a los obreros a luchar por un mismo fin: abolir la sociedad de clases. En la mañana, los obreros "hacían un ruido cálido", cruzaban el alba en busca de esperanza. Y el cielo era rojo, el viento helado "inmovilizador" porque

---

[11] J. R., *OL*, v. II, p. 466.

"desnudaba a las familias" y paraba en seco a las máquinas. Revueltas habla por lo común de una naturaleza cíclica: "El viento cíclico" de este barrio obrero situado en la frontera con los Estados Unidos está revestido de misterio, de poderes ocultos y pertenece a las entrañas de este país. "El cielo rojo se desvanecía, abandonando su mito, su religiosidad de cielo trabajado, labrado por el fuego". En ese escenario se desarrolla la increíble historia de la prostituta Chole y el querubín del proletariado, el *Pescador*.

El burdel-cabaret donde Chole presta sus servicios es "un lugar mestizo" en el que el sexo blanco intenta "vanos y escandalosos descubrimientos" pues los gringos se precipitan sobre las mujeres mexicanas para comprar, mediante sus dólares, placer y cariño. Vienen los gringos a dejar sus sueños a tierra subdesarrollada; se llama México pero en realidad —señala Revueltas— representa a Malasia, Singapur, El Cairo; nunca Nueva Jersey ni Columbia. El burdel es transfigurado; de su triste función prostibularia pasa a ser centro del mundo donde dos clases antagónicas ahondan el abismo que las separa. Revueltas habla de "mulatas de carne colonial, negras", porque ahí todo adquiere un significado ideológico y religioso. En ese lupanar se encuentra la militante-prostituta Chole que recibe la semilla de la revolución a través de su contacto con el *Pescador*, miembro del Partido Comunista Mexicano que la había conocido en la ciudad de México, donde ella dirigía una "extraña Liga Femenil". Bajo el cielo rojo, Chole irradia ternura; es muy parecida a Rosario, la comunista pura de *Los muros de agua*. Sus treinta años de edad no han deteriorado su ansia por vivir y abrazar causas justas.

A través de Chole se transparenta una filosofía de la pobreza que desemboca en la santidad. Vende su cuerpo, pero su alma se la reserva al Partido Comunista. Su aspecto tampoco es deplorable ni refleja degradación alguna; al contrario: es noble y sincero. Más que santa o líder comunista, Chole es un puente que une Cielo y Tierra, lo sagrado con lo profano, el bien con el mal, la revolución por venir con el capitalismo menos fecundo, la desesperanza con la posibilidad del cambio, y el desconsuelo con la ternura. Esto lo comprende perfectamente el *Pescador* después de que Chole se le entrega y además le ofrece diez pesos para la causa. Es el dinero que él necesita urgentemente para imprimir volantes que exhorten a los obreros de la fundidora a "parar" labores e impedir que sean despedidos injustamente. Entonces el *Pescador* estalla y se estremece porque después del contacto sexual nace en su corazón algo nuevo como una estrella, algo grande, hermoso y sublime. Y este "minero en Asturias, campesino en Castilla, soldado del Tercio Extranjero en Marruecos, estibador en Tampico, bracero en Oklahoma", entra en la aureola de Chole. Ya no importa que sus propósitos políticos se frustren —la fundidora cierra sus puertas y despide a los obreros—, el *Pescador* ha ganado a cambio la infinita bondad de Chole. Puede regresar a su origen sin temor de haber fracasado; el *Pescador* y su compañero, Molotov, han sido bautizados con el sexo sublime de Chole.

El *Pescador* seguramente regresa a su casa con la frente en alto, santificado. En primer lugar por su contacto con Chole; en segundo, porque su oficio, el de pescador, es una ciencia bíblica que consiste en soltar las redes; y "tejerlas armoniosamente, como pulsando un arpa marina de la cual brotarán sonidos graves y extensos como el mismo mar". Él y Chole están hechos con la misma arcilla religiosa. Aparte de convertirla en un ser heroico, romántico, Revueltas hace de Chole una sembradora, una virgen de la castidad, "más como las prostitutas que van a la iglesia, en el fondo de su alma tenía un sedimento místico, una fe en quién sabe qué destinos (...)".

Pocos personajes apasionan tanto a Revueltas como las prostitutas; compañeras, mujeres explotadas pero de un gran corazón, fueron en su vida y en su obra seres angelicales que podían entender la infinita soledad del hombre. Revueltas las trató y convivió con ellas, conoció el submundo en que vivían y las descubrió a través de las novelas rusas del XIX; hizo de la prostitución más que un motivo literario, una mística que usó para mostrar la agonía y la dicha, la piedad y el pecado que había en esos seres desamparados.

Dios en la Tierra fue, por supuesto, la confirmación de que el talón de Aquiles de Revueltas se localizaba en su vida y paralelamente en su obra; una y otra se entrecruzan y complementan. Las cárceles, las prostitutas, Dios, la religión católica, Cristo, los bajos fondos y los periodos sombríos de la historia de México, formaban parte inseparable de esa vida y esa obra. El libro apareció además en el momento en que su autor se hallaba en transición hacia lo desconocido. Se embarcó en un nuevo tren de vida. De 1944 en adelante rodará en varias direcciones, pasará por el teatro, intentará ser adaptador profesional para el cine mexicano; se divorciará, se casará de nuevo; beberá en exceso, será operado de una hernia, herencia tardía de las Islas Marías. Esa carrera se detiene en 1950: los ataques despiadados de sus ex camaradas por haber impugnado el estalinismo en *Los días terrenales* (1949), lo estremecieron y como era previsible, quebrantaron su moral y su energía.

En 1944, un espectro asolaba la literatura de Revueltas: el alcohol como suplicio. Los personajes de *El luto humano* son arrrastrados hacia la muerte por su fatalidad, pero concretamente por la borrachera que agarran en el velorio. En el cuento "El abismo" de *Dios en la Tierra*, reaparece el alcohol como ascenso a los infiernos. La bebida crea angustia y un agudo sentimiento de culpa, equivale a miseria moral y autodestrucción. Vicio infame, siempre reprobado por Revueltas, el alcohol puede ser un arma con que enfrentarse a la adversidad. Entonces se convierte en el "bendito alcohol" que tantas veces prometió no volver a probar. Demonio que conduce por caminos truculentos y pecaminosos a esa débil criatura que es el hombre, el alcohol fue parte decisiva del mundo literario que José Revueltas había construido ya con su tercer libro, *Dios en la Tierra*.

Borracho cotidiano, el contador Martínez de "El abismo" bebe hasta la inconsciencia, al grado de experimentar macabras alucinaciones. Cada vez que reconstruye su borrachera, cree haber matado a alguien. Esto se repite, en una ocasión no duda: ha cometido en efecto un crimen. La culpa empieza a atormentarlo; su incipiente paranoia se agudiza y piensa con temor que la policía lo agarrará ahí mismo, en la oficina, delante de los compañeros de trabajo. El delirio de persecución avanza y amenaza destruir a Martínez, a pesar de sus buenas intenciones: "Bebía, sí, pero no era de mal corazón, no era un malvado". En su monólogo pide misericordia, una oportunidad más y ya no volverá a beber. Cae pues en un abismo irreconocible, donde se mezcla su delirio con la realidad, el miedo a la cárcel con la embriaguez. El alcohol transforma a este buen hombre en una bestia; la metamorfosis lo lleva a las sombras. "Todo por beber. Se había tornado en una bestia innoble, sin sentido, libre a todas las manifestaciones que almacenaba allá abajo, en las entrañas". La culpa de Martínez al fin se borra cuando sus amigos le aseguran que no ha matado a nadie.

Una luz en el camino

Desde que Revueltas escribió el argumento cinematográfico sobre la vida de su hermano Silvestre, "Sinfonía inmortal o la vida de Silvestre Revueltas", en mayo de 1943, intentó asirse al cine como adaptador profesional. Ese argumento fue rechazado por Gabriel Figueroa porque el proyecto de filmarlo no maduró, "pero de todas maneras —aclara Figueroa—[12] Revueltas y yo trabajamos juntos en varias películas. Su preocupación era cómo hacer una carrera de escritor en cinematografía. Tenía talento y audacia para lograr su propósito. Sin embargo, se interpusieron muchos factores que finalmente lo desilusionaron y se retiró pero solamente por un tiempo. Siempre volvió al cine. Hicimos *La escondida*, que José adaptó de la novela de Miguel N. Lira. En fin, fueron buenos tiempos para él porque el adaptador suele llevarse una suma considerable por su trabajo".

En 1944, Revueltas adaptó *El mexicano* que dirigió Agustín P. Delgado; tuvo entonces un motivo más para viajar: las filmaciones. Satisfecho con su nuevo destino, entregado a los *sets*, Revueltas imaginó poder dirigir algún día; fue su sueño más reconfortante. Solicitado con frecuencia, Revueltas vio su entrada al cine como una luz que alumbraría su sinuoso camino de escritor, periodista y militante comunista. Se preguntó si iría a ser guionista toda la vida y creyó que sí porque le parecía un trabajo fácil. Lo importante fue esta nueva vocación que descubrió. En una entrevista confesó que el cine

> Es otra vocación muy orgánica en mi ser. De chico siempre quise tener proyectores. En la casa me regalaban proyectorcitos de lámparas de alcohol. Y yo proyectaba, indeciblemente fascinado, sobre la pared de mi cuarto. En cuanto podía me iba al *Volador* a comprar metros y metros de película para pasarla en mi cuarto que se convertía en un lugar mágico, más que en sala cinematográfica. Siempre ha sido un anhelo mío la cinematografía. Luego le hice la lucha para entrar al cine profesional, hasta que lo logré. Fui argumentista y adaptador y tendía a ser director, pero el ambiente me empezó a repugnar demasiado, aparte de que me deterioraba mucho desde el punto de vista político.[13]

Aficionado desde pequeño al cine, Revueltas empezó a verlo en Durango; tenía seis años de edad; los domingos, ponían una sábana en

---

[12] Entrevista Ruiz Abreu/Gabriel Figueroa, agosto, 1989.
[13] I. Hernández, *art. cit.*, p. 19.

la plaza y proyectaban películas gratis; al niño le parecía un mundo mágico, lleno de aventuras. Este cine mudo era acompañado con música de piano. Ya en la ciudad de México, vio *La calandria*, *El compadre Mendoza* y otras películas mexicanas que le gustaron. Pasó el tiempo y su militancia política lo alejó de su afición por el cine, hasta ese 1943 en que fue solicitado. Entonces trató de dedicarle su talento de escritor a las adaptaciones; en 1945 adaptó *Cantaclaro*, novela de Rómulo Gallegos: la dirigió Julio Bracho con bastante acierto. Su celo partidario lo inducía a meter asuntos sociales aun cuando la cinta fuera de baja calidad y diversión, un "churro". Fueron tiempos de mucha productividad y proyectos generosos; en 1947, Revueltas ganó el premio a la mejor adaptación en la película *La otra*, dirigida por Roberto Gavaldón. A partir de ese momento, trabajó casi en forma exclusiva para Gavaldón. En las tardes, se daban cita en el *Café París*, en el centro de la ciudad; proliferaban los proyectos de nuevas adaptaciones pero, sobre todo, discutían acaloradamente contra las ideas de Gavaldón, porque Revueltas deseaba temas sociales, impregnados de ideología. Durante el rodaje de las películas, Revueltas se ausentaba y se convertía en un gitano errante.

En abril de 1946, mientras filmaba *La otra*, escribía a su casa, a sus hijos Andrea, Fermín y Pablo, y les contaba las vicisitudes del cine, los cambios de escenas hechas a última hora, los problemas para empezar el rodaje, la pesadilla que era, según él, ese mundo. Y como siempre, imaginaba un futuro promisorio. En esos viajes interminables, Revueltas se nota preocupado por terminar cuentos y novelas aplazados. Le dice a su esposa e hijos: "¡Qué deseos tengo de estar ya en la casa, de verte y ver a mis hijos!".

El cine absorbía su tiempo; y como buen apóstol de causas ajenas, Revueltas se empeñó en entregarse a las adaptaciones. Escribió guiones que jamás se filmaron, por cuestiones políticas o económicas, como *La huelga de Río Blanco*; también escribió el argumento de *La malquerida* de Jacinto Benavente. En este caso sí se filmó pero se utilizó otra adaptación, porque la historia de Revueltas había resultado poco satisfactoria para el productor. Entre proyectos no realizados y algunos desencantos propios del medio, Revueltas tampoco tuvo una buena época en el cine, sino una experiencia nueva que lo ilusionó y ayudó a sobrepasar sus primeros años fuera del Partido Comunista Mexicano. Adaptó *La diosa arrodillada*, no obstante que le pareció una obra inconsistente y muy mala. Acostumbrado a las asambleas partidistas, a la polémica y el mitin, no ocultaba sus desacuerdos; su juicio sobre esa película le llevó al enfrentamiento. Pero como el cine no era el PCM, remó contra la corriente. María Félix era la protagonista, de manera que el *script* debía arreglarse a su gusto. Revueltas reía y por lo común hacía bromas de todo, pero en su trabajo sufría mucho cada vez que notaba injusticias, concesiones por amistad o corrupción. De aquí que su carrera en los foros cinematográficos fuera invariablemente de confrontación y polémica, alegato y rectificaciones. La taquilla se imponía finalmente y él debía ceder a la exigencia del público y a los apetitos comerciales de los productores. Trabajó infatigablemente para el cine, y se retiró por cansancio o desilusión. Pero, con todo, el cine representó para él un estímulo en esos años.

Sobre su trabajo en el cine José Joaquín Blanco[14] escribe que de *La diosa arrodillada* a *Zapata*, es una mezcla de Dostoievski y un cabaret mexicano, y lamenta profundamente que su enorme talento lo haya perdido en escribir decenas de guiones dirigidos al clásico "churro" del cine nacional.

Revueltas habló de la relación, difícil casi siempre, del adaptador con el director de una película; ambos discuten cada escena, cada secuencia, arreglan los diálogos. A veces la propuesta de aquél choca con la idea del realizador y entonces surge inevitablemente el conflicto. Esto fue evidente en el rodaje de *Sombra verde* (1954), en la que Revueltas sugería que se cometiera perjurio; el productor rechazó tajantemente esa idea; el adaptador insistió:

—Usted quiere hacer una barbaridad con el personaje.

—Se equivoca, Revueltas, quebrantar un juramento no es cosa fácil, entiéndalo, por favor —dijo el productor, sudando a mares.

—Pues si no me toma en cuenta me declaro en huelga de hambre, ¿me escucha camarada? —preguntó Revueltas y miró a su alrededor: selva tupida, enormes ceibas y matorrales.

No hubo arreglo, así que Revueltas abandonó la filmación; regresó a Poza Rica, donde estaba alojado el personal y al día siguiente voló a la ciudad de México. De ese campo petrolero, le había escrito a su segunda esposa, María Teresa Retes:

---

[14] J.J.Blanco *José Revueltas*, Ed. Terra Nova, México, 1985, p. 32.

> Estuve en la selva. Ni más ni menos terrible e impresionante que lo que yo he conocido y andado. Poza Rica, una población obrera de las que siempre me han gustado, como Minatitlán, como Camarón o Ciudad Anáhuac, que nostálgicamente me recuerda viejos episodios de la lucha revolucionaria y me entristece un poco. (...) Creo que regresaré más pronto de lo que pensaba en un principio. Hasta posiblemente tal vez llegue antes que esta carta (no he averiguado cada cuándo sale el avión de México o si hay diariamente).[15]

Revueltas confesó sentir una culpa considerable por esos "churros"; no había escrito películas de calidad pero trató de escribir de una manera digna para los directores. Roberto Gavaldón fue su mejor compañero. Pero a partir de 1955 Revueltas empezó a fastidiarse del cine; deterioraba su mundo literario, le robaba mucho tiempo a cambio de nada. La labor del escritor tendía a ser menospreciada: "Nuestra cinematografía se llenó en esa época de una cantidad de personas sin escrúpulos, particularmente argumentistas, que hacían lo que se les pidiera por dinero". De esa fecha hasta un año antes de su muerte, Revueltas no abandonó del todo la actividad en los *sets*; su trabajo más compacto, el que le otorgó más posibilidad de expresarse con entera libertad, fue *El apando* (1975), película de Felipe Cazals en la que su propio autor intervino como adaptador junto con José Agustín.

De su paso por el cine, Revueltas escribió algunos ensayos importantes sobre el montaje, el fotograma, la relación literatura-cine, que han sido de utilidad gracias a su destreza para mostrar ángulos de la adaptación cinematográfica poco frecuentes en México. Y como nada estaba separado de la política, Revueltas escribió también "Cinematógrafo y capitalismo", donde separa el cine de arte del cine cuyo destinatario es una "masa enferma" y que sólo se produce para satisfacer el apetito comercial de los capitalistas. Se trata de juicios muy extraños para su época.

> El cine tiene que operar sobre una masa enferma, envenenada psicológicamente. Una masa nerviosa por la propaganda de los gobiernos, en tensión constante por los peligros que la acechan, y que va al cinematógrafo, no como una persona

---

[15] J. R., *Cartas a María Teresa*, Premiá Editora, México, 1979, p. 70.

aislada puede leer un libro de Balzac, para disfrutar de un goce artístico, sino como un síntoma enfermizo, para aliviarse, liberarse por medio del olvido. Por eso el cinematógrafo capitalista es un compuesto tan banal, frívolo y estúpido. Sus temas huyen de la realidad, la transforman y en lugar de ella colocan engendros inverosímiles de curanderos y hechiceros y no de médicos.[16]

Esa masa vive entusiasmada por el mundo de los gángsters y las prostitutas, adormecida por un mal cine. Revueltas resaltó la estrecha relación del arte cinematográfico y la sociedad, más concretamente: los males sociales, las contradicciones de clase, eran la base del "séptimo arte" y, por supuesto, del arte en general. Revueltas habló de Wells, Disney, Chaplin, de las grandes obras de la literatura llevadas a la pantalla. Intentó cambiar el rostro del cine mexicano y convertirlo en verdadero arte, dejar a un lado el "sentido" comercial para dar al público calidad y menos cantidad. Entre 1945 y 1960, se enfrascó en disputas eternas porque deseaba a toda costa limpiar de vicios y deformaciones morales, sociales y estéticas, la realización cinematográfica en México. Como todo idealista, soñó con cambiar el mundo del cine y terminó otra vez marginado. Si el escándalo surgido a raíz de la adaptación de *La diosa arrodillada* en 1947 fue largo e insufrible, el que se suscitó con la sociedad de Jenkins, Alarcón y Espinoza, fue peor. Emilio García Riera llama a Revueltas "espíritu de militante verdaderamente libre" que supo ver en el cine una posibilidad de expresión artística haciendo a un lado el maniqueísmo propio del medio, impugnando la mediocridad. "Queda por ello en evidencia que Revueltas supo tratar a gente como la del cine, que en la mayoría de los casos estaba ética, cultural e ideológicamente muy por debajo de él, con una sabia distancia; pero lo ejemplar es que no por ello se advierte en él la menor señal de prepotencia desdeñosa ni el tono lastimero de los *incomprendidos*".[17]

En efecto, Revueltas supo "tratar" a esa gente, pero es innegable que recibió algunos golpes que lo hirieron moralmente como puede verse en las discusiones a propósito de *La diosa arrodillada*.

---

[16] J. R., *OC*, v., 22 1981, p. 114.
[17] E. García Riera, "Prólogo" a *El conocimiento cinematográfico y sus problemas*, *OC*, v. 22, p. 14.

A través de una carta respondió a su impugnador, rechazando acusaciones innobles e infundadas. Éste decía entre otras cosas que la película hubiera sido otra si Gavaldón hubiera "mandado al señor Revueltas a cambiar el *script*". El 13 de febrero de 1947, Revueltas explica que:

> Una afirmación tan categórica como la anterior implica una gran injusticia con respecto a mí y con respecto a mi moral como escritor, y es solamente en atención a ello que me decido a escribirle la presente aclaración. (...) De ahí que me hiera en lo vivo y me agravie profundamente, la triste imagen en que usted me pinta como un escritor que se presta al juego de no sé qué "protecciones artísticas" o favoritismos como los que puede hacer cualquier venal funcionario público, cualquier covachuelista voraz, cualquier productor de cine sin conciencia... o cualquier "periodista" sin escrúpulos, de cuya agobiante y vergonzosa pluralidad estamos tan al tanto usted y yo como conocedores del medio mexicano.[18]

Pero este asunto fue menor comparado con el que denunció Revueltas sobre el monopolio en la exhibición de películas de los señores Jenkins, Gabriel Alarcón y Manuel Espinoza Iglesias. Lo hizo públicamente a través de la revista *Hoy* de vasta cobertura. Revueltas se pregunta si el cine mexicano está en vías de desaparición debido a los innumerables problemas que vive: producción, carencia de adaptadores y argumentistas profesionales, técnicos más capacitados, la competencia, etc. Y su respuesta es contundente: el cine nacional no corre ese peligro, si no uno mayor y más lamentable. Se refería a que el cine estaba ya en manos de dos prestanombres: Alarcón y Espinoza, y un empresario de la calidad de Jenkins. De paso, acusa a Jenkins de "enemigo de México" por algunas informaciones que había vertido al Departamento de Estado de los Estados Unidos sobre nuestro país. Este primer artículo, un "yo acuso" como fue conocido, termina así: "El cine mexicano no está en peligro de desaparecer. Está en peligro de convertirse en el instrumento de los intereses más oscuros y agresivos que existen contra la patria mexicana. Los mexicanos que se prestan al juego de estos intereses —y no vacilamos en citar los nombres de Espinoza y Alarcón— sólo

---

[18] Reproducida en J. R., *OC*, v. 22, pp. 148-149.

pueden calificarse con una palabra: traidores".[19] De inmediato se publicó la respuesta al "señor Revueltas"; una carta abierta que firmaron las principales productoras de películas, Cinematográfica Grovas, Filmadora Chapultepec, Mier y Brooks, entre otras. Le "indicaban" a Revueltas las inexactitudes en que incurría debido a "información deficiente" que seguramente le facilitaron "enemigos gratuitos". A ellos se debía el auge de la industria cinematográfica nacional pues con sus inversiones por cuenta propia, sin subsidios oficiales, era posible ofrecer el sostenimiento "de sueldos importantes para los actores, directores, técnicos, manuales, escritores".

Revueltas no permaneció callado después de esa "carta abierta" en la que figuraban las firmas de amigos suyos; contestó con más argumentos y mayor virulencia. Para él, Espinoza y Alarcón eran "vendepatrias", y el americano William (cuyo nombre se había mexicanizado como Guillermo), el "enemigo mayor de México". Defendió a los exhibidores independientes del país a los que vio en peligro de ser devorados por las "fieras": "el monopolio Jenkins ha logrado crear en la industria cinematográfica un clima de terror económico y físico que nadie había querido romper ni conjurar sino hasta ahora. Pero la lucha no es solamente en defensa de la industria cinematográfica, sino en defensa de México",[20] aseguraba Revueltas. La denuncia, al final, cayó en el olvido.

Impaciente ante toda anomalía social, sindical, política, Revueltas fue inflexible; quería enderezar el mundo y las desviaciones que veía en la sociedad. Lugar donde llegara, lugar donde surgirían tarde o temprano líos. La Comisión de Disciplina del PCM lo acusó en 1939 de "irresponsable", porque en Guadalajara el compañero Revueltas no se presentó a las oficinas del Partido. Algo parecido le sucedió en 1949. Después de haber sido nombrado secretario de la Sección de Autores y Adaptadores del STPC y su secretario general en agosto del mismo año, renunció debido a las acusaciones que los mismos trabajadores le infligieron a raíz de su polémica con Jenkins, Alarcón y Espinoza. Con su salida, se cerraba un episodio triste en la historia del cine mexicano. La renuncia de Revueltas a la Sección de Autores y Adaptadores del STPC, la recogió con sobriedad la revista *Hoy*, al publicar una nota que demostraba claramente cómo Revueltas se había enfrentado a sus compañeros de sección en el momento en que éstos

---

[19] *Ibid.*, p. 124.
[20] *Ibid.*, p. 129.

se negaron a aprobar los acuerdos tomados en sesión plenaria. El cuadro parecía humillante: "todos prefirieron guardar una actitud de miedo y de silencio; el poder y la fuerza del monopolio —parecía— habían llegado hasta la Sección de Autores y Adaptadores. Ante esta situación, Revueltas se vio obligado a renunciar al puesto al que lo habían llevado sus compañeros y al que ahora se negaban a apoyar por temor, por consigna o por una manifiesta falta de espíritu de compañerismo".[21]

No sería la última batalla perdida en la que combatía Revueltas. Le faltaban varias aún. También lo acusaron de "irresponsable" y de "faltar a sus compromisos" por retrasar la adaptación de *El rebozo de Soledad*. Le pidieron cuentas claras de los adelantos a cuenta de honorarios que le habían concedido y devolver el dinero. De nuevo, Revueltas tuvo que redactar una larga y detallada aclaración para desmentir a su impugnador: el secretario general, Rafael E. Portas, a nombre de las secciones de Técnicos y Manuales y Actores. En su respuesta, Revueltas informa que durante varios meses trabajó sin descanso en la elaboración del cinedrama de la novela *El rebozo de Soledad*. Finalmente, regaló a los trabajadores el dinero que le debían; citaba también su precaria situación económica:

> De esta suerte, mi situación económica llegó a ser angustiosa, al extremo de no tener siquiera lo más elemental para hacer frente a los gastos familiares de las fiestas de Navidad. (...) Por todo lo anterior me parece a todas luces injusta y ofensiva la reclamación que han hecho las hermanas secciones de Técnicos y Manuales y Actores respecto a un supuesto incumplimiento de mis obligaciones, aparte el procedimiento brutalmente descortés y falto de compañerismo hacia un elemento de una sección hermana.[22]

Había empezado la modernización del alemanismo cuando Revueltas se hallaba en estas discusiones políticas, laborales y privadas; hacia 1950 vivía en medio de intrigas y acusaciones. Su paso por los *sets* —entre 1944 y 1955— sería positivo como experiencia literaria, pero le dejó profundas heridas que no se curaron tan fácilmente. Fue crítico con la producción cinematográfica mexicana;

---
[21] *Ibid.*, pp. 173-174.
[22] *Ibid.*, pp. 155-156.

dijo que nuestro cine estaba baldado y exigió que se politizara. Los comentaristas de cine también lo impugnaron como adaptador; así lo demuestra el comentario de Díaz Ruanova a propósito de *La diosa arrodillada*:

> Reminiscencias y plagios son evidentes. Enamorado de la excesiva retórica de *Crepúsculo* y de sus grandes conflictos internos, el barroco José Revueltas, cuyo predominio sobre los otros argumentistas es bastante claro, complica y desquicia las situaciones. Para Revueltas la sencillez es un crimen. No siente simplemente aquellos conflictos que son comunes a todos los hombres. Precisa rebuscar, deformar, alambicar las situaciones hasta hacerlas increíbles; y si ya resulta bien difícil seguirlo en sus novelas y cuentos rurales, entre personajes y ambientes que le son familiares, ¡cuánto más ha de serlo en una película como *La diosa*, donde Revueltas pinta absurdamente un ambiente que desconoce y que no es mexicano, ni internacional, ni ubicado en parte alguna del cielo o el infierno![23]

Lo que menos hizo Revueltas fue jugar con el cine —como le dice Díaz Ruanova—, y la prueba de ello es su dedicación a las adaptaciones, y principalmente su escrito sobre el montaje, el guión y el cine como arte. En 1949 redactó un documento que él llamó *Código ético*; especie de maniobra para impedir la censura, era una expresión de cómo defender el trabajo creativo de los escritores que escribían para el cine. En el medio se vio éste como un llamado a la "toma de conciencia" y de posición ideológica, de manera que no fructificó, pero Revueltas intentó al menos detener el control de la creatividad. Fue un cinéfilo al que impactó *El ciudadano Kane* y *El asesinato de Trotsky*, y no negó su inclinación por el cine realista, que vio como una posibilidad de "ruptura con la cotidianeidad" en la que el público va a mirarse en el espejo de su propia vida. "Hice cine porque fue uno de mis grandes ideales, como medio de expresión. Siempre me gustó". A esta declaración sincera se agrega otra: Revueltas quiso sobre todas las cosas ser director de cine y no lo consiguió. Ése fue su más fuerte deseo. Admiró mucho a Antonioni, en él creyó ver a un representante de

---

[23] *Ibid.*, p. 150.

la "teoría de la enajenación"; en sus películas describe con una maestría extraordinaria ese concepto. Si es cierto que Revueltas fue un producto típico del siglo XX, eso justifica de manera suficiente su pasión por el séptimo arte.

Paralelamente a su entrada al cine, Revueltas inició su carrera de dramaturgo; escribió teatro, dirigió una obra, y perteneció también de tiempo completo al grupo *La linterna mágica* creado por Ignacio Retes, con quien Revueltas trabajó varios años. Entre 1944, en que publicó *Dios en la Tierra* y quedó fuera del PCM, y 1947, en que se casa por segunda vez, Revueltas sufrió un cambio notable.

IX

Vita nuova

Una noche de diciembre de 1946, Revueltas fue con su esposa Olivia Peralta a casa de Julio Bracho, en Las Lomas de Chapultepec. La fiesta parecía el acontecimiento social del año; convivían gente del cine y del teatro; directores y artistas, periodistas, poetas, pintores. Esa noche Revueltas no sonrió como otras veces, ni bebió, tampoco hizo gala de su repertorio de anécdotas, chistes y largas historias que solía contar. Se apartó de la multitud, sintió unas ganas terribles de salir a la calle y gritar; estaba ahí pero su mente se hallaba en otro sitio. Escribió un poema que rápidamente rompió y dejó en un cenicero; Olivia lo rescató, y lo conservó y, cosas de la vida, fue publicado. En ese breve texto, Revueltas se declara en la soledad más triste, en el desamparo.

> No tengo casa.
> Está derribada en medio de la noche.
> Su dolorosa arquitectura
> se ha caído.
> Entré y seguiré solo.
> (...)
> He vuelto de nuevo.
> No tengo casa.
> Estoy perdido.[1]

---

[1] J. R., *OC*, v, 11. 1981, p. 271.

Es evidente que un hombre de la convicción de Revueltas no podía escribir versos tan desesperados si no se hubiera hallado en realidad en una encrucijada. Ese mismo año, había conocido a María Teresa Retes y se enamoró perdidamente de ella. Sabía que el divorcio implicaba abandonar a sus tres hijos, el hogar humilde pero lleno de promesas que había construido en diez años de matrimonio. Sabía que su decisión de divorciarse haría sufrir a quienes ama; el sufrimiento, precisamente su mayor condena, se había hecho para él, no para los demás. En esa fiesta en que se declara estar perdido, Revueltas se debate entre una *vita nuova* y el pasado que no puede borrar de un plumazo. En ese momento su culpa crece y se vuelve agresiva, persistente. No vivirá nunca en paz.

Esa noche fría, pasan por la amplia casa de Julio Bracho en Las Lomas, Xavier Villaurrutia, Diego Rivera, el Indio Fernández, María Félix, Gabriel Figueroa, Jaime Torres Bodet... Se brinda por la presente administración alemanista en la que se mira con optimismo el futuro de México. Revueltas junto al gran mundo se abstrae de los saludos y abrazos efusivos.

En agosto de 1947, enviado a Acapulco para participar en la adaptación de una película, le escribe a su hermana Rosaura. Revueltas parece hondamente preocupado por sus hijos. No encuentra sentido a su trabajo; se siente enmarañado en su vida sentimental: "pues uno no sabe lo que pueda ocurrir cuando llegue al convencimiento de la absoluta, definitiva, desesperada inutilidad de todo". No desea ver el día, sino sumirse en las noches en las que olvida su pena. ¿Y cuál es su pena inmerecida? Por lo pronto, el amor nuevo y devorador que lo atormenta porque él está acostumbrado al dolor. Sufre: "Quiero a María Teresa, verdaderamente la amo, pero en forma tan desgarradora como desde el fondo de un pozo de remordimiento. ¡Sufrirá, sufrirá también! Debían aislarlo a uno como a un ser peligroso, dañino. ¿Por qué diablos tiene uno que incorporar á las gentes a que sufran y presencien nuestra soledad sin poder hacer nada, nada, nada absolutamente?".[2]

Estas profundas reflexiones revelan a un hombre con la conciencia rota, al borde del abismo. No era nueva en Revueltas esta agonía. Desde su adolescencia su estado moral no tendía a mejorar. La

---

[2] Rosaura Revueltas, *op. cit.*, p. 157.

bebida y su situación amorosa lo llevaron a un callejón sin salida. En la misma carta a su hermana Rosaura confiesa:

> ¡Me ayudaría tanto Olivia si contribuyera a borrar todo el remordimiento que tengo por cuanto la he hecho sufrir! Ya ves, estoy como en una prisión, girando en torno de mí mismo, trastornándome a preguntas: ¿hago bien, hago mal?, ¿soy un egoísta miserable?[3]

Cuando escribe lo anterior, Revueltas ya está comprometido para casarse con María Teresa y vive entre dos aguas que lo ahogan: la del pasado que se evapora y la del futuro aún incierto. Al fin, en octubre de 1947 se divorcia de Olivia y ese mismo mes viaja a Chapala con María Teresa de "luna de miel".

La noche del Leda

María Teresa Retes había conocido a Revueltas una tarde de 1946 en la casa de Ignacio, su hermano, donde se reunía el grupo de teatro *La linterna mágica*. "Fue una tarde de inesperadas sorpresas para mí".[4] Se hallaban algunos actores en la casa de Retes y "Pepe" que había decidido escribir teatro. Bebían y hablaban de algunos proyectos en común para realizarse a la brevedad. Mariate vio todo aquello y decidió despedirse, precisamente en el momento en que "Pepe" se hallaba un tanto ebrio. Iba a bajar las escaleras cuando él la alcanzó; llevaba una botella de whisky en la mano y dijo:
—Usted no se puede ir porque esta botella va a perder su virginidad con el fin de que usted la pruebe. No se vaya ¿qué le cuesta? —y "Pepe" la miró con dulzura. Mariate regresó a la casa, mientras el llamado "Pepe" le hacía gracias y bromas.
—¡Qué barbaridad! —le dijo a Ignacio—, ¿cómo pudiste hacerme esto? Tienes una hermana guapísima y no me la habías presentado. ¡Salud! Rieron y festejaron las bromas de Pepe y al fin Mariate

---

[3] *Ibid.*
[4] Entrevistas Ruiz Abreu/María Teresa Retes, marzo 27, 1986. Las citas que siguen son el producto de varias conversaciones que tuve con la señora Retes, la segunda esposa de Revueltas, con la que vivió casi 25 años. La primera plática fue en 1977, luego en 1979; durante los meses de marzo, abril y mayo de 1986, de nueva cuenta. La última data de 1989.

salió pero no sin antes haber complacido al amigo de su hermano. "Entonces él bebía pero siempre estaba lúcido; con el tiempo desapareció la lucidez y se refugiaba en un abismo horrible. Es que el alcohol le hacía un daño físico y moral muy grande. Pero no dejaba de beber; tomado se convertía en un cómico, un bailarín que imitaba a Cantinflas", recuerda Mariate.

Ella lo conoció en la época en que Revueltas estaba fuera del Partido. "Esto lo hacía sufrir intensamente; el Partido Comunista Mexicano era para él una forma de vivir y de luchar, pero sobre todo, de disciplinarse; sin partido, flotaba". Entonces los vacíos de su vida como militante no sabía como llenarlos; "era un niño que crece siendo acólito y ayudando a decir misa que de pronto pierde ese oficio y no sabe nada más", explica Mariate.

Después de esa tarde en que la botella de whisky perdió su virginidad, Mariate no volvió a ver al simpático "Pepe". Pero en una ocasión, después del estreno de una obra de teatro, él la invitó al cabaret *Leda* en la colonia Doctores. Él la asediaba, a veces lo veía en los ensayos, junto a Ignacio Retes, pero nada más. Fue hasta el estreno de la obra de Juan Ruiz de Alarcón, *El tejedor de Segovia* en el Teatro Mexicano de Electricistas donde las cosas cambiaron. La obra es un drama novelesco, de asunto romántico en el que Alarcón predica contra la violencia y defiende la nobleza. La obra resultó un éxito y después llegaron al *Leda*, Retes y su hermana, Pepe y algunos actores más. Mariate entró a aquel antro de moda, lugar obligado para escritores y periodistas de la época. De pronto, ella escuchó una voz: "Revueltas, Revueltas, vengan con nosotros". Fueron a sentarse con el grupo de amigos de él y entonces Mariate supo que "Pepe" era José Revueltas. Esa noche lo descubrió, y conoció a sus amigos José Alvarado, Efraín Huerta, Jesús Guerrero Galván, Ricardo Cortés Tamayo y Enrique Ramírez y Ramírez, sentados junto a la pista de baile del *Leda*. "Yo me acordé de mi maestra de piano que mencionaba a Silvestre, pero José Revueltas no tenía ningún significado para mí". La charla se intensificó; ya con sus amigos, Revueltas habló de política, de la situación del país. José Alvarado elogió a la joven que acompañaba a Revueltas. La risa se extendió. Entonces Revueltas dejó ir su mano por debajo de la mesa y tomó la de Mariate. Retes se dio cuenta, tomó la mano de José y la retiró. Jamás perdonó la "broma" a Pepe. La noche del *Leda*, Revueltas le declaró su amor, le hizo juramentos, le habló del dolor y la pureza, describió el gesto insensato de Raskolnikov en el instante de matar a la usurera; le citó la Biblia. Y, de cuando en cuando, le soltaba una "flor". Mariate escuchaba extasiada; se fijó en su manera de hablar y de mirar; descubrió en esos ojos de "rana enojada", una expresión de humildad y un sentimiento sincero. La noche del *Leda* iba a cambiar, para bien o para mal, el curso de la vida de Revueltas. De pronto un mundo menos cruel y miserable que el que había vivido por su militancia, sus ausencias y sus penurias, se le presentó ante sus ojos. Estaba inmerso en el medio teatral y cinematográfico al que le dedicó mucho tiempo, y en cierto sentido le tomó cariño a un oficio que le ofrecía ventajas sociales y económicas. Esa noche, Revueltas prometió vivir una nueva vida con aquella muchacha delgada, fina, de modales sofisticados, jovencita cuya infancia había transcurrido en la tranquilidad de San Luis Potosí. Él tenía 33 años de edad; creía en la pureza y en un mundo limpio de pecado, pero llevaba una culpa demoledora que no lo dejaba ni de noche ni de día.

—Salimos del *Leda* —recuerda Mariate— en la madrugada; tuve que repartir a los amigos de José en mi coche. Fue una de las primeras tareas que cumplí para él. Desde entonces me convertí en el chofer de Revueltas. Lo llevaba a los periódicos a cobrar sus colaboraciones, a las productoras de películas, a los estudios cinematográficos. Menos a las cantinas.

Lo dejó de ver varias semanas. El 19 de marzo de 1947, el noviazgo se formalizó. Era el "santo" de Revueltas y se dieron cita. Mariate ya sabía entonces a quién tenía de pretendiente. Días antes había ido a una librería del centro; compró *El luto humano*; se fue a su casa y no salió hasta que leyó la novela; vio fatalidad y una prosa que golpeaba las entrañas; le causó una impresión terrible. A la mañana siguiente, lloró sin saber por qué. Tal vez había visto en el libro el tormento de un hombre solo destinado a su propio infierno. "Hubo algo fundamental: vi ante todo la soledad del hombre que lo había escrito, no tanto el drama fatal de los personajes ahí descritos. Ese fue el elemento decisivo que me arrojó a José".

En octubre de ese año se casaron; fue una boda sencilla con pocos testigos y la familia. La víspera, el papá de Mariate le regaló a su hija cuatro mil pesos, con cierta rigidez, aunque no enojado, le dijo: "Tú sabes lo que haces, hija. Ojalá todo vaya bien". Mariate tomó el dinero y se fue por José. Lo llevó a una tienda del Paseo de la Reforma y le compró un traje elegante. Fue una tarde inolvidable, diría ella años después, en la que él "me habló de la pureza de sus intenciones, del dolor tan grande que sentía por los desamparados, los trabajadores y las compañeras (siempre llamó así a las prostitutas)". Revueltas se veía ilusionado, contento de la nueva etapa que comenzaba para él y su esposa. Los testigos en la boda por el civil —Mariate no contrarió el deseo de Revueltas— fueron los hermanos de ella, sus tíos y Rosaura Revueltas. No hubo fiesta. "A José —después lo supe— sólo le gustaban los cabarets de segunda, era ahí donde se sentía a gusto. También supe que había una mujer en su vida a la que veía siempre; la cita desde antes de su primer matrimonio. ¿Quién era? Nadie lo sabe". Una vez casados, se fueron al aeropuerto y tomaron el avión con destino a Guadalajara. De ahí se trasladaron a Chapala.

A Mariate le pareció lo más normal del mundo que Revueltas, más que maleta, llevara a su "luna de miel" una petaquita negra donde guardaba su *Remington*. Ella sabía que estaba casada con un escritor y pensó que así sería la vida junto a un hombre de letras. Se levantaba temprano y, en la terraza del cuarto del hotel, frente al inmenso lago, escribía varias horas. Revueltas estaba trabajando en *Los días terrenales*. Una vez, mientras tecleaba insistentemente en la máquina de escribir, empezó a gritar como un niño amenazado: "vida, vida, ven por lo que más quieras". Mariate salió de inmediato, asustada, en bata. Cerca de él se hallaba una araña, grande y peluda pero seguramente inocente. Mariate fue a buscar al jardinero que se encargó de matarla, sólo así fue posible calmar al novelista. "José, en general, le tenía pavor a los bichos, era un repudio enfermizo". Ya tranquilizado, Revueltas le dijo a su esposa que muchas fobias como la que sentía por los policías y la que acababa de ver las había cogido en las Islas Marías, en las celdas oscuras. Junto a su mesa, tenía *Albertina*, la novela de Proust.

—Deberías leer esta obra grandiosa —dijo él en tono suave.

—Pero si la conozco muy bien, aunque prefiero *A la sombra de las muchachas en flor*; la intimidad femenina es excelente en Proust.

—¿Es cierto? Qué sorpresas me das y qué placer siento al saber que te gusta Proust. Pero quiero hablarte de otra cosa. Fíjate —y encendió un cigarro como quien se dispone a contar una historia interminable— que tuve una novia, Luz, a la que quise mucho y casi me caso con ella. Los compañeros del Partido lo impidieron, o sería mejor decir, que ninguno de los dos estábamos dispuestos a darlo todo.

Bien, tengo pesadillas en las que invoco a esa dama lejana que jamás volví a ver.

Mariate se acostumbró a sus pesadillas frecuentes, en las que gritaba como un animal perseguido. Revueltas soñaba que la policía lo cercaba en los callejones de la Romita, después de una persecución a muerte. Cuando le faltaba el aliento y parecía rendido, las armas y los rostros iracundos de los guardianes lo amenazaban. La impotencia de verse solo y asediado lo hacía gritar, desgarrarse las entrañas pidiendo auxilio. Y nadie iba en su ayuda. Sólo veía a su alrededor muros de ladrillos, muy altos, inalcanzables. Como perros que fueran a devorarlo, se acercaban los policías a él, que temblaba. Aparte del episodio de la araña en Chapala, la "luna de miel" llegó a feliz término. Regresaron a la ciudad de México y se instalaron en un departamento de la colonia Cuauhtémoc. La primera semana Revueltas no salió de su casa; quería avanzar en su novela y hacía esbozos, escribía un capítulo, lo corregía, luego cambiaba el contenido. Parecía dispuesto a borrar el pasado y empezar una vida nueva. Pasó un mes y su promesa se vino abajo; desapareció durante tres días. Mariate lo esperó hasta las ocho de la noche en que había quedado de volver. Pensó en un contratiempo. A las diez, empezó a preocuparse y a las doce estaba convencida de que su marido había sufrido un accidente o lo habían detenido. Desesperada, enloquecida, recorrió delegaciones y bares; llamó al periódico *El Popular*, a sus amigos; nadie sabía de Revueltas. Mariate vio la ciudad cerrada con "el odio de Dios" y poco faltó para que cayera enferma. Por fin lo halló: se había ido con sus hijos. Desde entonces, no volvió jamás a buscarlo. Eso sí, lo llamó cuando regresó al departamento.

—Yo creo que te equivocaste en tu decisión —le dijo.

—De ninguna manera.

—Si no puedes vivir lejos de tu pasado, aquí terminamos. No me importa que nuestro matrimonio haya durado sólo un mes.

Él la miró como pidiendo clemencia, se puso de pie y respondió:

—Por favor, vida, debes tener paciencia. Eres tú a quien yo quiero, la mujer que había soñado. Te lo suplico: dame una oportunidad y verás que todo cambiará de ahora en adelante.

Por supuesto, volvió a desaparecer una segunda vez, una tercera y así hasta el infinito. Pero en esos años de recién casados, Revueltas vivía tenso, a disgusto; Mariate atribuye eso a que estaba fuera del Partido: "Solía decir que esos fariseos lo habían expulsado. Era una de sus palabras preferidas. Son fariseos, explicaba, porque no admiten la crítica. Al final de la guerra se dio cuenta que el Partido estaba en un error y que José no se había equivocado pues hizo una crítica sana, indispensable". Según Mariate, Revueltas solía decir que el PCM vivía en el naufragio ideológico porque recibía consignas de afuera a las que sólo respondía "amén". Esto lo exasperaba, sabía que el Partido no iba a cambiar y seguiría siendo ajeno a los intereses de la clase trabajadora de México. Su preocupación permanente fue siempre la misma: modificar el submundo de los marginados, hacerlos hombres. Mariate lo vio infinidad de veces horrorizado por el futuro oscuro de los obreros y los campesinos: fue su pasión, pero en esa empresa también creyó ser el responsable y cargó con la culpa. A veces, mientras comían solos en su casa, José le decía a su esposa:

—¿Te das cuenta? Estos hombres (los trabajadores) no tienen nada, trabajan como bestias todo el día, a cambio reciben un salario de hambre. Lo puedes ver en los albañiles, choferes, mecánicos y muchos más: llegan a su casas exhaustos, tal vez sin ánimos para el amor. No, no es posible, permitir eso.

El teatro, la bohemia

El año de su segundo matrimonio, Revueltas se había instalado de una manera firme en dos actividades que ocupaban su tiempo: el cine y el teatro. Escribía cientos de cuartillas en guiones, adaptaciones, *scripts*, y obras de teatro que *La linterna mágica* ponía en escena. Otra actividad no confesada fue su vida bohemia, reforzada por el temperamento y la disposición de Revueltas. Se entregó a la actividad teatral pero a su manera. El grupo *La linterna mágica*, bajo la tutela de Ignacio Retes, se había creado para representar obras de calidad con actores independientes. Revueltas fue uno de los fundadores del grupo y su principal impulsor.

> Pero como Revueltas siempre andaba de viaje —aclara Retes— enviaba recados para que lo esperara el grupo, ¡imagínese! Hicimos teatro en la calle; luego alquilamos una carpa para poner *Mariana Pineda* de Federico García Lorca. Trabajamos intensamente a pesar de las travesuras de José que jamás terminaba de establecerse en ningún lugar. Eso sí, para todo tenía una justificación en nombre de los humildes. Su

> actitud era sincera, por supuesto; él se quejaba a menudo del dolor y el hambre de los demás. Fue un gran pedagogo: explicaba apasionado sus ideas y contagiaba, cómo no. En el fondo, su mayor ambición tal vez hubiera sido ser anarquista o predicador.
> Bueno, de *La linterna mágica* es preciso decir que el grupo andaba en busca de un director y lo encontró en José Revueltas. Fueron tiempos muy productivos para su carrera de escritor.
> Después de los ensayos de horas y horas, nos íbamos al *Leda*, un cabaret de moda para la bohemia intelectual de los años cuarenta. Había putas y un salón amplio.[5]

Su ingreso al cine y al teatro no mejoró sustancialmente la situación económica de Revueltas. Hay que agregar su disposición para gastarse en una noche lo que había cobrado en la mañana. El teatro concretamente no le dio ingresos, sino otro tipo de estímulos. Discreto hasta el delirio, Revueltas podía quejarse del dolor de los demás, pero jamás del suyo; el "yo" lo tuvo siempre vedado. Con Ignacio Retes sostenía largas discusiones sobre teatro y literatura; Retes criticaba su tremendismo y su adjetivación excesiva, Revueltas lo rechazaba valientemente. "Fueron discusiones interminables en las que él se defendía como un perro" recuerda Retes. Revueltas aclaró en una entrevista:

> Ignacio Retes que dirigía un estusiasta grupo llamado *La linterna mágica*, y yo, anduvimos buscando una sala durante mucho tiempo hasta que los compañeros del Sindicato Mexicano de Electricistas nos permitieron utilizar la suya. Allí trabajamos como negros durante meses para montar obras que tenían sólo dos o tres representaciones por temporada. *Mariana Pineda*, de Lorca, y otras piezas de Sor Juana, de Ruiz de Alarcón. En aquel tiempo —entre 1946 y 1948— dirigí una obra de Pushkin basada en una biografía de Mozart. Recuerdo que tenía un final impresionante, porque me agencié una calavera inmensa que bajaba tocando un violín, mientras se oscurecía la escena bajo los acordes de música de Mozart. En 1948, Retes dirigió un drama mío en tres actos, *Israel*. Pero

---

[5] Entrevista Ruiz Abreu/Ignacio Retes, mayo, 1989.

ya le digo, como las otras, nada más dos o tres representaciones.[6]

Después de haber puesto en escena *Mozart y Salieri* de Pushkin, que tuvo aceptación y un relativo éxito, Revueltas escribió *Israel* y *El cuadrante de la soledad* (1950). En 1945 había escrito *Pito Pérez en la hoguera*. Pero el cine y el teatro, apenas representaban la mitad de las actividades de Revueltas; escribía crónicas y reportajes y en esos años fue trabajando en su novela de mayor aliento, *Los días terrenales*. Además sus actividades políticas se incrementaron, sobre todo a mediados de 1948, en que ingresó al Partido Popular como gesto de simpatía y adhesión partidaria al lombardismo. Al año siguiente, fue nominado candidato a diputado federal por ese instituto político. Ignacio Retes lo ayudó en la campaña. Creyeron que a través del teatro se podía hacer proselitismo; y, claro, la idea fue bien intencionada pero los resultados negativos. Revueltas no fue electo; junto a Retes ponían una obra de Florencio Sánchez, *El desalojo* y sin recursos de ningún tipo, dieron a conocer la obra. Más que proselitismo, en realidad hicieron arte escénico en las calles, en las plazas y carpas. Cuando consiguieron un local, después de semanas de angustia y trabajo, el Partido Oficial se los quitó. Ellos insistieron una vez más con obras de distintos autores, escogidos por Retes y Revueltas para la campaña a diputado, en la que también participaba Rodolfo Valencia, el bailarín y coreógrafo Guillermo Arreaga y otros simpatizantes no tanto del PP sino del teatro. El mismo Retes se inscribió al Partido Popular para poder llevar a cabo la campaña de su colega Revueltas. "Perdimos, pero cómo gozamos esos tiempos de entusiasmo y entrega al arte escénico", aclara Retes. En realidad, la campaña corrió por cuenta de los que la hacían. También el escritor Francisco Rojas González se lanzó como candidato por otro Distrito; le pidió a Retes un "teatrito" para atraer electores. Según Ignacio Retes, "no fue una campaña sólida, por supuesto; el PP no tenía bases sólidas. Éramos un grupo de izquierda en busca de un partido". Perder esa candidatura para diputado significó muy poco para Revueltas; lo había entusiasmado el PP pero nunca al grado de entregarse a la lucha abierta y descarnada por los principios de Lombardo Toledano; hubo simpatía

---

[6] I. Hernández, "José Revueltas: balance existencial", en *Conversaciones con José Revueltas, op. cit.*, p. 30.

y nada más. Revueltas seguía pensando en el Partido Comunista Mexicano. Le había sido y le seguiría siendo fiel.

Revueltas también se ligó con la Compañía Mexicana de Comedia; él y Retes hallaron ahí, sorprendidos, verdaderos talentos escénicos como Virginia Manzano, Silvia Pinal, Solé y Rafael Banquells, entre otros. Reconoció en Ignacio Retes a su maestro de teatro, con el que llegó a la culminación de su corta carrera de dramaturgo, cuando estrenaron *El cuadrante de la soledad* que provocó una auténtica conmoción cultural —y luego política e inquisitorial— en la ciudad de México. Con modestia, Revueltas escribió que:

> Lo poco que yo pueda conocer de teatro se lo debo a Retes. He participado en su grupo *La linterna mágica*, desde su nacimiento, primero como un observador que no perdía detalle y luego como director y autor más o menos desafortunado. Durante todo ese tiempo acumulé un gran caudal de hechos, experiencias y conocimientos, que después he tratado de utilizar. Quienes conocen el trabajo de Retes no pueden negar, de ningún modo, que es probablemente el director de más talento creador entre todos los que hay en México.[7]

El impulso de Revueltas por el teatro, su dedicación a fondo a escribir novelas y ensayos, artículos y crónicas, se detuvo en 1950 debido a los ataques despiadados que sus ex camaradas de partido hicieron sobre su novela y su obra de teatro. Esto lo desmoralizó, Revueltas bajó la cabeza y se dejó golpear una y otra vez. En estos años dedicados al teatro y al cine, Revueltas parecía más seguro económica y moralmente. Sin embargo, es evidente que en su interior llevaba el germen de la piedad cristiana a través de la cual debía sufrir por los desposeídos. En agosto de 1947 leyó en Acapulco las cartas de Van Gogh a su hermano. Admirado por la infinita paciencia de aquél para soportar con estoicismo su triste destino, como Van Gogh le escribió a María Teresa, su prometida: "En Van Gogh, veo el sufrimiento de la bondad, del bien, la tortura del espíritu que ansía servir a sus semejantes. No sé: quizá yo prefiera la Moral al Arte".[8]

---

[7] J. R., *OC*, v. 21, 1984, p. 299.
[8] J. R., *Cartas a María Teresa*, ed. cit., p. 27.

¿Por qué Revueltas prefiere la vida y descarta a los espíritus obsesionados por la estética? Porque no puede separar el sacrificio que implica el arte de una actitud ideológica y moral acorde con ese sacrificio. Delacroix le parece el producto de la técnica y de la búsqueda de una Estética, de lo perfecto. En cambio, Van Gogh surge del dolor, de las entrañas de la vida humana, y esto apasiona a Revueltas, por eso puesto a escoger entre "la moral y el arte", opta por la primera sin titubeos. Le dice también a Mariate: "Delacroix es el colmo de la inteligencia y del talento unidos; Van Gogh el colmo de la sabiduría (en el sentido bíblico de la palabra: 'quien añade sabiduría añade dolor') y del sufrimiento. Se explica uno así por qué Delacroix nunca se volvió loco (no tenía ganas, no tenía vocación, era vergonzosamente incapaz de volverse loco), mientras el pobre Van Gogh terminó en un manicomio. Así Jesús o Francisco de Asís".

La inteligencia, según Revueltas, pertenece a lo inefable, es diabólica, una clara tentación; es como el dinero que envilece a los hombres y finalmente los destruye. La "sabiduría", en cambio, implica sufrimiento por los demás, entrega, una moral inflexible que debe vencer a la inteligencia. Revueltas propone la penitencia, deshacerse de todos los bienes terrenales, dar de beber al sediento, como Francisco de Asís. Su vida misma la ajustó en cierta medida a esa ética humilde, a esa pasión mística mediante la cual él no era nada en este mundo ni tenía sentido sino en su relación y su amor por los demás. Sus modelos artísticos y humanos son Tolstoi y Van Gogh, jamás Proust y Delacroix.

Como Pablo, Revueltas considera que la riqueza es un pasaje para el infierno. "Porque raíz de todos los males es el amor al dinero". Sólo con este sentido bíblico puede entenderse el largo *viacrucis* revueltiano y su desprendimiento de los bienes materiales, de su "yo" que jamás atendió; hizo de la culpa un tormento incesante, y de Dios una quimera. Esta idea lo exaspera, lo conduce inevitablemente al abismo. Predica o intenta predicar a través de la humildad no por la salvación del alma sino de la sociedad. En vez de Dios coloca al Hombre, a la Historia. El año de su segundo matrimonio, Revueltas había consolidado ya su idea de Dios como negación. Su vida, sus novelas y cuentos, sus crónicas, estaban imantadas de religiosidad; la actitud que él había asumido frente al arte era mística, sobreponía el dolor y la expiación a la estética. Al exaltar la figura de Van Gogh, Revueltas hallaba en realidad una vida hecha a imagen y semejanza de la suya. Sólo que él intentó ayudar al prójimo mediante una doctrina y una fe; creyó en la proximidad de una sociedad nueva que crearía el marxismo y lo que debería haber sido su vanguardia: el Partido Comunista Mexicano. La Iglesia que no tuvo, Revueltas la encontró en el PCM. Pero al negar a Dios, quedó expuesto al caos, entonces se empecinó en descifrar la doctrina cristiana y el misterio de la Biblia. De aquí que Revueltas vincule el marxismo con los Evangelios; su propia vida con los Mandamientos; hizo lo mismo en novelas y cuentos.

Si damos crédito a María Teresa Retes, puede hablarse de dos Revueltas: uno, antes de 1947; y otro después de esa fecha. Ella lo llevó a la tienda *High Life* y le compró un traje elegante; le presentó personajes encumbrados. Antes, Revueltas vivía con su familia en la calle de Morelia 59, departamento 11, muy apurado de dinero, en una vecindad humilde. "José sintió que conmigo viviría bien" y no se equivocó: tuvo casa, seguridad económica, coche y pudo olvidar (al menos pasajeramente) los años en que recorría el país a pie enviado por el Partido a lejanas y apartadas ciudades de provincia sin un centavo en los bolsillos". Este anecdotario, sin embargo, no explica sino en parte a Revueltas. Dice Mariate: "la situación social fue para Revueltas una preocupación constante. Casi podría decir, un tormento. Su desesperación llegaba a niveles místicos; la miseria y la explotación de los trabajadores, lo desgarra; al no poder cambiar esa realidad sufre hasta el delirio". Llevó siempre una pena muy honda como si hubiera sido indispensable echarse todas las culpas de la desgracia humana. A dos años de casados, Mariate había penetrado en el alma doliente de su marido, y una mañana, mientras desayunaban le preguntó:

—¿Por qué te sientes con la obligación de llevar el mundo a cuestas?

No le respondió; sólo la miró con esos ojos grandes, lastimados. Mariate asegura que vivía bajo el fuego de una religiosidad que lo quemaba: "Debo precisar esta idea; Revueltas consideraba que los que teníamos no teníamos derecho alguno a tener. De ahí su rechazo al gran mundo. Solía refugiarse en su propia mística, en su fe y su amor hacia el bajo mundo. Los ricos siempre le inspiraron un odio radical, era la podredumbre de la sociedad de acuerdo a su criterio".

Israel (1948)

Revueltas escribió en 1947 la obra de teatro *Israel*. Al año siguiente, la puso en escena José Ignacio Retes. Se estrenó el 13 de mayo de 1948 en el local del Sindicato Mexicano de Electricistas; tenía música de Silvestre Revueltas y fue acompañada del poema de Langston Hughes, "Canto de una muchacha negra". Tuvo un éxito relativo, pero fue otro paso que Revueltas dio en su carrera teatral. Más que en novelas y cuentos, en esta pieza, Revueltas se volcó por la cuestión religiosa. Si el nombre de la obra, *Israel*, ya es un claro indicio de su contenido y tendencia, los personajes lo corroboran. Se corre el telón y aparece la comunidad negra de Amapola Village en el estado de Texas; en la parroquia de *Mam*á Smith y el *Tío* Eleazar —patriarcas de la tribu—, acompañados de Celeste, hija de ambos. También, los apóstoles: Rebeca y su hijo, Esaú. El ambiente es de paz y felicidad; la familia Smith vive para rezarle a Dios, y Dios existe para cuidarlos. La paz se pierde cuando llega el demonio (en este caso, la riqueza que genera el petróleo) entonces los Smith son amenazados con la expulsión del Paraíso.

Todo gira alrededor de la aprehensión del tío Eleazar y Jonathan Lincoln Fletcher y del mexicano Jimmy González, acusados de haber asesinado a la norteamericana Peggy Ryan. Antes de la sentencia —a muerte, por supuesto— preparan fugarse de la prisión, asesorados por el audaz Jimmy. En ese intento, el KKK los acribilla, menos al tío Eleazar que logra avisar a su familia y poner a salvo a *Mamá* Smith. La injusticia cometida contra los Smith es claramente un problema racial; se sabe que el propio sheriff Stephenson llevó el cadáver de Peggy en su auto y lo aventó junto a la cabaña de los Smith. El sheriff entregó también las llaves de la cárcel a los blancos que pedían venganza; entraron a la prisión a matar negros. La voz de Jimmy, fuera del escenario, se escucha todopoderosa, como un eco del Cielo: "No pudieron nada contra nuestra voluntad y nuestra esperanza".

Más que obra de denuncia racial, *Israel* parece una rara alegoría bíblica; su tema está sacado de la Biblia, también los nombres de los personajes, y cada uno propaga apasionadamente el nombre de Dios y los Evangelios. La lectura de la Biblia es frecuente; la usan los Smith como un arma de piedad y pureza en caso de peligro. *Mamá* Smith cita pasajes bíblicos a cada momento, y Esaú exclama: "La Tierra está sola y aún no ha nacido el hombre". Entre estos personajes no hay diferencia; todos están regidos por la misma idea obsesiva y doliente de Dios; a todos les espera la misma suerte de discriminación y violencia. Se trata de una familia a la que su fe destroza. Dios los empuja a la angustia irremediablemente; no los convierte en seres libres, sino en prisioneros, esclavos de la fe que profesan. Dios no los ha hecho felices sino terriblemente desdichados. Esta idea de Dios la ha interpretado Octavio Paz[9] como un ateísmo trágico que Revueltas asimiló y proyectó en su obra —*Israel* es tan sólo un extraordinario ejemplo— de una manera peculiar.

Además de ese "cristianismo trágico" fácilmente detectable en *Israel*, Revueltas destaca la discriminación racial en los Estados Unidos. A los Smith les llueven males: persecuciones, cárcel, tortura, miseria. Peor no les podría ir en esta tierra de lágrimas. Revueltas dibuja al yanqui como un demonio que martiriza a estos ángeles (negros) sin motivo aparente. Los negros de Revueltas sólo piden que los dejen vivir en paz. El melodrama es intenso, y se extiende a lo largo de la obra. El mexicano Jimmy González, mártir gratuito, da la vida en su intento por salvar a la familia Smith. Actúa por amor, por solidaridad con la población negra, por su conciencia social. Él conduce a los Smith a tierras de Canaán: la República mexicana. *Israel* es una obra que evoca un Paraíso perdido donde los negros fueron alguna vez felices, ese Paraíso lo lleva también en la imaginación Jimmy. Quieren hallar la tierra prometida donde no se les persiga ni se les margine; rechazan vivir en el odio y la injusticia. La familia Smith parece la tribu primera que busca un sitio ideal en el cual asentarse. Jimmy puede dormir tranquilo; en su país, ejemplo de comunidad en armonía, no existe el odio ni la venganza contra los hombres de color. Cuánto idealiza Jimmy su querida tierra, donde no se persigue a nadie ni se mata a un semejante por su color; es una tierra "cálida y fría", amorosa, "llena de silencios". En la prisión, el mexicano demuestra su elocuencia a sus camaradas, y evoca el Paraíso: "Y si la miras, Jonathan, tu corazón se llena de lágrimas y de luz. Y escucha una cosa, viejo: con sólo que tu negra planta se posara en su entrañable tierra, serías libre de un golpe, pues bajo el cielo de México los negros y los blancos son hermanos". Ese paraíso perdido

---

[9] *México en la obra de Octavio Paz*, loc. cit., p. 579.

que se repite en cuentos y novelas revueltianas, es una utopía, un mundo nuevo y más justo, feliz con su destino, como el que buscaron los descubridores de los siglos XV y XVI. En el año que se escenificó *Israel,* Revueltas aún cree posible la realización de su utopía; poco después dirá que no hay tal lugar. No buscó El Dorado ni la fuente de la edad eterna, ni las maravillas en que soñaron los utopistas del Renacimiento, sino un edén social más o menos similar al que sus ojos vieron en 1935 en la Unión Soviética. Revueltas fue terriblemente realista. Aunque a los personajes de *Israel* —como algunos de sus cuentos y novelas— los convierta en caricaturas de sus deseos. Para amar a un blanco, Rebeca, hija de Israel, necesita que se convierta en negro, de sentimientos y alma, de pensamiento, palabra y obra. Por eso no le importa que Jimmy sea blanco o bien que no sea como ella y su tribu, pues ese muchacho tiene el alma negra. Rebeca, como en un monólogo clama: "Mi espíritu ha visto en la oscuridad. Ha visto en lo negro de la oscuridad. El amor nos iguala y nos hace seres humanos. Hace que una mariposa se pose sobre un cactus o que un león se deje acariciar de una serpiente". Y su hermano Esaú piensa lo mismo: "Negro con preocupaciones se vuelve más negro todavía". Más que amor, entre Rebeca y Jimmy hay una relación forzada nacida de pronto; como de la nada brota esa pasión que ellos definen con frases y actitudes melodramáticas. De un solo golpe, se le ha revelado a Rebeca una inmensa verdad: Jimmy es un ángel, un querubín. Ella explica a su madre la moral de Jimmy: "El no es como los blancos que conocemos, que tienen odio en los ojos y hiel en las entrañas. ¡No sé cómo explicarlo! Únicamente su piel es blanca; todo lo demás es negro, su alma es negra, sus buenos sentimientos, honradez, su cariño". Como certificado de suprema bondad en el mundo, los negros de Revueltas tienen su color.

El efecto de esta obra en el público escaso que la vio parece haber sido de desconcierto; tanta religiosidad puesta en labios de unos norteamericanos de color en una villa sureña de los Estados Unidos, era algo extraño y caprichoso. Revueltas estaba empeñado en escribir para el teatro y no cejó en su empeño. El aplauso y el éxito llegó pronto, apenas dos años después de haber puesto en escena *Israel,* pero llegó también con la penitencia. En 1950 Revueltas y Retes montaron *El cuadrante de la soledad* que conmovió al público de la ciudad de México. Pero antes, escribió y publicó *Los días terrenales,* la novela en que más esperanza depositó Revueltas, la única que lo hizo temblar de pies a cabeza y de la que se arrepintió profundamente. Él mismo la consideró "la mejor" de sus novelas y toda la vida estuvo aludiendo a ella, a veces condenándola, a veces pidiendo su reconocimiento.

En 1947, Revueltas escribía a menudo fogosas cartas a María Teresa. Desde Acapulco le dice que continúa leyendo a Van Gogh, pero sobre todo que él desea ser mejor a través del inmenso amor que siente por ella. Dice que "el amor no tiene palabras" y anuncia una obra de teatro que está por terminar; le promete a Mariate enviársela muy pronto. Era *Israel*, cuyo título original fue *Los muertos vivirán*. Pasaban los días y las semanas y Revueltas escribía cartas pero no regresaba de Acapulco; "bueno en realidad nunca regresó; fue un viajero empedernido, un nómada que no reconoció más casa que los caminos; su morada fue la noche bajo cualquier cielo, no su hogar". Desde el *Hotel de las Américas*, Revueltas suplica: "Por favor no sufras por lo que te digo: pero estoy tremendamente triste, con una melancolía mortal. Debiera no haberte escrito, porque no me gusta hacerlo en este estado de ánimo y tampoco me agradaría ocultarte ese estado. Pero ya ves, lo hago y sin duda te atormentaré. No puedo continuar esta carta, vida mía, perdóname. Tampoco te la mandaré. Es que ha sido este un día espantoso. No dudes de mi amor. Pero hoy he sufrido pavorosamente".[10]

Finalmente envió la carta y también logró el fin que no perseguía conscientemente: perturbar a Mariate, ponerla de cabeza. Revueltas sufría y contagiaba a sus seres queridos.

---

[10] *Cartas a María Teresa*, ed. cit., p. 40.

X
Los días terrenales
(1949)

A fines de 1949, Revueltas concluyó el largo y ambicioso proyecto literario en el que había fincado muchas esperanzas artísticas y de tipo ideológico y político. *Los días terrenales* se convirtió no sólo en una novela de un autor polémico, sino en un producto típico de una generación y por eso mismo estuvo en la mira de los comunistas de los años treinta, es decir, de los miembros de la secta cuya bandera no podía ponerse en duda sin estar expuesto a una condena tácita, a una excomunión. Desde 1944, Revueltas empezó a escribir algunos capítulos, a concebir ciertos personajes de lo que sería su gran respuesta al Partido Comunista Mexicano. Pero sus años en el cine, en el teatro, su segundo matrimonio, su infatigable labor periodística, fueron aplazando el relato. Al fin, de sus entrañas brotó esa autocrítica despiadada, esa acusación a su partido, a sus ex camaradas y al estalinismo, que fue *Los días terrenales*. Él mismo se asustó quizás, del resultado; fue presa de la incertidumbre al ver que no solamente había sacado a la luz pública lo que era un secreto entre camaradas, sino que cuestionó la ortodoxia de una doctrina social y política.

A nadie extrañan las acusaciones inquisitoriales que los comunistas lanzaron contra el ex camarada del PCM José Revueltas (expulsado en 1943), ni la respuesta que él tuvo para sus inquisidores. Revueltas se entregó a los vituperios de sus compañeros y a las moralinas que lo confinaron en el silencio. Esos ataques empezaron en 1950, pero siguieron circulando durante muchos años. Revueltas vivió con aquel eco acusador hasta su muerte. En entrevistas y en ciertos artículos que reconstruían el estalinismo, trató de aclarar parte por parte el remolino partidista que intentó destruir su novela. No dejó de considerar *Los días terrenales* como su mejor obra, el proyecto novelístico más acabado, y en el cual depositó todo su escepticismo y su equipaje ideológico de los años vividos bajo la tutela del PCM, y una buena parte de su visión del hombre, de la naturaleza y del arte. En la polémica, Revueltas se jugó todo en una partida desigual: cedió un amplio margen de razón a quienes lo impugnaron y perdió. Así quedó claramente de manifiesto que Revueltas se veía como un místico más que un revolucionario, que su empresa social era una compensación en la Tierra de la falta de Dios, y que había un Padre (el Partido Comunista, o su hermano Silvestre, los padres que reconoció este huérfano) vigilante, a cuya diestra estaba el hijo no para obedecer sino para rebelarse contra la imagen autoritaria, intocable y lejana.

Las llagas de la sociedad

El 30 de julio de 1950, Revueltas leyó en *La Voz de México* un artículo anónimo que lo conmovió: condenaba enérgicamente *Los días terrenales* y *El cuadrante de la soledad*. Las razones parecían serias; esas obras denigraban al ser humano, se colocaban de lado del existencialismo, filosofía a la moda de la decadencia burguesa. Además, el artículo señalaba con el índice al autor de esas obras:

> A ese pueblo que presenta Revueltas, a esos obreros y campesinos, es natural que los tiene que dirigir la burguesía, pues ellos no son capaces, no ya de dirigir, ni siquiera de actuar en ninguna forma positiva.
> Pero ni éste es nuestro pueblo, ni ésos los obreros y campesinos de México. Y sobre todo, los comunistas que presenta Revueltas no son, desde luego, los miembros de nuestro Partido. Revueltas nos calumnia; esos degenerados no son ni fueron nunca comunistas, son simples degenerados.[1]

Esa voz anónima afectó profundamente a Revueltas, pues también atacaba sus otras novelas y cuentos. Erigida en juez supremo, le

---

[1] Reproducido en J. R., *OC*, v. 12, 1984, p. 190.

exigía a su autor rechazar, bajo todas las circunstancias, la ideología burguesa; Revueltas había pasado del materialismo dialéctico y del realismo socialista —seguía el artículo— "a la metafísica reaccionaria y al existencialismo". Parecido por su tono y su argumentación, a las acusaciones que había hecho el mes anterior Ramírez y Ramírez, el artículo analizaba la obra revueltiana:

> Desde *Los muros de agua, El luto humano*, hasta *Los días terrenales* y *El cuadrante de la soledad*, todo es la misma línea filosófica y artística, una sola corriente literaria: aquella que usa del cieno para pintar sus imágenes; que hurga entre lo más podrido de la humanidad para extraer sus personajes; que remueve las llagas de la sociedad capitalista para forjar escenas; que presenta un panorama cerrado y oscuro, sin ninguna posibilidad de cambio; que presenta a los comunistas como seres abyectos, receptáculo de todas las bajas pasiones, las miserias físicas y morales de la sociedad capitalista. Esta escuela se llama existencialismo, es la ideología de la burguesía decadente, utilizada magníficamente por los mercaderes de la guerra para envenenar a las masas y aplastar todo espíritu de lucha.[2]

La crítica más ambiciosa fue la de Ramírez y Ramírez, la que el mismo Revueltas aceptó en todos sus términos. El crítico aconseja al joven Revueltas a la vez que lo llama "héroe del pueblo mexicano", que debe salvarse y "volver a México". Le llama la atención la forma como muestra Revueltas a los comunistas de los años 1930 a 1935 y ve en eso una "deformación" grave.

En la historia de la literatura mexicana no se ha presentado todavía un caso similar al de Revueltas cuando pidió a sus editores retirar de la circulación *Los días terrenales*. Tanto ataque doblegó a su autor y el objetivo se logró: llevarlo a la abjuración. Ramírez y Ramírez veía en esa novela la confirmación de que los derrotados, perversos, frustrados, los inválidos y los criminales, son el único "lado oscuro de la realidad" que le interesa describir a Revueltas. Con franca intención partidaria, Ramírez promovía el chantaje ideológico al hacer estas preguntas: ¿dónde quedan los obreros y los campesinos?, ¿dónde sus luchas?, ¿dónde sus anhelos de libertad, sus

---

[2] *Ibid.*, p. 191.

deseos por cambiar el mundo capitalista que los explota y oprime? No, Revueltas no ha querido ver nada de eso. De ahí que su novela no sea un reflejo de la realidad mexicana, pues el pueblo de México —insiste Ramírez y Ramírez— no sólo está compuesto de esa masa deforme y viciada, sino también de grandes iluminados. Y describe la primera escena de *Los días terrenales* con marcada ironía, burlándose de los personajes.

El mundo insólito de la narrativa revueltiana debió impresionar no sólo a los comunistas como Ramírez y Ramírez y Antonio Rodríguez, sino a los escritores e intelectuales de la época. Ramírez y Ramírez urdió las armas más eficientes para golpear a su camarada Revueltas; esa "desviación" la atribuía a los cenáculos intelectuales y al cine comercial en el que trabaja el autor de *Los días terrenales*:

> Deseo creer que el divorcio de Revueltas con los hechos diarios, íntimos y palpitantes de la lucha popular, ha debilitado su sensibilidad, su noción natural de las cosas. Y que, por otro lado, el "cosmopolitismo" de los tristes cenáculos seudointelectuales, el estar uncido sin contrapeso decisivo a la influencia de esa "fábrica de sueños", que es hoy la fábrica de pesadillas degradantes, del cine comercial —y por lo mismo, el débil contacto con las grandes ideas revolucionarias de nuestra época— han estrechado y esquematizado en extremo su pensamiento.

Revueltas pidió perdón a sus lectores y a sus críticos, aceptó las faltas cometidas en sus dos obras y no dudó de la buena intención que se abrigaba. Promovió una discusión interna que permitiera deslindar conceptos; participaron Lombardo Toledano y Ramírez y Ramírez —entre otros— en los primeros días de junio de 1950. En esa acalorada charla, pudo al fin esclarecer su actividad creadora y admitir que las críticas a sus dos obras eran "objetivas", hechas a la luz del "pensamiento más avanzado de nuestro tiempo" que incluye a los grandes maestros del marxismo internacional, y "ameritan la necesidad de que proceda yo inmediatamente a una revisión radical y exhaustiva de mi obra como escritor".[3] Prometió

---

[3] J. R., "Decide revisar profundamente su obra literaria el escritor José Revueltas", en *El Popular*, junio 16, 1950, p. 3.

corregir los errores detectables fácilmente en *Los días terrenales* y enriquecer con esa actitud, tal vez, la crítica literaria en México y la creación artística en general. Una vez aceptado su "error" como un "pecado" que no volvería a cometer, Revueltas hizo la expiación correspondiente y declaró:

> Yo hago frente a la revisión de mi obra con el júbilo de quien no teme la verdad, sino la desea; y con la absoluta confianza en mi propia voluntad de proseguir, a través de la prueba que hoy afronto, mi aportación a la vida cultural de mi país.[4]

Esta polémica apareció en el momento en que la novela de la Revolución mexicana se había gastado y se buscaban nuevos motivos para sacar a la narrativa de su *impasse*. Entre 1941 y 1951, señala Joseph Sommers, hubo un repunte en la literatura mexicana; "se trata del momento en que comienza a levantarse la nueva clase media, en que la literatura era acogida con gran interés y gozaba de amplia circulación, amén de la existencia de premios literarios"[5]. En esos años hubo un enfrentamiento entre los escritores de la revolución y los nuevos, que inició Rafael F. Muñoz al declarar en una entrevista: "Los novelistas jóvenes carecen de técnica y más aún de fondo, necesitan leer a Dostoievski, Gorki, etc.".[6] El joven escritor Francisco Rojas González respondió con un argumento más desafiante que crítico: las novelas de Muñoz, Azuela y Guzmán, carecen de sustancia literaria, son crónicas nada más. Por su parte, los comunistas querían exorcizar al escritor que pusiera en "tela de juicio" los preceptos del Partido Comunista Mexicano. En ese contexto, *Los días terrenales* pasó desapercibida en los círculos literarios —jóvenes o viejos— y fue blanco de ataques por los comunistas.

Una de las críticas que más lastimaron a Revueltas fue sin duda la de Juan Almagre (seudónimo de Antonio Rodríguez) que entre otros argumentos usó uno muy eficiente: decirle a Revueltas que

---

[4] *Ibid.*
[5] J. Sommers, *Francisco Rojas González: exponente literario del nacionalismo mexicano*, Universidad Veracruzana, Xalapa, 1966, p. 33.
[6] Citado por Sommers, *op. cit.*, p. 33. Además, Rubén Salazar Mallén mencionó esta idea de Octavio G. Barreda: que se "emplazara a un concurso literario" en el que participarían los jóvenes escritores contra los de la Revolución mexicana.

había ganado como artista con sus obras pero se perdía como hombre y revolucionario.[7] Es decir, el comunismo internacional estaba de luto, porque una de sus piezas más leales y firmes se doblegaba ante la fama y el éxito. Para Almagre, "Pepe" tendría fortuna y aplausos, pero los que confiamos en el hombre, en el pueblo, sentimos "vergüenza de su amistad". Era el precio que debía pagar Revueltas por haberse alejado tanto tiempo de los camaradas y del Partido Comunista Mexicano; pagaba asimismo el haber incursionado en el cine y en el teatro, conviviendo con actores y directores famosos. El "disparo" de Almagre no solamente hirió a Revueltas, también lo estremeció cuando le dijo que traicionaba a su pueblo, a sus ex camaradas y, sobre todo, a Silvestre. Revueltas no pudo más; recordarle esa imagen venerada, aquel hombre en quien había depositado una gran esperanza, aquel "golpe de viento", fue excesivo. Almagre había tocado el verdadero talón de Aquiles de su viejo camarada y lo obligó así a responder. La respuesta no fue como la de Sor Juana a Sor Filotea, enérgica, cauta, razonable, sino efusiva y llena de piedad.[8] Revueltas pedía perdón y no hallaba explicación a la calumnia inmerecida de Almagre. Fue un golpe más fuerte y humillante que las cárceles que había padecido Revueltas, una agresión moral mucho más hiriente que las recibidas por policías, soldados y autoridades carcelarias. Almagre decía:

> Al atribuir a la condición humana, la miseria física y moral que proviene de determinadas circunstancias históricas y al negar la posibilidad de la redención humana, Pepe no traiciona sólo a su pueblo, a sus antiguas teorías, a sus antiguos compañeros. Pepe traiciona a su apellido y traiciona a su hermano, Pepe traiciona a Silvestre.[9]

Revueltas respondió a esa acusación en un tono de claro arrepentimiento; parece un ser incomprendido. Almagre asegura que Revueltas rompió con su pasado revolucionario; éste niega completamente esa tesis y dice que es cierto que hace algún tiempo no pertenece al PCM pero sigue siendo un comunista que cree firmemente

---

[7] J. Almagre, "El arte en México", en *El Nacional*, junio 8, 1950, pp. 1-3
[8] J. R., "Carta abierta de José Revueltas", en *El Nacional*, junio 10, 1950, p. 3.
[9] J. Almagre, *art. cit.*, p. 3.

en el "partido del proletariado" y en el triunfo del socialismo. Revueltas explica:

> Amo y respeto a la Unión Soviética y no tengo dudas respecto a cuál será mi puesto en caso de que el imperialismo desate una guerra contra los países socialistas, y no tengo dudas repito, porque mi puesto no será (tiempo futuro), ni estoy esperando que me lo asignen, sino que mi puesto es (tiempo presente), ya desde ahora, en que lucho por la paz, en forma militante y activa, como mañana lucharé contra cualquier guerra antipopular y antisoviética.[10]

Revueltas parecía sorprendido de los cargos que le hizo Almagre; lo alarmó aún más que hubiera procedido con tanto "encono": "En efecto, nadie como tú ha procedido con mayor violencia, mayor injusticia ni mayor encono". Revueltas vio que su crítico se avergonzaba, ahora, de su amistad, lo que era ya intolerable. Llamarlo traidor era una calumnia; él jamás sostenía en su obra que el "partido del proletariado" rebaja y denigra al hombre; tampoco es cierto que renegara de su pasado revolucionario. Pero la cuestión ideológica fue menos dolorosa, al fin y al cabo Revueltas estaba ya acostumbrado a la polémica y la confrontación partidista, que el agravio personal, que en palabras de Almagre sonaba de una manera brutal:

> De hoy en adelante, el apellido Revueltas es uno. Silvestre, el músico es el Revueltas del pueblo, que el pueblo recordará como uno de sus verdaderos defensores y amigos, Pepe, el escritor, es el Revueltas de la parte más corrompida de la sociedad. La odia, pero en el fondo, intenta desarmar a los que luchan contra ella. Es decir, en el fondo, es su avergonzante apóstol.

Mientras ese debate fermentaba en los grupos afectados, porque en realidad la opinión pública lo pasó desapercibido, Revueltas se aisló, inició un examen de conciencia sólo comparable al reposo espiritual de los místicos. María Teresa recuerda ese año: "Casi no salíamos; ni a fiestas ni al cine, excepto en raras ocasiones. José parecía acorralado, como si se sintiera perseguido. No sé. O viajaba y

---

[10] J. R., "Carta abierta de José Revueltas", *art. cit.*

entonces la ausencia borraba la incertidumbre; o bien bebía y también permanecía ausente; cuando permanecía aquí, se encerraba a escribir. Era lo más común. Claro, en 1950, a raíz de los ataques tan fieros por *Los días terrenales*, se encerró, no quería ver a nadie; y sufría, ¡cómo no!, sufría mucho, como sólo él pudo sufrir. Habría que preguntarse ¿cómo resistió tanto golpe?".[11]

En efecto: la agresión de sus camaradas obligó a Revueltas a guardar silencio, no intentó publicar otro libro en los años siguientes. Lo atrapó la ciudad y el alemanismo.

Se dedicó a colaborar en diarios y revistas, a cumplir algunas funciones reporteriles. Abandonó el cine y el teatro, y vivió a contracorriente del alemanismo. Miguel Alemán (1946-1952) había iniciado un vasto plan económico que incluía la construcción de México a imagen y semejanza de los Estados Unidos. Abrió las puertas del país a la inversión extranjera; construyó la Ciudad Universitaria; tecnificó la agricultura mediante la expansión de la pequeña propiedad y la desaparición del ejido como proyecto nacional; cambió el nombre del Partido Nacional Revolucionario por el de Partido Revolucionario Institucional (el actual PRI); intentó convertir a la sociedad mexicana en ente consumista. De ahí en adelante, creció y se fortaleció una clase media que pedía bienestar y servicios. Según Raymond Vernon, la bonanza económica derivada de la guerra se desplomó durante el sexenio alemanista. Sin embargo, el presidente Alemán impulsó con su política a los nuevos industriales que se vieron favorecidos por la expansión de las inversiones públicas en fuentes de energía y transportes. Alemán demostró que los símbolos —subraya Vernon— eran una cosa, y la realidad, otra:

> Para Alemán, los proyectos en agricultura significaban principalmente enormes presas y otras obras públicas concentradas en el norte de la República; es decir, en las áreas cercanas a la frontera de los Estados Unidos, donde la agricultura comercial, más que la de subsistencia, era la regla.[12]

Tal vez lo que soñó Alemán para México fue una industria vigorosa, competitiva; crear una clase media con capacidad adquisitiva,

---

[11] Entrevista Ruiz Abreu/María Teresa Retes, agosto, 1989.
[12] R. Vernon, *El dilema del desarrollo económico de México*, 2a. ed., Diana, México, 1967, p. 112.

ayudar a las clases marginadas de las ciudades, colocar el progreso por encima de todo y al país a la altura de otras naciones. Creó, además, una cultura nueva de corte moderno que en mucho define la frase de Paz: "somos al fin contemporáneos de todos los hombres". Y José Emilio Pacheco ha registrado el alemanismo en un relato excepcional: "Empezábamos a comer hamburguesas, páys, donas, o jot-dogs, malteadas, áiscrim, margarina, mantequilla de cacahuate. La cocacola sepultaba las aguas frescas de jamaica, chía, limón. Únicamente los pobres seguían tomando tepache. Nuestros padres se habituaban al jaibol que en principio les supo a medicina". Haber negado en una novela cualquier posibilidad de cambio en mitad del alemanismo, más que un desacato fue una ironía. Frente al despliegue económico del alemanismo, parece una herejía una literatura que condenara al hombre y su empresa social, política, amorosa, cotidiana. Esto explica en parte la reacción contra Revueltas, escritor que presintió en sus relatos la caída del hombre de la posguerra en la postración y la duda. Revueltas detectó en *Los días terrenales* y *El cuadrante de la soledad* a un hombre en crisis, en una encrucijada histórica, amenazado por el fracaso y la impotencia. La crítica más aguda sobre esas obras fue que se colocaban de lado del nihilismo. Un escritor atormentado, siempre quemándose las entrañas por la injusticia social y el dolor de los humildes como Revueltas, vino a poner en duda nada menos que las conquistas nacionales y el impulso del alemanismo. Pero eso pasa en *Los días terrenales* subterráneamente, pues la novela va más allá de la cuestión social inmediata: pinta una agonía profunda determinada por la condición humana. Es más próximo a la verdad, decir que lo que se le estaba reprochando a Revueltas era su antinacionalismo. Por eso, las frases condenatorias que lo invitan a "volver a México", "estudiar a su pueblo para entenderlo y servirlo". Parece evidente que una novela y una obra de teatro, en que el estalinismo aparecía en toda su crudeza, y el mexicano era reducido a criatura deforme ante el universo, animal podrido desde sus raíces, no podía menos que ser seriamente impugnada. Ramírez y Ramírez pedía no la horca ni la hoguera como a los herejes en la inquisición, sino la "reconstrucción" y la "regeneración" completas de José Revueltas. Este hereje recibió un doble castigo: el de los camaradas comunistas, y el del nacionalismo alemanista. Debía sufrir, estaba hecho para el sufrimiento como todos los místicos. No rechazó la condena, sino la aceptó en nombre de la "verdad" ("no teme a la verdad sino la desea").

¡Muera Stalin!

Lejos de las acusaciones partidistas y de la reprobación política a una novela, Alí Chumacero reseñó *Los días terrenales* y dijo que ninguna obra mexicana ha despertado durante 1949 tal cantidad de juicios "poco acertados" como la de Revueltas. Para él, esa novela plantea el problema entre la acción y el individuo, entre "la razón social y la iniciativa privada". Sin embargo, el "pecado" de Revueltas ha sido comprobar que el mundo actual es miserable debido a un complejo de culpa. Esa permanente pregunta por el ser es una de las cualidades más reconocibles en la obra de Revueltas, aclara Chumacero. Revueltas sólo ha querido mostrar en *Los días terrenales* hacia dónde conduce la desesperanza del hombre y qué es, aun valiéndose de una fenomenología del excremento que a muchos desalienta y desmoraliza. "El espíritu humano, esa alta floración de la materia que es el pensamiento, habrá de ser, al fin y al cabo, quien señale un sentido, un término, una justificación a la gratitud del universo".[13] Chumacero no ve una novela "exageradamente tendenciosa", sino una inmersión en los laberintos interiores y oscuros de la humanidad. Por su parte, Ramírez y Ramírez señaló aspectos de la obra revueltiana que nadie había visto ni siquiera sospechado:

> En su obsesión por captar sólo el aspecto amargo y áspero de la realidad, Revueltas recuerda a los monjes que se recluyen en la soledad y el ayuno, y se atan silicios, para entregarse al servicio del Señor, ahítos y arrepentidos de la vida mundana.[14]

En *Los muros de agua* Revueltas no había hecho sino un profundo reportaje de las Islas Marías y el martirologio al que estaban sometidos los comunistas durante el maximato; en *El luto humano* hizo una radiografía del mexicano y su historia, de la identidad nacional, pero volvió a los años treinta y a los comunistas redentores (Natividad) que salvarían a la humanidad a través del sacrificio.[15]

---

[13] A. Chumacero, "*Los días terrenales* de José Revueltas", en *México en la Cultura*, núm. 46, diciembre 18, 1949, p. 3.
[14] E. Ramírez y Ramírez, "Sobre una literatura de extravío: *Los días terrenales*", en *Revista Mexicana de Cultura*, núm. 170, junio 25, 1950, p. 12.
[15] En *El luto humano* Revueltas establece un paralelismo entre los campesinos de México y los mitos precortesianos; en *Los días terrenales* retoma esa idea. Describe a

En esa misma dirección apuntó *Los días terrenales*, con una salvedad: los comunistas ya no creían en la vida ni en el porvenir luminoso que anunciaba el socialismo soviético, sino que se rebelaban contra toda esperanza. Él mismo se había rebelado en 1943 contra la dirección central del Partido Comunista Mexicano y su expulsión fue la consecuencia natural de esa impugnación. Pero Revueltas siguió dibujando apóstoles del proletariado en su novela de 1949 y en las subsiguientes; concibió a un "cura rojo" (Fidel), ejemplo de obediencia dogmática y de un comunismo ortodoxo —como el que en la realidad practicó Revueltas en los años treinta—, y a su lado a un redentor dialéctico de los explotados, Gregorio, y a dos ángeles celestes del socialismo: Rosendo y Bautista. De manera que tampoco en *Los días terrenales* quedó exento de una dosis de socialismo estalinista, aunque el grito de muera Stalin haya estremecido a sus ex camaradas. Revueltas vivió muchos años solo, en permanentes monólogos.

Tal vez son los monólogos de la desesperanza que predominan en *Los días terrenales*, cuyos personajes jamás buscan el diálogo, el intercambio de opiniones para conocer el mundo. Se encierran en sus pensamientos y desde ahí se martirizan. Gregorio vive bajo el yugo del monólogo; igual Fidel, entre ambos, la comunicación está vedada. Jorge Ramos no discute con el Partido Comunista, ni con su esposa, tampoco lo hace con sus camaradas; habla a solas. Fidel y Julia han agotado las palabras, cada uno elucubra por su cuenta, inventa su realidad; de ahí que el lazo conyugal que los une esté roto y sólo los hace indiferentes. Cada uno está solo, separado del mundo, en el límite. En los años que Revueltas fue trabajando su texto —ningún otro relato suyo tuvo jamás la dedicación, el tiempo y la paciencia de *Los días terrenales*—, vivió más que nunca en el dolor y la angustia, cada semana al borde de la explosión y el final.

Es fácil ver en esa novela una confrontación vital entre el espíritu-Gregorio, y la carne-Fidel; más bien se trata —como en otros relatos revueltianos— de personajes que reflejan en su interior una dualidad insalvable. Ventura es un cacique y al mismo tiempo un vidente, un semidiós; Gregorio es la conciencia racional del Partido

---

Ventura mediante comparaciones con los caudillos del México antiguo; asegura que tenía un rostro similar al de Acamapichtli o Maxtla, aunque también se parece a Morelos y Juárez. Son rostros tal vez paridos más que por la historia por la tierra misma.

y también un redentor de los oprimidos que encarna al Cristo del comunismo muy parecido a Natividad. Mas no es solamente esa oposición, buenos y malos, ricos y pobres, hermosos y feos, ciegos y videntes, dogmáticos y dialécticos la que muestra Revueltas; también intenta llevar a sus criaturas al tormento que implica el libre albedrío. El esquema de *Los días terrenales* es un grito que pide democratización en el seno de los partidos comunistas y flexibilidad para los militantes que, también son humanos y suelen tener sus "caídas" (como las que tuvo el camarada Revueltas). Ese grito acepta el sacrificio personal si la causa lo demanda. Contra esos días "rígidos" —años veinte y treinta— del Partido arremete Revueltas.

La historia del Partido Comunista Mexicano demuestra que en 1926 el ministro soviético para Asuntos Exteriores declaró que México podía ser el centro de operaciones comunistas del continente, y "durante el siguiente año el PCM se esforzó por extender su trabajo al interior de la República, tratando de afiliar al mayor número de miembros en sus filas".[16] El primero de mayo de 1929, el PCM organizó una manifestación obrera que fue reprimida; su poder era real y su fuerza no podía ponerse en duda. Acusado de haber participado en los levantamientos armados de marzo a junio de 1929, el Partido y sus dirigentes fueron declarados enemigos del Estado; se les orilló a vivir en la clandestinidad por lo menos hasta 1934 en que terminó el anticomunismo oficial, con la llegada del general Cárdenas a la Presidencia.

Esta clandestinidad es la que aparece en *Los días terrenales* con una claridad impresionante. La casa de Fidel es una imprenta clandestina del Partido; la del arquitecto Jorge Ramos, una sala de asambleas provisional. Se vive bajo el imperio del miedo. El PCM exigía discreción, obediencia y entrega incondicional; cada militante debía cumplir bajo juramento las reglas del juego político. Eso lo cumple a la perfección el camarada Fidel, mientras Gregorio (Revueltas) critica la rigidez ideológica, la disciplina paramilitar. Gregorio se convierte entonces en la parte crítica, dialéctica, que le faltó al PCM durante ese periodo. Fidel demuestra que no se pertenece, que su acción y su pensamiento están condicionados por el Comité Central del PCM. Está *cosificado* (como lo estuvo Revueltas): "Esta carencia de mesura, este darse a una causa porque sí, anulando la voluntad,

---

[16] M. Márquez y Rodríguez Araujo, *El Partido Comunista Mexicano*, ed. cit., p. 127.

es ya una despersonalización en aras de una certeza absoluta".[17] Cuando llega a las siete de la mañana a la "oficina ilegal", Rosendo ve a la niña agonizando de pura desnutrición. Mira el cartel traído por Fidel de la URSS, en el que un obrero con "el rostro encendido", ondea su fusil y una bandera roja junto a la leyenda "A la victoria, bajo la bandera de Marx, Engels, Lenin y Stalin", y los ojos se le humedecen. Ofrece los treinta centavos de su bolsa para tratar de salvar a la niña de escasos siete años de edad; Rosendo compra un cuarto de leche, medio kilo de carbón y cuatro piezas de pan. Convencido de que su causa es universal, apoyada por millones de hombres de toda la Tierra, ávidos de entregar su vida al comunismo, Rosendo comparte con Fidel esta idea: la muerte de Bandera carece de importancia. Una niña para estos redentores del proletariado simboliza el sacrificio lógico que exige la *causa*. Nada importa sacrificar a los propios hijos, si a cambio se conquista un mundo donde todos los niños sean al fin felices y ya no se conozca el hambre ni el dolor. La muerte de Bandera significa encender la antorcha que iluminaría las tinieblas. ¿No es esta idea la que en relatos anteriores había sostenido Revueltas? La misma que defendió con toda su energía, su talento y sus posibilidades mientras fue miembro del PCM entre 1930 y 1943.

La acción que vemos en *Los días terrenales* la misma noche, Gregorio en Acayucan, a orillas del Uzuloapan; Fidel y Julia imprimiendo propaganda y Rosendo y Bautista caminando por la periferia del Distrito Federal para repartir folletines, Revueltas la ejecutó durante varios años. Estuvo en el sur de Veracruz por instrucciones del PCM, a principios de los años treinta; vivió el periodo de la clandestinidad del Partido y en un reducido departamento de la colonia Doctores, Juan de la Cabada y él hicieron una imprenta. Es decir, muchas de las escenas de la novela forman parte de la biografía inescrutable de Revueltas. Su amigo de esos años, José Alvarado, escribió que la actividad de Revueltas es como una maleta que cargó toda su vida: "redimir miserables y concertar asambleas literarias. Sus personajes no son sino esos miserables y sus novelas no son sino esas asambleas".[18]

---

[17] F. Torres Medina, *op. cit.*, p. 40.
[18] José Alvarado, "La obra de José Revueltas", en *El Libro y el Pueblo*, núm. 36, enero, 1968, pp. 16-17.

La llama que había comenzado a consumir el alma de Revueltas desde sus primeros años de militancia política, se hizo más intensa entre 1950 y 1956. El ataque a sus obras lo aniquiló: "José entró en una depresión obsesiva que nada ni nadie podía quitarle; abatido por las calumnias recibidas, sufriendo minuto a minuto por la maldad de los hombres, empezó a sangrar. Fueron días terribles en que no parecía asirse a nada, días interminables bajo la incertidumbre ideológica y literaria que él trasladaba a su vida conyugal, sentimental y cotidiana".[19] En ese periodo se convierte en un verdadero hereje hasta su reingreso al PCM en 1956. ¿Místico o redentor? Ambos al mismo tiempo. Es decir, Revueltas puede considerarse entre el exégeta Fidel y el rebelde Gregorio, sus criaturas más polémicas de toda su obra, las más queridas y también las que le dieron un gigantesco dolor de cabeza.

Revueltas tuvo ojos para ver "las llagas cotidianas de la sociedad", dice José Joaquín Blanco; en *Los días terrenales* todo es pasmo, asombro, impiedad; sobresalen dos ideas, el espíritu-Gregorio y la carne-Fidel. Hecho de mil frases provenientes de la escolástica comunista, Fidel es como un terrible inquisidor; burguesía, proletariado, lucha de clases, medios de producción, casi un *Catecismo de Ripalda*, asegura Blanco, y agrega:

> Gregorio fue declarado perentoriamente hereje ("equivocado", "intelectual típico", "desviado"). Pero el "villano" Fidel no escapa a la piedad del autor: forma parte de la atroz galería humana, y de la difícil historia del comunismo mexicano.[20]

He ahí a Revueltas entre esas dos aguas inseparables que son Fidel y Gregorio, la filiación al Partido y la rebeldía. Los militantes de *Los días terrenales* se sacrifican por la *causa*, que a diferencia de las religiones, no ofrece nada a cambio, señala Blanco, a no ser la esperanza mesiánica de una Humanidad Nueva. Por la forma en que los retrata y los considera, por la constancia que pone aun en los militantes dogmáticos y enajenados, es posible comprender "¡cuánto amó José Revueltas a sus camaradas militantes!". Revueltas ofrece la visión de dos almas y dos cuerpos encarnados en Fidel; como él mismo aclaró no intentó dar soluciones, ya que el artista toma de

---

[19] Entrevista Ruiz Abreu/María Teresa Retes, julio, 1977.
[20] J. J. Blanco, *José Revueltas*, Terra Nova, México, 1985, p. 14.

la realidad un personaje y lo somete a leyes dramáticas. Por tanto la función del escritor —le dijo a Díaz Ruanova—[21] en la sociedad debía limitarse a lo que hizo Dostoievski: sus libros conmovieron de tal manera a Lenin que lo indujeron a organizar e impulsar la Revolución de Octubre.

Fidel y Gregorio se conocen después de un mitin en la ciudad de México. La policía disolvió a macanazos a los manifestantes comunistas con gases lacrimógenos. Fidel escapa por estrechas calles y desemboca más allá de la plaza de Santo Domingo. Una figura gallarda "y bien proporcionada" lo sigue. La policía, sin duda. Evade al perseguidor y se refugia en un café de chinos; y he ahí de nuevo la misma figura que jala una silla y se sienta junto a él. El desconocido le entrega un bulto con propaganda comunista que recibió de manos de una camarada aprehendida por la gendarmería. Con esa identificación, queda claro que no es ningún policía sino Gregorio Saldívar, estudiante de pintura, admirador secreto de los comunistas:

> —En realidad —confesó Gregorio— hace mucho tiempo que ando tras de ustedes, sin poderlos localizar. Lo que deseo es ingresar al Partido Comunista. Estoy seguro que usted podrá ayudarme.[22]

Esta escena la registra la biografía de Revueltas,[23] lo que indica que jamás pudo separar literatura y realidad, los hechos y la ficción. Al contrario, su escritura es un juego implacable, obsesivo, de esos dos planos o niveles que Revueltas usó como constancia de su verosimilitud. Esa novela fue sin duda la respuesta de Revueltas al PCM. Por eso incluye pasajes autobiográficos, episodios históricos vividos por los comunistas de los años treinta, anécdotas de sus hermanos Silvestre y Fermín, etc. La realidad funciona como

---

[21] José Díaz Ruanova, "No he conocido ángeles, dice Revueltas", en *México en la Cultura*, núm. 69, mayo 28, 1950, p. 3.
[22] J. R., *OL*, v. I, 1967, p. 432.
[23] Juan de la Cabada conoció a Revueltas después de un mitin celebrado en el Zócalo de la ciudad de México. Huyeron —recuerda De la Cabada— por calles desconocidas y al fin se refugiaron en un café de chinos, lejos del Zócalo. Revueltas le pidió que lo ayudara a ingresar al PCM, entonces en la clandestinidad y por eso, aunque el adolescente Revueltas lo buscaba sin descanso no hallaba a los comunistas; era 1930. (Entrevista Ruiz Abreu/Juan de la Cabada, 1977).

el trasfondo indispensable para exorcizar a los comunistas como seres literarios. Igual a D. H. Lawrence que vio que todo estaba relacionado, Revueltas cree que el texto de la vida es el de la novela. Sólo que el escritor inglés usó esa dualidad para responderle a su imaginación, mientras que Revueltas la empleó como diálogo con el Partido Comunista Mexicano.

Revueltas petrifica a los comunistas de los años treinta; Fidel es uno de ellos. Pone en movimiento a Gregorio y quiere convertirlo en un militante ortodoxo, marxista implacable. Proyecta a través de él, un deseo exacerbado sobre la forma en que deberían haber sido los comunistas del periodo de la clandestinidad del PCM y del estalinismo. Revueltas sabía muy bien que un "teórico" como Gregorio jamás existió en las filas del Partido en esos años; los militantes como Laborde, Campa, Velasco, Vadillo, y tantos más de innegable valor, se entregaron a la causa sin mayor preparación política ni ideológica. Sólo leían panfletos, hojas volantes, y a ciertos intérpretes del marxismo. Lo han dicho Campa y Velasco: los comunistas de ese tiempo no ponían en duda ninguna de las órdenes del Partido, y obedecían a ciegas. De manera que el único "marxista" que ha registrado la historia del socialismo de esos años es Vicente Lombardo Toledano; teórico, hombre instruido al tanto de las novedades editoriales europeas y norteamericanas, guía del proletariado latinoamericano, que dejó una honda huella en muchos de los militantes "de corazón" como Revueltas.

Hasta un estalinista de los años treinta tenía tal vez derecho a una porción de intimidad. Fidel no. Es un ser obtuso, semejante en este sentido a los personajes revueltianos como el subteniente Smith en *Los muros de agua*, el cura de *El luto humano*, a los que Revueltas deshumaniza y rebaja hasta hacerlos caricaturas. Pero Fidel es comunista —desviado y dogmático pero militante a fin de cuentas— y como tal es perdonado por Revueltas. En el plano ideológico es ciego y ajeno a las ideas —como Revueltas y sus camaradas en los años treinta—; en su vida conyugal es cobarde y prepotente. Prefiere leer la carta del camarada Gregorio, informarse sobre lo que sucede en el Partido, en vez de enfrentarse a su mujer y decirle que la ama. Prefiere flagelarse, esconder sus sentimientos a través de la militancia, y sufrir. Pudo decirle a Julia que él también compartía la desgracia, que la sobrellevarían juntos, como marido y mujer. Elude su vida y la cubre con el manto del compromiso político. "Pero no. El horrible callar". Es una figura paradójica; se muestra frío e indiferente ante las cuestiones cotidianas, y sin embargo lo quema la culpa y el arrepentimiento porque las evade. ¿Es comunista dogmático, monje del proletariado? Todo indica que sí. También es un masoquista despiadado, entonces ¿por qué su arrepentimiento inmediato, subrepticio? Epeñado en no demostrar "debilidad" ante Julia, trata de restarle importancia a la muerte de su propia hija y al divorcio en puerta. Fidel tiene deseos que no quiere cumplir, por ejemplo abrazar a su mujer, llorar en su pecho, hacerle el amor. Frena sus impulsos mediante cierta dosis de neurótica responsabilidad ideológica. El silencio tenso se ha ido acumulando en ese cuarto convertido en oficina ilegal del Partido y los asfixia. Sólo hay frases sueltas, la terquedad de ese "cura rojo", su frialdad y la voz de Julia que ha leído la carta de Gregorio. Por último, después de exclamar que Gregorio está equivocado de manera absoluta,

> Las miradas de Fidel se clavaron sobre Julia en una forma intensa y sobrenatural. "Si la toco, si acaricio su frente, si me inclino sobre su pecho para sollozar, volverá a pertenecerme como jamás me ha pertenecido". Las tres cincuenta de la madrugada. Como jamás me ha pertenecido.[24]

A pesar de este impulso incesante, Fidel no alcanza a romper su rigidez moral. Al fin y al cabo comunista de los años treinta, Fidel parece imposibilitado para separar la acción política de su vida conyugal. Amar a su mujer, sentir piedad por su hija muerta, llorar por sus fracasos, ¿son debilidades pequeñoburguesas? Para un comunista, sí. Un miembro de la Comintern debía estar limpio de todo eso. Más aún: atender sus deseos y pasiones, sentir celos por el primer amante de su esposa, es un desacato imperdonable para un "cura rojo" del estalinismo. Como todo santo, Fidel cae a menudo en tentación; mediante la oración la vence. Exento de vida erótica, castrado y castrante, rechaza a la esposa del arquitecto Ramos, cuando ella se le insinúa. Cuando Virginia lo llama porque "perdió un anillo" y lo trenza con su pierna desnuda, Fidel comprende que es una prueba (una tentación) que el diablo (la burguesía) le ha puesto a él (Dios-partido-Stalin).

---

[24] J. R., *OL*, v. I, 1967, p. 528.

A Fidel no le interesa el sexo, ni el amor, menos el ser humano con sus debilidades, sino tan sólo el PCM como entidad todopoderosa. Tan raro como él es el arquitecto Jorge Ramos. Resumen de la estética del realismo socialista, encrucijada de las ideas más liberales del Partido, la vida privada de Ramos es un cálculo. Sabe que Virginia, su mujer, lo engaña, acepta racionalmente el hecho. Contempla la escena de dos lesbianas que toman el sol en una azotea; descubiertas por una señora —la madre, seguramente— una de las muchachas se suicida, y Ramos no se inmuta. Sus convicciones ideológicas le permiten esa indiferencia. Como introducido a la fuerza, Ramos es un apéndice de *Los días terrenales*: comunista bien intencionado; disidente; intelectual y crítico de arte, rico, no se le condena sino más bien se le disculpa. Es una dualidad, siempre muestra dos caras de la misma moneda, y en esto comulga con Fidel y Gregorio. Él no ha perdido ningún paraíso, vive en él y lo disfruta de una manera envidiable; mientras aquéllos se atormentan, Ramos goza del Partido, del arte y de las mujeres.

James E. Irby consideró que *Los días terrenales* era la novela mejor estructurada de José Revueltas. En efecto, ahí hay menos barroquismo —cómparese con *El luto humano*—, y las acciones van surgiendo naturalmente, enlazadas con los personajes que las ejecutan. Revueltas maneja con soltura varios planos narrativos y temporales. La novela comienza con la dispersión de las tinieblas (el caos bíblico) para dar paso a la luz (la "atroz vida humana"), da un amplio rodeo por la vida ingrata, a veces esperanzada y amorosa de sus personajes, y regresa al punto de partida: la oscuridad, lo informe. Esta tesis ya apuntada en *El luto humano* llega a su madurez en la tercera obra de Revueltas, pero más cruda y con mayores recursos ideológicos y técnicos. Nueve capítulos intensos puestos al servicio de una idea circular y obsesiva: los hombres de principio a fin están condenados a la agonía y carecen de finalidad alguna. Vienen del polvo y regresan a él inevitablemente.

Después de las acusaciones partidarias y las retractaciones, Revueltas fue aceptado de nuevo en el Partido; luego sería de nuevo expulsado en 1962. Revueltas, al igual que Gregorio y su bruma moral e ideológica, reconoció finalmente que

> Me inclino por considerar *Los días terrenales* como la más madura de mis novelas. En rigor, algo que ya puede considerarse como propiamente una novela. Lo anterior, *Los muros*

de agua, El luto humano, habían sido aproximaciones sucesivas hacia un punto al que yo he venido encaminando mi obra de un modo consciente, pero para llegar al cual no me bastaba sólo con la conciencia, sino que me era necesario dominar más y mejor el oficio.[25]

¿Y qué era en última instancia esa novela? El grito desesperado de un hombre sacudido por las conmociones políticas y sociales de su tiempo. La posguerra creó muchos traumas morales, pero su mayor impacto lo registró sin duda la sociedad amenazada, sin horizonte, que vivió la gestación del fascismo, su expansión y en seguida el producto de eso: la guerra mundial, luego su devastación y la ruina de la conciencia social. Revueltas vio el proceso. Su sensibilidad, particularmente aguda, registró esa ruina en todos los órdenes de la actividad humana. Su novela tan criticada es sólo un eslabón de esa desesperanza generalizada de la posguerra. Pero también es su propia visión desgarrada del mundo y su idea del cristianismo. Es el grito de protesta de un hereje que se rebela contra su propia Iglesia y pone en duda su fe y su doctrina.

---

[25] Luis Mario Schneider, "Revive la polémica sobre José Revueltas", en *El Gallo Ilustrado*, núm. 11, septiembre 9, 1962. Reproducido en *Conversaciones con José Revueltas*, ed. cit., p. 94.

XI
El cuadrante de la soledad
(1950)

La otra obra de Revueltas que provocó irritación en la "vieja izquierda" y entre la crítica de teatro fue *El cuadrante de la soledad,* un éxito y escándalo político y cultural sin precedentes. En la calle República de El Salvador se hallaba el *Teatro Arbeu,* una construcción antigua que parecía fortaleza; en esos años era lugar obligado para el gran público que quisiera ver obras de calidad. Había sido templo católico y remodelado se prestó de una manera ideal para representar obras de aliento y acoger talentos jóvenes dedicados al arte escénico. El *Arbeu* había sido, desde 1910, centro de los grandes espectáculos y de artistas de la mayor fama; también espejo donde la sociedad y el gusto exigente iban a mirarse desenfadadamente. Revueltas al fin accedía a un escenario reconocido, acompañado por el director de teatro más prestigiado en los años cuarenta en México, Ignacio Retes, cuyo trabajo en La *linterna mágica* había dejado huella en el arte dramático. Revueltas lo llamó un "caso excepcional de profundidad y técnica" por su "talento creador".[1]

Durante varios meses, Revueltas y Retes caminaron por el centro de la ciudad buscando una escenografía adecuada para *El cuadrante...;* conocían la historia, la intensidad y el alcance de la obra, y

---

[1] Texto publicado en la revista *Hoy* (núm. 689, mayo 6, 1950) en la que colaboraba Revueltas, reproducido en *OC,* v. 21, p. 299, de donde cito. Revueltas aclaró que la idea de que Diego Rivera hiciera la escenografía de *El cuadrante de la soledad* nació en el banquete de aniversario de *Hoy,* la revista moderna, completa, del alemanismo.

querían ubicarla realmente donde transcurría. Sentados en un café céntrico, varias tardes lluviosas de mayo discutieron la puesta en escena. Revueltas se notaba particularmente interesado en su obra y en el resultado que tuviera. Aceptó las propuestas de Retes, sugirió algunos cambios mínimos y se abrió el telón del *Arbeu*.

Un día en la vida de un escritor

Ese mes de mayo de 1950 las lluvias se adelantaron; el aguacero del 12, inundó el viejo centro de la ciudad, dejó una estela de agua encharcada por la estación de San Lázaro, vaticinó una temporada difícil para las autoridades encargadas de evitar inundaciones y al mismo tiempo un año bueno para la cosecha. A las ocho de la noche, la hora que se había fijado la empresa del *Arbeu* para comenzar la representación, el anfiteatro y una parte del escenario se hallaban anegados; el agua subió más de sesenta centímetros. Además, el apagón de la tarde había retrasado los preparativos. Revueltas iba de un lado a otro, alumbrado por una lámpara pequeña que lo orillaba a frecuentes tropezones en los camerinos o en el escenario. El elenco no había podido arreglarse y José Ignacio Retes hablaba de una conspiración contra la obra y la empresa. A las puertas del *Arbeu* se hallaba una multitud dispuesta a esperar las horas que fuera necesario pero de ninguna manera iba a volver a casa sin haber visto *El cuadrante*... Los tramoyistas estaban dispersos y no habían concluido su trabajo, la escenografía de Diego Rivera estuvo en peligro de caer y mojarse. Mientras la ciudad permanecía en absoluta calma a pesar de la tormenta prematura. En las calles de El Salvador, el público que había comprado sus entradas desde la mañana rugía de impaciencia. Las puertas no se abrieron sino hasta las nueve y media de la noche, en vez de a las ocho, como estaba programado. "En realidad hubo expectación por *El cuadrante*..., más de la que imaginamos debido al escenario circular —novedad para la época— y al reparto extraordinario que pudimos reunir, amén de la escenografía de Diego Rivera, la música de Arno Fusk, el nombre de Revueltas; en fin, se dieron cita muchos elementos en esa puesta en escena y el resultado lo conocimos la misma noche del estreno; lleno completo. Para colmo el aguacero, la inundación del escenario y el retraso".[2]

Revueltas no imaginó que su obra fuera a ser duramente criticada por sus ex camaradas del Partido Comunista, reducida a "escoria"

---

[2] Entrevistas Ruiz Abreu/José I. Retes, abril, 1989.

del arte y de la "pasión desdichada" del autor. Retes dice que "la bronca de la obra no fue con nosotros; los que se enfrentaron en una discusión ideológica ciega eran viejos militantes del Partido Comunista y Revueltas. Es decir, fue un asunto ideológico más que artístico, un lío de camarilla". En su momento, la obra fue una revolución escénica, un éxito inusitado; llegó a las cien representaciones, hecho insólito. Revueltas no olvidó nunca aquella noche del estreno, en la que se hallaba nervioso, desconsolado por el destino de su *Cuadrante*. Más lo impresionó, desde luego, la crítica demoledora de los comunistas y las derivaciones que hicieron no solamente sobre el contenido de *El cuadrante de la soledad* sino también sobre la moral y la estética de Revueltas. Como en *Los días terrenales,* en esa obra se vincula al hombre con el vacío y el asco existencial. Lo explicaba claramente su autor en el prólogo; él se proponía denunciar:

> Lo insoportable del mundo en que vivimos, el asco absoluto. Afirmar, entonces, la conciencia sangrante de que es imposible vivir así; la conciencia de que todos nuestros actos están impregnados de esa corrupción —en fin de cuentas, de esa soledad indigna y maldita—. Convencer a todos de ello, hacerles saber que tal cosa es la locura y el hundimiento, y hacérselos saber hasta la desesperación y hasta las lágrimas. Si hay alguna tarea para el arte, ninguna mejor que ésta, quizá la única, hoy, en este lado del mundo. Si el arte la cumple, entonces el ciudadano acudirá a los jueces, a los sacerdotes, a los maestros, a los gobernantes, para preguntarles qué han hecho del hijo del Hombre.[3]

De nuevo, ese martirio existencial, unido al desencanto de la posguerra, parecía evidente en la producción literaria de Revueltas. De ahí se explica por lo menos una parte de las críticas, hechas en nombre de la ideología y el comunismo, pero también en nombre de la restauración social que debía emprender cada individuo después de Auschwitz. El autor afirmaba que esa obra no pide "el aplauso. Es una obra escrita para otras cosas. El autor busca perturbar y desazonar a los otros tanto como él lo está; desnudo y sin espada, dispuesto a combatir".[4] Esta confesión pone al descubierto que

---

[3] Reproducido en *OC,* v. 21, p. 300.
[4] *Ibid.,* p. 301.

Revueltas vivía descorazonado, sin perspectivas en un mundo fracturado, herido mortal y materialmente. Los escombros de la Segunda Guerra Mundial aparecen de alguna manera en esa actitud asumida por Revueltas. El mismo mes en que se estrenó la obra, Revueltas declaró en una entrevista:

> —No sé por qué me exigen una solución a los problemas que planteo. No es esa la finalidad del escritor. Pienso, en principio, que un artista contemporáneo que no quiere hacerse cómplice de las mentiras y las convenciones debe gritar a los demás su propia rebeldía: inculcarles la idea de que vivimos en un mundo ya insoportable, insufrible, desesperante, y que si las cosas no cambian ni surge en los hombres una nueva conciencia, acabarán muy pronto por dinamitarse. Hoy estamos unidos por el miedo y el odio, no por el amor, como quería la doctrina cristiana. Los Estados Unidos amenazan a Rusia con la bomba H, y Rusia, a su vez, se defiende anunciando que tiene la atómica. Por eso en *El cuadrante de la soledad* grita un personaje: "¡Teméos los unos a los otros!".[5]

Revueltas vio una "solidaridad inversa, nauseabunda y atroz" que era preciso romper. Pero antes hay que golpear, perturbar; sólo así el hombre despertaría. Revueltas creía una vez más en el hombre, en su salvación y su redención. 1950. Ninguna utopía era soñada o concebida. Refugiado en los Estados Unidos desde 1938, Hermann Broch escribió *La realización de una utopía,* ensayo en el que asegura que "Todas las utopías —nos dice— han partido de la creencia de que existe una sola respuesta verdadera para cada uno de los problemas sociales y que, una vez hallada esta respuesta, todas las otras deben ser rechazadas por erróneas. Los campos de exterminio en la Alemania nazi o en la Unión Soviética, el reino absoluto del terror, se debieron a esta obsesión por la única respuesta verdadera".[6]

El tiempo era incierto, con pocas perspectivas; el artista se encontró de repente junto al vacío. Revueltas, como Broch y Sartre, por

---

[5] E. Díaz Ruanova, "No he conocido ángeles, dice Revueltas", en *México en la Cultura,* mayo 28, 1950, p. 3.
[6] Véase el ensayo de José María Pérez Gay, "Hermann Broch: una pasión desdichada", en *Nexos,* núm. 141, septiembre. 1989, pp. 35-45.

citar solamente dos ejemplos en los que la guerra había hecho sangrías profundas, sintió seguramente el mismo *vértigo*. No obstante en su momento negó rotundamente a Sartre como escritor y filósofo: "—Es un dramaturgo chapucero: un autor habilidoso que traiciona a sus mejores personajes para justificar una situación. Muchos han querido ver en mis obras un reflejo suyo (...)".[7] En 1950, además, se dejaba sentir la terrible influencia del estalinismo y su escuela de arte, el realismo socialista además del dogmatismo y la rigidez ideológica que se habían visto en los años treinta. Revueltas negó rotundamente ser existencialista —título que le habían conferido sus críticos comunistas— y mucho menos simpatizar con Sartre.

> Yo no soy existencialista. Ni Uranga ni Zea ni los otros filósofos que estudian las teorías de moda, me han incluido entre los que las difunden. Me tienen por un heterodoxo del marxismo, pero en realidad no saben lo que soy: un fruto de México, país monstruoso al que simbólicamente podríamos representar como un ser que tuviese al mismo tiempo formas de caballo, de serpiente y de águila. Todo es entre nosotros contradicción. (...) En un país como México es posible que todos los grupos que aparecen en *El cuadrante de la soledad* atenten, de grado o por fuerza, contra el proletariado.[8]

Revueltas se defendió a manotazos, sacando ideas y colocando por delante de la discusión sus convicciones y a veces en tono melodramático su trayectoria revolucionaria que no era escasa. Pero la defensa también fue mostrando algunas preocupaciones que reflejaban muy bien el estado moral, ideológico y social en que se hallaba. En los mexicanos veía contradicciones insalvables, oscuridad histórica y un agravio de siglos. Ese panorama lo convertía en esclavo del país, atado irremediablemente a sus llagas, a su soledad y su angustia. Revueltas vivía esos años como una extensión de esas contradicciones nacionales, inconforme y al mismo tiempo angustiado, consciente de su triste misión en la vida. Sólo así podría explicarse el sentido de sus afirmaciones: "El autor se propone denunciar: lo insoportable del mundo en que vivimos, el asco absoluto", y en tono profético preguntaba a la humanidad "¿Qué han hecho del hijo del

---

[7] E. Díaz Ruanova, *art. cit.*, p. 3.
[8] *Ibid.*

Hombre?". Aquella noche del estreno, aturdido y preocupado por su *Cuadrante*... Revueltas iba y venía por los pasillos del teatro *Arbeu*, no sabía cómo enfrentarse al éxito. Asediado por sus fantasmas de ser un artista honrado, intransigente consigo mismo, pensó que el público expectante en la entrada del *Arbeu* buscaba sólo pasatiempos. Por eso, invitó a unos tramoyistas a fugarse. Salieron con destino inequívoco: la cantina más cercana. El alcoholismo era parte también de la empresa en que se había involucrado de una manera radical. Siempre vio una salvación en las copas, como también en la pasión por encontrarle a la vida "atroz y desesperante" su parte humorística. Años después de aquella tempestad teatral que fue *El cuadrante de la soledad*, declaró que en esa obra se hallaba un grupo de actores de mucho talento: su hermana Rosaura, Prudencia Griffel, Virginia Manzano, Silvia Pinal, Rafael Banquells y Manolo Calvo. La escenografía la había realizado Diego Rivera, que animó a Revueltas a escribir la obra. Al recordar el día del estreno, Revueltas decía:

> Bauticé a los de la tramoya como "los boteros del Volga", que se veían al fondo del escenario jalando cuerdas cada vez que se requería cambiar la escena. El día del estreno estaba todo México de aquel entonces esperando a que abrieran la sala, pues ya estábamos retrasados y aún le estaban dando los últimos martillazos a la escenografía. Lo de siempre: por más que se preparen las cosas con anterioridad, a la hora del estreno se oyen martillazos hasta la tercera llamada. Como a Retes se le ocurrió que el telón debería estar abierto desde antes de principiar la obra, la gente esperaba de pie afuera. Yo me puse muy nervioso al grado de que sonsaqué a uno de "los boteros del Volga" y me lo llevé a la cantina más cercana. La obra causó una gran polémica. Al público de aquella época le gustó.[9]

Tal vez, el público fue esa noche al *Arbeu* no tanto por el asunto que planteaba la obra de Revueltas sino por el reparto atractivo, el nombre de Diego Rivera involucrado en la escenografía. Tal vez le atrajo aquel submundo de barrio bajo en el que se cruzan prostitutas y narcotraficantes, psicópatas que huyen del mundo,

---
[9] Entrevista de I. Hernández, *op. cit.*, pp. 30-31.

vírgenes asediadas por el apetito sexual de su propio maestro. Pudo ser eso y también el nombre de Revueltas que se movía en varias direcciones: el cine, la prensa, el teatro, la disidencia con el PCM, la literatura... Si juntamos esos elementos quizá entendamos la expectación que provocó *El cuadrante de la soledad* en el público y en la crítica. Carlos Estrada Lang escribió en *Ovaciones*:

> El decorado, que en maqueta de Diego Rivera parecía prodigioso, en la realización encontró dificultades técnicas. Se concentra en dos grandes bloques: un hotel giratorio sin necesidad, y un café de chinos, pequeño, mal pintado, también giratorio que por lo estrecho del foro, anulan totalmente un telón de maravilla que representa la iglesia de la Soledad. (...) En resumen, creemos que la obra interesará al público. Sin embargo, estamos seguros que no les gustará, está demasiado adelantada para un público que no tiene adecuada escuela teatral, público profesional, que no frecuenta jamás las salas de teatro experimental.[10]

La obra gustó mucho; la noche de su estreno fue muy aplaudida, sin contar la larga espera que hizo la gente por casi dos horas. A las diez de la noche de ese 12 de mayo al fin escampó en la conciencia de Revueltas cuando vio que se corría el telón y sus personajes, su *Cuadrante* en pleno centro de La Merced aparecía ante los ojos curiosos, incrédulos, de los capitalinos. Fue una gran velada para Revueltas; después de la función, hizo un balance con Retes y los actores: la obra vaticinaba un éxito inigualable. Retes y Revueltas, seguidos por otros, se fueron a festejar el triunfo al *Leda*. Allá discutieron escenas y parlamentos aún flojos. Pero eso sí, "la estructura dramática de la obra era inobjetable", aclara Retes, "en este sentido fue un acierto más de Revueltas".

El día del estreno, Efraín Huerta, viejo amigo de Revueltas, lo vio agitado, haciendo gestiones "para que pudiesen entrar los camaradas que no habían alcanzado boleto". No había manera de calmar al público, hasta que salió Banquells a pedir clemencia a unos espectadores inclementes. Huerta entró y comprobó el desajuste en el escenario giratorio, en las luces, en todo:

---

[10] C. Estrada Lang, "Asombró *El cuadrante*", en *Ovaciones*, mayo 13, 1950, p. 2.

> Revueltas, mocetón de anchos hombros, frente de madura inteligencia y ojos que acusan su increíble vitalidad, traía transtornados a todos los gremios intelectuales, incluyendo al funesto clan de *snobs* wildeanos y más o menos decadentes. Nos traía de cabeza a todos. No faltó nadie al estreno, por la sencilla razón de que todo el mundo esperaba con ansiedad algo positivamente extraordinario.[11]

Huerta reconocía que a la obra la había matado la rapidez con que fue concebida "y la lentitud con que se desarrolló la noche inicial". Pero presenta criaturas hechas a imagen y semejanza del mundo actual. Por eso y otros detalles,

> Daban ganas de treparse al escenario y organizar una degollina general; pero salvando al autor. Y al autor hay que salvarlo de todo, contra todo y a pesar de todo. No estoy arrojándole un salvavidas. No lo necesita. José Revueltas se basta a sí mismo, hasta en el discutido fracaso.[12]

A la salida del Arbeu, Dolores del Río dijo que no podía opinar en ese momento porque prefería esperar a leer la obra, conocerla "en libro", lo que era desconcertante. Huerta previó que posiblemente la obra fuera reorganizada mediante el cambio de algunas escenas, pero entonces Revueltas "dirá cosas peores", ya que "ese hombre es capaz de todo". Para él, la obra debió llamarse: "La muerte chiquita", o bien, "Callejón de 2 de abril", o más aún, "Callejón de San Camilito". Importa poco el título pues a Revueltas le interesaba más mostrar ese mundo bajo hecho de amargura. ¿Había que salvarlo? Desde luego, dice Efraín Huerta, porque

---

[11] E. Huerta, "Ases y estrellas. El vapuleado *Cuadrante*", en *Nosotros*, núm. 306, mayo 27, 1950, p. 14.

[12] *Ibid.*, p. 15. Huerta dice que no entiende por qué se sonroja el público con las escenas de *El cuadrante de la soledad* en las que impera la suciedad. Y pregunta, ¿Ya olvidaron la guerra en *Los muros de agua* a bordo de *El Progreso*? No menciona que se trata de una "guerra" de excremento pero alude a esa escena en la bodega del barco donde van confinados los reos a las Islas Marías. Y Magaña Esquivel le reprochaba más que nada a Revueltas el que hubiera introducido en *El cuadrante* un mundo escatológico. El mismo Magaña no se atreve a mencionarlo sino indirectamente.

Todavía no amanece. No, hermano Revueltas. Todavía no amanece. Tu suicida del *Cuadrante* nos da el mejor mensaje, arrancado del clásico tronco de Goethe: "Gris es toda teoría, y verde es el árbol de oro de la vida".[13]

Se refiere al suicidio de Eduardo que tanto se criticó porque —se dijo— era la prueba irrefutable del mundo oscuro y asqueroso que Revueltas quería introducir en el alma de la sociedad mexicana. Magaña Esquivel al comentar *El cuadrante*, aseguraba que el ideario del autor podía resumirse en esta frase: "Yo soy un puerco, tú eres un puerco, él es más puerco, y todos somos unos puercos". Pero reconocía que la pieza de teatro había llegado en un momento crítico, precisamente cuando

> la posibilidad de la resurrección del nunca suficientemente vivo teatro mexicano es un tema que todos discuten, cuando la fermentación del trabajo de diversos grupos experimentales ha acabado por atraer la atención del público hacia el teatro y sus autores mexicanos, y cuando sus triunfos en los argumentos de varias películas han proporcionado a Revueltas un nombre que ya muchos conocen.[14]

Según Rafael Solana el talento inmenso de Revueltas debía utilizarlo no en agitar ni en "ofender y fustigar a la gente", sino ponerlo al servicio de México, para la resolución "de sus verdaderos grandes problemas generales y diarios"; pedía que ese talento se orientara hacia las mayorías y no hacia el público refinado, exclusivo y "quintaesenciado que hoy le atrae". El reproche más fuerte de Solana fue sin duda colocar *El cuadrante* al lado del existencialismo; como lo había expresado Almagre, Revueltas en esa obra se colocaba del lado de la filosofía decadente. Dice Solana:

> Revueltas es en México el Sumo Pontífice —el sacristán es Luis Spota— de esa escuela de escándalo que en Francia tiene su exponente máximo en Sartre, en los Estados Unidos

---

[13] *Ibid.*, p. 15. Esta frase que repitió tantas veces Revueltas y que se encuentra grabada en su tumba, la empleaban a menudo él y Huerta. La tomaron de Goethe pero la utilizaron como condena y salvación, como pasatiempo y norma poética.

[14] A. Magaña Esquivel, "Proscenio", en *Revista Mexicana de Cultura* (Supl. de *El Nacional*), núm. 165, mayo 21, 1950, p. 13.

en Williams, en España en Camilo José Cela, en Italia en Ingrid Bergman. No se trata de señalar lacras, de mostrar vicios y dar recetas para destruirlos, sino más bien de "dar la nota", de escandalizar al burgués, de horrorizar a las amas de casa, y de hacerse pasar por "muy maldito" o por "niño terrible" como hacía Cocteau cuando cantaba al opio, hace ya muchos años.[15]

Solana coincidía con otros críticos: el mundo de las prostitutas, los hampones, asesinos, psicópatas, no es el único que existe sobre la Tierra, pero sí es el que le interesa a Revueltas mostrar con la intención tal vez de "escandalizar" o "dar la nota". Se dijo que Revueltas había logrado su objetivo: desconcertar al público, mostrándole el lado podrido y siniestro de los hombres, amén de sus vicios y desviaciones.

Así, la obra se abrió paso entre opiniones diversas, algunas demoledoras, otras equilibradas en vez de radicales; pero siempre se mantuvo la condena expresa a Revueltas en el sentido de que no servía a su pueblo, sino lo traicionaba. Un día antes del estreno, ya se llamaba al *Cuadrante*, "la obra más discutida de los últimos años" y se hacía la descripción de la obra en estos términos: "Traficantes de drogas, hoteleros deshonestos, mujerzuelas, boxeadores, rateros y una anciana prostituta, son los protagonistas del *Cuadrante de la soledad,* que mañana se estrena en el teatro *Arbeu*, en función extraordinaria a las nueve de la noche".[16] Se habló de la genialidad de Diego Rivera que había logrado "convertir el viejo escenario del *Arbeu*, en una calle de este México que muchos desconocen y que está tan cerca. La obra de Revueltas le imprime vida y la hace palpitar con intensidad dramática".[17]

Llegó el día esperado; el público podría al fin ver en el *Arbeu* la obra de Revueltas en la que él daría una prueba más de su talento. La pieza de teatro sería aplaudida y al mismo tiempo impugnada. Colombina no iba a ser del agrado de cierta moral recalcitrante; un suicidio en escena tampoco. ¿No había sido criticado el mural de

---

[15] Rafael Solana, "Fila y número", en *Hoy,* núm. 692, mayo 27, 1950, p.18. Miguel Guardia en su artículo sobre *El cuadrante* coincidía con Solana en que se trata más que de un drama, de "estampas del barrio".
[16] C. Estrada Lang, "Expectación por *El cuadrante",* en *Ovaciones,* mayo 11, 1950, p. 12.
[17] *Ibid.*

Rivera en el Hotel del Prado, *Sueño de una tarde en la Alameda*? ¿No se llegó al ridículo cuando se suprimió de él la frase "Dios no existe"? A Revueltas se le estaba llamando la atención en varios frentes; Rafael Solana le aconsejaba no hacer "arte por el arte" sino escribir para su pueblo:

> Si pretende escribir para su época y para su pueblo, Revueltas tendrá que escuchar la opinión de ese verdadero público y bajar la cabeza ante ella; si no lo hace, estará encerrado en su torre de marfil, o de petate, rodeado de una aristocracia intelectual, aunque sea aristocracia de huaraches de Cuernavaca, Dolores, Emilio, Columba, Diego, Pita, Bobby, Tito (...).[18]

Pedirle a un escritor que baje la cabeza es demasiado sentimental y absurdo, sin embargo, a Revueltas se le exigió y se le aconsejó hacerlo. No solamente Solana, sino otros críticos que seguían de cerca la producción literaria revueltiana lo hicieron. El que menos pidió fue que lo salvaran, como su íntimo amigo Efraín Huerta. Y el "acusado" debía aceptar todo, inclusive poner la otra mejilla para que lo abofetearan por partida doble, y luego pedir perdón, retirar su obra del escenario. Fueron días ingratos pero de gran actividad para Revueltas. Su obra de teatro vino a corroborar sus tesis sobre el hombre desamparado y desnudo ante el universo, la falta de Dios y de Amor en el mundo. No era la primera vez que lanzaba esos ataques a la sociedad para herirla en su parte más vulnerable. Esa tesis la había empezado a concebir en sus cuentos y novelas, pero no se vio tan cruda, excepto en *Los días terrenales*. En su obra de teatro apareció a la luz de la opinión pública con tal intensidad que provocó pánico.

En esos días del estreno, hubo un reportaje sobre "el cuadrante de la soledad", ese barrio de La Merced tan olvidado y sin embargo tan frecuentado por el hampa. La iglesia de La Soledad, cuya cúpula se ve en la escenografía de Diego Rivera era La Meca de los desprotegidos. Ahí se encuentra la Virgen de la Soledad en el altar mayor del templo, puesta en su nicho, derramando favores y milagros. "Es una bella imagen con su manto rígido que le da un aspecto triangular; ligeramente morena, pequeña y bondadosa, inspira confianza

---

[18] R. Solana, *art. cit.*, p. 18.

y simpatía en este mundo sencillo y humilde que preside. Tradicionalmente, esta imagen fue abogada de los amantes de lo ajeno. Dicen las gentes —y además es cierto— que los rateros y maleantes ofrecíanle milagros de plata y oro porque los sacara con bien de sus empresas, les alejara a los polizontes y les llevara a buen término sus fechorías".[19]

Las prostitutas piden la palabra

El mundo de los bajos fondos que Revueltas había empezado a trabajar en sus primeros relatos y que en *Los días terrenales* aparecía como en un segundo plano, fue revivido de una manera directa, intensa y completa en *El cuadrante de la soledad*. Se corría el telón (ya abierto) y se veía la calle de La Soledad, un hotel de "paso", al fondo la torre de la iglesia del barrio, y el *Café Shangai*. Se abre el telón y ahí están Malena, Kity, Colombina y Alfonso. El mismo autor nos introduce en su obra:

> La anécdota de *El cuadrante* es una serie de imágenes simplemente objetivas de la vida real; vergüenzas y vicios, y dentro de ellos, ese soplo de virtud y de negra bondad que se puede encontrar siempre en el fondo de todo. Por otra parte —y de una manera provisional—, no creo que haya a la mano otro medio de escribir una obra que pueda preciarse con honradez verdaderamente moralizadora.[20]

En efecto se trata de "imágenes" que no están regidas por un tema, sino por motivos recurrentes; así la historia es un *collage* de asuntos de los bajos fondos. Lo que une y centra el tema de la obra es el

---

[19] Juan José Palma, "El cuadrante de la soledad", en *Nosotros*, núm. 305, mayo 20, 1950, p. 15. ¿A qué se le llamaba cuadrante? Según Palma, "Una de las alas del edificio estuvo ocupada por el 'cuadrante' que así se llamaba a la secretaría y oficinas parroquiales. Casi en la esquina de las calles del Rosario se encuentran los cuartos que ocupaban estas oficinas. Aún quedan las antiguas rejas de hierro que protegían las ventanas". O sea, era la parte de la sacristía de la iglesia de La Soledad.
Palma explica que "Existe la creencia, entre muchas personas de que el cuadrante de La Soledad es la plazoleta que se abre al frente del templo. Este espacio libre no existía hasta hace muy poco tiempo y estaba ocupado por toda una manzana de casas, a las que dividía el callejón del Limoncito".

[20] Reproducido en J. R., *OC*, v. 21, p. 298.

espacio: la calle de La Soledad. Por allí vemos pasar a Ruperto (Wolf Rubinski) —dueño del hotel— y su amante Malena (Lina Santamaría) en claro y descarnado conflicto porque él ama a la Márgara (Tana Lin); *el Parches* (Armando Arriola) —ciego típico del ambiente citadino— y Piedad (Rosaura Revueltas) que piensan insistentemente en abandonar esa vida y largarse a otra ciudad; Enrique (Rafael Banquells) y Alicia (Silvia Pinal) —maestro y alumna—, amantes recientes que se refugian en el hotel de Ruperto; Colombina (Prudencia Griffel), prostituta decrépita, tirada —según dice— al lodo por su abuelo, cuyo origen es de una clase social encumbrada; Eduardo, apóstol que salva de la deshonra a Evaristo y Próspero y propicia la felicidad de Enrique y Alicia; Evaristo y Próspero se revelan una cruda verdad al final, después de ver suicidado a Eduardo: Próspero fue el amante de la esposa de Evaristo y es el legítimo padre de Alicia. Próspero cierra la trama con esta frase: "Tal vez la vida humana no sea sino una larga, ininterrumpida equivocación…".

Como en los cuentos y novelas de Revueltas, en *El cuadrante de la soledad* hay un raro cordón umbilical de naturaleza ética que une a los personajes. Colombina es una puta incorruptible; Evaristo y Próspero son unos ricos hipócritas pero de buen corazón cuando tratan de salvar la honra de Alicia. Alfonso, *el Chino*, hunde en la farmacodependenca a Kity. Hay en general un panorama sombrío de la vida que tratan de eludir estos seres sin horizonte, mediocres. Pero al fin y al cabo ideólogo, Revueltas intenta mostrar ese mundo descompuesto y sin redención como parido por el sistema capitalista. Se trata de una sociedad enferma, descompuesta en sus raíces, infectada por sus miembros (especie de gusanos) que la condenan a la vileza. Es evidente el llamado de Revueltas a rebelarse contra lo insoportable del mundo en que vivimos, en los términos en que están planteadas las relaciones humanas. Los seres de la obra están marcados por el mismo síntoma generacional: ninguno cree en nada, ninguno siente alegría ni mira hacia adelante. Están cogidos por una mediocridad asfixiante; la vida los condena, también sus actos, sus intenciones, sus bárbaros pensamientos.

La prostituta que desde la primera novela de Revueltas recorre como una sombra bondadosa y redentora su mundo literario, aparece en *El cuadrante* de una manera desoladora. Colombina lleva en el alma años de fealdad y de ejercicio prostibulario. Malena, su colega, la aniquila: "estás hecha un desperdicio, Colombina". Le dice que basta que vaya a un espejo y se mire para que ella misma lo compruebe. Entonces, la vieja prostituta asegura que es de "buena familia" —justificándose torpemente—, y que sólo dirá su apellido al borde de la muerte; ese día dirá al mundo su verdadero nombre y se sabrá lo que ha sufrido para que "caiga sobre ellos la vergüenza de mi vida". Se va la tarde y también la posibilidad de que Colombina cace "algo", pero nadie se le acerca; la mujer solloza porque comprende que los hombres le huyen. Agobiada, enferma, Colombina parece un trapo gastado y sucio. Su pesimismo es infinito: "esta vida, esta cochina vida" que no le ha dado sino sufrimiento y sobre todo, vergüenza. Esa vida que aborrece y maldice hizo posible que su abuelo —un hombre muy rico y muy perverso— la condenara a las cloacas de la sociedad. Colombina cita la Biblia: "¡Qué los muertos entierren a sus muertos!".

Estos seres marchitos y sin esperanza ¿no eran el producto más o menos indirecto pero lógico de la época? Tenían una vida destrozada, un Dios impotente para auxiliarlos y humanizarlos, un cuerpo enfermo que sangraba de humillación, y hacia adelante veían con claridad los dientes afilados de la muerte que se clavarían en sus entrañas. ¿Dónde quedaba el amor al prójimo? En las páginas de un bello libro, parece responder Revueltas. Esa agonía sin límites fue la que posiblemente más impresionó al público que aplaudió *El cuadrante,* a la crítica que la comentó y al sector estalinista que la condenó y pidió la crucifixión para su autor. Esta vez el peor insulto para Revueltas fue sin duda llamarlo "existencialista"; sobre esa fórmula enfocó buena parte de su defensa. El existencialismo, entre los círculos "marxistas" y miembros del PCM, era la filosofía de la decadencia como dijo Antonio Rodríguez. El mismo Revueltas estuvo de acuerdo en que esa doctrina nada tenía que ver con su ideología. Un año antes del estreno de su obra, declaró que protestaba de que se le llamara "existencialista",

> Porque, para mí, representar al tiempo en que vivo, no es, forzosamente, representar las vergüenzas de mi época, sino las fuerzas progresistas. De otro modo, y de acuerdo con las ideas existencialistas, yo tendría que ser un matón y un resentido sexual y otras muchas cosas que son defectos del mexicano de mi tiempo.[21]

---

[21] Miguel A. Mendoza, "Dos escritores mexicanos frente al existencialismo: J. R. y F. Rojas González", en *México en la Cultura*, núm. 26, junio 31, 1949, p. 2.

Revueltas entendía que el mundo de 1950 estaba en franca descomposición moral, estética e ideológica; que a cada instante se cerraban más duramente las posibilidades de transformar la realidad. Según sus declaraciones, eso no quería decir que tuviera una posición desesperada o peor aún que fuera nihilista. Dijo:

> El existencialismo es un nihilismo perfectamente demagógico. Es, apenas, la teoría de la burguesía totalmente podrida que no ofrece una salida al hombre. Es, en última instancia, una filosofía para la gente *snob*.[22]

En *El cuadrante...* se trasluce más que existencialismo, una caída en el pecado, una falta de valores que tritura a los personajes; colocados en la calle de la Soledad, éstos llevan el sello de la desesperanza, derivada de una culpa social que los despoja de toda humanidad. Cada pareja —Ruperto-la Márgara; Enrique-Alicia; Próspero-Evaristo; Colombina-Malena— forma parte de la misma tragedia singular que ha sido caminar por la vida y mancharse de mierda. Tal vez en esto radique la fuerza de esta obra hecha de retazos, es decir, de pequeñas historias que se entrecruzan en la Soledad. Por eso se le llamó pieza del barrio, o como dijo Magaña Esquivel, se trata de "estampas del barrio" que de ninguna manera puede llamarse obra de teatro porque no cumple jamás con las exigencias mínimas del arte escénico. No importó. La obra fue comentada como pocas, y la crítica —por cierto nutrida— la tomó en varios sentidos. Magaña Esquivel decía que

> En el ambiente y en los personajes de la obra de Revueltas hay suficientes materiales para una obra dramática, imágenes del fatalismo mexicano de gran poder para las sorpresas o las vicisitudes, para las dudas o las tragedias. Pero las anécdotas y las figuras aparecen en la escena como acontecimientos o seres incompletos en su composición o en su desarrollo, confusos en la acción, incapaces de teatralidad en el recto sentido.[23]

---

[22] *Ibid.*
[23] A. Magaña Esquivel, *art. cit.*, p. 13.

Nadie entiende, explica Magaña, el suicidio de Eduardo, el espectador "común" no advierte su fracaso final y menos aún la razón de su muerte. Otros críticos también le reprocharon a Revueltas errores en la trama de la pieza dramática, "fallas" en la composición y en la estructura de las acciones y los parlamentos. No importa. *El cuadrante de la soledad* había venido al mundo a cumplir otros fines, completamente distintos a los exigidos por la convención artística, había dicho Revueltas.

Para 1950 en que escribió *El cuadrante de la soledad,* Revueltas había optado por una literatura de los bajos fondos que revelara "al tiempo en que vivo" y a la vez ahondara en la condición humana. Pero principalmente había entrelazado la acción política con el martirio religioso, la pérdida del reino con el destino único del hombre: la muerte. Hizo así de la vida un vacío gigantesco e inevitable, y del futuro felizmente en manos del socialismo, una quimera. Luego cambió aparentemente de opinión pero en 1950, a los 36 años de edad, aquel muchacho desgarrado de los años treinta, perseguido, desafiante, metido en prisión a culatazos, aventurero, era un escritor reconocido y a la vez desconcertante. ¿Nadie lo pudo entender? ¿Se había adelantado a su época? No parece ser el caso. Quienes comentaron la puesta en escena, reconocieron méritos al director y al autor; señalaron, por supuesto, las fallas. Miguel Guardia vio el punto clave de la obra en Piedad y el ciego, marginados que sin embargo hablan un lenguaje poético que como un rayo de luz ilumina el barrio. Así, el interés del público no queda defraudado pero tampoco satisfecho, dice Guardia:

> Más que nada quizás porque siendo Revueltas un escritor, digamos, consagrado, se le exige más, muy razonablemente. Pero no anticipemos nada, casi alarmante. Digamos, en cambio, que si bien la obra tiene muchos aciertos, también tiene algunos descuidos y fallas.[24]

Parece evidente que le pedían a Revueltas mayor cuidado en sus trabajos y seriedad; varios críticos le reprocharon el olvido mostrado con su personaje Eduardo que entra al gimnasio, cuando minutos

---

[24] M. Guardia, "El teatro en México. *El cuadrante de la soledad*", en *México en la Cultura* (Supl. de *Novedades*), mayo 21, 1950, p. 4.

antes había comprobado que se hallaba cerrado como una celda y era imposible entrar. ¿Y cómo supo Colombina la muerte del muchacho y ella misma lo descubre? Revueltas no había reparado en detalles técnicos del quehacer teatral, tampoco en los leves defectos de la historia. A él le interesaba hacer un llamado desde el escenario a los pobres hombres aturdidos por el miedo para rebelarse contra el mundo hipócrita y falso que tenían frente a sus narices y no lo querían ver ni aceptar.

Mientras la crítica de teatro fue congruente con su tarea y analizó *El cuadrante...* sin despliegues condenatorios, los comunistas se sintieron seriamente ofendidos y volcaron toda su batería ideológica a excomulgar la obra y el autor. Revueltas confesó su culpa.

> Por todas estas razones, he resuelto rogar a los editores de mi novela *Los días terrenales* que en atención a mis deseos aquí claramente expresados se sirvan retirar de la circulación comercial los ejemplares de dicho libro.
> He resuelto también suplicar a la empresa que puso en escena *El cuadrante de la soledad* que suspenda las exhibiciones de esa obra. Por lo mismo, ruego a las personas que se disponían a participar de algún modo en la función especial que iba a llevarse a cabo con motivo del centenar de representaciones del *Cuadrante de la soledad,* que acepten mis excusas así como mi petición de no llevar a cabo ningún acto de esta índole.[25]

Revueltas agradecía las atenciones recibidas en el Arbeu, la colaboración y el entusiasmo de los actores y técnicos, por la obra. Les aseguraba que habían triunfado como artistas, "aunque yo, en prosecución de la verdad humana, social y artística, deba revisar mi obra". Preocupado por los ataques, Revueltas se irritó y cayó en la incertidumbre que lo orilló a dudar de su creación, de su talento artístico, de su vocación revolucionaria. Su larga aventura que había comenzado a los dieciséis años en las Islas Marías, llegaba a su momento crítico y definitivo.

Sobre *El cuadrante* se dijo mucho y en varios tonos; el amigo eterno de Revueltas, su primer crítico, Efraín Huerta escribió ese mismo mayo lluvioso:

---

[25] J. R., "El escritor José Revueltas hace importante declaración", en *El Nacional,* junio 16, 1950.

> No dudo que los *snobs* hayan dicho que, por fin ¡ay! ya tenían su Jean-Paul Sartre para el consumo local. Pero se equivocaban y se equivocan. José Revueltas no va por allí, y sólo pueden decir cosas absurdas quienes no tuvieron tiempo de ver o leer *Israel,* obra también de Revueltas, mejor concebida y mejor ensayada.
> Tampoco Revueltas le hace al existencialismo. Otra, muy diferente, es su educación filosófica. Esos personajes del *Cuadrante* tienen una turbia autenticidad. José Revueltas siempre habla de cosas que existen, hasta cuando está inventando. Porque es su mundo. Fue su mundo.[26]

En el submundo de la obra, Huerta vio lo irracional en "la noche henchida de presagios". Como puede verse, la discusión en última instancia cayó en el existencialismo; los críticos comunistas parecían decirle: si profesas la filosofía de la "decadencia burguesa" quedas excomulgado del reino del proletariado internacional. En 1950 aún no había filósofos existencialistas en México, ni había llegado como moda y actitud frente a la vida. Tampoco aparecían en el escenario cultural los libros de Sartre y Camus que posteriormente fueron el credo de la juventud. Luego llegó Hermann Hesse y cundieron como por encanto los "lobos esteparios". Pero en esa fecha, sólo un reducido número de filósofos —congregados alrededor de la Facultad de Filosofía y Letras de la UNAM—, que estaban al tanto de lo que sucedía en Francia, habían leído a esos escritores.

La carta que envió Revueltas a "Toledito", funcionario del *Arbeu,* es una demostración de su arrepentimiento. Pero hay un dato más: después de *El cuadrante de la soledad* y el escándalo que provocó, Revueltas se alejó del escenario; no volvió a intentar siquiera escribir para el teatro. Retes no supo de él, desde la última representación del *Cuadrante.* "Con el mismo entusiasmo que lo vi entregarse al arte escénico en los ensayos con el grupo *La linterna mágica,* en las interminables horas de discusión, en la búsqueda incesante de un escenario para representar sus obras, asimismo lo vi alejarse silenciosa y definitivamente del teatro. ¡Ese era Revueltas! Sin esa convicción que podía llegar a la necedad no se habría convertido en el personaje paradójico y complejo que fue".[27] Esta

---
[26] E. Huerta, *art. cit.,* p. 15.
[27] Entrevista Ruiz Abreu/José I. Retes, abril, 1989.

imagen de Revueltas elaborada por Retes parece exacta no sólo para 1950 y las vicisitudes críticas e ideológicas que nublaron la actividad de Revueltas, sino también es aplicable a su vida y su obra. Revueltas escribió:

> Muy estimado Toledito: (...) Debido a razones técnicas que me ha hecho ver la empresa que maneja el *Teatro Arbeu* actualmente, es físicamente imposible suspender de inmediato, conforme a mis deseos, la exhibición de *El cuadrante de la soledad*. De un modo independiente al hecho de que el público haya respondido o no desde el punto de vista de "taquilla" —hecho para mí aleatorio en absoluto—, las razones ideológicas que me mueven para retirar de la exhibición mi obra de teatro me hacen, asimismo, declinar el homenaje que con motivo de las bodas de oro de dicha obra se me tenía preparado por la Compañía Mexicana de Comedia. *El cuadrante de la soledad* será suspendido, de todas maneras, después de cumplir el centenario de sus representaciones.[28]

¿Y cuáles eran esas razones "ideológicas"? Las que se han citado y también las que Revueltas llevaba clavadas en sus ojos para no ver que era objeto de un chantaje monumental en nombre del proletariado. Lo decisivo fue que ahí estaba la obra, su contenido, sus personajes arrastrados por el fango de la existencia.

Los años que siguieron a esta obra, fueron grises para Revueltas, escribió con menos intensidad de la que tenía antes; se alejó de los escenarios, del cine ("esa fábrica de sueños" le había señalado Ramírez y Ramírez), también de los círculos periodísticos y se quedó solo, caminando de un lado a otro del país. Parecía purgar una condena: la que él mismo —como reo del destino y de la sociedad— se impuso. Fueron años de silencio y reflexión. ¿En qué pensaba Revueltas? Fundamentalmente en pedir perdón al Padre y volver a su seno; militar de nuevo en el Partido Comunista Mexicano, mal irremediable en la conciencia del autor de *El cuadrante de la soledad*. Preparó el terreno y empezó a buscar, como al principio, a los comunistas. El Partido parecía dispuesto a perdonar pero también a exigir sacrificio, obediencia absoluta, silencio. ¿Estaba Revueltas en condiciones de guardar esa disciplina, apto para una entrega

---

[28] Reproducida en J. R., *OC,* v. 21, p. 304.

ciega a la causa? Por supuesto que no. Su reingreso al PCM significó un parteaguas en su vida literaria, en su actividad ideológica, en su pensamiento y en su quehacer cotidiano.

XII
Regresa el hijo pródigo

Después de la súbita sacudida moral ocasionada por los ataques a *Los días terrenales* y *El cuadrante de la soledad*, Revueltas desapareció de la vida pública. Pero es evidente que no dejó de escribir un sólo día. A ese lío literario e ideológico hay que sumarle el sentimiento de culpa por su familia semiabandonada que se había vuelto para él más que una pesadilla, un eco que zumbaba en su cabeza de una manera permanente. En 1949 le escribe a Olivia: "En estos días he vivido entregado al trabajo, exactamente como a un narcótico. No quiero despertar. Así, cuando menos, mi dolor tiene cierto sentido útil. Pienso en ti. Pienso en mil cosas. Espero resolver los problemas económicos, rápida y eficazmente. Me imagino los apuros que están pasando".[1] Y al año siguiente le escribe desde Mérida, Yucatán, donde se hallaba escribiendo la película *Deseada* y define su situación con una palabra: fastidio; asegura que sólo puede hablar de cosas desagradables y del hecho "inamovible y espantoso de que es necesario y forzoso trabajar, trabajar, trabajar". Igualmente le escribe tupidas cartas a María Teresa en las que se describe acosado por los malentendidos y por una ideología cada vez más absurda. Además, confiesa que se encuentra a menudo

---

[1] J. R., *OC*, v. 25, p. 267.

desconsolado, débil, incrédulo ante los acontecimientos políticos y sociales en el mundo.

En agosto de 1952, Revueltas se hallaba en Ciudad Alemán; uno más de sus infinitos viajes lo habían llevado lejos de su hogar; iba como guionista. Rodeado de la exuberancia del estado de Veracruz, incómodo por las vicisitudes del viaje, al fin pudo descansar y la noche del día 16, escribió una larga carta a María Teresa: "Comprendo que lo que sucede es que me dejo abandonar por la corriente, anestesiado, sumergido en un estanque a través del cual todo lo siento y lo veo como envuelto en una niebla".[2] Y la carta sigue fluyendo, porque no desea compararse a esos escritores "decepcionados"; él quiere sublevarse contra la miseria ideológica que padece el Partido Comunista Mexicano y los grupos de izquierda. Desea la crítica como única salida a su congoja; como arma política y moral para encarar el mundo. Ciudad Alemán es la entrada a la zona del Papaloapan. Tiene un kiosko, una avenida de palmeras reales y veracruzanos contentos con su suerte. Es joven y atractiva; el presidente Alemán la acaba de re-inaugurar y de darle a petición de sus paisanos su propio apellido. La noche no presagia nada, sino humedad, el calor infernal del trópico en su momento más cínico: la canícula de agosto. Revueltas, desde aquella apartada orilla del país, arremete contra el "mundo libre" y los llamados intelectuales "independientes", rescata del abismo a la Unión Soviética, a la que sigue admirando como si fuera una vieja novia, su edén no conquistado. "La próxima guerra contra la Unión Soviética se llevará a cabo bajo la bandera de esa 'dignidad' y de esa 'cultura'. ¿A quiénes están sirviendo entonces?".[3] Suena la sirena del ingenio, es un aullido tedioso, insolente, a las puertas de la medianoche. Revueltas trata de explicarle a María Teresa que la pretendida "cultura" y "democracia" occidentales son una quimera en un mundo vacío, incapaz de comprender el significado de esas palabras. ¿No se dedicaron también los teólogos de la Edad Media a escribir inteligentes ensayos sobre "cuántos ángeles podrían pararse en la punta de una aguja" y aun así no aprenden los intelectuales europeos del siglo XX? ¿No está haciendo lo mismo Sartre? ¿A dónde quieren llegar Koestler y sus amigos al criticar no sólo los métodos soviéticos sino el marxismo y el régimen socialista? Revueltas hacía esas preguntas a

---

[2] *Cartas a María Teresa*, ed. cit., p. 60.
[3] *Ibid.*, p. 61.

su amada, en la distancia. Rechazaba la tradición de la cultura occidental, y prefería la oriental. ¿Sócrates o Lao Tsé? Se queda con el segundo. Pues Sócrates es parecido al intelectual europeo de "nuestro tiempo"; Gide es "un Sócrates en cierto modo".

Fueron días holgados en los que Revueltas podía hacer de todo, inclusive trazar sus novelas, escribir muchas cartas y leer copiosamente. No era la primera vez que se ausentaba y durante el viaje leía los libros que llevaba y tenía que conseguir otros. Esta historia había comenzado varios años antes y parecía marcada por las dificultades económicas, los tropiezos en su militancia comunista. Así, en 1952 Revueltas era ya un soldado de mil batallas. Una vez más, la situación de sus hijos lo desquiciaba; desde Ciudad Alemán les escribe: "Tengo muchísima angustia por ustedes respecto a los dineros y por eso es que, precisamente, me pongo a escribir después del trabajo, para que me paguen allá en México y les pueda mandar alguna cantidad". Este padre ausente, preocupado por unos hijos que lo desconocían, enviaba promesas y mucha ternura desde las ciudades que visitaba; parecía incompetente para ganarse el sustento y ese era uno más de sus desvelos. De pronto se descubría solo, indefenso, sin recursos de ningún tipo y el mundo se le venía encima; sus necesidades eran mínimas, vivía con cualquier cosa, pero no así los hijos, ni sus dos hogares siempre suplicantes. A su hija Andrea le dice, todavía en Ciudad Alemán: "Escribo en condiciones materiales un poco incómodas"; el tono es alegre, con humor de compañero más que de padre; "Así que verás que más bien se trata del retiro de un monje hindú, que de un lugar de trabajo. Conquistaré sin duda el reino de los cielos. Amén".[4] Y en seguida le cuenta que ha leído un libro estupendo, *La vida de Copérnico* de Camilo Flammarion, escritor francés y astrónomo que murió en 1924. He aquí una lección fraternal en la que Revueltas va enseñando a su hija mayor el mundo y sus peligros, las ideas rescatables para el hombre que se enfrenta a la pérdida de valores. "Flammarion sustentaba una especie de anarquismo cristiano, sentimental, bondadoso e ineficaz, pero que le llegaba a la gente sencilla".[5] Y este sabio del XIX lo "tocó", allá en la adolescencia cuando lo empezó a leer; y le llamó la atención el materialismo de Flammarion y sobre todo su honradez. Lo ayudó a "despojarse" de sus prejuicios religiosos. Le aconseja a su hija

---

[4] J. R., *OC*, v. 25, p. 312.
[5] *Ibid.*

asomarse a la vida de Copérnico porque es fácil ver qué tan dramática y plagada de peripecias fue. Revueltas, sin desearlo tal vez, estaba haciendo su propio retrato; le ofrecía a su hija elementos para no juzgar a la ligera a su padre. Revueltas se defendía con armas leales y daba una imagen de su causa, una explicación voluntaria de sus desvelos y sus carencias. Terminó la jornada de trabajo en Ciudad Alemán y volvió a la ciudad de México; lo estaban esperando algunas cuentas pendientes, la renta del departamento que se había acumulado los últimos meses. Fue a *El Popular,* intentó cobrar pero el recibo no había salido; lo mismo le sucedió en *El Nacional* y en la revista *Hoy.* Después de un día agitado, lleno de tensiones, calor y tráfico, entró a *La Malagueña,* una cantina situada a un costado del *Hotel Regis.* Bebió unos tragos con José Alvarado y Efraín Huerta; platicaron, hicieron bromas, sobre todo recordaron sus andanzas; llegó la noche y el grupo se disolvió. Revueltas cambió de bar; bebió ininterrumpidamente hasta la madrugada en que al fin salió despeinado, sin la corbata, rumbo a su casa, donde lo esperaba, furiosa, María Teresa.

Los motivos de Revueltas

En mayo de 1954, Revueltas viajó a Poza Rica; debía trabajar en la película *Sombra verde* en la selva húmeda de Veracruz. Llevó un solo libro, *Los santos van al infierno* que leyó con gusto. Sudando en mitad de aquellos pantanos petroleros, pensaba incesantemente en su misión como escritor. Esta idea lo venía siguiendo desde los años cuarenta, pero se había convertido en un problema crucial últimamente. Los escritores franceses, encabezados por Sartre, exigían un compromiso al artista pero desprendido de una ideología partidista; a los escritores comunistas, defensores del realismo socialista les llamaban "dirigidos" y pugnaban por un arte libre, independiente, comprometido única y exclusivamente con la humanidad. Esto molestaba a Revueltas, y lo llevó a callejones sin salida; él quería ser un escritor "comprometido" pero a todas luces con el socialismo y su vanguardia mundial: el PCUS. A la vez se rebela contra esta forma vertical que no comprende la misión del arte y del artista en el mundo contemporáneo. No sabe qué hacer, aunque se lo pregunta mil veces, "buscando el camino que acierte: no es ni la literatura falsamente independiente, ni la literatura falsamente proletaria". Es imposible escuchar, aclara, a los que aconsejan hacer "simplemente literatura", la buena literatura porque suena a "majadería". En Poza Rica piensa que Camus y Sartre y Gide son *buenos* escritores,

> ¿Pero qué son? No son fascistas, ni comunistas, ni "demócratas" al modo americano... ¡Son "independientes"! ¡Son "hombres"! ¡Valiente chingadera! La respuesta, aunque brutal, es que no son sino escritores que venden mucho y viven bien y recogen las últimas migajas del pastel porque saben que el pastel se acabará indefectiblemente. (...) Son simplemente un poco más viles que los fascistas.[6]

Juró reflexionar con cuidado y a fondo el problema, aunque le llevara varios años; Revueltas supo siempre que a una causa noble —y las que emprendió las consideró así— valía la pena dedicarle una vida. Luego escribió extensos ensayos tratando de hacer luz sobre sí mismo, sobre la función del escritor y el fin que debía cumplir la literatura en esos años tensos de la guerra fría. Por lo pronto, rechaza la postura de Neruda y de quienes critican a la Unión Soviética; él vive convencido de que no se necesita ninguna justificación para defender a ese país de los ataques imperialistas, fascistas, que vienen del "mundo libre". ¿Se requiere mucho valor para defender a la URSS?

> ¡Hombre! Uno la viene defendiendo desde que tiene uso de razón y la defenderá hasta el último instante de su vida. ¿Qué hay de noble y de digno en cumplir con un deber, o mejor dicho, por qué el cumplir con un deber ha de considerarse meritorio, cuando se trata de una obligación inexcusable siempre y en todos los casos?[7]

En esos días, Revueltas estaba convencido de reingresar al Partido Comunista Mexicano; sólo faltaba que la oportunidad apareciera. También quería a toda costa formalizar un empleo que fuera mejor que la colaboración esporádica en diarios y revistas, o que las adaptaciones cinematográficas en que perdía mucho tiempo. ¿Qué hacer? ¿Dónde ubicarse?, parecían sus preguntas cotidianas. Junto

---

[6] *Cartas a María Teresa, ed. cit.*, p. 72.
[7] *Ibid.*, p. 73.

a María Teresa, veía pasar los días en la colonia Cuauhtémoc y su situación económica seguía más o menos igual. Escribía sin tregua. Leía noches enteras. En junio de 1955, el día de San Juan, se encuentra en Guadalajara invitado a visitar el leprosario por el doctor Briseño, presidente del Instituto Mexicano-Ruso y miembro del PCM. Nada más hermoso y extraordinario podría sucederle. No vacila un instante. Acompañado del escritor Ramón Rubín, Revueltas entra por un corredor descubierto, especie de calzada, al edificio. "¿Una casa sombría? De ningún modo. Ni alegre ni sombría", explica, y empieza a ver enfermos. Busca con insistencia el rasgo que distingue a los leprosos de los hombres comunes y corrientes; no encuentra nada sino al cabo de fijarse mucho. "Son los ojos. Absolutamente los ojos. Nunca he visto ojos iguales, te lo juro", le dice a María Teresa: "Ojos muy grandes, muy abiertos, como puestos ahí en el rostro de un modo artificial, ajenos, ojos de vidrio".[8] Para él son máscaras que nada expresan sino lejanía, sordidez. No son humanas estas caras como dibujadas en el leprosario. De estas imágenes brota en su ser la profunda convicción de escribir algún día un relato sobre una epidemia de lepra que cae como lluvia en Europa; la historia transcurriría en el medioevo; las masas perseguidas por su propia carroña huyen y emprenden un raro éxodo. Nunca la escribió. Revueltas compadece a los enfermos no en términos cristianos sino en lo que tienen de parecido con la vida que hay afuera del hospital. Todos estamos enfermos, parece decir. Él sólo observa

> Una especie de vida, de copia, de imitación de la vida, porque todos son leprosos. Y los ojos, otra vez. Los grandes ojos sobrenaturales. Me pregunto si están tristes. No; de ningún modo. Ni siquiera resignados.[9]

El escritor sigue su recorrido por aquel sitio; al final del edificio se encuentra al campo agreste que lo sorprende; hay unos eucaliptos que parecen también enfermos. Y pregunta por qué no se hace ahí un campo deportivo. El doctor Briseño ríe, entiende que es una pregunta bienintencionada pero ingenua. Le responde que sería imposible poner a los leprosos en un juego; pues a muchos les faltan

---

[8] *Ibid.*, p. 77.
[9] *Ibid.*

—explica— pedazos de manos, de pies. Entran al pabellón de mujeres; en medio de la fealdad, Revueltas descubre a una leprosa joven, bella. Pero también atacada por la enfermedad. La caridad cristiana atiende el leprosario a través de las monjas; Revueltas las describe feas, excepto a la madre Agustina. Son mujeres entregadas a un Dios que aparece impotente para ayudar a este enjambre humano, alejado de su gracia. Los católicos nada pueden hacer. "Es un hecho sintomático que sea precisamente Briseño, un comunista, sin dios y sin religión, quien le preste la mayor ayuda, la más desinteresada".[10] Y al fin llegan al teatro, donde se lleva a cabo el festival; parece la fiesta de los rostros descompuestos; una música atroz inunda la sala, y hombres y mujeres se sientan separados; de pronto cobran su verdadera dimensión de figuras de Goya, dice Revueltas. Los monstruos invaden los espacios del teatro. Revueltas se muestra indiferente, atento a los movimientos de los leprosos, a sus miradas. Resiste el espectáculo, aunque sabe que más tarde sufrirá:

> Sé que más tarde (cuando describa lo que veo), voy a sufrir (como en realidad ocurre); pero mientras estoy entre ellos me concentro de un modo absoluto en su observación, sin que sienta compasión, piedad, nada.[11]

Descubre a un hombre al que se le han desprendido las manos, y los ojos, voraces, son de un batracio; le falta una pierna, fuma y dibuja una sonrisa a quienes lo miran. Partes de sus extremidades se le han ido desprendiendo. "Sufro al recordarlo", escribe Revueltas. Él creó también personajes mutilados en sus novelas y cuentos. El *Tuerto* Ventura, Cristóbal, el *Carajo* y tantos más. Pero se trata de seres degradados que podrían regenerarse; sin embargo, los "monstruos" vistos en el leprosario son pedazos de individuos condenados. Revueltas interrumpió el relato, aunque ya había dicho lo fundamental, porque los camaradas del Partido lo esperaban para una asamblea. Salió de ahí tal vez con la convicción de que escribiría sobre lo que habían visto sus ojos; la realidad lo encendía a menudo. ¿Y qué realidad? La que conoció entre marginados, a veces en las cárceles, a veces en los barrios miserables, en las

---

[10] *Ibid.*, p. 80.
[11] *Ibid.*, p. 83.

huelgas de hambre, donde había cumplido su apostolado revolucionario.

El 13 de julio de 1954 murió Frida Kahlo; al día siguiente, una multitud de amigos, admiradores, miembros del Partido Comunista Mexicano, autoridades de Educación Pública, se dio cita en el panteón Dolores. Revueltas, acompañado de María Teresa, fue a la cremación que tardó más de lo normal pues los hornos eran viejos y encendidos con leña. La tarde se nubló, amenazaba una tormenta por el este; la gente se agitaba en torno a la mujer de Diego Rivera. Revueltas se acercó a su viejo amigo, lo abrazó y le dio el pésame, costumbre poco habitual en él.

—¿Te aceptará el Partido? —pregunta Revueltas, sin levantar la vista.

—Aún no lo sé —Diego habla en voz apenas audible—; hay dos enemigos en el Comité Central.

—¿Qué haremos, entonces?

—Esperar, camarada Revueltas. Si me admiten de nuevo será la clave de dos cosas: en primer lugar, que hay fuerzas jóvenes y democráticas en el Partido que desean renovar fórmulas gastadas y enmohecidas; en segundo, que tú reingresarías seguramente. ¿Te interesa?

—Por supuesto, quiero volver a nuestro Partido —dice Revueltas, se muestra decidido—, creo que hacemos mucha falta ahí, ¿no te parece?

Los interrumpe un periodista de *Excélsior* que desea saber la opinión de Diego sobre el escándalo de la noche anterior provocado en el Palacio de Bellas Artes, cuando el féretro de Frida fue envuelto con la bandera del PCM. El escándalo político estalló, y tuvo que renunciar a su cargo el director del INBA, Andrés Iduarte. Diego ofrece alguna explicación. Revueltas se aleja de su camarada, mientras sigue la espera por la tardía y difícil cremación.

En septiembre de ese año, la comisión de control del PCM emitió su fallo a la petición de Rivera; lo acusaba de haber militado en las filas del trotskismo y haber traicionado los "intereses más legítimos de nuestro pueblo, convirtiéndose en su enemigo y sirviendo a los más negros designios del imperialismo en su lucha a muerte contra el país del socialismo y el movimiento obrero internacional". Además, Rivera puso su actividad artística al servicio de los capitalistas cuya tarea ha sido desvirtuar el marxismo; era lógico entonces que el arte de Diego descendiera en calidad, "ya que el arte desligado y contrapuesto a los problemas, a la vida y a las aspiraciones de las masas populares, sólo tiene como perspectiva el fracaso y la degeneración".[12]

La comisión del PCM decidió finalmente aceptar a Diego Rivera pues consideraba que en los últimos años había mostrado disciplina marxista, vocación de servicio a la causa del proletariado internacional y respeto por la Unión Soviética.

El siguiente en la lista de esa comisión de control del PCM era el camarada José Revueltas, caso que se empezó a estudiar rigurosamente en 1955. ¿Y cómo estaba el aspirante a miembro del Partido ese año? ¿A qué puerto seguro se había anclado para que ningún viento por fuerte que fuera lo hundiera de nuevo? En su vida literaria seguía adelante; terminó una novela corta y se propuso escribir otra. Escribía para *El Popular* y *El Nacional* artículos, reseñas; en esos días convertía su casa en sala de redacción, biblioteca y oficina. Era su centro de operaciones. Ganaba poco y solía tener deudas. Esta situación se volvía a veces insoportable. El dinero parecía lo inalcanzable. El dinero fue un martirio durante mucho tiempo. Debía sostener una numerosa familia. Para evadirlo, bebía, se restablecía y de nuevo caía en la bebida; juraba dejar de tomar y sonreía algunas semanas por su fuerza de voluntad; de pronto, ahí estaba otra vez ese "demonio" seduciéndolo.

El problema no es que bebiera, sino los terribles remordimientos que le causaba el alcohol. En una ocasión fue a la farmacia, apurado pidió una pasta de dientes, un cepillo y una botella de alcohol. Pagó. Se iba cuando el dependiente lo llamó: —¡Señor! olvidó la pasta y el cepillo. Alrededor de 1952 y 1953, fue con María Teresa a una fiesta; Revueltas empezó a beber y al cabo de un rato le dijo al tío de ella, un general de la Revolución retirado:

—¡Cómo es posible que usted sea un típico representante de la burguesía, después de haber luchado como general revolucionario por las causas más nobles del pueblo! Perdóneme, pero no lo entiendo.

—La Revolución mexicana sigue su marcha —respondió el general, claramente molesto y ofendido—, luchando por cumplir sus promesas.

---

[12] D. Rivera, *Arte y política,* Enlace-Grijalbo, México, 1979, p. 453.

—Pues sí, pero ha sido traicionada inclusive por sus mejores hombres, como usted.

María Teresa recuerda la escena: "A mi tío le rodaron las lágrimas. Fue una discusión demasiado violenta en la que intervino toda la familia para evitar un enfrentamiento". Desde entonces, ella no volvió a ninguna fiesta, pues en él era común la agresión. Revueltas parecía asediado; en esos años de vida con María Teresa Retes, no estuvo tranquilo nunca. Su vida estaba marcada por la incertidumbre moral y económica. Vivieron en San Ángel, luego en Emilio Castelar, en Polanco; también en Las Lomas. Los corrieron de algunos departamentos por falta de pago oportuno. Y los sesenta pesos de las colaboraciones —dice María Teresa— no llegaban a nuestra casa, sino que se quedaban en la caja de la cantina La Malagueña. "Mi padre, por fortuna, me daba para el gasto diario. A principios de los cincuenta, la vida era muy barata, con quince pesos tenía de sobra". Revueltas vivía encerrado en su casa, salía relativamente poco, excepto a sus viajes a la provincia o al extranjero. "A veces íbamos a comer con los compañeros del cine; ya en la mesa, José pedía una disculpa y les decía 'yo me siento junto a mi mujer porque ella me indica qué debo hacer, con qué cubiertos'... lo decía con tanta gracia y espontaneidad que todos lo festejaban". En una de esas reuniones con "gente del cine", Revueltas hizo un "numerito" extraordinario. En diciembre de 1949, Dolores del Río organizó una cena; Revueltas estaba con sus amigos Roberto Gavaldón y Archibaldo Berstein que le presentaron al millonario Pedro Corcuera. Pasada la medianoche, se hallaba más o menos borracho. Entonces, levantó su copa para llamar la atención y en voz alta dijo: "—La gente de sangre azul debería estar en Versalles". Y se acercó a Corcuera, le hizo "miau-miau" y se le prendió en la oreja izquierda. De la risa, los invitados pasaron al drama. María Teresa vio la situación tensa, comprendió que su marido estaba perdido y lo sacó de la casa. Iba completamente ebrio. "Le había mordido la oreja para ver si tenía sangre azul".

El 30 de diciembre de 1955, Revueltas le escribe a su hermana Rosaura y le habla de sus planes inmediatos, de sus deseos. Sobre todas las cosas, quiere convertirse en director de cine; comenzaría su carrera con la *Santa de Cabora,* protagonizada por ella; todo parecía propicio; Manuel Álvarez Bravo estaba muy interesado. Revueltas nunca se hizo director de cine; al menos ese deseo no le fue concedido. El 20 de marzo de 1956, le anuncia a Rosaura la publicación de un "librito", *En algún valle de lágrimas,* y reitera su ferviente anhelo de dirigir de "cualquier modo que sea". En la misma carta le dice: "Hay que apretar los puños y luchar, aunque tengan que golpearse las paredes".[13] Le confiesa un secreto: ha dejado de beber, pero no quiere que lo sepan (¿quiénes?), y con marcado sarcasmo cita a los que piensan que él seguirá dominado por el alcohol, hundido en el vicio. Cambia de tema y comenta algunos aspectos del ambiente intelectual mexicano, al que tanto detestó.

Ese año, Revueltas fue al mitin en el que le entregaron el premio de la paz al general Lázaro Cárdenas. Tropezó con poetas y escritores, se sintió observado y de alguna manera "apaleado como un perro". Aquellos intelectuales le parecían "comadres iracundas", caballos en competencia. Uno de ellos —no menciona el nombre— se le acercó y le preguntó si preparaba una nueva "obra de gran aliento". Sin esconder su fastidio, Revueltas contestó: "claro está, ahora estudio la trompeta". Se sentía acorralado por el mismo ambiente intelectual, por las críticas y discriminaciones a su obra de 1950. Su nueva novela pudo salir gracias a Juan José Arreola, pero le cuenta a su hermana —Rosaura se hallaba en Berlín— que nadie quiere publicar una línea suya: "La gente cree que porque me abandonaron y se zurraron de mí hasta mis propios compañeros conmigo ya se puede hacer lo que se quiere".[14]

Es evidente que Revueltas se sentía ofendido por los ataques a sus obras y por su situación inestable. Si hacía una promesa no la cumplía jamás; se fue haciendo así un ritmo de vida que oscilaba entre la alegría, las promesas y el desencanto por la crisis económica. En esos años, María Teresa alquiló una casa "bonita" en San Ángel; Revueltas aseguró que sin falta pagaría los setecientos pesos de renta mensuales que costaba. Al poco tiempo empezaron los problemas económicos, y los conyugales. Tuvieron una nueva separación derivada de líos familiares y él se llevó sus libros, su ropa escasa, su máquina de escribir. Una noche, ya de madrugada, María Teresa escuchó su voz ebria en la ventana:

—Mariate, querida, ¿podrías cobijar por una noche al Hijo del Hombre?

—Cállate —le respondió ella sorprendida— no subas la voz y vete.

—Está bien, entonces aquí me quedo, al pie de esta tumba.

---

[13] Rosaura Revueltas, *op. cit.,* p. 165.
[14] *Ibid.*

Lo dejó entrar. ¿Cuántas reconciliaciones llevaban en los escasos ocho años de casados? Mariate perdió la cuenta. En la vida de Revueltas de esos años asombra su inestabilidad. Creía que todos se habían "zurrado" en él y que sólo recibía muestras de hostilidad del Partido y de sus colegas escritores. Latía en su mente el proyecto cinematográfico, la necesidad de seguir escribiendo, el deseo de reconciliar su vida familiar con sus ideales, la anunciada renuncia al alcohol. Parece que la realidad corrió más de prisa que sus intenciones y terminó por devorarlo. María Teresa lo retrata: "No podía estar tranquilo; era un hombre ajeno a la responsabilidad familiar. Si él se trazaba una meta la cumplía, aunque pasara sobre el cadáver de su hijo, de su mujer, de su matrimonio. Es evidente que José vivió suelto desde que murió su padre en 1924; y no fue para menos: su casa de pronto se derrumba, las hermanas mayores llegan a negarle hasta un plato de frijoles. José había crecido en el desamparo y la indisciplina, ¿no se deberán a eso en parte sus vaivenes políticos e ideológicos? ¿O se trata de una enfermedad generacional, propia de los comunistas de los años treinta?". Bajo ese mar de sombras, Revueltas suplicaba al PCM que lo admitiera de nuevo.

El arrepentimiento

Mientras su solicitud de reingreso al Partido era analizada, Revueltas esperaba impaciente; su estado de salud había sufrido algunos deterioros —estuvo a punto de un infarto en 1951, se le prohibió fumar y beber en 1955— y sufría por el resultado del veredicto. Escribió a María Teresa: "Tú sabes muy bien el estado moral y psicológico en que me encuentro desde hace algún tiempo, no sé cuánto".[15] Dice que se siente aislado y solo; pide clemencia. Todo conjura en su contra, inclusive los amigos de rutina. Había ido construyendo su propia rutina y el resultado estaba a la vista: desequilibrio generalizado. Para colmo debía agregar "el maldito, el desgraciado alcohol, del que todos, todos sin excepción —en todos los órdenes, en política, en literatura, en mis relaciones sociales, y en mis actividades profesionales— se sienten felices que padezca".[16]

---

[15] *Cartas a María Teresa*, ed. cit., p. 89.
[16] *Ibid.*, p. 92. Al borde de la desesperación, Revueltas agrega: "Quiero salvarme y me salvaré, así me destroce las entrañas".

Esta confesión familiar, derivada de problemas conyugales, económicos, de los tropiezos políticos y literarios que venían desde 1950, Revueltas la aplica a la Dirección del PCM. Para ser admitido en el PCM, hizo un balance ideológico, existencial y estético. Nadie se lo pidió; sin embargo él se adelantó a explicar lo inexplicable, a decir lo indecible y sobre todo, a prometer lo que sabía no iba a cumplir. Revisó su trayectoria en el Partido Comunista Mexicano en los años treinta, también su ruptura que originó la expulsión, y volvió a negarle valor literario a *Los días terrenales* y *El cuadrante de la soledad*.

María Teresa lo vio en esos días contento; con una gran ilusión. Una tarde él le preguntó:

—¿Qué te parece volver al Partido?

—Si crees que ahí —le dijo— vas a poder llevar a cabo tus proyectos, ¡adelante!, no lo dudes un solo segundo.

También lo verá tropezar con los mismos errores, los mismos vicios ideológicos, y lo escuchará de nuevo renegar del Partido y decir la palabra "fariseos".

En 1955 Revueltas era miembro del Partido Popular dirigido por Vicente Lombardo Toledano; ahí se había refugiado con Ramírez y Ramírez, el "Negro" Dorantes y otros ex camaradas. Decidido a entrar de nuevo al Partido Comunista, se entrevistó con el secretario general, Dionisio Encina, que prometió transmitir la "petición" al Comité Central. Entonces Revueltas le planteó a Ramírez y Ramírez su deseo de retirarse del PP, porque entre otras razones, no se había convertido en un verdadero partido de la clase obrera; en pocas palabras, no era lo que Revueltas pensó inicialmente. De ahí que criticara al PP porque perdió su perspectiva histórica y deseara volver al Partido Comunista Mexicano. El 11 de febrero de 1955, la Dirección nacional del Partido Popular anunció que Revueltas había sido "separado" de ese partido; al día siguiente el autor de *Los muros de agua* se pregunta "¿Me quedaré solo? ¿Me aceptará el Partido Comunista?" Fue aceptado en 1956, lo que originó una comida en la casa de Encina para celebrar el regreso del "hijo pródigo", y el cincuentenario de Diego Rivera. Ahí Revueltas habló otra vez con sus viejos camaradas, brindó con ellos y un horizonte político sin precedentes se abrió ante sus ojos.

Desde su expulsión del PCM en 1943, Revueltas militó en varias organizaciones culturales y políticas. Estuvo en El Insurgente, grupo marxista que fundó su propio periódico y que participó junto a

Lombardo Toledano y Narciso Bassols en el proyecto de la Liga Socialista Mexicana. Esta liga pretendía estudiar y divulgar una teoría marxista que fuera capaz de lograr la unidad de los socialistas de México. En 1947, Lombardo organizó una mesa redonda en el Palacio de Bellas Artes con casi todos los grupos marxistas; de ahí surgiría el Partido Popular que fue fundado oficialmente en junio de 1948. Revueltas forma parte del PP hasta su salida en 1955. En esos años, el PCM seguía siendo una encrucijada en la que incidían conflictos ideológicos, consignas radicales e inflexibles, retos y "desviaciones" como señalaban sus miembros. A principios de 1948, el "pleno extraordinario del Comité Central decidió expulsar del PCM al grupo de Sánchez Cárdenas y Lumbreras para poner fin, así, a una nueva crisis que había empezado desde finales del año anterior. Los expulsados formaron el Movimiento Reivindicador del Partido Comunista; luego el MRPC se une al grupo anteriormente formado por Lombardo y Campa, la ASU (Asociación Socialista Unificada), y juntos fundan en 1950 el Partido Obrero-Campesino Mexicano (POCM)".[17]

En abril de 1953, el PCM envió un telegrama de pésame por la muerte de José Stalin;

> Embargados profundo dolor por inmensa e irreparable pérdida glorioso jefe y guía trabajadores todos pueblos mundo, amado camarada Stalin, manifestamos Partido Comunista y gran pueblo soviético hondo sentimiento de duelo pueblo, trabajadores y comunistas mexicanos por inconmensurable desgracia cae sobre toda la Humanidad (punto) Stalin vivirá para siempre en el corazón de nuestro pueblo y su vida y obras luminosas alumbrarán camino liberación (punto).[18]

Desde las filas del Partido Popular, Revueltas había iniciado un profundo análisis de las perspectivas reales que tenía el PP para acercarse a las masas y llegar a representarlas como su vanguardia. En 1949, le había entregado una carta a Lombardo Toledano en la que Revueltas exponía sus puntos de vista sobre la evolución que debía tener el PP hasta llegar a ser un partido marxista, proletario. La realidad política del propio PP demostró que no iba a convertirse en esa vanguardia anunciada por Lombardo. Desde entonces aparece

---

[17] J. R., *OC*, v. 12, 1984, pp. 187-188.
[18] Gerardo Peláez, "Antología del estalinismo en México", en *Nexos*, núm. 54, 1982, p. 4.

más o menos clara la polémica entre Revueltas y Lombardo, que años después se volverá tema obligado de la izquierda mexicana. Pero en aquella primera carta, Revueltas decía:

> El Partido Popular deberá tener a la vista, para muy pronto, un viraje fundamental: transformarse en el gran partido de masas, dirigente de la pequeña burguesía y los campesinos (no de la revolución democrática en su conjunto, comento hoy).[19]

Es decir, invitaba a una "unidad marxista" tanto de los miembros del PP como de los del Partido Comunista. Pero los grupos de cada partido parecían aferrados a sus propios decretos doctrinarios y por tanto la "unidad" fue sólo un sueño, como lo vio posteriormente Revueltas al separarse en definitiva del PP. Para él este partido debía ser un medio que vinculara a la pequeña burguesía y los campesinos con el proletariado. El nexo lo crearía la fusión de los marxistas del PP, los "marxistas legales" —que aceptaran el centralismo democrático— con el PCM. Los comunistas del PP no se llaman "comunistas", sino marxistas o lombardistas. Sobre ellos pesaba la dura carga política del estalinismo, aún vivo después de la muerte de José Stalin.

En su libro *El hombre de acero* (1950), José Mancisidor hace un retrato grandilocuente de Stalin; invencible ante los ataques del imperialismo, y de las fuerzas oscuras del nazi-fascismo, líder de millones de obreros, ha tomado por su cuenta la reivindicación del hombre del siglo XX. Stalin "fertiliza, con su ejemplo, el futuro humano"; por eso, la humanidad confía en él, lo procura y admira. Este "hijo de Georgia" predijo —sigue Mancisidor— la caída de los dos imperios terribles del mundo: Alemania y Japón; aparte de ser un *vates,* inspira confianza y alumbra el porvenir. Por último, Mancisidor pide un deseo:

> ¡Venturosa vida para el hombre que, recreando con sus manos de artífice genial los grandes destinos del mundo, ha plasmado la alegría del dolor y el sufrimiento, la esperanza de las lágrimas y la amargura, y ha hecho, que sobre la estremecida tierra, renazca, como el Fénix de sus cenizas, la solidaridad humana![20]

---

[19] J. R., *OC*, v. 12, p. 84.
[20] José Mancisidor, *El hombre de acero,* México, 1950, p. 47.

Bajo esa lluvia de elogios políticos, milagrosos, humanos, a la figura de Stalin, los comunistas de los años cincuenta, estuvieran en el PCM o fuera de sus filas, no resistieron la tentación de sucumbir al estalinismo. En ese contexto, Revueltas se acercó a las puertas del Partido por segunda vez —lo había hecho en 1930—, fue derecho a las salas del Comité Central, en las que sería lavado de sus pesares, sus dudas y conflictos interiores; saldría reconfortado, convertido en un hombre nuevo capaz de abrazar el socialismo y amar, por sobre todas las cosas, al "hombre de acero".

Al comparecer ante el Comité Central del PCM, Revueltas parece haber experimentado el sufrimiento y la duda de su personaje Gregorio de *Los días terrenales*. Se flagela para demostrarle tal vez a sus jueces la entrega sin reservas de la que es capaz un comunista con fe en la URSS y en sus dirigentes. Mezcla su actividad política con su obra y así logra que el martirio sea mayor y más efectivo:

> *Los días terrenales* parten de una consideración negativa, antidialéctica, antimarxista, que es la de considerar que el hombre no tiene ninguna finalidad sobre la Tierra. (...) Aquí radica el error básico, mecanicista, que me hizo caer de lleno en una filosofía reaccionaria.[21]

Sobre el militante Revueltas se impone la imagen de su personaje más querido: Gregorio Saldívar; sin partido, seguro que no podrá soportar la soledad ni el desdén de sus camaradas, Gregorio intenta suicidarse. Quiere morir por la salvación del Partido, alejarlo del dogmatismo que lo ha desvirtuado, humanizarlo. Esa penitencia la sufre su autor; arrepentido, con la conciencia manchada por una falta humana que puede ser perdonada, Revueltas acude al tribunal supremo del Partido Comunista Mexicano. Pide clemencia, y reconoce sus errores:

> Entiendo que una rehabilitación total, como espero que será la mía, presupone, al ser aceptado nuevamente en el Partido, que los años que no estuve en el Partido se me abonen, no obstante, como años de militante.[22]

---

[21] J. R., "Declaración política de reingreso al Partido Comunista Mexicano", *OC*, v. 12, p. 91.
[22] *Ibid.*, p. 92.

Desea demostrar próximamente con una conducta intachable que es digno de los comunistas, de la confianza del pueblo de México. No hará promesas, aclara, que no pueda cumplir,

> Sólo afirmo que el Partido puede estar seguro de que sabré conducirme siempre a la altura de lo que debe ser un comunista convencido, cuya vida no tiene más propósito que servir a la gran causa, a la imperecedera causa del comunismo y de la liberación definitiva, total de la humanidad.[23]

Las grandes promesas no se cumplieron ni Revueltas se "ajustó" a la línea política del Partido, al contrario: chocó con los viejos dogmatismos y las mismas tácticas equivocadas, entonces embistió de frente y a fondo al PCM, hasta develar los vicios ideológicos que Revueltas le confirió en su *Ensayo sobre un proletariado sin cabeza*. En tanto él juraba acatar con fidelidad la doctrina partidista y obedecer, se consumaba la intervención soviética en Hungría, de la que el PCM hizo una importante declaración a través de un volante:

> Por fortuna y gracias a la valiosa ayuda de la Unión Soviética, la contrarrevolución en Hungría ha sido aplastada. Ante esta realidad los imperialistas reaccionarios y sus agentes no cesan de chillar lanzando las peores calumnias contra la Unión Soviética y contra el socialismo.[24]

Al año siguiente de su reingreso al partido, Revueltas hizo un viaje a Berlín, Budapest, Moscú y Trieste; visita antes que nada Berlín, donde su hermana Rosaura lo protege, lo conduce por los vericuetos citadinos y le sirve de traductora. Revueltas va al Comité Central del Partido Comunista y queda deslumbrado, ¡qué organización, cuánta disciplina!: "Mi vida transcurre como la de un verdadero santo medieval".

Camina por las calles, observa, se siente feliz con sólo saber que pisa la tierra de un país socialista. Le escribe a María Teresa:

---

[23] *Ibid*
[24] G. Peláez, *art. cit.*, p. 6.

> No te imaginas qué a gusto me siento bajo el socialismo. Estoy feliz. Es mi propia casa, son mis camaradas. Y aquí te encuentras con comunistas magníficos, que trabajan a conciencia, estudian, no descansan jamás.[25]

Creía que de pronto su vida había cambiado. Lejos de los líos familiares, de las acusaciones partidistas, desde el extranjero expresa con dulzura que, inclusive, ha dejado de beber, aunque no quería decirlo a nadie —sólo a su esposa— porque carece de importancia. "¡Amo el socialismo con toda mi alma!". Va a Moscú y no hace sino recordar los años adolescentes en que estuvo en la Plaza Roja, en sus alrededores, junto a Evelio Vadillo, su camarada ahora en México, después de un largo viacrucis por la Rusia estalinista. El país parece alegre, cada día es una gran manifestación de júbilo. Escribe entonces un relato breve, que ocurre en Moscú pero no lo envía a María Teresa. Su tesis sobre el realismo socialista, su idea del Partido como vanguardia del proletariado, se reconfortan y complementan en su largo viaje por el Este. Mira hacia México y sólo encuentra desprecio, hipocresía, intelectuales infecundos. Ha estado tan solo allá, que le escribe a su mujer:

> Dile a mis queridos amigos que ya no bebo, porque en la Unión Soviética y en las democracias populares me dieron una medicina para no beber jamás. Esa medicina ha sido el respetarme y el creer en mí.[26]

Se entrevista con artistas e intelectuales, va a la ópera, aplaude las conquistas del socialismo, el mundo le sonríe y le muestra su lado transparente. En los parques y los bosques encuentra cierto aliento poético, entonces recuerda pasajes de Tolstoi y de Turgueniev. El mundo ya no está en su contra sino a su favor; los hombres no le tiran piedras sino dialogan con él. Es como la resurrección física y moral de Revueltas; los camaradas del Partido —alemán o soviético— le preguntan si necesita dinero, si lo tratan bien y está contento. Tanta dicha es increíble. A su regreso a México, todo "será distinto", no cade duda. Ha dejado en el pasado las caídas,

---

[25] *Cartas a María Teresa, ed. cit.*, p. 112.
[26] *Ibid.*, p. 130.

los disparates, la bebida que le quema las entrañas, su permanente desmoralización.

> Hasta que he visto mi situación de México en perspectiva, me he podido dar cuenta del grado increíble de mala fe que me rodeaba —que me seguirá rodeando, ahora revestido con quién sabe qué disfraces—, mala fe, intriga y profundos deseos de hacerme reventar o de regalarme a la reacción. (Nunca les daré ese gusto, respetables amigos míos).[27]

Llega a Budapest, lo instalan a orillas del Danubio, mira la ciudad limpia y hermosa, a la gente ocupada, sonriente, bien vestida. Visita los museos, las dos ciudades separadas por el río; recuerda y siente nostalgia por México. Quiere regresar cuanto antes, mostrar el hombre nuevo y distinto que trae en el rostro y en la mirada; ha sepultado el *otro:* al opacado por los círculos intelectuales y los comunistas, el aventurero y hábil cómico de las veladas nocturnas. De la observación detenida del pueblo húngaro, Revueltas concluye que la intervención de la URSS fue indispensable.

De Hungría, Revueltas viajó a Trieste, donde se instaló en la casa de Vittorio Vidali, dirigente comunista italiano. Lleva ya en su maleta la Carta de Budapest, respuesta comprometida de un escritor que defiende el realismo socialista contra la tesis del arte libre sostenida por Sartre y otros. El único tropiezo que siente en su éxodo interminable es que en México tiene numerosas y cuantiosas deudas. ¿Qué hacer? Se lo pregunta una y otra vez en las noches que pasa solo en los cuartos de hotel de ciudades desconocidas. Intenta enviar 50 dólares a María Teresa y finalmente no lo hace; su casa espera, las deudas también. El PCM desea recibir un reporte completo de las actividades del compañero Revueltas en los países comunistas.

De un país a otro, de ciudad en ciudad, va con su máquina de escribir que jamás olvida; escribe cartas, artículos, ensayos, crónicas. Esa actividad le permite a Revueltas momentos de lucidez, de encuentro consigo mismo. El arte comprometido y, en especial, el realismo socialista es una preocupación intensa en esos meses. Revive en sus escalas —que parecen escalas morales y políticas— su discusión con el Partido Comunista Mexicano. Trata de hacer luz hacia

---

[27] *Ibid.,* p. 131.

su propio ser y hacia los demás. Escribe "Algunos aspectos de la vida del Partido Comunista Mexicano" (Berlín, 1957) en el que hace una vez más el recuento histórico del Partido. Demuestra su pasión por esclarecer el desarrollo del PCM; asegura que no es ni ha sido un auténtico partido marxista-leninista por varias razones contradictorias. Se nota que vive a la sombra de esa inmensa nube política, ideológica y moral que es el Partido.

En ese artículo, defiende la tesis de que el Partido "no ha comprendido el carácter eminentemente filosófico y profundo de la teoría leninista del Partido y ha tomado de ella solamente el aspecto material y exterior",[28] idea que desarrolla con amplitud en años subsiguientes. ¿Qué le pedía al PCM? Democracia, reconocimiento de sus errores, claridad teórica, regresar a las fuentes del materialismo histórico.

El otro texto que escribió Revueltas en ese viaje fue la "Carta de Budapest a los escritores comunistas", en el que menciona el XX Congreso del PCUS como ejemplo de autocrítica dirigida a revisar el papel que habían jugado los partidos comunistas en el mundo. Alude a los hechos sangrientos de octubre y noviembre de 1956 en Hungría y se pregunta ¿qué es Budapest?. "La sangre y las llamas" de esos meses no "son para reírse" y subraya que "jamás un incendio de tales proporciones nos había ofrecido una luz tan resplandecientemente trágica para examinarnos a nosotros mismos, escritores comunistas, y esto debe ser tomado en cuenta siempre".[29] El sentido profundo que descubre en esa "contrarrevolución" es que vino a develar los errores de los comunistas mexicanos y checos, húngaros y españoles. Uno de esos errores fue el culto a la personalidad. Revueltas señala las consecuencias de esa actitud: deformación ideológica, abandono de hecho de la ideología marxista-leninista. De ahí en adelante, vinieron en cadena atropellos y violaciones a la legalidad socialista, hasta llegar a la "razón de Estado", es decir, a la consigna aplastante de "lo que no debe decirse". Fue así como la situación de los escritores comunistas se convirtió en algo insólito, jamás visto. Fue un periodo abrumador regido por el culto a la personalidad, en el que los escritores comunistas estuvieron al borde de convertirse en los más atrasados del mundo, y en los menos

---

[28] J. R., *OC,* v. 12, p. 127.
[29] J. R., "Carta de Budapest a los escritores comunistas", *OC,* v. 18, p. 71.

veraces. Vivían "entre las tenazas" de la razón de Estado. Aclara Revueltas:

> No lo olvidemos: nuestra actividad consiste en la palabra, y el hecho es que no supimos hacer uso de la palabra. Faltamos a nuestros deberes con el Partido y traicionamos la palabra, en tanto no tuvimos valor de criticar al propio Partido.[30]

Y cita la frase de Sartre, "las palabras son disparos"; lamenta que se haya atacado gratuitamente al autor de *La edad de la razón*. Pero los "disparos" a los que se refiere Revueltas son los que hicieron los fascistas húngaros en la contrarrevolución de octubre y noviembre. ¿Y el escritor? Debía ser fiel al Partido y por tanto pintar al "héroe positivo" en cualquier circunstancia. Por último, Revueltas cita un párrafo de *Sebastopol* de Tolstoi, en donde ese héroe se hace transparente porque no es otro sino la Verdad.

> "¿Dónde está, en este relato, la expresión del mal que hay que evitar? ¿Dónde está la expresión del bien que debe imitarse? ¿Quién es el malvado? ¿Quién el héroe? Todos son buenos y son malos. Ninguno de ellos (...) puede pasar por traidores o por héroes de este relato. El héroe de mi relato, al que yo amo con todas las fuerzas de mi alma, el que me he esforzado por describir en su belleza integral, el que ha sido, es y será siempre bello, es la verdad".[31]

En la "Carta de Budapest" Revueltas planteaba cuál era el papel del escritor comunista en los países occidentales y cómo debía conciliar su militancia con su creatividad. La respuesta no tan clara aparece en la "Carta..." con la cita de Tolstoi, pero en realidad Revueltas había escrito un ensayo, "El realismo en el arte" (1956), destinado a defender al realismo socialista de los ataques y las calumnias que los escritores occidentales le hacían. De alguna manera, había empezado a desarrollar su peculiar punto de vista sobre el arte, el escritor, la literatura, la función social de los escritores, etc. Temas vigentes en esos años.

---

[30] *Ibid.*, p. 76.
[31] *Ibid.*, pp. 80-81.

En ese ensayo afirma que el burgués de antes de la Segunda Guerra Mundial fue presa del pánico cuando vio que los artistas colocaban la nariz de una figura humana en donde debía ir la oreja, cuando desplegaron nuevas formas geométricas. Fue una subversión de la sociedad, la religión y las buenas costumbres. El cubismo, el futurismo, el surrealismo, no espantan a nadie, a no ser a los turistas norteamericanos; el burgués del novecientos desaparecía por completo en Europa, mientras la Escuela de París sigue empeñada en "asustar" al burgués, éste se prepara para librar su gran batalla: implantar el fascismo en el mundo. Las burguesías europeas —sigue Revueltas— ayudaron y facilitaron el ascenso de Hitler, mientras que Salvador Dalí dictaba conferencias en Nueva York vestido de buzo y los surrealistas franceses declaraban que la leche era burguesa. Los partidarios de las expresiones "libertad del arte", "independencia intelectual", son los mismos que odian el "arte dirigido", es decir, el realismo socialista. Quienes difunden la verdad de la "guerra fría" sostienen que el "arte dirigido" tiene su expresión en la teoría del realismo socialista que es la anulación de la personalidad del artista. Para ellos —Revueltas ironiza— el realismo socialista es un movimiento que no merece la pena siquiera mencionarse. Pero en el fondo desconocen qué es una teoría fundamentada en el materialismo histórico. Ahí radica el *quid* del problema, concluye Revueltas. ¿Qué hacer?

Para él, el realismo socialista se enriquecerá, será la luz que brillará como un faro en mitad de la noche y protegerá a los incrédulos, a los ciegos que no ven la sociedad sin clases en puerta. ¿Pero qué es el realismo socialista? ¿En qué consiste? Es preciso acudir a la crítica literaria de Marx, a los trabajos de Bielinski y Chernichevski que "constituyen las bases en que el realismo socialista encontró su desarrollo ulterior". El realismo socialista es ante todo un método mediante el cual es posible conocer la realidad "exacta de los seres humanos", de la sociedad y del mundo que los rodea. Revueltas barre de un plumazo con el kantismo, con Platón y Unamuno y critica a las escuelas filosóficas que han negado que sea posible conocer verdaderamente la realidad. Lo real —explica— de la realidad puede conocerse mediante dos formas: 1) la experiencia y la observación, 2) la observación y la experiencia históricas. La realidad verdadera es inaparente (los sentidos la presentan como estática) y es falso mirarla quieta y sin dinamismo.

Dice Revuetas que el mundo atraviesa por uno de sus periodos más sombríos debido a la mentira y la corrupción. Inclusive los "camaradas" que en algún momento fueron leales comunistas, parecen haber perdido la razón, y sólo queda preguntarse, no sin asombro, si el mundo entero no ha perdido la razón. Si los años del estalinismo furibundo fueron opresivos para los escritores y militantes del Partido como Revueltas, después del XX Congreso del PCUS, la incertidumbre cundió. No se sabía qué postura tomar, sobre qué asuntos escribir. Pero al fin apareció en el firmamento una estrella que guiaría hacia el paraíso el arte y a los artisitas: el *realismo socialista,* que no es un arte dirigido; el escritor, asegura Revueltas, practica la crítica al modificar la realidad. La misma sociedad se autocritica y se transforma después de haber sido seleccionada y ordenada. El artista, de este modo, adquiere un compromiso. "Un escritor, un artista, que no sienta eso, que no esté a la altura de una misión tan noble, no puede considerarse sino un mentecato".[32] Revueltas sugiere que el escritor debe acudir a los miembros de la sociedad para que le indiquen cómo hacer más "eficaz y fecunda" su labor. Debe consultar libros y sus lectores, ir a su partido en busca de consejo. Esto parece monstruoso a los escritores burgueses, apunta Revueltas, pero sólo así el escritor cumple, su función, su compromiso,

> Si acepta, finalmente, observaciones y censuras de sus camaradas y de su partido. ¿No está demostrando que es un auténtico ejemplar de trabajador social, un ser que ama en verdad a sus semejantes y que quiere servirlos?[33]

Las formulaciones teóricas de Revueltas sobre el arte y la literatura, extensión de sus preocupaciones ideológicas de esos años, fueron revisadas, reformuladas y muchas veces él las descalificó por cerradas y poco dialécticas. Pero en la época que las elaboró, influyeron en su manera de entender el arte y la tarea del escritor en la sociedad, y las aplicó a su quehacer literario. Prueba de esto es lo que se ha llamado "novelas de la transición", que representan dos testimonios evidentes del paso apresurado de su autor por el terreno movedizo del Partido Comunista Mexicano. *En algún valle*

---

[32] J. R., "El realismo en el arte", *OC,* v. 18, p. 61.
[33] *Ibid.,* p. 62.

de lágrimas (1956) y *Los motivos de Caín* (1957), parecen el resultado de las tribulaciones del Revueltas de esos años.

Las tribulaciones de un escritor

Después del escándalo provocado por sus obras de 1949 y 1950 Revueltas permaneció en silencio un tiempo; pero un escritor obsesivo como él siguió escribiendo encerrado en su casa. En 1954 trazó el plan de una novela corta, cuyo título sería *Retrato de un hombre bueno* o tal vez *Los orines del bien*, que finalmente convirtió en esa extraña historia de *En algún valle de lágrimas*, publicada en 1956. Resumen de temas y personajes anteriores, aproximación evidente a una prosa más sutil y menos barroca pero igualmente desenfadada, esa obra —como su nombre lo indica— es una marejada de dolencias y degradaciones del mundo que latía esos años en Revueltas. En esta ocasión abandonó las caricaturas del Partido que vimos en *Los días terrenales* y se limitó a contar la vida gris, tristemente mediocre pero feliz, de un propietario de bienes inmuebles.

Parecido al personaje de *El capote* de Gogol, el narrador de *En algún valle de lágrimas* se presta a la risa y al sufrimiento. El 9 de diciembre de determinado año se levanta y repasa su vida: a los 54 años de edad es un viejo feliz, absorbido por sus quehaceres administrativos tiene en su haber un pasado limpio. En compañía de su sirvienta, Macedonia, ha vivido como en una cápsula de cristal; él mira sus virtudes, aquélla las aplaude. Se mira una y otra vez y aparece su idea del bien y del mal, de Dios y el pecado. El sentido de la virtud, la bondad lo ciega, no ve que su vida carece de horizonte. En el amor ha fracasado rotundamente; la soledad lo enferma; es impotente pero encuentra placer con las prostitutas; su conciencia está escindida; padece una rara fijación hacia los fetos que lo obliga a rechazar toda posibilidad de procreación. Este hombre vive como suspendido en el tiempo, absorto en imágenes vacías.

Una mañana se levanta y se mira en el espejo; ese viejo que aparece ahí, deformado por los años, solitario, asediado por su propia mente enferma y patética, no corresponde a él. Ese hombre, como otros personajes revueltianos, anhela el suicidio. Sutilmente desea morir pero sin demostrarlo, pues su conducta es engañosamente perfecta. Se deja morder por su gata, *la Cariñosa*, contagiada de rabia. ¿Un hombre bueno? Más que nada una víctima de su impotencia social y humana, semejante al burócrata Akaky Akakeyevich. Al mirarse retrospectivamente, este rentista sólo halla deformaciones que él considera normales, actos benevolentes. Ni Narciso, ni sádico, sólo trasluce gestos irracionales propios de su vida plana. "Era un hombre bueno, suspiró". Sentado en su trono —el WC— parece un Buda, un rey sin súbditos; es quizás un creador pero de sus excrementos. Defecar es un acto grandioso, regocijante y promisorio. Por su culo no sale solamente excremento, sino pecados y culpas; arroja sus desechos. Lucubra siempre, y de su mente sólo brotan —como de sus intestinos— prejuicios. Entonces limpia su conciencia. Y llega al éxtasis de sentirse bueno, justo, desprendido del dinero (no cobra a tiempo sus rentas, sino pasados varios días); el autoelogio lo convierte en un místico.

En esta novela, aparecen otra vez los prototipos sociales y literarios que Revueltas había empezado a construir desde sus primeros pasos narrativos. El hombre gris, impotente, mediocre en sus empresas sexuales, morales, económicas y gastrointestinales. La prostituta de alma noble y generosa. Aquella pasión desbordada por el mundo prehispánico y los indios, vuelve ahora; el indio que el narrador mira desde su ventana en procesión hacia la Villa de Guadalupe, anticipándose al 12 de diciembre está humillado desde la Conquista. El director de escuela —lo vimos en *El cuadrante de la soledad* y lo veremos en "La palabra sagrada" (1960)— disfrazado de "hombre ejemplar" que cae en el vicio y abandona el recto camino. También el alcohol como un motivo recurrente lo vemos ahí.

El título que pensó Revueltas, "Retrato de un hombre bueno" es una ironía evidente. Llamar virtuoso a este personaje cobijado en su propia mierda, cuya vida recordada esa mañana de diciembre no revela sino actos sórdidos realizados en nombre de la Moral, el Bien, la Justicia, es una clara parodia del desencanto y la decadencia. Adora sus acciones como sus propiedades; cuando acaricia el fistol obtenido en la "operación Saldaña", revela más pasión que al besar a su prometida. Tiene su propia ética, se procura justicia con su ley: "El dinero es otra sangre. Es la sangre misma, sin la cual resulta materialmente imposible vivir". El dinero por encima de los hombres, es la sangre que circula por el cuerpo de la sociedad, y la alimenta.

De las historias fragmentadas que recuerda, la más sensata es la del director de su escuela. Aquel hombre "pobre de solemnidad", con sus blancas y "sucias camisas", "melancólico y cruel", llega borracho en una ocasión a la escuela. He aquí a la autoridad caída. Sucio, dando lástima, regala sin embargo dulces a los niños. En ese momento llegan los agentes (centuriones) a aprehender al Señor: esa misma mañana había asesinado a su esposa. Revueltas lo describe cogido por una "debilidad" y al mismo tiempo dueño de un infinito amor al prójimo.

> Una mañana el propio director llegó ebrio a la escuela, tambaleándose, antes de que los alumnos entraran en sus salones, por lo que todos pudieron contemplar, apenados, confusos, el grotesco espectáculo.[34]

Como en *El ángel azul,* en esta novela hay un hombre que cae debido a su pureza; sólo que Revueltas le infunde un sentimiento religioso. En la escena del director borracho, humillado, a la vista de los alumnos, aparece la frase de Poncio Pilatos: "¿Qué es la verdad?". Pasa el tiempo, y el narrador tropieza ese 9 de diciembre con el director; es un viejo sentado en la puerta de una vecindad, un náufrago de casi setenta años, aventado al Purgatorio. Se miran y se comprenden o al menos eso aparentan; ha caído en la miseria más lastimosa, en el pozo sin fondo de la sociedad. La voz como sacada de una caverna milenaria del ex director suena: "Te conozco", y el rentista abre sus ojos atroces; la voz insiste: "¡Hemos estado presos tú y yo juntos!". La respuesta es contundente, jamás ha pisado una cárcel, y el anciano remata: "—Todos estamos presos —dijo con la mirada baja". Es el final de la novela y también el lanzamiento del mensaje social y patético: la vida es una cárcel, inevitable. Revueltas retoma el asunto del comunismo y su antagonista por excelencia: el hombre enajenado del capitalismo, en *Los motivos de Caín.* Pero en esta novela lo reviste de un enfrentamiento entre Kim y Jack en la guerra de Corea. Explica Revueltas:

Había desertado de la guerra de Corea. Era Jack, pero se negaba a decir una palabra de todo aquello que le había ocurrido. A nadie debe importarle su nombre verdadero y yo mismo nunca lo supe, pero era Jack.[35]

---

[34] J. R., *En algún valle de lágrimas, OC,* v. 4, p. 62.
[35] J. R., *Los motivos de Caín, OC,* v. 5, p. 9.

Esta novela y la anterior, tienen importancia porque permiten apreciar los vaivenes temáticos e ideológicos de Revueltas, sobre todo en los años de 1950 a 1956. Revueltas fue condenado por el dogmatismo en que sumergía a sus personajes en *Los días terrenales*. Ahora que parecía dispuesto a enmendarse, ya que su vida no tenía más propósito que "servir a la gran causa, a la imperecedera causa del comunismo y de la liberación definitiva, total de la humanidad". Ahora debía reparar el daño, evitar todo contacto con filosofías "decadentes", creer de nuevo en su pueblo, entenderlo y amarlo, como le había indicado Ramírez y Ramírez. Debía mostrar el lado positivo del héroe de nuestro tiempo, no sólo sus sombras y perversiones. De alguna manera, esto se refleja en algunos momentos de *Los motivos de Caín*, publicada en 1957, al año siguiente de haber reingresado al Partido Comunista Mexicano.

La novela cuenta la historia del mexicano-estadounidense Jack Mendoza que va a pelear a Corea; luego de ver la injusticia que los norteamericanos cometen en nombre del "mundo libre", decide desertar del ejército. Pide ayuda a sus viejos amigos Bob Macorro y Marjorie, que lo entienden y presumiblemente corren el riesgo de "encubrimiento". Le proporcionan medios para cruzar la frontera y refugiarse del lado mexicano, en Tijuana.

El comienzo de las novelas de Revueltas suele ser similar; el caos, la nada, lo disperso, el plano general, balbuceos; en *Los motivos de Caín*, aparece Jack en una ciudad desconocida; carece de rumbo y de propósitos, su mente es un saco descosido por el que pasan cosas sueltas y lejanas. Camina por la avenida central de Tijuana; hija del imperialismo y sus tentáculos malolientes, la ciudad deja lucir su penuria moral y económica, su lastre social más visible: la prostitución en gran escala, los bares, las mujeres pálidas y feas, los niños en venta, la sexualidad deformada por el dólar. En ese ambiente, los pensamientos de Jack ruedan con las luces del escenario decadente que observa. Después de ese rodeo por Tijuana, Jack mira hacia atrás y reconstruye el episodio que lo obligó a desertar, lo que constituye el eje de la novela. Recuerda haber llegado a Los Ángeles para ver a Bob y Marjorie; el barrio está oscuro, han cortado la luz eléctrica para atacar con mayor facilidad y descaro a los chicanos. La policía hizo una redada, una cacería de brujas, en su intento por aclarar un crimen que se le atribuye a la comunidad mexicana. Se acusa a los pachucos llamados *zoot-suits*. Esta anécdota la recogió el reportero Revueltas en 1943, durante su viaje por el noroeste de México que desembocó en Los Ángeles, en esta ciudad tuvo noticia de la persecución contra los chicanos. Ahora la introduce en su novela y la pone en boca de Bob y Marjorie que han sufrido parte de la represión como una injusticia que ejerce Estados Unidos sobre países débiles. En estos sitios del demonio, sugiere Revueltas, no hay solidaridad ni amor; se desconoce al hombre. ¿De qué huye Jack? ¿Por qué desertó? La respuesta jamás se especifica, pero es posible afirmar que el comunista Kim, hecho prisionero en Corea, acusado luego de espía y asesinado bestialmente, influye en el ánimo de Jack; de alguna manera éste se solidariza con el norcoreano. Destrozado por los golpes y los toques eléctricos, colgado, bajo la mirada de los verdugos que lo han desnudado para gozar el martirio, Kim no pierde la conciencia; su ideología lo mantiene limpio y sereno, ajeno al sufrimiento. Lo justo de su lucha lo levanta del lodo y lo coloca por encima de sus verdugos. El comunismo y su lucha frontal contra la explotación del hombre por el hombre, puede más que la tortura. Con esa estrella que lo ilumina, Kim obra milagros: se impone al dolor, sufre pero en silencio, parece un Cristo que perdona a quienes lo ofenden, atormentan y posteriormente le dan muerte. Kim, cuyas siglas son Komunishtishki Internatzionalnaya Molodiochi (Internacional Juvenil Comunista), está rociado por el agua bendita del comunismo. Tiene hermanos regados por todo el mundo: Jack, sin saberlo es uno de ellos.

El mejor momento de la novela es sin duda aquel en que Jack y sus compañeros Elmer y Tom (por cierto, éste era miembro de la Legión Americana, que Revueltas define como "organización fascista y partidaria de la discriminación racial que funciona en Norteamérica"), hacen un recorrido de rutina; pisan esa tierra sagrada de Corea; buscan a un enemigo invisible, en mitad de la guerra. Sienten el suelo en llamas; la tierra manchada por el odio y la lucha de las potencias. De pronto se hace un oasis en aquel desierto humano; un sembradío de trigo los estremece; arrodillados, miran con unción la naturaleza pródiga, la grandeza de Dios revelada en las espigas. Leen con fervor inusitado la Biblia; han caído vencidos no por las balas sino por su fe. Revueltas ironiza la escena, estos cristianos conmovidos hasta el delirio por la pureza que han descubierto en el paraíso, son los mismos soldados de "Cristo" que más tarde aprehenden al Señor (Kim), lo martirizan como al más vil de los mortales, y lo matan. Tom y Elmer, los auténticos apóstoles de la doctrina cristiana, pisan una tierra que no es suya; en este sentido, aparecen como usurpadores que violan una nación y a sus ciudadanos. Estos cristianos, Elmer y Tom, piden linchar inmediatamente a Kim; lo agarra Tom del cuello y le dice:

"¡Comunista hijo de puta! —ladró furioso—. ¡Lacayo de Rusia!" Minutos antes de hallar al norcoreano, Elmer y Tom, acompañados por Jack, rezaban con profundo sentimiento piadoso; la voz de Tom parecía sublime, bendecida por Dios: "Mas el justo tiene misericordia y da, porque los benditos de él heredarán la tierra, y los malditos de él serán talados".[36]

En plena campaña aparece la palabra de Dios que Revueltas, lector asiduo de la Biblia había subrayado y metió en su novela. El comunista Kim —semejante a Revueltas— no cree en Dios sino en el hombre; no desea la felicidad eterna sino terminar con la explotación terrenal. Así las frases bíblicas en que se apoyan los "esquiroles" del Señor, más que acción de fe y piedad son una blasfemia. "Cuando esperaba el bien, entonces vino el mal; y cuando esperaba la luz, la oscuridad vino. Mis entrañas hierven y no reposan; días de aflicción me han sobrecogido".[37] Qué fiel es esta expresión a la vida de Revueltas en los años que escribió *Los motivos de Caín*. "Días de aflicción" lo habían sobrecogido, en varios sentido pero fundamentalmente en su relación conyugal. María Teresa recuerda: "Cómo decirlo; nuestra vida fue de verdaderos nómadas; después de los golpes que José recibió en 1950 por sus obras, se quedó suspendido, lejos de los camaradas que lo habían traicionado. Cuando volvió al partido en 1956, creyó que al fin tendría voz y voto, que sería escuchado, y se tropezó con lo mismo de antes. Por lo pronto, en la casa, él hacía sus reuniones políticas, sus eternas asambleas, pero seguía bajo el imperio del desorden emocional, el desequilibrio ideológico, sin trabajo fijo, a la deriva. Tal vez, por eso muestra a menudo personajes y situaciones en sus cuentos y novelas, en mar revuelto, perdidos en la bruma, en la oscuridad de ciudades remotas".[38]

---

[36] *Ibid.*, p. 60.
[37] *Ibid.*, p. 62.
[38] Entrevista Ruiz Abreu/María Teresa Retes, 1977.

XIII
Crónica de un cronista

Después de publicado su último libro en 1957, Revueltas era, si lo vemos retrospectivamente, un escritor prolífico que a los 43 años de edad tenía cinco novelas, infinidad de guiones cinematográficos, cuatro obras de teatro, reportajes periodísticos publicados en diarios y revistas, un libro de cuentos y cientos de cuartillas dedicadas a discutir con el Partido Comunista Mexicano. Era ya un escritor consumado en el doble sentido de la palabra: había construido un mundo propio y original habitado sustancialmente por marginados, luchadores sociales, enfermos, prostitutas, hombres desesperados al borde del suicidio; y le había dado a la literatura mexicana de los años cuarenta y cincuenta un aire renovador, la certeza de que era posible escribir lejos del costumbrismo y del realismo heredado de la novela de la Revolución. Hizo un intento por vincular al artista con la caída del hombre y colocar el arte como forma específica del desarrollo histórico. Su atención estaba dirigida a narrar la aventura nada heroica del hombre entre dos guerras, para lo cual se había servido desde el principio de su propia experiencia política que representaba una suma de actividades rica en vicisitudes desde la que representaba la versión dolorosa, cristiana, del hombre y su paso efímero por la Tierra. El mismo año de su reingreso al Partido, Revueltas escribió la obra de teatro *Nos esperan en abril*, claro ejemplo de su insistencia por retratar su experiencia carcelaria de las Islas Marías. El comunista Marcos Ríos es un luchador social al servicio del Partido Comunista Mexicano, combatiente honesto, revolucionario de probada fe en la doctrina marxista, fiel a su causa. Este expediente de un comunista íntegro parece el de Revueltas. Uno de los personajes lo explica:

> Desde su expulsión, en 1939, ha vivido estos seis largos años en la sombra... como un fantasma, trabajando por el Partido sin tener nombre, sin que nadie, excepto el buró político, esté siquiera enterado de que sigue luchando por la causa; a escondidas de sus propios compañeros sin lanzar una queja, despojado de todos sus derechos... ¡Pues bien! Ha tenido el valor de soportar todo eso con entereza, perfectamente consciente de que así debía ser...[1]

La obra permaneció inédita y no se representó en su tiempo. El primer acto se desarrolla en 1939 y cuenta la historia de un condenado a muerte, Marcos, debido a su participación como líder en una rebelión. Plenamente identificado con el autor, Marcos asegura que no puede morir sin haber sido reivindicado por el Partido Comunista.

La obra se sumaba a los temas, actitudes y héroes que Revueltas había desarrollado varias veces, buscando tal vez hacer luz en su interior y en el seno mismo del Partido Comunista Mexicano. No es atrevido decir que desde 1943 en que fue expulsado del PCM empezó a describir de una manera obsesiva las luchas heroicas de los comunistas verdaderos, y los dogmas aberrantes de la dirigencia del Partido. A esto dedicó horas y meses, desveladas inmensas en las que escribía —ensayo o narrativa— sobre los errores cometidos en el Comité Central del Partido, sobre sus lamentables desviaciones y su incapacidad para ser la vanguardia de la clase obrera. Inició muy temprano esa interminable discusión y se fue a la tumba con ella. Pero lo que Revueltas recreó en sus novelas, obras de teatro y cuentos, fue también el escenario que conoció en sus largos y cansados viajes como reportero. Importa destacar que en la fecha de su reingreso al PCM, aparte de haberse hecho un sitio en las letras nacionales, Revueltas había ejercido el periodismo con pasión desusada, con la misma vocación y entrega que había puesto en sus otras tareas. De manera que su paso por las salas de redacción y por los centros informativos de la ciudad de México y el país, era un testimonio de su vocación. Más aún, sin darse cuenta —pues lo "mataba" sobre

---

[1] J. R., *Nos esperan en abril*, OC, v. 21. p. 249.

todas las cosas, su lío con el Partido-Padre— tenía un cúmulo de notas, artículos, crónicas y reportajes, publicados en *El Popular, El Nacional, Hoy, Así, Futuro, La Voz de México* y muchos más, que lo acreditaban como un periodista comprometido no sólo con la veracidad de la noticia sino con los laberintos de la existencia humana en un país de marcados contrastes. Revisar lo más significativo de ese material es imprescindible.

La pluma como fusil

Parece evidente que en la actividad periodística de Revueltas hay el mismo aliento que puso en su obra política y literaria. Basta recordar que recorrió el país a pie, a caballo, en trenes de segunda, para concertar asambleas en las misiones impuestas por el Partido; también recorrió ciudades, sierras incomunicadas, comunidades indígenas, barrios populares, diversos países (de Estados Unidos al Perú) para relatar lo que sus ojos miraban. Revueltas encontró en la actividad periodística una vocación tenaz en la que se conjuga su visión religiosa del mundo y el punto de vista descarnado de las llagas de la sociedad. Su periodismo resulta reconfortante, ejemplo de una profesión digna. En esa labor comprometió la pluma, la palabra y el pensamiento; se convirtió así en arma para combatir la injusticia, la miseria y la explotación de las clases marginadas. El México de los años cuarenta es sucio, pobre, desesperante; Revueltas lo observa y lo transforma mediante la palabra. Tiene mucho en común con la crónica analítica y visionaria de John Reed; ambos escriben en el campo de batalla, ávidos de que llegue la liberación de la sociedad.

Revueltas entregó a *El Popular* decenas de artículos y notas breves en las que vemos a un hombre preocupado básicamente por el destino de la humanidad. Roberto Escudero explica:

> Su labor profesional Revueltas la desarrolló en *El Popular* cubriendo las fuentes; no era un editorialista ni un hombre de artículos, sino un crítico y un militante. Hizo periodismo por tres cosas: por escribir, por ganarse la vida y porque le gustaba.[2]

---

[2] Entrevista Álvaro Ruiz Abreu/Roberto Escudero, julio, 1977.

Un poco antes de que se fundara ese periódico, Revueltas ya había comenzado su carrera —improvisada y en periódicos partidistas— en el periodismo. Fue una vocación casi innata que descubrió en las calles de La Merced, durante sus aventuras de adolescente. No estudiaba sino como autodidacta, tampoco tenía un empleo fijo, entonces se dedicó a observar a la gente, a los desamparados. Sufría con ese panorama desolador tan visible con sólo salir a la calle en los años veinte. Poco tiempo después, estampó su nombre y sus escritos en las hojas volantes de organizaciones de izquierda. Cuando llega a *El Popular* parece un viejo y experimentado cronista de la desdicha y el dolor ajeno. Dijo en una entrevista:

> Bueno, yo me inicié como "ruletero" en *El Popular*. Se les dice así a los que cubren las "fuentes" de los que descansan. Entonces dije "qué suave, mano, para conocer todas las fuentes". Yo cubrí de todo. Hacienda, Secretaría del Trabajo, Presidencia. Hasta la nota roja. Por cierto, el director un día me encargó cambiar el estilo de la nota roja. Darle un giro literario, no sensacionalista.[3]

De esa primera época en *El Popular* dirigido por Vicente Lombardo Toledano, Revueltas ha dejado varias muestras de un periodismo vivo y audaz, profundo, que entraba de lleno en la conducta del individuo —criminal o ladrón, marginado social o simple campesino— y le daba una dinámica social, psicológica. La crónica se convierte en sus manos en expresión del abandono y del destino ineludible al que están sometidos los hombres. Es periodismo pero con estructura literaria, una narración que esconde un misterio sólo descifrable en la oscuridad del alma humana. Esto es evidente en la breve nota "Nadie ha sentido lo que yo, afirma Ricarda", testimonio de una mujer que al filo de la locura y la desesperación económica y conyugal —su marido la abandonó— comete filicidio. Hasta ella llega el reportero Revueltas; no sólo para conocer la causa por la que mató a sus hijos, sino decidido a consolarla y comprenderla; en esta empresa lleva la pluma mediante la cual el joven periodista de nota roja demostrará a la sociedad que Ricarda es inocente; en todo caso, la responsable de delitos más allá de la razón es la misma sociedad. De las palabras contundentes de la mujer

---

[3] I. Hernández, *art. cit*, p. 15.

encarcelada, brota una rara comunión entre el entrevistador y ella; nace la solidaridad. Ambos en última instancia son producto de la misma explotación social, de las fuerzas ingobernables de la naturaleza y padecen como una epidemia el sufrimiento y la agonía con que Dios dotó a sus criaturas.

En esa nota como en otras del mismo género, Revueltas no es sólo periodista, es decir, receptor y trasmisor de una experiencia vivida o padecida por un miembro de la sociedad; es más que nada sacerdote que condena y absuelve a la víctima. Penetra en el alma y en la sensibilidad de Ricarda con el fin de explorar la conciencia del asesino; intenta quitarle a la noticia su halo novedoso, circunstancial y "atractivo". Ricarda no se arrepiente: actuó como debía actuar, le confiesa al reportero; ella no quería ver sufrir a sus hijas y en su orgullo interno latía el temor de que las niñas corrieran la misma suerte que la madre. Por eso las mató, explica. Y la nota alcanza una dimensión inusitada en la que el crimen se convierte en drama social y expresión de una vida manchada por la culpa. El relato refleja la psicología del asesino dejando ver claramente los resortes que movieron la mano homicida. Esta verosimilitud lograda en esta nota roja se asemeja a la que veremos en sus obras maduras: *Los errores* (1964) y *El apando* (1969).

En esa nota del 6 de octubre de 1942 hay la misma pasión por descubrir el fondo de las cosas, de los actos del hombre, que Revueltas había demostrado en sus novelas. Frente a un periodismo anquilosado por su escasa participación en los fenómenos sociales, políticos y culturales de la época, Revueltas defiende a sus héroes de la injusticia cometida en los ministerios públicos por jueces corruptos. Trata de protegerlos de las calamidades de por sí extremas que pesan sobre ellos. De nuevo, el ejercicio de una escritura despiadada y cruda, lo erige en una especie de misionero. Las palabras de Ricarda, él las transcribe así:

> Ni a usted ni a nadie les puedo hacer comprender, porque ni usted ni nadie ha sentido lo que yo, dijo Ricarda López Rosales, ayer, durante el interrogatorio. Ricarda López no miente, no inventa coartadas, no trata de exculparse, no desea que su pena disminuya. Manifiesta, ante todo, un gran desconsuelo por la vida, una tremenda depresión incontenible.[4]

---

[4] J. R., "Nadie ha sentido lo que he sentido yo, afirma Ricarda", en *El Popular*, octubre 6, 1942, p. 6.

El reportero defiende a la víctima y no lo oculta; al contrario, es parte de su función, colocarse del lado del sufrimiento. Ricarda López representa para él una muestra palpable de la sociedad de clases; sobre ella pesan años de explotación y de trabajo. Es preciso auxiliarla en su desventura, no por compasión —Revueltas no fue jamás un sentimental—, sino por convicción política y revolucionaria. Antes que nada, el compromiso con las causas nobles de la humanidad, después la compasión. El reportero actúa por una profunda conciencia ideológica mediante la cual antepone la razón al dolor. Ricarda, a través de la forma como organiza Revueltas su relato, es como un llamado en mitad de la selva oscura y homicida que es el mundo.

> —Pienso muy lejos —dice textualmente Ricarda—, no en lo que me va a pasar mañana, sino el porvenir dentro de cincuenta años, de diez, de cinco, y siempre será igual, por eso maté.[5]

Revueltas se adelantó como reportero a lo que sería el llamado Nuevo Periodismo; no se lo propuso expresamente, pero su empeño y honestidad, su obsesión por calar en la conciencia de los individuos, hicieron de sus notas policiacas verdaderos compendios de sociología criminal que sólo en casos excepcionales hemos visto en México. Su estilo no es el de Gutiérrez Nájera, pulido, exquisito, diverso y poético. Ni el de Salvador Novo, cuyo virtuosismo lo coloca en una de las prosas más transparentes del siglo veinte mexicano. Revueltas suele dar un rodeo por el objeto de estudio, enlazarlo con lo inefable, y así entregarlo al lector —como en el caso de Ricarda— en fragmentos de una realidad también fragmentada. "Un fondo oscuro, aún indescifrable, hay en los móviles que llevaron a la infeliz madre a cometer horrendos crímenes", escribe Revueltas al comienzo de su nota. Ese "fondo oscuro" es el odio de Ricarda por la vida y la desesperanza que la abruma.

Revueltas parece haber jugado su destino económico a los periódicos; vivir de las colaboraciones en esos años —y en otros— fue una ilusión. Tuvo que arrimarse a los periódicos, aunque el pago fuera escaso y temporal, porque vivía expuesto permanentemente al naufragio económico pero también moral, ideológico. Pendía de una cuerda

---

[5] *Ibid.*

muy débil —su propia misión de escritor al servicio de una causa— de la que asirse para no resbalar —en la bebida, en la inactividad y la ruina familiar— y caer. Se entregó al ejercicio periodístico como sólo él podía hacerlo: decidido a transformar la prensa; de la pasividad común, pasarla al combate de las ideas; de lo convencional de sus notas y reportes, a una dinámica que incluía cambiar el estilo y el contenido, la forma y el objetivo de sus informaciones.

Otra noticia que cubrió ese mismo año fue la de Gregorio Cárdenas, importante no porque el reportero haya descubierto ciertos móviles de angustia del criminal y se solidarice con él —como en el caso anterior—, sino por el "freudismo" del caso. Así, resulta que Cárdenas al ser analizado bajo la luz de la psiquiatría "padece epilepsia crepuscular", y según los que lo han tratado "tiene una conformación física defectuosa, pues sus órganos sexuales se han estacionado en la etapa infantil".[6] Además de ingenua, la declaración médica de la psique de Cárdenas y de su conducta, parece el análisis mecanicista de los años cuarenta. Se creía, como puede verse en el largo reportaje de Revueltas, que la explicación de la conducta mediante los sueños, la herencia y la vida sexual y onírica, era más que suficiente para determinar la vocación criminal de un individuo. Llevado el caso a la Sociedad de Neurología, como a una asamblea del partido, se estudió ante la opinión pública. "El ambiente de la asamblea —explica Revueltas— es extraño. Hay una especie de tensión curiosa y al mismo tiempo llena de animosidad". Y empieza la "ciencia" a dar su veredicto sobre Cárdenas; el padre sufrió jaquecas hasta los 31 años; dos de sus hermanas padecían epilepsia y el mismo Cárdenas sufre eneuresis (orinarse en la cama) y sobre todo "pavores nocturnos", es decir, pesadillas angustiosas, cefalalgias; últimamente sufría "reacciones depresivas". A esto debe agregársele que en la escuela —según declaración de sus condiscípulos— era tímido hasta el extremo del "apocamiento".

Revueltas describe la situación de Cárdenas como si estuviera padeciéndola. ¿No había sido Revueltas acusado por la delegación del PCM en Guadalajara por su "desviacionismo" y su irresponsable conducta al haberse presentado borracho nada menos que en las oficinas del Partido? Cuando Revueltas se solidariza con un personaje

---

[6] J. R., "Gregorio Cárdenas Hernández, motivo de una acalorada disputa de médicos especialistas", en *El Popular*, octubre 21, 1942, pp. 6, 8.

—como lo vemos en sus novelas y cuentos— o con un criminal —Cárdenas, Ricarda— es porque se identifica plenamente con él. En los desamparados solía hallar la figura del hermano perdido, del padre prematuramente muerto. Su orfandad está presente de una manera velada en sus escritos periodísticos. Por último, al referirse a la sexualidad de *Goyo* Cárdenas, explica:

> La vida sexual de Gregorio Cárdenas se inicia a los 11 años, con las manifestaciones narcisistas habituales, sin ninguna tendencia pederástica o incestuosa. A la edad de 18 años comienza a frecuentar prostitutas llegando a padecer algunas enfermedades venéreas (...)[7]

El cuadro perfecto de un personaje que Revueltas desarrollará en alguna de sus novelas, parece hallarlo en la vida de estos criminales que conoció en su labor reporteril. Un camarada suyo de *El Popular*, Ricardo Cortés Tamayo, asegura que Revueltas fue escogido por Lombardo Toledano para trabajar o "cubrir" la nota roja debido a que las cárceles padecidas, las persecuciones y el trato temprano con la policía, le daba mayor experiencia en ese género que la que Tamayo o Ramírez y Ramírez pudieran tener. "Eso influyó para que le dieran esa fuente informativa", aunque Revueltas se cansó pronto de "cubrir" policía solamente. Dice Cortés Tamayo:

> A Revueltas le gustaba trabajar sus "notas" sin prisa, revisarlas minuciosamente; reflexionar sobre lo escrito, lo que era difícil en la "nota roja" que exige velocidad. Recuerdo que tenía una frase muy suya, "el reportero es el albañil del periodismo", con la que nos divertíamos pero es una frase muy molesta y pesada.[8]

Con todo, Revueltas no solamente demostró habilidad y talento en la "nota roja", de la que intentó hacer un testimonio social y político de primer orden, quitarle el lastre moral que la margina y la convierte en género periodístico intolerable, sino en reseñas de libros, reportajes y crónicas, y en los retratos de algunos personajes que lo

---

[7] *Ibid.*
[8] Entrevista inédita Araceli Campos/Ricardo Cortés Tamayo, febrero, 1984.

entusiasmaban. Escribió sobre aquellos hombres que por su valor, su entrega a una actividad determinada, habían servido de ejemplo en un mundo en descomposición. Uno de ellos fue Luis Carlos Prestes que organizó en Brasil la resistencia contra la dictadura de Vargas. En su breve nota, "Prestes, hombre de América" publicada en 1942 en *El Popular*, Revueltas hace una semblanza inquietante de Prestes y su lucha por las causas nobles de su pueblo. Así, este reportero bravo y tenaz, practicaba un periodismo salido no de la observación directa y la entrevista, sino de su propia cultura política. Los pueblos son como un río cuando se unen, dice Revueltas y cita a los campesinos de Morelos, a los bananeros de Colombia, a los trabajadores del salitre de la costa chilena, a los peones de los ingenios cubanos, a los petroleros de Venezuela, a los *dockers* de San Francisco y Nueva York. A estos hombres que buscan la liberación, se dirige la acción y el pensamiento de Prestes cuando viaja a la Unión Soviética para asirse a la revolución internacionalista. Ingresa al Partido Comunista y entonces el movimiento revolucionario del Brasil adquiere sentido en toda América. Prestes se lanza a la calle, al frente de una manifestación. Es aprehendido y se encuentra en la cárcel. Revueltas pide su libertad inmediata e incondicional; mientras se mantenga en la prisión a un luchador social por sus ideas, explica el periodista, no habrá democracia en Brasil y la dictadura de Getulio Vargas se hará cada vez más odiosa.

La gran escuela periodística de Revueltas fue sin duda *El Popular*; desde que se fundó en 1938 empezó a colaborar en sus páginas. Tuvo una columna en la que aparecieron crónicas, artículos, cuentos breves, notas y relatos de corte picaresco. "El diario del doctor Pangloss" se publicó en 1942 y se trata de un personaje inventado que usa el columnista para filtrar sus ideas sobre el socialismo, la guerra civil española, el franquismo, la religión católica y el budismo, así como diversas teorías sobre la vida, el arte y los intelectuales. Ese "diario" fue una miscelánea en la que su autor depositó buena parte de su pensamiento y expuso su ideología revolucionaria. Es por tanto una excelente muestra de la capacidad revueltiana para escribir con amenidad sobre temas contemporáneos, vistos siempre desde una perspectiva de signo comunista, pero muy humana, muy sensible. En su "diario", Pangloss anota que leyó un artículo en una revista de Buenos Aires en el que se afirma que, los intelectuales serían la clave de la cultura, siempre y cuando "se mezclaran en la vida, si descendieran a la lucha, si se pusieran al lado de una causa, comprometerían la sacrosanta independencia de la inteligencia".[9] Esta impugnación a los intelectuales fue permanente: ¿Qué les pedía y les echaba en cara? Muchas veces se convirtió en juez implacable y los amonestó en un intento por sacarlos de su "edén", de su pasividad cómoda, de sus puestos en el gobierno donde zurcían los agujeros del presidente en turno. Así, Pangloss le servía como sátira y crítica, como predicador y militante.

Enemigo del elogio, acostumbrado a la discusión acalorada hasta rendir al contrincante, nieto al fin y al cabo de aquel minero apodado el *Plebeyo*, su abuelo materno, Revueltas hizo periodismo de altos riesgos. Nada en su vida se le había regalado ni concedido con facilidad, ¿por qué iba a trabajar con la letra impresa sin sufrir en lo político y en lo profesional? Con su actividad vino a demostrar que primero estaba el servicio a los lectores y luego preocuparse del cobro en el diario; antes el compromiso contraído con la sociedad y consigo mismo, mucho después el deleite y la vanidad, inclusive el pan de los hijos. Al menos en su misión en la prensa, habría que ubicarlo al lado de aquellos que en el siglo XIX hicieron un periodismo artesanal, pero de ideas. Su obra recuerda a Altamirano, Riva Palacio, Gutiérrez Nájera y sobre todo al Guillermo Prieto de *Memorias de mis tiempos*.

Uno de los textos revueltianos que llaman la atención por la ironía y el virtuosismo con que practica la sátira, es "Pérez con alas". De inmediato, el lector piensa en *El capote* o "La nariz" de Chéjov, pero se trata de un género que Revueltas practicó durante mucho tiempo como *divertimento* suyo y de sus amigos (las bromas se las solían festejar José Alvarado y Efraín Huerta). En el fondo, quería ridiculizar a los intelectuales, a los escritores. "Pérez con alas" (1943) es la historia de un burócrata tristemente desdichado que un día descubre en su costado el tronco incipiente de un árbol. Extraviado por ese hecho insólito, Pérez comienza a deformarse; en la oficina lo conducen casi a empellones, ante su jefe. El hombre tiembla de pavor, por su pensamiento pasan calamidades que seguramente están destinadas a él. Y cuál no es su sorpresa cuando en vez del regaño esperado, su jefe lo hace escritor. De repente nace para bien de la humanidad una nueva pluma que va a prestar sus servicios a *El Hijo Pródigo* (la revista que dirigía Octavio G. Barreda).

---

[9] Véase J. R., *OC*, v. 11, p. 214.

El "chiste" le costó a Revueltas la condena de Barreda y su cuerpo de redacción. Según el testimonio de Efraín Huerta, su querido amigo no volvió a escribir una palabra en esa revista cultural.[10]

Misionero de prensa

En abril de 1943, Revueltas entró a la estación de Buenavista con su máquina de escribir —jamás la olvidó— y una maleta pequeña en la que llevaba más que ropa, algunos escritos para corregir y *La serpiente emplumada* de D. H. Lawrence. Era de noche; lo enviaba *El Popular* a la zona devastada por la erupción del volcán Paricutín; los campesinos habían perdido sus casas, sus cosechas y estaban a la intemperie. Revueltas subió al tren de primera clase, se sentó y pudo leer un tramo del camino; después de Zitácuaro, hacia la medianoche se quedó levemente dormido. Soñó o sólo imaginó que se hallaba en su departamento de la colonia Roma con Olivia y sus hijos. Tocaban a la puerta; tres golpes secos, enérgicos; era la policía sin duda. Él quería escapar y no podía. Cundía el pánico. Abrió los ojos y comprobó que el tren se había detenido; escuchó algunas voces que ofrecían refrescos. ¿Dónde estaba? Los vagones rechinaron, se pusieron en marcha. El cobrador le dijo que iban adelante de Zitácuaro. De ese viaje obtuvo uno de los textos periodísticos más conmovedores de su producción reporteril.

"Un sudario negro sobre el paisaje" es un extenso reportaje sobre el Paricutín. Revueltas vio pueblos paupérrimos sepultados por la lava, manos y pies quemados, tierras estériles, pero sobre todo, tristeza humillante, un panorama sombrío y un polvo negro con el que "quizá se hizo el mundo". El mismo año de *El luto humano*, publicó este reportaje, el primero de gran aliento periodístico aunque impregnado de escepticismo y juicios contundentes sobre el mexicano. ¿Labor periodística? Sí, pero antes que nada, misión que cumplía por una mística de ayuda al prójimo. En camiones de segunda de un pueblo a otro, recorrió la zona afectada y palpó la agonía de la tierra y la indiferencia de los damnificados. Escribía nadie sabe cuándo y en qué condiciones; Revueltas iba a decir "su" verdad y no había obstáculo para su cometido. Reportea y al mismo tiempo —en sus ratos

---

[10] Correspondencia citada en *OC*, v. 24, p. 311.

libres— lee. Aparte de la novela de Lawrence, leyó una biografía "amena" de Francisco Pizarro, Capitán General que en boca de Revueltas fue "un chapucero" peor que Cortés. A Pizarro le carga cierta culpa de la Conquista; de allá arranca, afirma, nuestro recelo de indios y mestizos, "nuestro complejo de inferioridad" —tan contradictorio y variado—, nuestra humillación. Esa herencia viene de la forma cómo fue concebida la Conquista: "La historia de la Conquista está hecha de numerosas felonías que, forzosamente, debieron influir sobre la contextura psicológica de nuestros pueblos, creándoles todo eso triste, resentido, lleno de desconfianza y prevención que tiene".[11]

Y el reportaje se convierte en análisis histórico, acercamiento a la conducta y los hábitos sociales y religiosos de los campesinos mexicanos; la pluma de Revueltas no se detiene, es plural y lo mismo atiende el fenómeno de la erupción del Paricutín que el dolor expresado en los rostros de estos michoacanos tristes y resignados. Va de un punto a otro, explorando, sacando conclusiones a través de su observación y su ideología. Estos tarascos descritos por el reportero se emborrachan como un pretexto para olvidar y luego llorar; insultan a hombres o dioses invisibles. Sobre ellos pesan dos fuerzas terribles y reaccionarias: el sinarquismo y las cantinas. "Aquello es la majestad de la tierra antes del hombre. Cuando ella reinaba sola e inclemente, antes, siquiera, de los animales". Sobre esa tierra informe existe por fortuna esperanza: un geólogo que ayuda a los campesinos que lo llaman "padre geólogo". Es el patriarca. No hay tierras sino cenizas, un aire de muerte, tristeza y desolación pasa por el mundo; sólo el rumor de la tristeza ha quedado. ¡Cuánto parecido hay entre este laberinto bíblico, nacido del infierno, y el pueblo de Rulfo, San Juan Luvina! Revueltas ponía los cimientos de un nuevo tipo de expresión literaria y periodística que más tarde fue aprovechada. Mira sombras que vagan por el pueblecito Paricutín; son las mismas que veremos huir de su destino y de su profundo sentimiento de destrucción en "Luvina" de Rulfo. Para Revueltas, el pueblecito tiene una fe milenaria, una religión eterna, que se manifiesta en las procesiones encabezadas por una multitud que lleva como estandarte la bandera nacional y otra, la de la Unión Nacional Sinarquista. En esa "majestad caída" permanece tan sólo como una espiga un raro pavor religioso, "un fanatismo seco, intolerante,

---

[11] J. R., "Un sudario negro sobre el paisaje", *OC*, v. 24, p. 18.

rabioso, agresivo". Los sinarquistas atribuyen la erupción del volcán a que se ha agraviado a Dios y es preciso "salvar a México del pecado".

En su viaje, Revueltas llega a Pátzcuaro, observa el lago y de inmediato recuerda el que describe Lawrence; entonces afirma que México es "sombra, luz, desaliento y esperanza" y algo más complejo: país de espejos, de irrealidad, donde inesperadamente el hombre se topa "consigo mismo". El reportero no descansa, desconoce la tregua; entrevista, conversa amablemente con la gente, quiere saber los motivos de tanta tristeza en el campo, por qué esa amarga resignación. Encuentra a su paso un polvo negro, tinieblas en vez de luz en estos pueblos atados a la humillación religiosa; a su propio pasado. En San Juan, ve que la gente llora, reza, alaba a Dios, canta salmos (un canto "roto, inarmónico y tristísimo de las jaculatorias"), evocando misterios, cosas perdidas. Y en la plaza encuentra la explicación : "Así, como esta plaza, debieron ser las de los primeros días de la Conquista, vastas, desiertas, con los soldados españoles ahí, crueles y católicos". Junto al dolor de los indígenas, la bandera sinarquista, la única posibilidad de aplacar la ira de Dios y evitar que los siga castigando. Ahí está Dios, "terrible y sombrío" que desde el fondo de la Tierra vomitó el fuego que dejó sin casas a la población. Eso y más vio él y su acompañante en la plaza de San Juan: "Vimos eso terrible en la Plaza de San Juan Parangaricútiro. Vimos esa vuelta al seco pasado y otra vez vimos, también, las mismas fuerzas de negación, pesando sobre el alma elemental de los indios".[12]

Revueltas localiza a un ebrio, y no es un hombre perdido más, sino la encarnación del mal que domina la sangre de los mexicanos. Es un borracho "muerto en vida", no "sólo de charanda", sino también de "algo intenso y doloroso"; se encuentra en la orfandad y llora como sólo pueden hacerlo los animales, especifica Revueltas. El alcohol transforma a este campesino en un ser en el límite. La descripción de Revueltas adquiere una dimensión trágica, dolida, propensa a la fatalidad. En esto radica parte de su vitalidad. Es una prosa salida de las entrañas del pavor que siente el hombre ante lo desconocido. El reportero se acerca a la gente, mira sus ojos que parecen "ojos de gente perseguida", de gente que veló un cadáver toda la

---

[12] *Ibid.*, p. 17.

noche. Tanto al borracho como al perseguido, Revueltas los mira y descubre en ellos una "rabia humilde, de una furia sin esperanza".

Para un escritor religioso como Revueltas, atormentado por el pecado y la convicción de que Dios no existe, el trabajo reporteril fue sólo una extensión de esa idea. Por eso, sobre la tierra de San Juan halló a Dionisio Pulido, más que un campesino, una anunciación; más que un pobre que vive en el desamparo, un apóstol que caminará en busca de la tierra. Perdió su terreno "labrantío", su antiguo plan de "fina y buena tierra". Ha sido despojado de todo:

> Dionisio Pulido, la única persona en el mundo que puede jactarse de ser propietario de un volcán, no es dueño de nada. Tiene, para vivir, sus pies duros, sarmentosos, negros y descalzos con los cuales caminará en busca de la tierra; tiene sus manos totalmente sucias, pobres hoy, para labrar, ahí donde encuentre abrigo. Sólo eso tiene: su cuerpo desmedrado, su alma llena de polvo, cubierta de negra ceniza.[13]

Esta misma mirada de compasión que se identifica con el paisaje observado, con el sufrimiento descubierto, con el hambre y el dolor humanos, se detecta fácilmente en otros reportajes y artículos revueltianos. En la misma línea de "Un sudario negro sobre el paisaje" se encuentra "México: reptil y ave" (*El Popular*, 1942), especie de radiografía de los símbolos nacionales como el águila y la serpiente. Revueltas los ve como signos destructivos de México y los mexicanos. Alude a la leyenda —contada también en *El luto humano*—, según la cual la humanidad nació de una diosa que al parir arrojó del vientre un cuchillo negro, de obsidiana. De sus astillas brotó la primera pareja y luego las subsiguientes.

Ese mismo año, Revueltas hizo un largo viaje por el noroeste; de nuevo fue a Buenavista en la noche a tomar el tren pero ahora con destino a Guadalajara, acompañado por casualidad de José Iturriaga y Narciso Bassols. La noche se hace corta porque Bassols cuenta anécdotas, habla de México, de la guerra europea. Revueltas y José Iturriaga lo escuchan con gusto: "Más nervioso que el bombardeo sobre Barcelona —nos contaba— me pusieron las toses de André Malraux", pues en la guerra civil española Bassols y Malraux vivieron en el mismo hotel. Pasaron pueblos, el tren siguió su ritmo incesante,

---

[13] *Ibid.*, p. 15.

llegó la madrugada y la conversación no cesó. Revueltas recordaba que: "De ahí, conversó con nosotros sobre la intelectualidad francesa, sobre su extraordinaria penetración y su calidad tan fina".[14] Las bromas y las anécdotas se sucedían; Revueltas parecía entusiasmado aun cuando pocas veces se acercaba a los intelectuales de la época; les huía por rutina y porque casi ninguno coincidía con la ideología comunista de Revueltas. Las palabras salían naturales de los labios de Bassols, diría después el joven reportero:

> México apareció ante nuestra vista como un país inmaduro, pobre. "México es aún un país por hacerse —dijo Bassols—. Está por hacerse el país, pero vamos hacia adelante".[15]

Y desde Guadalajara comienza el trabajo duro, intenso, de ese periodista que desea explorar su país, conocerlo y así hacerse una imagen más fiel de sus problemas, de su historia y sus regiones. Habla con gente humilde, con los trabajadores. De la pregunta nace la duda, de las respuestas algunas conclusiones. Un ferrocarrilero le dice:

> —A nosotros, a los sinarquistas, el partido que salvará a México (...) se nos llama quinta columna porque no queremos vivir en la miseria.[16]

Se trata de un hombre convencido de que el gobierno actual de Ávila Camacho se ha entregado a Lombardo Toledano, mientras la opinión pública sigue engañada por la prensa: no se quiere informar de las victorias de Hitler. Revueltas no da crédito a esas palabras, pero fiel a su profesión reporteril, las respeta y les ofrece un espacio. Esto sucede a su paso por Guadalajara.

Revueltas convivió varios días con los yaquis; se compadece de aquel mundo primitivo pero lo mira con añoranza y perplejidad. Se detiene en la mirada del yaqui, perdida en la distancia: "Tal vez siempre hayan mirado, antes que al hombre, las cosas, el paisaje, los cactus, los animales. Tal vez siempre, desde que vinieron al mundo". El cronista observa el mundo mágico del yaqui y describe su tierra, su universo. No se detiene en superficialidades, sino en una

---

[14] J. R., *OC*, v. 24, p. 27.
[15] *Ibid.*, pp. 27-28.
[16] *Ibid.*, p. 29.

realidad que toca fondo y baja a los infiernos: "Los indios tratan directamente con Dios, sin solicitar intermediarios". Hay huellas católico-paganas, explotación y atraso, pero también el alma intensa, desolada, del indio. Revueltas no los observa a través de una lente como objetos típicos, sino quiere hacerlos sujetos de la historia; los invita a protegerse de los acaparadores, intenta infundirles la idea de formar cooperativas. Cree en la transformación social del indio que es semejante a otros parias del país. Confía encarecidamente en la función del Instituto Lingüístico de Verano; conoce a Ambrosio Castro, intérprete y guía, poeta que le da una clase de teoría literaria al reportero y éste la acepta noblemente: "—El poeta se hace para el mundo, pero el mundo no se ha hecho para el poeta —me dijo—". Sorprendido por esta sabiduría salida de la experiencia ingrata, de la tierra baldía, Revueltas vuelve los ojos hacia el cielo y mide las palabras de Ambrosio en su justa dimensión. Entre el cronista y el informante nace una repentina comunión; ambos aman la poesía sobre todas las cosas, pero primero deben atender al hombre objeto de esa poesía. He aquí los versos de Ambrosio:

> Tomo esta flor y su aroma
> le dije a una paloma
> y vuela con ella
> a través de la selva desierta
> y antes que mi amor se arrepienta
> entrégala a mi doncella.

De los mitos y creencias del pueblo yaqui, Revueltas desciende a su condición social, a la miseria. Primero atiende la leyenda en la que Tetabiate es un símbolo paterno, "numen poderoso, que aún vive para defender a los yaquis de todas las asechanzas"; después, desnuda la realidad actual con la que se identifica el reportero. Revueltas hace un llamado a quien corresponda para auxiliar a los yaquis que necesitan abonos, tractores, semillas, agua, escuelas, cooperativas, cines. Y la llama "raza bravía y orgullosa" que puede aportar su equipaje cultural al país.

Luego se encamina a Baja California trepado en un tren de segunda, lento como el desierto. Ahí se encuentra su material de trabajo, hombres y mujeres "en busca del vellocino de oro", tristes y pobres. La realidad, bajo la mirada de Revueltas, parece transformarse o por lo menos develarse. Es una travesía cansada y tediosa, bajo un sol hiriente y un "viento cargado de intensidad", salado. No es nuevo este éxodo voluntario, Revueltas lo ha recorrido ya en peores condiciones y huyendo del peligro policiaco. Él vino al mundo a combatir.

> Prefiero el viaje en los vagones de segunda clase: tienen vida y drama, historia; las gentes poseen una mayor sencillez de alma y se aprende mucho más, infinitamente más que en los vagones de primera o en el pullman artificioso, vacuo, falso y aburrido.[17]

En ese tren, especie de Arca de Noé en movimiento, el cronista observa, nostálgico, la realidad triste de los mexicanos sometida a fuerzas ingobernables. De nuevo, como en una película, se le aparecen prostitutas, hombres humildes, niños harapientos, trabajadores en silencio: "La misma gente, la misma gente con la misma resignación, con los mismos ojos eternos". Llega al fin a Mexicali; permanece de paso y sin embargo describe la ciudad con sus obreros agrícolas, con fumaderos de opio, venta indiscriminada de mariguana, bares y prostíbulos en abundancia. El ruido es estridente pero más aún el dinero, sobre él gira la ciudad. Pocos periodistas han dicho abiertamente que estuvieron en una cantina, en un antro; Revueltas, acostumbrado a las confesiones en el Partido, relata su paso por los bares de Mexicali. Inclusive ahí, reportea. Después se va al campo y expresa su admiración por el Valle de Mexicali; Juan Bautista de Anza no imaginó en el siglo dieciocho la fertilidad que tendría más tarde ese valle.

Dice Fernando Benítez que Revueltas era capaz de la aventura más peligrosa o el trabajo más penoso. Esto podría explicar por qué en su trabajo periodístico hay la pasión por la hazaña, por lo insólito. En Mexicali se relaciona con un ingeniero agrónomo; viajan juntos en un auto destartalado que los deja a medio camino, a merced del "camarada" sol. Revueltas casi se desmaya, amenazado de insolación. Resiste una vez más. Regresan. Entonces el reportero acepta que en Mexicali es preciso beber "hasta perder la claridad mental", arrojarse a la quimera del alcohol; palpa de cerca la discriminación racial y la repudia en la cara de quienes la ejercen veladamente. Es un "hecho

---

[17] *Ibid.*, p. 53.

vergonzoso". Impaciente, dolido, sale de Mexicali con destino a Tijuana. Ha pasado una frontera, la de la prostitución del subdesarrollo a la reglamentada y hecha industria. Mira un río de gente que no cesa en su intención de beber, traficar, comprar mujeres mexicanas. Y una noche no soporta los letreros que hay en algunos bares en los que se prohíbe la entrada a gente de color, y embiste al cantinero.

—Usted debe saber que en México es anticonstitucional este aviso —y Revueltas le muestra el cartel que ha descolgado.

—¿Qué le importa? —contesta el hombre de bigotes lacios—, vuelva a colgar el aviso o llamo al propietario.

—Llame a quien quiera pero sepa que está en México, no allá —dice— Revueltas furioso, señalando un lugar indefinido.

—No se haga el chistoso, amigo —interviene otro cantinero—, está prohibido aquí servir a los de color.

—Eso está prohibido en nuestras leyes —replica Revueltas, antes de salir del bar, aprisa, con la madera debajo del brazo.

Luego contrasta esa "masa" excitada con los campesinos que luchan por la tierra; en el ejido Meneaderos los encuentra; exalta a estos hombres del campo que desean producir en comunidad, organizarse, conseguir créditos. Ahí Revueltas descubre el verdadero México, "libre y poderoso y ágil y sano, sin puñales". Pero también mira el rostro de los mexicanos, su tristeza, su fatalismo. La franja fronteriza es el escupidero del imperialismo, la zanja en la que Estados Unidos echa sus desperdicios sociales, morales y económicos. Revueltas la convierte en la herida que hace sangrar todos los días a México; su mirada desentraña verdades, abandono, abuso. Posteriormente convertirá esa realidad fronteriza en una parte de *Los motivos de Caín* (1957).

En su afán por condimentar la realidad con su propia ideología, Revueltas no podía dejar de mencionar que conoció en Tijuana a Pedro Geofroy Rivas, poeta fugitivo de la ciudad de México. Cansado de la canalla literaria, de los poetas "que están de espaldas al país", Geofroy se refugió en la frontera. Revueltas impugna a los escritores que no escuchan el llamado de la sociedad y dice que ni el estiércol alcanza a fertilizarlos. ¿Por qué el rechazo sin límites a sus colegas? Lo explicó ampliamente en algunos ensayos, precisamente en su "Réplica sobre la novela" de 1943.

En plena Segunda Guerra Mundial, Revueltas atraviesa la frontera con Estados Unidos y comprueba que la "guerra es dinero", pues la industria bélica hace su "agosto". A lo largo de ese viaje impetuoso, a fondo, por el noroeste, descubre el caso de los *zoot-suits*, grupo chicano de Los Ángeles. En esta ciudad vio soldados, marineros y además, ciegos, borrachos y campesinos mexicanos. Con una objetividad diáfana relata la tragedia de los *zoot-suits*. Revela el manejo parcial que hace la cadena Hearst de la información sobre los "pachucos" de Los Ángeles. Todo acto violento se les adjudicaba a ellos y entonces se desató la guerra a muerte contra todo individuo que por su aspecto fuera considerado mexicano. Revueltas desenmascaró a los responsables: la prensa norteamericana y los herederos del Ku-Klux-Klan. Su actividad no se detuvo en escribir, reportear, según el compromiso establecido con la revista que lo "envió". Afirmar que fue un "enviado especial" es inexacto; la revista *Así*, dirigida por Gregorio Ortega le había proporcionado algunos pases, recursos escasos a su reportero, y éste se embarcó de inmediato en aquel tren con Bassols y José Iturriaga. Esto explicaría, al menos en parte, por qué Revueltas trabajó en Los Ángeles en una fábrica de artefactos para la guerra. Obrero, asalariado sin permiso para trabajar, fue un *"camello"* que él definió: "Camello llaman los trabajadores mexicanos al obrero y por conjugación *camellar*, al propio trabajo". Era obrero durante ocho horas al día, el resto del tiempo escritor y periodista; conoció varios artistas norteamericanos e intelectuales que lo invitaron a dar una conferencia sobre las relaciones culturales México-Estados Unidos.

En enero de 1943, *Así* vaticinó que "El destino del país está inevitablemente ligado al de los hombres; no obstante, el país tiene también sus hados y sus signos protectores". ¿Cuáles? No lo dice esta publicación semanal que costaba cincuenta centavos y mostraba especial interés por los indígenas. Pero Ávila Camacho y la Unidad Nacional eran esos "hados". En sus páginas colaboró Antonio Rodríguez y Edmundo Valadés; había nacido con el avilacamachismo en 1941. Uno de sus reporteros fue Mario Ezcurdia y el columnista de cine, Xavier Villaurrutia. Revueltas llegó por una invitación que le hizo Gregorio Ortega, director de la revista, que lo envió a una misión no imposible pero sí ingrata: su "viaje por el noroeste". En la primera entrega que hizo, se presenta al joven reportero José Revueltas, "Rumbo al frente mexicano del noroeste. De México a Vicam", el 24 de julio de 1943; es autor de *El luto humano* y forma parte de la redacción de *Así*. La segunda entrega de Revueltas, da cuenta de su intrepidez, de su vocación romántica: "Comiendo venado con Pluma Blanca" y hay una foto suya, frente despierta y anhelante, y en los ojos un pozo de nostalgia y de pasión por lo telúrico: "Mírese la tierra del yaqui desde alguna eminencia, aun cuando pequeña: es una tierra baja, aplastada, una tierra compuesta de amor y soledad".

El 18 de septiembre, *Así* reproduce la conferencia que dictó Revueltas en Los Ángeles: "Con los Estados Unidos de mañana", en la casa de Albert Maltz ante la American Writers League. Los intelectuales mexicanos —dice— están empeñados como nunca en construir una cultura propia; es su tarea de hoy, imprescindible, y cita a Vasconcelos, Azuela y Ferretis. Se trata de una minoría intelectual, aclara Revueltas con evidente intención ideológica, mientras que él preferiría una minoría revolucionaria. Los escritores mexicanos creen en la "nueva sensibilidad norteamericana" que han descubierto gracias a novelistas como Dreiser, Sherwood Anderson, Faulkner, Steinbeck, Sinclar Lewis, Dos Passos. "No cito a Ernest Hemingway porque desconfío de los *best-sellers* sobre todo después de haberlos leído". Ese es el país que ama Revueltas, no el de la discriminación racial y la carrera armamentista. "Además es el país con el que marchamos lado a lado, mañana, cuando la aurora brille sobre el abatido cielo de la humanidad".

Reportero bíblico

La lección que legó Revueltas como periodista es invaluable; abrió una brecha para transitar de otra manera el camino que venía recorriendo la prensa posrevolucionaria. Es una lección que enseña cómo acercarse a la realidad cambiante y contradictoria, como acudir a los hechos y no a los "dichos" de la sociedad. Lástima que sus trabajos se hayan conocido a destiempo, porque el estilo periodístico de Revueltas debió convertirse en punto de partida para iniciar una reconstrucción del viejo edificio en el que la prensa había crecido con sus prejuicios, sus abusos e impunidad, su corrupción inminente y su anacronismo estilístico. Tal vez retrasó la aparición de esa prosa el hecho que en los años que publicaba Revueltas sus crónicas y reportajes, Salvador Novo, por citar sólo un ejemplo, deleitaba al público culto, a los lectores escasos, con sus escritos marcados por *le mot juste*.

De esa visión desgarrada y opresiva del hombre de mitad de siglo, salió Revueltas fortalecido como escritor, pero golpeado física y moralmente; a nadie como a él se le puede aplicar una frase: vivir es ir muriendo. Empezó su autodestrucción muy joven para construir su propio retrato. No fue literato ni hombre de letras sino escritor que pacta con las palabras:

> En su relación con ellas —relación que se establece independientemente de su voluntad— encuentra, así, la medida de su propio aislamiento y de la incomunicación sustancial a la que está condenado su "lenguaje de nadie", pues las cosas jamás podrán ser de otra manera para él.[18]

Revueltas cree que a mayor sufrimiento más grande es la posibilidad de hacerse artista maduro; el dolor crea la conciencia atroz del verdadero artista. Revueltas fue un romántico consumado para el cual era preciso vivir en la exaltación y la angustia y no atrapado en las redes de la "comodidad burguesa".

Otro escrito que refleja el temperamento y la vocación apostólica de Revueltas es "Misión de prensa a Belice" (1948), crónica de un amor —el de John Lahoody y su esposa—, en la última colonia inglesa, Belice, donde hay un pueblo sumido en el siglo XIX, olvidado y sin embargo de pie. Revueltas describe a los Lahoody como pareja ideal, sostén de su pueblo, aún no contagiado por el mundo. La esposa de Lahoody es una luz que irradia su encanto; tiene una expresión de felicidad que sorprende al reportero. Su dulzura es noble; se trata de una mujer que cree con firmeza en Lahoody; en ella vibra un fervor místico. ¿Cómo pudo hallar Revueltas a dos de sus personajes novelísticos? ¿O fue su pasión religiosa que los creó? Es evidente que se aparta del hombre de carne y hueso que pudo ser Lahoody, y lo convierte en héroe de una batalla que seguramente ganará, en revolucionario con su fe y su Biblia: "Bienaventurado el varón que no anduvo en consejo de malos. (...) Jehová, Dios mío en ti he confiado, sálvame de todos los que me persiguen y líbrame". En el reportaje se ve que Lahoody tiene cualidades superiores, su integridad, su vejez, su santidad (era un "santo vivo"), lo colocan por encima de los espíritus débiles y sumisos que aceptan la presencia inglesa en Belice. Este "santo vivo" encarna la reinvindicación del pueblo beliceño; es su bandera y su futuro; cuenta con una organización, incipiente, pero que se propone metas positivas, efectivas

---

[18] J. R., "Prólogo" a su *Obra Literaria*, v. I, México, 1967, p. 8.

para humanizar a los beliceños. "Hay cierto aire apostólico en su pobreza miserable y en el ardor de sus palabras", dice Revueltas, conmovido de la piedad y de la voluntad de lucha que encuentra en Lahoody. Este hombre no desea liberar a su pueblo mediante la lucha armada, es evidente que rechaza la violencia como método para conquistar sus propósitos; desea instaurar el reino de Dios en la Tierra, hacer iguales a los hombres a través de su Comité de la Congregación de los Derechos Divinos de los Hombres de la Bahía. Es un enviado del Señor que debe luchar por los derechos humanos y el respeto a la libertad, recuperar la dignidad perdida. "La Biblia es su instrumento de combate. Su acción política en contra del dominio británico se apoya en las viejas palabras de los antiguos profetas, en las palabras de Daniel, de Jeremías, de Malaquías".[19]

Insatisfecho siempre con su trabajo, Revueltas recorrió la pequeña ciudad de Belice y agotó —o trató de agotar— todas las posibilidades informativas y de opinión. Se apartó del gran patriarca Lahoody y entrevistó a un marinero y a un comerciante, en los que vio la misma indiferencia ante la dominación inglesa. Recogió las palabras de un corresponsal norteamericano que le dijo tajante: "Belice no le importa a nadie". Tito Castillo, beliceño-mexicano, le dijo que la responsable de la situación era Guatemala y el marino de color, Albert Hamilton aseguró que era preferible pertenecer a México. Revueltas sigue su relato y toca el turno a la esposa de John Lahoody; mujer incansable es para su marido colega en cuestiones religiosas, en la lucha y en la ideología. Es la madre que lo cuida, lo comprende y le brinda cariño y calor. De ese amor "puro y bueno" contagian al reportero.

¿No necesitó toda la vida Revueltas una imagen de esa dimensión? Más en 1948 en que se hallaba entre dos fuegos amorosos. Siempre deseó una madre-amiga; una esposa que fuera militante, compañera, madre y benefactora. El reportero entra a las cantinas de Belice con su pluma y su ideología, dispuesto a cambiar esa colonia y a los hombres. Hace una escala obligatoria en un prostíbulo; sale de ahí, mira a los trabajadores que "se congregan en la margen izquierda del río Belice en espera del contratista". Se trata de una mano de obra barata, explotada como en tiempos de la esclavitud, lo que pone colérico a

---

[19] J. R., "Misión de prensa a Belice", reproducido en *La Cultura en México*, núm. 812, septiembre. 16, 1977, pp. VI-IX.

Revueltas; ve que estos hombres van a morir en la selva cortando madera, haciendo hatos de chicle. Recuerda que de niño le dijo a doña Romanita: "Es que el mundo es muy injusto, mamá". No soporta la realidad y le dice a Casasola, el fotógrafo que lo acompaña: "Esto es el infierno, compañero". Casasola es detenido arbitrariamente; interviene el cónsul mexicano en Belice para que lo dejen en libertad. Sale. En la tarde de ese mismo día vuelve a ser aprehendido pero ahora Revueltas se solidariza y va a dar a la cárcel. Como prueba de la injusticia que se comete en Belice, Revueltas interpone su propia seguridad. Queda en libertad, escribe: "Aquí la gente muere de paludismo y tuberculosis, impera un 'sistema típico de explotación feudal'". Llama a las cosas por su nombre; Belice es tierra de saqueo; los bosques han sido destruidos; "no existe la agricultura"; la ciudad carece de agua potable y drenaje; "las aguas negras cruzan la población en canales descubiertos que desembocan en el río". Hay meses en los que no sopla el viento y entonces Belice "hiede como un tiradero". Cuando esto sucede, los funcionarios ingleses se van de vacaciones a su "neblinoso país, cuya Picadilly St. de Londres sin duda despedirá fragancia de orquídeas". Aparte del panorama sombrío que pinta Revueltas, emplea la ironía para denunciar la presencia inglesa en Belice justificada con la tesis de que se trata de una intervención en defensa de los países débiles. Allá del otro lado Inglaterra y su civilizada sociedad, acá, sus colonias pestilentes dignas del "buen salvaje".

El 16 de octubre de 1950, los mineros de Nueva Rosita, Coahuila, se declararon en huelga indefinida. El 20 de enero del año siguiente, marcharon a la ciudad de México; no obtuvieron respuesta del gobierno del presidente Alemán. Revueltas fue a "cubrir" la marcha para la revista *Hoy* que dirigía José Pagés Llergo; vio hombres en la noche moviéndose como sombras, conoció de cerca la solidaridad de los mineros, y de nuevo, a personajes de sus novelas como el *Múcuro*, de "ternura varonil y afectuosa", viejos de espíritu juvenil como Florencio Alfaro, combativo, noble. Atilano Mendoza es como el *Tuerto* Ventura, un hombre de "conmovedora dignidad". La noche de su llegada al campamento de la caravana, el reportero ve un altar con una veladora encendida a la Virgen de los mineros: Santa Rosalía. Cruza un pueblo la marcha y los habitantes bendicen a los huelguistas que al ver las muestras de apoyo y simpatía alzan la voz mientras sus ojos lloran. El reportero observa los hechos y los reproduce con su sello particular:

aquello era como un presente plural y sin nombre, ofrecido a esa caminante multitud anónima que parecía dirigirse, inexorable, hasta el sitio mismo de su tierra de Canaán.[20]

Los pasos decididos de los mineros, sus gestos, sus gritos y proclamas, aparecen unidos por la misma fuerza superior que los guía y ayuda. Como en los otros reportajes, en éste Revueltas mezcla la lucha política con el sentimiento religioso. Así, más que un líder, a los huelguistas los conduce su fe en el destino, en Dios. ¿Por qué uncirlos de piedad?

Porque el repotero que los mira no busca noticias frescas para enseguida procesarlas y ofrecer una información "veraz"; ese trabajo que lleva a cabo el *reporter* está reñido radicalmente con Revueltas. Un comunista de los años treinta, convencido de que era preciso redimir al hombre atrapado en las garras de la burguesía, no podía menos que atender en sus reportajes a los desamparados; camina junto a los mineros no para escribir una "nota", sino para recoger sus congojas y su dolor. Estos mineros que son parte inseparable del propio reportero, ejemplifican la ruta de la victoria. Ambrosio Guajardo no es un minero común y corriente con sus hijos bajo el socavón, sino un patriarca, un iluminado de los pobres de la Tierra. Revueltas lo reproduce a distancia, cuando llega a casa, toma la máquina de escribir y piensa en los mineros y en que definitivamente "están manejados por fuerzas ocultas". Pasan las horas de la noche y el periodista sigue pensando en ellos y en las fuerzas del corazón que los mueven, "fuerzas invisibles" capaces de construir un mundo nuevo si se concientizan.

Como periodista, Revueltas ya había caminado bastante cuando publicó en 1951 "Marcha de hambre sobre el desierto y la nieve"; sin embargo seguía siendo el mismo "misionero de prensa" humilde, expuesto a casi todos los riesgos del oficio. Cuando menciona las desgracias personales de los huelguistas parece hablar de las suyas. En la noche, la caravana se detiene; el frío cala; es preciso encender una fogata que los proteja. El reportero ve en esa necesidad un regreso al primer hombre, a la Edad de Piedra: "Cierto. Volvíamos al primer hombre y a sus primeros instrumentos: la madera, el fuego". Y de la observación, Revueltas entresaca imágenes

---

[20] J. R., "Marcha de hambre sobre el desierto y la nieve", *OC*, v. 24, p. 149.

literarias muy sólidas como las sombras que dibujan el fuego en la noche helada, sombras que se alzan hasta el infinito.

Es mucho el material periodístico de Revueltas, pero en todo existe el mismo deseo de cambiar las cosas, de golpear al hombre que propicia la desigualdad, la explotación de los trabajadores.

De novela y novelistas

Revueltas trabajó igualmente otro tipo de artículos; se trata del material de análisis literario disperso en diarios y revistas que fue escribiendo en un periodo de veinte años, pero que ofrecen una visión de conjunto del papel que jugó la crítica en su vida intelectual. A través de los artículos como "Réplica sobre la novela" (1943), "La novela, tarea de México" del mismo año, publicados en *Letras de México*, y "El escritor y la tierra" (1943), "Explicación de Rubén Romero" (1951) y muchos más, Revueltas tejió su concepción del arte y la novela, del escritor y sus funciones.

En ese material se encuentra el perfil estético de Revueltas; su idea del arte y del escritor la desarrolló en muchos años, y hasta un poco antes de morir siguió repitiéndola de una manera ampliada, matizando ciertos detalles o profundizándolos, pero no dejó de enfrentar el problema del escritor y la sociedad. Aun en su encarcelamiento tardío —octubre de 1970—, escribió: "la maldición que pesa sobre todo un escritor verdadero es la de que nunca llegará a ser un buen escritor". ¿Sentencia irónica? Tal vez, pero en el fondo muestra de qué manera entendió su propia vocación, como la asimiló y la ejerció. Es decir, Revueltas concibe la tarea de escribir como sacrificio y compromiso; el escritor no puede escapar de las redes sociales ni está exento de las contradictorias etapas históricas. Debe militar en los partidos —asegura—, ayudar en los sindicatos y ser, en suma, un "trabajador social". Es tan responsable como el político o el filósofo y no puede desertar de su tarea. Pero rechaza al escritor "intelectual", el que escribe por escribir. "Yo siento un gran respeto por mi oficio que sería el mismo respeto que yo sentiría si fuera carpintero o albañil", dice Revueltas. Cree que el escritor debe estar ligado a la vida y evitar verla como un esquema o algo establecido. En este sentido, cita a Tolstoi —fue uno de sus guías espirituales y literarios—: "Escribe en el corazón, y lo demás ya no importa. Lo que se escribe en el corazón, será reconocido tarde o temprano".

Para Revueltas, el desarrollo de la novela es paralelo a la consolidación social, económica y política de un país. Mientras no se materialice el concepto *nación*, sólo veremos balbuceos expresivos, premoniciones narrativas, pero jamás *novela*. Esto explica por qué en México no hubo una novelística madura durante el siglo XIX, pues su desarrollo social, su legitimación política e ideológica, aún estaba en ciernes. Sólo a partir de 1910, con la aparición de la nacionalidad mexicana, la novela entra en un nuevo periodo. La Revolución mexicana impulsa el proceso de "cristalización nacional"; los mexicanos comienzan a integrar una "fisonomía única, capaz de reconocerse entre las fisonomías de los pueblos". Como producto netamente social, la novela —cree Revueltas— no se da espontáneamente, ni como el resultado del impulso —por fuerte y decisivo que sea— de una generación de escritores, sino por el "concurso de diferentes factores sociales". La primera tendencia hacia un tipo de novela democrático-burguesa, nacional, Revueltas la encuentra en *Tomóchic* de Heriberto Frías.

En su artículo "La novela, tarea de México", publicado en *Letras de México* en 1946, sostiene que México necesita escritores como irrigación y fertilizantes, pero el escritor nace en realidad cuando el país se ha consolidado, no antes. Y en otro ensayo, "Réplica sobre la novela", impugna a los escritores mexicanos de los años cuarenta ya que suelen hacer precisamente lo que no les corresponde. Condena a los "helenizantes", grupo que encabeza Alfonso Reyes; a los "europeizantes" dirigidos por Xavier Villaurrutia y Octavio Paz, a los revolucionarios, rebaño de mediocridad y costumbrismo entumecido como Gregorio López y Fuentes, Jorge Ferretis, Mariano Azuela, salva de la catástrofe a los escritores marxistas: Ermilio Abreu Gómez, Juan de la Cabada, Efraín Huerta, Andrés Henestrosa, etc.

Revueltas comparó a la clase intelectual con la burguesía, ambas parecen un "ave de rapiña", la burguesía constituye la basura del capitalismo, y las llamadas clases ilustradas, se mueven "a tono" con aquélla:

> Los poetas son abogados o doctores, los ensayistas hacen manifiestos y los autores de novelas aspiran a algún puesto medianamente brillante en alguna Secretaría de Estado. Como la misma burguesía, la llamada "clase intelectual" es cobarde,

falta de audacia para las grandes empresas del pensamiento, y sobre todo, mezquina.[21]

De esa "mediocridad" que él veía en el medio literario, salvó al maestro de varias generaciones de escritores: Martín Luis Guzmán; pues su obra *El águila y la serpiente* representa para Revueltas una muestra palpable del espíritu universal que su autor ha sabido infundir en su mundo poético. Esta universalidad preocupa mucho a Revueltas. En varios de sus escritos afirma que la novela mexicana debe romper su localismo y trascender, colocarse al fin entre las mejores del mundo; competir con *En busca del tiempo perdido, La montaña mágica, Ulises*. Promueve entonces una literatura cosmopolita sin localismos falsos; arraigada a México pero universal; salida de la problemática nacional pero capaz de rebasarla. Quiere una novela *realista crítica*, que define como la que se inserta en el movimiento interno de la realidad, en su desarrollo dialéctico. Su vida la dedicó a esta empresa:

> Del pueblo está naciendo todo: el pan, las herramientas, el trabajo y el idioma. El artista tiene que hacer inteligibles el pan, la herramienta, el trabajo, el idioma, el pueblo. La aspiración de toda obra artística es la de convertirse en clásica. Pero clasicismo quiere decir renovación de lo anterior, descubrimiento de lo nuevo, a despecho del tradicionalismo, del academicismo presente.[22]

Esto no lo han sabido comprender ni llevar a cabo nuestros escritores, de Mariano Azuela a Rafael F. Muñoz; no han hecho sino una infinita "prédica moral" que ha favorecido una visión del pueblo deforme, pues lo presentan como "un dechado de virtudes", con lo cual han falseado la realidad. El pueblo, según Revueltas, tiene defectos y virtudes, vicios y cualidades; "nuestro trágico pueblo mexicano, es, simultáneamente, espléndido y espantoso, heroico y cobarde, capaz de grandes empresas y capaz de grandes monstruosidades".[23] Este punto lo defendió acaloradamente, aunque en algunos momentos, por ejemplo, el de *Los días terrenales*, Revueltas haya caído al abismo. Es evidente en los escritos revueltianos

---

[21] J. R., "Réplica sobre la novela: del cascabel al gato", *OC*, v. 24, p. 207.
[22] *Ibid.*, p. 212.
[23] *Ibid.*, p. 239.

—cuentos y novelas, artículos y crónicas, reseñas y declaraciones políticas ante el Partido Comunista Mexicano— esa idea sobre el pueblo y sus vicios y virtudes. A ella se enfocaron sus críticos en 1950. Lo que aparecía en esa novela y en *El cuadrante de la soledad*, y no sólo en ellas, sino lo que molestaba de la obra revueltiana en general, era esa visión desgarradora y a veces poco promisoria del mexicano, su historia, su presente y su porvenir.

Con la misma intensidad que Revueltas puso en demoler el ambiente literario de los años cuarenta, enaltece la obra de Tolstoi y Dostoievski, Faulkner, Thomas Mann, Lawrence y muchos más. De México quiso rescatar lo rescatable. También practicó la crítica entendida como exaltación y profunda vocación mística. Preocupado por el lugar que fuera a ocupar en la narrativa mexicana, Revueltas se declaró enemigo de la novela de la Revolución, del costumbrismo y del realismo tradicional. Había tomado el camino realista desde el principio de su carrera de escritor porque ahí vio la trayectoria que debía recorrer la novela mexicana si quería cambiar. En 1967, en el "Prólogo" a sus *Obras Completas* volverá a referirse a la tarea del escritor y lo situará entonces como alguien que "pacta a muerte con las palabras"; retoma la vieja propuesta sartreana según la cual el escritor se compromete porque las palabras así lo quieren, en oposición al pintor o el músico. Concebirá al escritor inmerso en su "propio aislamiento", condenado a una permanente incomunicación por su "lenguaje de nadie". Lanzará una sentencia que luego tuvo que matizar por lo menos: sólo bajo la línea de un realismo dialéctico-materialista se podrá llegar a escribir la gran novela mexicana. Poco antes de su muerte, Revueltas calificó, ya sin presiones ideológicas y partidistas, libre quizás de tanta polémica con el Partido Comunista Mexicano, su literatura como escéptica. Le dijo a Ignacio Solares:

> —Mira, yo no pertenezco a una escuela, a una moda, a una generación, pero sí creo en el escepticismo, en la duda, como uno de los grandes valores humanos. Qué importante es aprender a dudar. Y creo que esa duda esencial me ha obligado a escribir. Siempre dudo al escribir: no si un personaje es bueno o es malo, si un relato me va a llevar a alguna parte. Me encanta no tener dirección, abrir puerta tras puerta conforme voy llegando a ellas.[24]

---

[24] Ignacio Solares, "La verdad es siempre revolucionaria", en *Conversaciones con José Revueltas*, Universidad Veracruzana, Xalapa, 1977, p. 59.

Negó asimismo que tuviera la intención de convertirse en un Eugenio Sue y dividir el mundo en buenos y malos; su método consistía en seleccionar de la realidad la parte más sensible, la que reflejara mejor las fuerzas en pugna, fueran de signo negativo o positivo. Toma la realidad en sus límites, en sus extremos, tratando de transformarla y recrearla.[25]

Revueltas escribió muchos textos de crítica literaria; intentó dilucidar su propia vocación artística, y en ese empeño puso tiempo y esfuerzo, como en sus otras actividades. Con su acostumbrada pasión, criticó a José Rubén Romero al que le dice que olvidó la dignidad cuando se convirtió en un "típico político literario", influyente y amigo de las "comparsas". Más que ataque personal fue una revisión de un escritor que representaba todo lo que ideológica y estéticamente rechazaba Revueltas. Por eso le dijo a Romero: "hace política para hacer mala literatura". Pero su crítica fue poco escuchada, quizá debido, entre otras cosas, a sus vaivenes políticos y sus líos partidistas.

---

[25] Esto lo desarrolló de una manera amplia y desde el punto de vista del estructuralismo, Evodio Escalante en su *José Revueltas. Una literatura del "lado moridor"*, Ed. Era, México, 1979, 116 pp. (Serie Claves).

XIV
En el principio fue el Partido

Después de su largo viaje por los países del Este de Europa, Revueltas volvió a México y empezó a preparar lo que sería su última y definitiva discusión ideológica con el Partido Comunista Mexicano. En julio se registró el temblor que asoló la ciudad de México y tiró el Ángel de la Independencia; esa noche de 1957 Revueltas sintió el sismo y escribió en su diario: "Daba tristeza. La multitud veía, comentaba, con una especie de aturdimiento sorprendido, mitad estupefacción y mitad gozo del privilegio de haber podido asistir a un hecho extraordinario y único. Los altavoces piden voluntarios para ir a remover escombros y extraer víctimas en el destruido edificio de Frontera y Álvaro Obregón. Me incorporo a un atestado camión con más de otros cien voluntarios".[1] En el trayecto desiste pero el impulso inicial es revelador.

En realidad su preocupación en esos días era el Partido, donde se libraba una batalla interna de carácter ideológico y táctico que Revueltas consideraba decisiva para el desarrollo político de los comunistas mexicanos. "Estamos librando una magnífica lucha dentro del Partido, y yo no he trabajado tan mal", escribe en su libreta de apuntes mientras confía en el triunfo; le piden el departamento por falta de pago, casi lo demandan. La situación económica empeora y Revueltas se mantiene firme en su arduo e interesante trabajo partidista, en sus proyectos literarios. "A veces no hay para comer. Bueno. Todo se

---

[1] J. R., *OC*, v. 26, 1987, p. 63.

arreglará". Llegó noviembre, se dio cuenta, accidentalmente, que había cumplido 43 años de edad; seguía empeñado en escribir el guión de una película. La pobreza era inmensa e irremediable. Su mujer piensa que están locos los que apoyan a Revueltas en sus "disparates" fílmicos. Pasó su cumpleaños sentado en el escritorio de su cuarto-estudio-biblioteca; el día 21 salió a la calle, titubea; podía tocar las puertas de *El Nacional*, o *Novedades*, sin embargo no lo hizo. Fue con los amigos del Partido; consiguió cuarenta pesos y se los entregó a Mariate; ella salió de inmediato a comprar comida pero el problema era otro: encontrar casa cuanto antes. Por lo pronto debía concentrarse y escribir sobre el PCM. A su casa llegaban Lumbreras y Valentín Campa. Revueltas estaba convencido que el PCM seguía de espaldas a la realidad social y política del país, su actitud es "sorda", "muda y paralítica".

> Ahora veremos exactamente si son capaces de seguir una política de principios y no están sonriéndonos a Siqueiros y a mí, mientras esperan obtenerlo todo de la Dirección del PCM sin librar ninguna lucha, pero a costa de hacer a un lado a la oposición verdadera, es decir, a Siqueiros a mí —particularmente a mí, que no tengo otra fuerza que mis argumentos y la validez de mis puntos de vista.[2]

Revueltas sabía que de nuevo entraba en una discusión interminable, en la que poco o nada iba a esclarecerse, pero su deber ideológico le indicaba que debía llamar la atención del Partido, señalar errores, vicios pasados y presentes, impugnar. Amanecía el 16 de enero de 1958 cuando Revueltas levantó la vista. Vio el alba extenderse por la ciudad. Había trabajado toda la noche, no estaba cansado sino tenso. Durante varias semanas, se había dedicado a escribir su ensayo acumulando desvelos y preocupaciones. Al fin estaba preparado para el pleno del Partido. Mientras tanto se acababa el dinero y no lo podía conseguir; su hijo Román se encontraba enfermo, ¿qué hacer? Se siente humillado porque necesita recursos pero no está dispuesto a pedir. Afortunadamente tiene en sus manos el ensayo al que le ha dedicado tanto esfuerzo, "La disyuntiva histórica del Partido Comunista Mexicano". Se lo enseña a Sánchez Cárdenas que muestra cierta reticencia; Revueltas asegura que en el

---

[2] *Ibid.*, pp. 65-66.

seno del Partido se ha descendido a un nivel ideológico lamentable. No le pagaron una deuda, lo que considera como "incidente vil y humillante".

Es la primera vez que permanece callado, no protesta. El Partido debía cambiar pero Revueltas supone que era imposible. Las relaciones partidistas se imponían sobre las de carácter económico y familiar. Era preciso pensar antes que nada en las relaciones del Partido Obrero-Campesino Mexicano (POCM) y el Partido Comunista, luego en los asuntos personales. Entonces debía salvar al Partido aunque él se condenara; depurarlo aunque él sufriera por la incomprensión, la penuria y el abandono.

La crisis que se inicia en los años cincuenta entre los miembros del Partido Comunista, continuará varios años. 1958 es un año clave en la trayectoria política y, por lo mismo, en la actividad literaria de Revueltas. En abril escribe:

> Han pasado muchas cosas. Mariate y yo nos hemos separado. Ahora vivo en un hotel donde soy huésped de Lagos. He bebido días enteros y apenas trabajo. Una soledad y tristeza horribles. Comprendo que no soy marido para ninguna mujer. Trabajo político, nulo por lo pronto. Trato de recuperarme. Por lo pronto no beber, aunque lo que sucede es que estoy *verdaderamente* enfermo.[3]

Revueltas sabía que no iba a enderezar el mundo y sus injusticias terribles, que el Partido continuaría ciego, "nulo" en la autocrítica. Entonces ¿qué le quedaba al ser humano? En especial, ¿qué podía esperar él de la vida que no fuera sino pesadumbre y desconsuelo? "La Dirección del Partido: atroz sencillamente", y al decirlo arde internamente, su concepción de la teoría marxista leninista de un verdadero partido de izquierda no encaja entre sus propios camaradas. Es visto como un hereje, un inconforme por antonomasia y eso deprime más a Revueltas.

Ese mismo mes se queja amargamente del mundo; acostumbra hacer un balance de su vida cada vez que lo necesita; en 1940 escribió su temporada en el infierno; en 1950 confesó —aceptó— estar situado en la esquina del existencialismo y haberse alejado de la doctrina marxista. Ahora no ha cambiado su desesperada condición

---

[3] *Ibid.*, p. 68.

de revolucionario frustrado, marido y padre "irresponsable", sino al contrario: se agudiza con el paso de los años. Revueltas era un hombre joven en 1958 pero viejo militante del dolor y la miseria, de luchas abnegadas en el movimiento comunista, viejo nómada de cárceles y mudanzas familiares. "En el PCM se necesita calidad de santo para aguantar tantas chingaderas". Sólo un ateo cristiano como Revueltas pudo envolverse en un sentimiento de culpa tan intenso por cada "falta" cometida. El dogmatismo del Partido le parece falta de visión histórica de los dirigentes y carencia de una formulación teórica adecuada, pero en el fondo cree que él no contribuye con su conducta a cambiar la situación. Entonces sufre. En su vida matrimonial acepta holgadamente sus errores y la responsabilidad por la separación. Y viene el remordimiento, el alcohol y la soledad. Sabe, además, que sus hijos, los de Olivia, lo esperan, mientras él vive ausente y lejano, siempre imposibilitado de ayudarlos como debería hacerlo. Llega la resaca, despúes de la tormenta, y lo deja desvalido, a mitad del océano. Sufre igualmente. No lo salva del naufragio su obra: "Soy un escritor prohibido"; las puertas de la literatura las veía cerradas. Tenía, por supuesto, una conciencia profunda y clara de su propia situación como militante, escritor y ciudadano. Declara que ha sido monstruosamente "desconsiderado" con Mariate. "Bebí nuevamente" para salir de la crisis; pero en realidad se encuentra dominado por la fuerza de la corriente que lo arrastra. Son días en que había dejado de comer y en su interior sólo pasan sombras; vive aislado en un hotel. Recuerda a menudo a su hermano Silvestre y la condena que tuvo que soportar; pasa por su cabeza la figura benevolente de Tolstoi en su orfandad y luego el suicida al que salva a tiempo la literatura. En noviembre de 1958 escribe: "Mi mayor tortura era el remordimiento hacia María Teresa. Nunca le di la menor alegría verdadera, la menor satisfacción. Para ella todo fue sacrificio, soledad, amargura". Le preocupa más que nada el no haberle dicho a tiempo que era un miserable, el único culpable de su desdicha; imagina una escena en la que llega a la casa de Mariate con lágrimas en los ojos, se sienta frente a ella, hay una luz que ilumina sus rostros; ella lo mira condescendiente, en la mirada se encuentra implícito el perdón. No hay palabras, sino una pasión interna que los contagia y los reconcilia. Como sus propios personajes, Revueltas se hallaba en el límite, a punto de explotar pero asido fuertemente a sus convicciones que lo levantan y lo empujan hacia adelante.

¿Por qué declaraba Revueltas esas culpas feroces? Él amaba a su manera a los hombres con la pasión de un creyente; convivía con sus vicios y virtudes. Inquieto, siempre en movimiento de palabra y obra, Revueltas se destruye —ha dicho José Emilio Pacheco— para construirse. María Teresa lo recuerda como un rayo del que sólo conoció sus destellos: cuando México rescató las islas Revillagigedo, el gobierno organizó una excursión en "tristes barquitos de guerra". Revueltas se hubiera muerto de impaciencia si no va. La dejó con dos pesos —como a la "Bartola" de la canción popular— y se embarcó; iba de reportero de *El Nacional*. Mariate aceptó.

—No te preocupes —le dijo, mientras le hacía una maleta—, yo sabré qué hacer sola.

—Eres una verdadera compañera —respondió él, contento y risueño—, me gusta que comprendas mis inquietudes.

—Sí, sí, entiendo, camarada; anda y que disfrutes el viaje.

—Es preciso entender, Mariate querida, que se trata de un acto simbólico en el que se demuestra la intención de México por mantener su soberanía intacta, ¿no te parece?

—Tienes toda la razón del mundo —dijo finalmente Mariate.

Revueltas salió con destino al Pacífico. Rodó toda una noche en trenes y luego se embarcó. A su regreso, ella supo que en esas islas sólo habían hallado borregos salvajes, pero era una misión más que su marido había cumplido.

La Liga y los ligueros

La crisis del PCM que se vislumbró en 1957, se agravó, al menos desde el punto de vista de Revueltas y algunos de sus compañeros, durante el movimiento ferrocarrilero de 1958-1959. El Partido, lejos de interpretar la lucha que encabezaron Demetrio Vallejo y Valentín Campa como una posibilidad real de organización de los trabajadores, dio la espalda a esa realidad. El intento democratizador de Revueltas y algunos miembros del POCM que venía impugnando al PCM desde años atrás, se frustró al cerrar filas el Comité Central del Partido. De nuevo renacía el sectarismo, los postulados estalinistas, la antidemocracia interna y la incapacidad teórica. Esto terminaría inevitablemente con la expulsión de Revueltas y su grupo, al fin de cuentas, un capítulo anunciado de su complicada novela del comunismo.

El movimiento ferrocarrilero de 1958-1959 fue el primer movimiento social proletario que llegó a poner en jaque al sistema político mexicano; fue acusado —explica José Luis Reyna—[4] de haber sido manejado por "manos comunistas" que preparaban una "conjura roja" contra el país, y haberse entregado a la coalición de partidos como el Comunista, el Obrero y Campesino y el Popular Socialista. Para destruirlo se recurrió al ejército, que impuso casi un estado de sitio en las principales ciudades; y su líder natural, Demetrio Vallejo fue apresado junto a sus seguidores; se les consignó por varios "delitos". Es evidente, sin embargo, que la clase obrera organizada "demostró que era capaz de poner en peligro la estabilidad del sistema político y económico".[5] Fue una lección que puso al descubierto la enorme corrupción del sindicalismo tradicional. Los comunistas no participaron; sirvieron más que nada de apoyo a las demandas justas de los trabajadores del riel. Aun así, la prensa, el gobierno y la empresa usaron reiteradamente el argumento de que Vallejo y su movimiento estaban dirigidos por el comunismo internacional.

Revueltas analizó el movimiento en "Enseñanzas de una derrota", artículo que escribió en abril de 1959, es decir, a pocos días de haber sido disuelta la huelga y el Comité Ejecutivo del sindicato. Irritado por la represión desatada, afirma que el movimiento obrero organizado ha sufrido un duro golpe, ejecutado primero por el presidente Ruiz Cortínez y luego por su sucesor, Adolfo López Mateos. Un poco a destiempo, cita los encarcelamientos masivos —habían empezado a finales de 1958—, la ocupación militar de los edificios sindicales, las persecuciones y los arrestos anticonstitucionales; pero califica esa acción como una evidencia más del carácter autoritario de la burguesía en el poder. Implacable en su crítica, Revueltas despejó dudas respecto al sentido auténtico del movimiento ferroviario, profundizó en

---

[4] J. Luis Reyna, "El conflicto ferrocarrilero: de la inmovilidad a la acción, en *Historia de la Revolución mexicana*. 1952-1960, El Colegio de México, 1981. (v. 22).

[5] *Ibid.*, p. 213. Para Reyna la importancia del movimiento ferrocarrilero radica en su fuerza popular espontánea que puso en "jaque" la estabilidad del sistema político mexicano. Su origen se encuentra tanto en la "mala política salarial de la empresa con respecto a los trabajadores del riel, como a una política sindical más preocupada del 'orden' que de las necesidades reales de los obreros. Parece que se había olvidado el hecho de que los ferrocarrileros ocupaban una posición decisiva dentro del proceso de la producción al tener en sus manos buena parte de la distribución de mercancías". (p. 168).

el análisis político e ideológico del sistema político mexicano y en los errores y las carencias del propio movimiento.

Para él, la represión fue una "respuesta de clase de la burguesía", ya que los intereses de esta clase en el poder no permiten la democracia sindical. Esa represión organizada sólo puede contrarrestarse a través de la "conquista de la independencia de la clase obrera". Mencionaba entonces que el movimiento ferrocarrilero se inició por reinvindicaciones económicas y contra los líderes corruptos; tuvo en sus inicios un doble aspecto: la lucha económica, por un lado, y la lucha política, por otro. Pero el movimiento no pudo trascender sus planteamientos iniciales. ¿Por qué? En la respuesta se advierte una aportación política cargada de experiencia. Por sí mismos —explica— los trabajadores, aun cuando su lucha creció rápida y espontáneamente, eran incapaces de "adquirir" conciencia de los intereses históricos de la clase en su conjunto, y por lo mismo necesitan de un organismo, un partido que fuera esa conciencia organizada, su "cerebro". "Esta tarea, en todo caso e invariablemente, corresponde al partido de clase del proletariado, al partido marxista-leninista de la clase obrera".[6] De ahí su fracaso y lo más grave, su debilidad para organizarse; si el movimiento obrero es débil es porque no existe un verdadero partido proletario de clase que lo guíe y piense por él, que lo conduzca, subraya Revueltas.

La tesis de la inexistencia histórica del PCM, Revueltas la empezó a desarrollar desde su reingreso al Partido, pero en concreto en su ensayo "La disyuntiva histórica del Partido Comunista Mexicano" en el que impugna los métodos, la actuación y la conducta política de los dirigentes del Partido desde 1943. Es la idea que encontramos en muchos artículos y ensayos, en sus ponencias en los plenos del Partido, en cartas enviadas a sus camaradas. Y la que cristalizará en su *Ensayo sobre un proletariado sin cabeza* de 1962. Es lógico entonces que en 1959, al hablar del movimiento ferrocarrilero, termine haciendo una crítica a fondo al Partido. En vez de ser un "cerebro colectivo", marxista-leninista, que dirija a la clase obrera y sea su conciencia de clase, el PCM se convirtió junto al POCM en las mitades de un "cerebro repartidas en dos cabezas". Revueltas sugiere la integración de esas mitades en un auténtico partido de la clase trabajadora, basado teóricamente en las enseñanzas de Marx y de la

---

[6] J. R., *OC*, v. 13, 1984, p. 100.

Revolución rusa de 1917. Por desgracia, las puertas del Partido se cerraron de nuevo con el "odio de Dios" y el cambio propuesto no se ventiló ni fue promovido, a pesar de que el XX Congreso del PCUS de 1956 había abierto ya la discusión y el replanteamiento del papel que debían jugar los partidos comunistas en el mundo. No sobrevino ninguna de las reformas que Revueltas deseaba; el Comité Central del Partido reaccionó y de nueva cuenta se expulsó a un viejo luchador, convencido que podía modificar a un Partido Comunista empantanado, "ciego".

Pero antes, Revueltas había criticado de frente al Partido; su idea central es que el PCM no ha sido en México la conciencia organizada de clase del proletariado; ha renunciado a su transformación y por tanto es evidente su inexistencia como vanguardia revolucionaria. Toma la frase, "todo lo que existe merece perecer" y la aplica al PCM y a su trayectoria de errores y "desviaciones". En abril de 1960 ingresa al Partido Obrero Campesino Mexicano y la ruptura con el PCM no se hace esperar. Es expulsado, ahora sí para siempre, Revueltas y la célula Carlos Marx, entre otras razones por la "actividad divisionista y antipartido", por "liquidadores". Los miembros de la célula eran, además de Revueltas, Eduardo Lizalde, Enrique González Rojo, Carlos Félix, Ernesto Prado, Alfonso Perabeles, Rosa María Phillips, Juan Brom, Andrea Revueltas, Manuel Aceves, Guillermo Mendizábal y Virginia Gómez. Según el comité del D.F., del Partido Comunista, especie de fiscal que tuvo a su cargo eliminar a los "disidentes":

> La célula Carlos Marx ha sufrido una evolución negativa, consistente en el abandono paulatino del principio del centralismo democrático. Y en este proceso ideológico han tenido particular influencia las "tesis" del compañero José Revueltas. Esto es así porque este camarada ha señalado el camino revisionista por el que se ha deslizado esta célula, lo que de ningún modo resta responsabilidad a los demás militantes de ella. (...)
> Las viejas posiciones oportunistas de José Revueltas no solamente han revivido, sino que han desembocado en un desenfrenado revisionismo y liquidacionismo.[7]

---

[7] Citados en las Notas, *Ibid.*, p. 209.

Entre 1959 y 1960 el Partido parecía sometido a una dura lluvia de críticas y reclamos de sus miembros; se movía entre la indiferencia y la línea dura que lo había caracterizado en los años treinta. Revueltas y sus compañeros percibieron ese fenómeno y se enfrentaron al Partido. Este grupo, identificado por sus posiciones teóricas según las cuales sólo el marxismo estudiado a profundidad podía originar la formación de un partido de vanguardia en México, se sintió seguro de su destino y sus objetivos y rápidamente creó su propio organismo político: La Liga Leninista Espartaco. La cabeza visible de los espartaquistas fue Revueltas, el mayor de edad y de trayectoria en la lucha revolucionaria. Él justificaba el nacimiento de su nuevo organismo partidista como la "culminación material" de un proceso ideológico que no puede ser aplastado por sus adversarios. El parto de este proceso es la Liga que Revueltas consideraba una victoria de la lucha por la creación de un verdadero partido marxista-leninista en México.

La LLE nace, explica Revueltas, no por un capricho, sino por una necesidad histórica de la clase obrera mexicana por transformar al PCM en su partido de clase. Nace, principalmente, como "negación de dicha inexistencia histórica" del PCM. Explicaba el surgimiento de la Liga y al mismo tiempo demolía las bases sobre las que se había construido el edificio débil y mal estructurado de los dirigentes del Partido. En su análisis, Revueltas deja entrever cierto idealismo que al tropezar con la realidad, se venía abajo. Según él, el Partido creyó ser la conciencia organizada de la clase obrera por el solo hecho de ser el Partido Comunista Mexicano. ¡Qué horror! ¡Semejante tautología era inadmisible! Si el PCM —piensa Revueltas— sintió la necesidad de organizarse y transformarse ¿por qué no lo logró?

> Por una razón en cierto sentido muy simple, pero que no lo ha de ser tanto en vista de las incomprensiones de que ha estado rodeada: porque para que llegara a ser la "conciencia organizada", antes debería cumplir el requisito forzoso, inexcusable, necesario, de *organizar la conciencia*.[8]

---

[8] J. R., *OC*, v. 14, 1984, p. 23.

Aquí radica el "error" más grave y visible del Partido. El PCM, señala Revueltas, jamás pudo organizar la conciencia, conocer y transformar la realidad. Esto es precisamente lo que no hizo: convertirse en el partido de la clase obrera de México. Así, la LLE "nace del *hecho histórico fundamental* que el PCM *no puede* aceptar la necesidad de su transformación", debido a su deformación dogmática de origen. Es decir, el Partido padecía de una incapacidad teórica que lo convertía en un Partido enfermo, endeble, irracional, regido por leyes contrarias a la teoría del conocimiento.

Obsesionado por esa idea, acostumbrado a la lucha verbal y la polémica ideológica, Revueltas dedicó mucho esfuerzo a explicarse su nueva ruptura con el Partido. Nada tenía sentido en su vida, sino impugnar la conducta del Partido Comunista Mexicano. Por lo pronto se había refugiado en el POCM, pero ese mismo 1960 este partido condenó a Revueltas. De nuevo, sus propios camaradas lo acusaron de haber insinuado una idea que dejaba ver su "vieja tesis reformista y browderiana". En el XVI pleno del POCM se afirmó que el "c" José Revueltas dijo: "El imperialismo ahora no se inclina por ahogar de manera absoluta el desarrollo capitalista de nuestros países, lo cual significa que el fenómeno 'imperialismo' se atenúa y se reduce".[9] El "acusado" reaccionó de inmediato; respondió que jamás había dicho semejante cosa y a la vez acusa a la XVI reunión del POCM de calumnia. Estos vaivenes ideológicos eran típicos de las organizaciones de izquierda; a nadie extraña por tanto que alegando tener la razón, cada grupo interesado haya apostado tanto. Carlos Félix, miembro de la célula Carlos Marx, amigo y camarada de Revueltas, comenta:

> Quien no ha militado ignora supinamente qué es una alianza partidista, una reunión de célula; ignora la importancia de las polémicas y eternas discusiones. Revueltas quería la transformación ideológica del Partido Comunista Mexicano, borrar el pasado autoritario, estalinista de la vieja Dirección del Partido. Coincidíamos en eso, por supuesto. Nuestro grupo, después del XX Congreso del PCUS creyó en las promesas de revisión tajante de los lineamientos del PCM. Pero volvió a apoderarse de la Dirección una nueva burocracia que frenó la

---

[9] *Ibid.*, p. 28.

democratización. Contra eso luchó Revueltas, dentro o fuera del Partido. Yo también.[10]

Sectas en pugna

Entre mayo y noviembre de 1961, Revueltas estuvo en Cuba. Dirigió una carta al Comité Central de la Liga Leninista Espartaco, con fecha 5 de junio, en la que relata su "desdichada" entrevista con Vittorio Vidali en La Habana y los consejos que le dio: "tú no eres hombre que deba pertenecer al Partido... tú ayudarás siempre mucho más desde fuera, como literato..."[11] y salió Revueltas a las calles de La Habana, no tanto desconsolado sino convencido de que el diálogo con los camaradas "cortados" con la vieja tijera del comunismo era difícil o casi imposible: "La cosa era como para ponerse a llorar, pero por él", por Vidali. Revueltas se sentó en una banca, junto al malecón, en su pensamiento seguía latiendo la charla con Vidali; no creía en que le hubiera hablado bien del PCM, sobre todo, ahora que se encontraba bajo la dirección de Arnoldo Martínez Verdugo y que le hubiera aconsejado trabajar a su lado, ya que el movimiento comunista internacional "da todo su apoyo al actual PCM", recalcó Vidali. Precisamente cuando Revueltas se hallaba en pugna con las sectas del PCM, recibía ese "mensaje" de Vidali. Revueltas resume ese encuentro:

> Tuvo, más o menos, la siguiente frase: "el movimiento comunista internacional tiene más de cincuenta años de experiencia, de participar en revoluciones, unas triunfantes, otras derrotadas, y de dirigirlas, son cincuenta años que representan un tesoro de conocimientos... ¿y tú y tu Liga Espartacus (él dice así, Espartacus, como en tiempos de Liebknecht) quieren sustituir a un partido comunista, ser más sabios que todo el movimiento comunista internacional?"[12]

Revueltas, no obstante, se mantuvo firme, fiel a los "ligueros"; el encuentro con Vidali ¿lo había desilusionado? En la carta que envía

---

[10] Entrevista Ruiz Abreu/Carlos Félix, Librería Gandhi, junio, 1989.
[11] Citado en las Notas de J. R., *OC*, v. 14, p. 217.
[12] *Ibid.*, pp. 216-217.

a sus camaradas de la LLE no hay ningún indicio; inclusive les dice que será preciso exponerse a esos sinsabores, pero seguir adelante "cueste lo que cueste". Sin embargo, su esposa afirma que en el fondo Revueltas sintió cierto desengaño pues comprobó una vez más que sus ideas eran difíciles de aceptar, de entender y más aún de llevar a la práctica. Estaba divorciado del Partido, había fundado su propia organización política, sin embargo creía rotundamente en la Revolución cubana y en el triunfo del socialismo. El 12 de junio le escribe a su hijo Román; le dice que se inscribió en las milicias y anda vestido de uniforme; pero algo más importante: en Cuba todos son felices; el pueblo ha confiado en Fidel que es el sol de los cubanos y de los países de América Latina. En Cuba triunfó el pueblo, le cuenta el padre a su hijo apenas adolescente:

> Aquí ya no hay burgueses que sean dueños ni de las tierras, ni de las casas, ni de las fábricas. Todo pertenece ahora al pueblo: hasta los hoteles de lujo. En los hoteles se han venido a vivir los niños y niñas campesinos que vienen a estudiar a La Habana, así que aquí en donde yo estoy (el *Hotel Nacional*, que antes sólo podían pagar los gringos porque era muy caro) está lleno de cientos de muchachitos y muchachitas, que reciben clase de sus profesores aquí mismo en el hotel, pues es muy grande, tiene piscina y está a la orilla del mar.[13]

Revueltas había sido invitado a Cuba por el ICAIC para participar en proyectos cinematográficos; más que películas o guiones, realizó una intensa labor como miliciano y sobre todo escribió sin tregua. Vio La Habana bajo el cielo del socialismo y añoró que en México no hubiera sucedido nada igual; visitó los centros de trabajo y lo contagió la alegría de los cubanos recién liberados del yugo capitalista. Revueltas continuaba en pugna con el Partido Comunista Mexicano, no le perdonaba su sectarismo y, claro, el que de nueva cuenta lo hubiera expulsado. Pero en La Habana se sentía reconfortado. Poco antes de partir a Cuba, le escribió a su hermana Rosaura que se hallaba allí: "Sabemos que el día primero de mayo proclaman la República socialista. Esto me ha llenado de una profunda emoción. ¡Nuestra primera República socialista de América! Casi parece un sueño. ¡Qué deseos de que pudiera estar allá para

---

[13] J. R., *OC*, v. 26, 1987, pp. 76-77.

el primero, pero no veo que sea posible!".[14] No llegó a tiempo, pero se fue a Cuba. En esa carta a su hermana, Revueltas asegura que terminó su *Ensayo sobre un proletariado sin cabeza*, sólo debía pasarlo en limpio y entonces entregarlo para su publicación.

En Cuba escribió su diario, cartas y artículos; además conoció a Omega Agüero, a la que convirtió en su compañera, amante, madre de una hija, gran pasión que no volvió a ver. Regresó de Cuba y entonces le escribió encendidas cartas en las que Revueltas está sumamente entusiasmado porque un hijo suyo nacerá en "la capital de la Revolución". Son días de enconada lucha ideológica, en los que Revueltas debate con sus camaradas de la Liga cómo debe consolidarse un organismo marxista-leninista de vanguardia en México. Los "ligueros" asumen su papel de teóricos del proletariado y al mismo tiempo crean espacios de discusión interna que los conducirán muy pronto al enfrentamiento y la disolución. En medio de esta monumental tempestad partidista, el camarada Revueltas se encuentra abrumado de trabajo; conferencias, un proyecto de novela (*Los errores* había sido concebida), escritos políticos. "Pierdo la noción del tiempo; escribo, escribo, amanece, duermo un rato, me baño continúo trabajando. (…) Estoy cansado como un perro que se hubiera propuesto seguir los pasos del judío errante a través de toda la Tierra".[15] Atiende también su nueva y fresca relación con Omega, mientras en casa siguen sus líos económicos. "Perdóname, vida mía, que no te escriba más por hoy", le dice a Omega. Y al fin nace su hija, lo que provoca en el padre una profunda alegría, un deseo intenso de estar a su lado y ver a la madre y a la niña. Este deseo lleva su penitencia, pues el feliz padre también sufre porque sabe que aquella mujer ha parido casi sola, sin ayuda, y él no puede enviarle recursos, pues la situación económica es desastrosa. "Todas las puertas se me fueron cerrando una tras de otra", y su única esperanza la deposita por lo pronto en un nuevo periódico, *El Día*, al que ha sido invitado para colaborar por sus viejos amigos. La conciencia de la culpa lo aprisiona y le causa estragos morales. Más aún cuando se entera de que Omega ha perdido la beca que el seminario de escritores cubanos le había otorgado. ¡No puede ser tanta penuria!

---

[14] *Ibid.*, p. 74.
[15] *Ibid.*, p. 132.

En nombre de la Cuba socialista que trabaja por la construcción de un humanismo sin precedentes en la historia, Revueltas se queja amargamente en una carta dirigida a la doctora Mirta Aguirre, del trato injusto que ha recibido su compañera. Aprovecha la oportunidad de contarle paso a paso dónde y cuándo conoció a la camarada Omega, cómo se estableció entre ellos una profunda relación amorosa que desembocó en un embarazo. En una sociedad capitalista, manchada por el pecado del capital y la explotación del hombre por el hombre, explica Revueltas, hubiera sido fácil tomar la decisión de abortar la criatura. Pero él, con amplio criterio marxista-leninista, decidió junto a Omega que el hijo debía nacer bajo el signo del socialismo cubano. ¡Qué drama! Confundido, moviéndose entre varias aguas turbias de su vida política, sentimental, profesional, literaria, Revueltas no alcanzó a procurarse un poco de luz para aclarar su laberinto. De esos años en adelante, viviría tiempos nublados en los que parece un personaje de Kafka, o tiempos en los que brillaría su talento y su ingenio como conductor de debates ideológicos y luchas sociales. Pero en julio de 1962, se hallaba desolado, se daba golpes de pecho. Le escribe a Omega:

> No tengo momentos alegres, que digamos; arremeto con la cabeza baja, las manos empuñadas y peleo, a eso se reduce mi existencia: sin nada personal en absoluto, entregado por completo a nuestra lucha.[16]

En esos días estuvo enfermo de colitis, clara expresión de las tensiones acumuladas, los desvelos, el exceso de trabajo partidista con sus camaradas de la Liga; entre los "ligueros" comienzan algunas diferencias sustanciales, que se habían filtrado en el grupo a pesar de su interés por la unidad ideológica.

Una carta del Comité Central de la LLE —14 de enero de 1962—, le llama la atención al camarada José Revueltas; dice que es "inconcebible" que siendo él mismo uno de los más connotados dirigentes de la Liga, tome una actitud irresponsable:

> El Comité Central de la Liga Leninista Espartaco, al que usted pertenece, ha decidio enviarle esta carta considerando que su falta absoluta de militancia en su célula, en el Comité

---

[16] *Ibid.*, p. 134.

Central y en el Secretariado, su falta de responsabilidad al citar reuniones en su casa, a las que falta, desorganizándolas con su inasistencia, ya sea del Comité Central, del Secretariado o de la reunión de instructores, además de sus "posibles" viajes a Brasil, Haití, Palenque, su ingreso a la Marina, versiones propaladas por usted en distintas ocasiones, han provocado una situación de desconcierto y confusión que no puede prolongarse por más tiempo y amerita, desde luego, una explicación de su parte.[17]

Una vez más la vieja historia de las "faltas" del camarada Revueltas en las filas de las organizaciones revolucionarias se ponía en evidencia; y las asumía con pasión, de manera que no fueron sólo "errores" debidos a su situación "especial". Un espíritu inconforme, propenso a la exaltación y en seguida a depresiones graves como el de Revueltas, latía en su interior. Cruzaban por su mente fuerzas en pugna que lo martirizaban sin tregua; ¿eran seguramente el resultado de una concepción anárquica del mundo? ¿Seguía arrastrando Revueltas su orfandad paterna, social, que desde su adolescencia lo había orillado al desafío? Desafiar la autoridad y a las fuerzas sociales que él consideraba caducas y culpables de la miseria humana, fue su mayor vocación en los años treinta. En los años cuarenta, apareció la rebeldía y el castigo consiguiente. Entonces su orfandad se afianzó y tuvo una justificación explícita derivada de la expulsión del PCM. En la década siguiente, regresó a los pies del Padre-Partido, humillado, prometiendo absoluta obediencia. Y en los sesenta tropieza otra vez con una organización que él mismo ha construido de las cenizas del Partido y por su carácter rebelde, propenso a la anarquía, no acepta la disciplina que toda organización política exige de sus militantes. Entonces la crisis con la propia Liga y los "ligueros" empeora.

En 1962 había cargado con calma las baterías de su teoría revolucionaria para dar la batalla final contra el "mal" enquistado en la izquierda mexicana y que infectó a sus mejores hombres. Ese "mal" debía ponerse a la luz de la opinión de los militantes comprometidos y destruirlo. Este demonio, el Partido, inundó de confusión y equivocaciones graves el alma y la conciencia de muchos comunistas que creyeron en él ingenuamente. En un tono político, religioso,

---

[17] J. R., *OC*, v. 14, 1984, p. 219.

moral, ideológico, Revueltas acusa al PCM de haber cometido un crimen histórico imperdonable: haber engañado a sus bases. Y ese año, la crisis del Partido vino a desentrañar su carácter divisionista, dogmático y antidemocrático:

> La más reciente escisión del PCM es como la última columnilla de humo que se levanta de las ruinas dejadas por el incendio. A la pandilla dirigente sólo le queda cobrar el seguro del siniestro por ella misma provocado. Es su papel.[18]

Los espartaquistas sugerían que el PCM reconsiderara a los expulsados, pero estalló una nueva crisis en el Comité Central que agravó las diferencias y la distancia entre los ligueros y los comunistas. Por su parte, Revueltas soñaba con un partido con democracia interna, donde la mayoría estuviera representada por "órganos dirigentes" compuestos por los "más capaces, los más instruidos, los más inteligentes", y eso era una bomba de tiempo para el PCM. En realidad, lo que pedía era mucho para un partido acostumbrado a las decisiones verticales, muchas veces importadas de la URSS o del comunismo internacional con sede en los Estados Unidos. Es decir, lo que él exigía era un imposible, una democracia que no pudo instalar ni siquiera en su propia obra: la Liga Leninista Espartaco.

> El funcionamiento vicioso, no proletario, antidemocrático, dictatorial, a base de la represión y expulsión de los discrepantes, estaba llamado a producir inevitablemente, en el seno del PCM, una progresión degenerativa de su contenido pequeñoburgués, a un nivel todavía más bajo del que a éste corresponde.[19]

Carlos Félix señala que el fin último de Revueltas fue "siempre formar un Partido de la clase obrera, de vanguardia. Si no lo consiguió, Revueltas podía atribuirlo al sectarismo de la cúpula que desvirtuaba el verdadero papel revolucionario del PCM". En esa empresa, Revueltas tuvo un año axial: 1962, en que polemizó ya no con el Partido, sino con sus camaradas espartaquistas. Primero, por la situación endeble muy evidente en el Comité Central de la

---

[18] *Ibid.*, p. 35.
[19] *Ibid.*

Liga; segundo, debido a las posibles alianzas que deseaban hacer los espartaquistas con grupos del comité del D.F. del PCM y otros grupos marxistas. Cuando el acercamiento parecía ir por buen camino, las facciones se dispersaron y surgió el "Balance autocrítico" de 1962 en el que Revueltas vislumbra varios defectos espartaquistas: "pedantería intelectual", "autosuficiencia en el trato" y "solipsismo individual", entre otros.

Entre el 28 de marzo y el 11 de abril de 1963, Revueltas publicó en *El Día* tres artículos que desataron la tormenta ya anunciada desde el año anterior en la LLE. Y llegó el fin. Lo que Revueltas plantea en esos textos es que en mitad de la polémica Lenin triunfó cuando la mayoría de sus adversarios pedían desencadenar una "guerra revolucionaria" (Bujarin) o como quería Trotsky "ni paz ni guerra". Para Lenin, lo fundamental era salvar la Revolución. Esa es una lección histórica que Revueltas recomienda tomar en cuenta a sus camaradas "ligueros". Criticaba la ortodoxia de que en el socialismo se suprimen todas las contradicciones a las que llama "burda deformación ideológica". Fijó, pues, su posición sobre la problemática internacional y justificó la coexistencia pacífica que proponía la URSS. Les recordaba a sus camaradas que era preciso analizar con cuidado los problemas de la guerra y la paz y estar de acuerdo, "absolutamente, con el pensamiento de Jruschov". Su argumento se basa en que

> La potencia destructiva *no aplicada* de la guerra atómica se transforma, a cada día que pasa, en su contrario: la *potencia constructiva* de la coexistencia pacífica aplicada al desarrollo del socialismo.[20]

La tormenta cayó sin piedad sobre los "ligueros"; fueron días aciagos para la organización revolucionaria tan joven y tan prematuramente abortada. En los "documentos sobre la expulsión de la LLE", Revueltas y su camarada Eduardo Lizalde se rebelaron contra la imposición y el dogmatismo de la Liga. Opinar y decir públicamente lo que un camarada piensa sobre el problema de los partidos marxistas-leninistas del mundo, no contradice el espíritu de la LLE. Prohibir esa libertad, aseguran, es contrario al espíritu antidogmático y

---

[20] *Ibid.*, p. 56.

anti-estalinista que originó el nacimiento de la Liga. Revueltas llamó ardientemente a sus camaradas para impedir que su organización fuera destruida por el dogmatismo del compañero Enrique González Rojo. Era tarde. Llamó también a la autocrítica y al reconocimiento de "nuestros errores". Era imposible. Y por último vio que la izquierda mexicana en su conjunto estaba poseída por una "nueva ola de deformaciones" que la condenaban una vez más a su inexistencia histórica. Vio con recelo la fusión del Partido Popular Socialista (PPS) y el POCM para formar un frente popular electoral. Lo consideró como "nuevas usurpaciones, nuevas mentiras, nuevas falsificaciones".

Decepcionado no estaba, sino convencido de que los grupos de izquierda padecían una terrible deformación originada en el sectarismo y la herencia dogmática del estalinismo. Revueltas había concebido que la LLE fuera una organización seria, teórica, basada en el marxismo y las enseñanzas de Lenin. Sus militantes serían abnegados combatientes. El espartaquista debía acercarse a los obreros, promover su incorporación a la creación del Partido de clase. Revueltas pensaba en obreros "partidarios del socialismo científico", marxistas. Los nuevos dirigentes de la LLE encabezados por González Rojo, defendieron su "verdad"; la minoría en la que se hallaba Revueltas, la suya. Después de largos meses de discusión, cartas y respuestas, documentos, asambleas, aquéllos se impusieron sobre la "minoría". Al final, en nombre de la verdad, se expulsó, y condenó a los camaradas Revueltas, Lizalde y sus cuatro seguidores. Era efectivamente una minoría, pero la propia LLE había sido como una llamarada. Sin embargo, la lluvia ideológica prosiguió. Los expulsados formaron su propia facción, perteneciente a la LLE, pues consideraron que el Comité Central de la Liga carecía de facultades para expulsar a nadie y era una "traición a los postulados del espartaquismo". Era una medida "ilegal", "irresponsable", que venía a ayudar a la burguesía y a los oportunistas para demostrar que en México es imposible la construcción de un partido de vanguardia. Por su parte, el Comité Central de la LLE siguió discutiendo con los "expulsados" en cartas dirigidas al periódico *El Día*. La discusión se prolongó y luego cayó en el olvido; algunos de los ligueros se sumaron, posteriormente, a los movimientos armados de grupos guerrilleros. Revueltas vio pasar la historia pero siguió impugnándola, exigiéndole a los hombres cumplir con ella, asirse a su desarrollo. De pronto, se encontró solo, sin Partido ni Liga, había dejado de creer en la tarea imprescindible que se había impuesto desde adolescente: la construcción de un verdadero partido marxista-leninista en México. Ahora seguiría remando contra la corriente; en los años sesenta propondría en vez de un "cerebro" que piense por la clase obrera y la conduzca como su conciencia organizada, la autogestión, es decir, la libre concurrencia de los sectores obreros para participar en la vida política del país.

Este episodio que comenzó en 1954, cuando decidió Revueltas reingresar al PCM y culminó en 1956 con su entrada triunfal, había vivido uno de sus momentos más críticos en 1960-1961. El año en que viajó a Cuba, Revueltas quería descansar un poco de sus líos partidistas que lo tenían agobiado, al menos eso le confesó a Huberto Cueva en sus largas conversaciones. Más que nada se fue a reflexionar sobre su situación política e ideológica en México y su relación con los sectores de izquierda. Parecía aturdido sobre todo después de haber visto el triste papel jugado por el PCM en el movimiento ferrocarrilero de 1958-1959. Entonces se interrogó a fondo sobre el significado y el propósito de su vida, su literatura y su acción política. Y comprobó que la historia del movimiento obrero mexicano era solamente un grito perdido en el desierto; y sufrió una crisis, comprobó en carne propia el fracaso. "¿Era el marxismo simplemente una ideología más?". Para pensar honestamente en esa cuestión, se quedaría en Cuba, por supuesto, hasta el final, no deseaba regresar pues: "Mi trabajo en México ya dejó de tener un sentido histórico". Lo que hiciera sería la repetición de los mismos problemas. En su *Diario de Cuba* vemos a un Revueltas melancólico, suspendido de sus líos de México. "Quizás sentía algo en común con aquellos personajes históricos de quienes dice Hegel que, una vez cumplida su misión en la historia, quedan exhaustos y caen como cáscaras vacías".

Cuentos ejemplares

En este periodo de larga discusión ideológica y grandes derrotas, Revueltas escribió solamente un libro de cuentos, *Dormir en tierra* que la Universidad Veracruzana publicó en 1960; un ensayo, *México: una democracia bárbara*, editado por una editorial marginal, Anteo en 1958, en el que se incluía otro trabajo, "Posibilidades y limitaciones del mexicano". Y apareció también su trabajo definitivo sobre la crisis del Partido, *Ensayo sobre un proletariado sin cabeza* (1962) en las ediciones de la LLE. Es decir, se dedicó más al ensayo político, al trabajo teórico y menos a su quehacer literario.

En su ensayo de 1958, Revueltas retoma el asunto de la nacionalidad y la identidad del mexicano que venía trabajando desde *El luto humano* de una manera sistemática y que continúa hasta su artículo, "Fantasía y realidad del pueblo mexicano" de 1968. En *México: una democracia bárbara* encontramos la idea de que las limitaciones del mexicano son el resultado de su "atraso histórico"; pero como lo dijo Leopoldo Zea y otros estudiosos de lo mexicano de los años cincuenta, en esas limitaciones se encuentran también sus posibilidades. Revueltas escribe un análisis materialista-histórico de la historia de México en sus periodos decisivos: la Conquista, la Colonia, el movimiento de Independencia, la Reforma y termina en la Revolución mexicana. En ese lapso, el mexicano ha vivido expuesto a varias contradicciones que se reflejan en su temperamento y en su idiosincrasia. La religión de los mexicanos es "triste", "desgarradora y llena de nostalgia". Pero esto parece una quimera, explica Revueltas, si no se toma en cuenta el desarrollo histórico de las fuerzas de producción. Y hace un bosquejo breve pero intenso, coherente, de la historia del país desde la sociedad prehispánica.

En "Fantasía y realidad del pueblo mexicano", Revueltas ve la vida cotidiana del mexicano, sus ritos ancestrales, su lenguaje. El pueblo se inventa —dice— una manera de burlarse de sí mismo y de criticar sus propias costumbres y aspiraciones: al aire libre, en las plazas y calles, en los mercados, se encuentran esos "magos", "juglares", "volatineros", parecidos a los de la Edad Media. Su conclusión es que el mexicano se burla de sí mismo porque ha sido burlado tantas veces a lo largo de su historia. El mexicano se desdobla en sus canciones, juegos y pasatiempos, en su vida diaria.

El texto literario más sereno y convincente que escribió el Revueltas de los años del tormento ideológico y los "ligueros", fue *Dormir en tierra*. Una prosa llana y cálida, en la que se denuncian prejuicios de la clase media; asuntos vinculados a la religión entendida como trauma social y dogma, más que como comunión con una verdad y una fe, aparecen de una manera transparente. Se nos revela un escritor que conoce el oficio de narrar historias, urdir tramas, manejar personajes de varios niveles y fraccionar el espacio y el tiempo para cumplir su objetivo. Llegaba a puerto seguro, armado de una larga experiencia literaria y periodística enriquecida con los años de polémica en los plenos y asambleas del Partido. Para entonces había escrito infinidad de argumentos para el cine, en los que su habildad para urdir historias, desarrollarlas y darles coherencia se había vuelto una virtud. De ese libro, el relato que más llama la atención —por su vocación de la muerte, y porque el mismo Revueltas confesó que era el que prefería— es "La frontera increíble", del que le dijo a Ignacio Solares:

> La idea de ese cuento me la dio el libro de Chestov que me impresionó mucho: *Las revelaciones de la muerte*. Es sobre Dostoievski. Empieza con un epígrafe de Eurípides que dice, me acuerdo muy bien: "¿Quién sabe si la muerte es la vida o si la vida es la muerte?" Chestov escribe que cuando Dostoievski fue condenado a muerte, y luego cuando se llevó a cabo el simulacro de esa muerte, cambió totalmente su visión del mundo. Empezó a ver el mundo con los ojos de la muerte y eso le dio una dimensión muy especial a su literatura. Esto me pareció un descubrimiento muy importante. Yo creo que, en cierta forma, el verdadero artista siempre ve la vida con los ojos de la muerte, y éste es su gran drama. Es como si insistiera, tercamente, en que atendiéramos más a nuestra sombra que a nuestro cuerpo mismo.[21]

Revueltas no sufrió ningún simulacro de fusilamiento como Dostoievski aunque sí persecuciones y cárceles, sin embargo recibió una ráfaga de dolor y desencanto a los 26 años de edad con la pérdida de su hermano Silvestre. No fue un dolor que borró el tiempo, sino una herida siempre abierta en su alma que lo hizo cambiar su visión del mundo. "La frontera increíble" está basado en el episodio que se convirtió en drama: la muerte de Silvestre Revueltas. El agonizante que vemos en su lecho, esperando el desenlace, en la frontera de la vida y la muerte, en trance de que llegue al fin lo desconocido de una manera suave y dulce, sin terror, como la muerte de un santo, parece la de Silvestre.

En el cuento vemos que muere en efecto un santo que sabe asimilar las leyes de la vida y del destino que le depara la muerte. Tema que Revueltas trabajó intensamente y sobre el que reflexionó mucho, la muerte no es solamente un fin en sí mismo, sino imagen

---

[21] I. Solares, *art. cit.*, p. 18.

de la irracionalidad de la vida, culminación del sufrimiento, tránsito de una zona a otra, reencuentro con el ser, pasión y acto de supremo valor. Introducir un personaje religioso en una novela o un cuento siempre parece un riesgo, una posibilidad de desvirtuar el mundo literario creado por el autor. Sólo Chesterton logra hacer creíble la figura del padre Brown; Gide también. Revueltas, que admiró a estos dos escritores, crea personajes religiosos como conflicto y drama entre Dios y sus criaturas, entre los ideales de la fe y la historia que los rebasa. El sacerdote de "La frontera increíble" está arrepentido de su hábito, lo inunda la duda. En otros relatos suyos habíamos visto a un cura a la hora de la muerte, divorciado de la vida y de su feligresía como en *El luto humano*. El cura del cuento es semejante; con su estola y sus ademanes que bendicen al agonizante y sacralizan el lugar, son tan sólo la cáscara de su corteza. En el fondo, el sacerdote cuestiona su universo religioso después de la mirada del agonizante; se trata de un reproche implícito en el que cabe la pregunta ¿qué ha hecho usted y su Dios por los desamparados? Junto a la teología encarnada en ese hombre, se encuentra la filosofía de la vida: una bacinica "infecta" donde caen los hilos de su estola sucia. Revueltas intenta restarle todo sentido humanitario a las oraciones del cura, quitarle piedad a una religión desgarrada.

El cuento que da título al libro, "Dormir en tierra" es algo insólito en la producción literaria de Revueltas. Sobre todo por el niño que en realidad conduce la historia, la trama, y se vuelve el motivo central. ¿Historia de un naufragio? ¿Descripción colorida de las putas y los barrios miserables de una ciudad petrolera? Revueltas maneja sus asuntos y conoce el ritmo de su narración; entra en la conciencia de ellos y los lanza a sus propios mecanismos. Como una aparición, nos entrega el barrio de prostitutas ya no angelicales, sino despintadas, con lagañas, en su charco de podredumbre. Estas putas carecen de velo místico y redentor, no pertenecen al siglo XIX ruso, sino a las ciudades mexicanas creadas por el auge petrolero. También en eso era claro el avance literario de Revueltas.

Este libro de cuentos ponía al descubierto a un escritor obsesivamente ateo, envuelto en los laberintos de la religión, Dios el pecado. Venía a demostrar una profunda visión apocalíptica de la existencia humana y a poner sobre la mesa el pensamiento de Revueltas, que dos años antes de su muerte dijo: "Cada vez tengo más viva la sensación de que todos somos víctimas de una inundación, que no sabemos nada de nada, ni sobre nosotros mismos ni sobre los demás, y que tenemos a los buitres (como los de *El luto humano*) volando encima de nuestras cabezas".[22] Esta negación de todo, en tono religioso e ideológico ya venía formándose años atrás. Con todo, Revueltas había escrito un volumen de cuentos ambiciosos, depurado; como dice Torres Medina:

> Revueltas se aleja de la desolada oscuridad de su primer libro de cuentos para diversificar sus temas, pues introduce asépticos personajes burgueses, la guerra europea y el problema de la incomunicación.[23]

En efecto, en los años sesenta el asunto de la incomunicación era síntoma inequívoco de la enorme soledad del hombre, de su efímera existencia y su carencia de fines. Revueltas captó el sentimiento trágico de la época y lo convirtió en literatura de una manera audaz, en los cuentos de *Dormir en tierra* con su particular y específico aliento religioso.

El tercer libro que publicó en esos años desesperados y que forma parte de sus textos ejemplares, fue el *Ensayo sobre un proletariado sin cabeza,* en el que ponía a la luz del público el torpe funcionamiento del Partido Comunista Mexicano durante varias décadas en México. Era el resumen de sus luchas partidistas pero con una orientación teórica que había iniciado unos veinte años atrás y que por fin podía plantear en su dimensión exacta. Constituye sin duda, el texto más polémico de Revueltas y su apuesta teórica más convincente. Es preciso recordar que le llevó muchos años descubrir los "errores" del Partido. Su *Ensayo...* debe verse como un doble saldo que él tenía: con el Partido y con la historia de México. Simultáneamente a su militancia y su trabajo periodístico, Revueltas desarrolló una visión sobre asuntos nacionales; de ahí la gran cantidad de artículos y ensayos sobre la Independencia, la Reforma, el Porfiriato y principalmente sobre la Revolución mexicana. Le interesaba sobremanera el pasado del país y también su presente y su porvenir. Por eso aventuró algunas hipótesis muy dignas de tenerse en cuenta sobre el futuro de México, su desarrollo político y social, sus contradicciones más visibles, sus rupturas generacionales.

---

[22] I. Hernández, *art. cit.*, p. 11.
[23] F. Torres Medina, Visión global de la obra literaria de José Revueltas, UNAM, 1985, p. 114.

Ensayo sobre un proletariado sin cabeza fue reseñado en la revista *Política* por Enrique González Rojo, uno de los espartaquistas con quienes Revueltas había reñido. Rojo vio en el libro muchas aportaciones y lo definió como el "producto consciente del XX Congreso del PCUS" que hace ver "las consecuencias —el culto a la personalidad en el PCM". Revueltas —dice González Rojo— considera al PCM como una copia, un "eco del Partido Comunista" que nunca ha podido ser un verdadero Partido. Le reconocía méritos teóricos y metodológicos al libro, cuyo centro de gravedad es demostrar la enajenación del PCM, ya que nunca ha podido pensar colectivamente "por, para y con la clase obrera de nuestro país", sino "bajo, con y para la burguesía".[24]

En realidad resumía lo más sobresaliente del *Ensayo* y su importancia para la izquierda mexicana de los años treinta, cuarenta y cincuenta. Francisco López Cámara respondió a ese artículo. Con franca ironía lamenta que Revueltas y González Rojo descubran en 1962 que la "burguesía, estando en el poder, responde a sus intereses de clase", y que todos los males de la realidad mexicana provinieran de que el proletariado quedó "sin cabeza", sin "cerebro histórico" al volverse irreal su Partido dirigente. López Cámara concluía señalando varias contradicciones en que naufragaban Revueltas y González Rojo:

> Yo no sé qué pensarán los pobres comunistas de carne y hueso al enterarse con sorpresa de que el Partido en el que creen militar es una mera ilusión de óptica. Nosotros, por nuestra parte —y esto sí es inquietante—, corremos el riesgo de no poder discernir ya, cada vez que hablemos con un comunista, si estamos realmente en presencia de un hombre o ante un espectro.
>
> Mucho me temo, de cualquier modo, que ni el filósofo González Rojo ni su maestro Revueltas conocen en verdad a Marx, a quien invocan para estos sortilegios.[25]

Lo que estaba en juego en esa leve polémica sobre el trabajo de Revueltas era una discusión ideológica y sectaria de la izquierda

---

[24] E. González Rojo, "Por una dirección revolucionaria de la clase obrera", en *Política*, octubre 15, 1962, p. 16.
[25] F. López Cámara, "La izquierda maromera", en *Política*, noviembre 1, 1962, p. 43.

mexicana de principios de los años sesenta; González Rojo pensaba —y quienes pertenecían a su grupo— que el futuro de los comunistas se hallaba sin duda en la creación de un partido marxista-leninista, vanguardia de la clase obrera; López Cámara, simpatizante del Movimiento de Liberación Nacional (MLN) aspiraba a la teoría del "foco" revolucionario inspirada en Fidel Castro y el Che Guevara.

De alguna manera Revueltas salió librado de esa polémica; se mantuvo firme en su postura crítica del Partido, luego se alejó de su idea inicial: crear bajo cualquier circunstancia un Partido que fuera la cabeza, "el cerebro" de la clase obrera en México. Terminó desilusionado pero en franca polémica con la izquierda y consigo mismo. González Rojo fue uno de los que expulsaron a Revueltas y Lizalde de la Liga Leninista Espartaco; sin embargo, él mismo hizo un análisis interesante del pensamiento político del autor de *Ensayo sobre un proletariado sin cabeza,* en un homenaje póstumo a su ex camarada. Reconocía de entrada los tres periodos por los que había pasado Revueltas: el preespartaquista, el espartaquista y el posespartaquista. Hay errores —dice— en la evolución teórica de Revueltas pero queda, como una gran aportación su talento polémico, su capacidad de análisis y su trayectoria revolucionaria a prueba de toda crítica coyuntural.

Roger Bartra ha hecho "luz" sobre esos vaivenes ideológicos revueltianos en su artículo "¿Lombardo o Revueltas?"; llega a la conclusión que ni uno ni el otro, aun cuando fueron dos tendencias políticas durante muchos años. Revueltas vive atormentado —explica— por la enajenación; ve que todo es inacabado y la conciencia de esa idea lo perturba. Por eso intentó durante toda su vida hallar un absoluto:

> A todo le falta algo, nada está terminado: a los escritores mexicanos les falta con frecuencia la palabra, al país le falta democracia, al marxismo le falta leninismo, a la conciencia le falta organización y, para colmo de males, al proletariado le falta la cabeza. A su manera, Revueltas imagina —o más bien, desea— un universo cerrado como el de Lombardo: pero cada vez que mira a su alrededor se percata de sus carencias.[26]

---

[26] Roger Bartra, "¿Lombardo o Revueltas?", en *Nexos*, num. 54, junio, 1982, p. 11.

En su búsqueda incesante del verdadero Partido de la clase obrera, Revueltas descubre el vacío de la vanguardia. Y tal vez sus propias limitaciones, su derrota. Revueltas fue incansable en su intento de formar ese partido cuyo último jalón lo representa la LLE que lo expulsó de sus filas "cuando dejó de aceptar el rigor de la disciplina ideológica. La trampa sectaria marxista-leninista que él mismo armó acabó por enjaularlo. Nunca pudo escapar a este problema, salvo cuando soñaba en una suerte de República de sabios marxistas, una 'democracia de los ideólogos que discuten hasta morirse, hasta precisar un problema'. Esa era la 'democracia cognoscitiva' que preconizaba en los últimos años".[27]

---

[27] *Ibid.*, p. 12.

XV
Los errores de Revueltas

Ya Revueltas había comenzado a escribir *Los errores* cuando vino otra separación conyugal: ahora sí, su éxodo sería largo, interminable; se fue a vivir con quien lo acogiera. Esta vez lo recibió en la calle Holbein número 191 su amigo Héctor Xavier. Llevaba una maleta desteñida en la que había acomodado de prisa y sin importarle mucho algunos libros, decenas de cuartillas, su libreta de notas y alguna ropa. Colaboraba esporádicamente en *El Día* periódico de su ex camarada Ramírez y Ramírez que le daba de vez en cuando una misión de trabajo para que no sucumbiera.

Revueltas se quedó en ese departamento varios meses; trabajaba en las mañanas sin descanso; desde temprano escribía, hacia notas, llamaba por teléfono. Salía a la redacción del periódico, se entrevistaba con sus amigos, llamaba a sus hijos. Tenía una actividad intensa, que cumplía como si fuera un deber, un empleo rígido. Xavier lo veía poco pero a veces coincidían, en la noche. Revueltas carecía de empleo fijo, estaba atenido a los escasos recursos de sus colaboraciones esporádicas; cuando ganaba un poco de dinero desaparecía con rapidez de sus manos. El dinero siempre estuvo reñido con él. Su patrimonio eran sus manuscritos, algunos libros publicados y nada más. No cabe duda de que si Revueltas hubiera tenido bienes los hubiera regalado; su vocación mística no era una broma. En ese edificio conoció al portero y a su mujer; vivían en la azotea con un niño. Una noche, el portero le dijo a Revueltas que su hijo estaba enfermo. Pero cómo, hay que auxiliarlo de inmediato, compañero. Le entregó unos billetes, los únicos que seguramente tenía en los bolsillos y le regaló la única cobija que tenía en su cama para arropar al enfermo. "Y si no lo detengo, el compañero Revueltas le regala al portero la casa", recuerda con humor y cariño Héctor Xavier.

—Mira José, si logro vender un cuadro tendremos con qué vivir un mes por lo menos —le dijo Xavier a la mañana siguiente.

—Chito, tú y yo somos hermanos del mismo fin: luchar por los miserables —contestó Revueltas, mientras bebía café—. Somos perros de esquina, ¿los has visto? Viven en el desamparo más absoluto: les llueve, los golpean, los azota el frío... Igual que a nosotros.

El 31 de diciembre de 1963 Revueltas hizo una vez más el recuento de su situación: tenía muchos compromisos y escasas posibilidades, pero ahora con un agravante: lo habían desalojado de Holbein 191. "No tengo a nadie a quien acogerme", todo mundo anda de vacaciones. Anuncia su proyecto de vivienda más inmediato: "El día dos de enero me cambio, provisional y desordenadamente, al departamento que June Cobb arrienda en casa de Mario Monteforte Toledo, también amigo mío".[1] Comienza 1964 y su situación es más crítica; ni siquiera tiene para comprar cigarros y debe pedir prestado. Revueltas se declara "un refugiado".

En tremendas dificultades económicas, en líos conyugales, exiliado en la casa que lo "acogiera", latía en Revueltas una sensación de que el mundo se había volcado en su contra, que los amigos y la "sociedad" conspiraban para hacerle la vida pesada. Pero su vocación de martirio corría paralelamente a su entrega a la literatura. Esto parece una proeza; de entre su propio laberinto existencial, alzar la mano y la voz, escribir horas, noches enteras, fue una tarea insólita. Podía dejar de comer pero no de escribir; antes que la comodidad y el dinero interpuso la escritura. Se nutría, pues, de esas historias despiadadas que solía contar, de esos personajes paradójicos y azotados por el vicio o el rencor, por el dogmatismo ideológico que construía. En el tiempo que vivió en Holbein fue perfilando la trama, la estructura de *Los errores*. El 22 de noviembre de 1962 escribió en su diario: "Por la tarde, con H X hice un paseo a Coyoacán (a donde nos dirigimos a pie, acompañados y estimulados por cierto combustible al que ambos somos afectos)".[2]

---

[1] J.R., *OC*, v. 26, p. 151.
[2] *Ibid.*, p. 144.

Una tarde llegó al departamento agobiado; había caminado muchas horas buscando protección económica y sólo halló miradas frías y desconfiadas, rechazo. María Teresa se había enfermado; Revueltas lo sabía. Entró, sudando, y Héctor Xavier dejó de dibujar por un momento, pues advirtió la situación que padecía su amigo. Revueltas sonrió, no dio muestras de apuros, ni de preocupación. Se sentó y miró a Xavier:

—Se me ha ocurrido una idea sensacional, camarada.

—Me la dices y la ejecutamos, ¿de acuerdo? —dijo Héctor Xavier, irónico.

—La cosa es muy sencilla —explicó Revueltas como dictando una clase—, vas con el español de abajo, le dices que lo invitas a ver un acto trascendental y lo subes, la condición es una botella de sabroso ron. ¿Qué te parece?

—Que olvidas que ese hombre es un avaro, un miserable. Mira, hermano, su comercio es su trono, La Meca a la que llegó hace tiempo, no le pidas un gesto...

—De acuerdo, de acuerdo, pero por favor Chito, ve y lo convences; aquí te espero.

Héctor Xavier fue a la tienda de ultramarinos. Tardó y no consiguió absolutamente nada; el español lo mandó al diablo. Cuál no habrá sido su sorpresa cuando abre la puerta del departamento y ve tendido a Revueltas sobre la mesa cubierto con una sábana y cuatro velas en las esquinas, muerto. Tuvo un presentimiento: Revueltas pudo haber ardido y esta representación de la muerte volverse realidad. Empezó a moverlo, nada. Revueltas al fin abrió los ojos, lo miró, despertó, tuvo conciencia de las velas; abrazado del cuello de Xavier, lloró como un niño en el desierto. Lloraba y al mismo tiempo decía que los hombres eran unos miserables, basura, nada.

Fueron años en los que él mismo se declaró un "trashumante" consumado; de un lado a otro, sin casa, sin lugar fijo, sin puerto donde resguardarse de la tormenta en que había convertido su vida. En julio de 1964, anota: "Llego a la casa (ahora vivo en el departamento de Arturo Filio y su hermano Jorge, nuevo hospedaje dentro de mi trashumancia ya constitucional) y compruebo con cólera que he olvidado las llaves al cambiarme de saco".[3] Para entonces

---

[3] *Ibid.*, p. 155. En la casa de Mario Monteforte Toledo, terminó de escribir *Los errores*, según una anotación en la que resulta evidente que Revueltas vivía en la zozobra.

ya había terminado de escribir *Los errores*, su empresa literaria más ambiciosa, en la que puso especial énfasis después de haberse quedado sin partido, sin camaradas de la LLE, sin hogar y sin ropa. La terminó entre esos flujos y reflujos de su actividad política y de sus caídas morales producto de las separaciones conyugales y la inestabilidad económica. Él quería aprovechar al máximo el tiempo, no desperdiciar ni un solo instante en trivialidades y líos para escribir más y terminar sus proyectos, pero se lo impedía ese afán del sufrimiento de cuyo contagio jamás pudo curarse. En 1963 tenía *Los errores* a punto de terminar. Ese mismo año, doblegado por tanto golpe moral, partidista, ideológico, contugal, acumulado, no tuvo el tiempo necesario para dedicárselo a su novela. Fue una tarea de escritura difícil y al mismo tiempo excepcional. La autocrítica severa, la revisión de nuevo de los años treinta, implicaba autoflagelarse. En una carta que le envía a María Teresa desde la colonia Nápoles a la Cuauhtémoc, le anuncia que *Los errores* estaría lista para el día de Reyes, pero le dice algo más:

> La conclusión de la novela es terriblemente dolorosa ante todo para mí mismo y me pregunto si tiene uno el derecho de hablar así y decir así las cosas. ¡Ni modo! Es verdaderamente un castigo que tenga uno determinada clarividencia unida casi no a la valentía sino a la temeridad del espíritu. Pero sólo de este modo se hace la literatura de un país.[4]

Remover su propia historia —la de los comunistas del estalinismo y los procesos de Moscú—, era asumir la conciencia de la derrota y caminar al revés para ver como en un espejo su propia sombra. Revueltas se inclinaba por hábito y convicción a esa vida de dolor. Era una manera de cumplir su destino.

Los errores (1964)

Esta novela representó un parto difícil para Revueltas por su situación ideológica, familiar y personal, inestable hasta el delirio, que padeció precisamente los años en la que la concibió, la fue escribiendo y la terminó. No faltó crítico que viera a esa obra como un

---

[4] *Cartas a María Teresa*, ed. cit., p. 188.

producto desconcertante y que esa falla la atribuyera a los líos de su autor. Se criticó la sintaxis, la ortografía, las "falsas construcciones" de la novela, y se le reprochó a Revueltas no releer lo que escribía, "todo esto indica que Revueltas no relee lo que escribe, que no se corrige, que no se cuida".[5] Sin embargo, Demetrio Aguilera Malta dijo que pocas veces había leído algo tan importante en la literatura hispanoamericana como *Los errores*, a la que compara con *Crimen y castigo*, y *El delator* de O'Flaherty. Saludaba a Revueltas como el gran creador de la literatura de América Latina. Vio una obra de gran aliento:

> En todo el libro campean las excelentes condiciones de narrador de Revueltas: el buen idioma, el análisis hasta la catarsis, el zigzag argumental dentro del movimiento parabólico general, el humor de trasfondo mezclado a la realidad amarga, el ritmo acechante a pesar de la sencillez de la historia.[6]

La novela se abrió camino entre la polémica, la crítica demoledora y el análisis más o menos moderado; pero como en sus obras anteriores —sobre todo *El luto humano* y *Los días terrenales*—, fue objeto de comentarios encontrados. En una nota anónima, "Desconcierta la nueva novela de J.R.", se le perdonan sus errores: "En favor de la obra, digamos que algunos crímenes tienen mucha fuerza, casi dostoievskiana y que, en su género, es formidable, inolvidable, la asquerosa y morbosa escena de las ratas (...)".[7] No salía aún del callejón oscuro en el que se hallaba debido a los ataques de los camaradas del Partido y de los "ligueros"; ni se había repuesto del todo de los ataques de los críticos en 1950, cuando de nuevo los encaró debido a *Los errores*.

En 1962, Revueltas había despejado algunas dudas sobre los ataques a *Los días terrenales* y *El cuadrante de la soledad* en una entrevista que le concedió a Luis Mario Schneider, sugerida por el director de *El Día*, Ramírez y Ramírez, el viejo camarada de Revueltas que lo había impugnado severamente, pero que seguía siendo

---

[5] Anónimo, "Desconcierta la nueva novela (*Los errores*) de José Revueltas", Revista de la Semana de *El Universal*, septiembre., 6, 1954, p. 3.
[6] D. Aguilera Malta, "La rosa de los vientos. *Los errores*", en *El Gallo Ilustrado*, num. 113, agosto 23, 1964, p. 4.
[7] "Desconcierta...", *art. cit.*, p. 3.

su amigo. El análisis que hace Revueltas ahí no se refiere únicamente al Partido y a sus deformaciones históricas, sino en realidad intenta un balance del papel que tuvo que jugar el escritor de los años treinta. Reconoce que estaba en ese tiempo "incapacitado" para defenderse, aniquilado por una extraña "fatiga moral" y se pregunta ¿cómo debe ser el escritor? Un ideólogo consciente que no debe escribir —como querían los estalinistas— por indicaciones previas ni por "decisiones de la mayoría". Él mismo es un dirigente social, "un modelador de la conciencia", al que no se le pueden hacer "sugerencias" sobre cómo trabajar bajo las premisas del materialismo dialéctico. Y cuando se le impuso una "línea" al escritor comunista, se le envió al sótano, sometido bajo el signo del terror. Se le hundió en el pantano de la "obediencia acrítica e irracional". Revueltas hacia un resumen de lo que fueron para el escritor —socialista o capitalista— los años del estalinismo. Recordaba que esos escritores se enfrentaron a tres alternativas: la de Essenin, Boris Pilniak y otros que protestaron de una manera valiente, leal; Essenin fue empujado al suicidio, Pilniak murió ejecutado; la segunda es que en la URSS y otros países proliferaron los escritores conformistas, "doctores de la ley", brutales exégetas del llamado realismo socialista; su misión era pintar el optimismo, la fe y el puritanismo del "héroe positivo", eje de la estética estalinista; por último, los escritores del "mundo burgués" asumieron la "inconformidad", la "rebeldía", pero bajo el doble fuego de los oportunistas, los burócratas, de un lado, y de la burguesía y el imperialismo, de otro.

Ante esas tres opciones no era fácil decidirse; el camino parecía complicado, "ninguno supo resistir la doble embestida": la del estalinismo y la del mundo capitalista:

> El escritor debía someterse, entonces, al oprobio de lo que se llamó "vigilancia revolucionaria", que no era sino la indagación de su conciencia por parte de los dirigentes y los organismos de la Dirección del Partido.[8]

Revueltas exigía en esa entrevista reivindicar al escritor comunista y antes que nada, su condición humana. Y veía como asunto del

---

[8] Luis Mario Schneider, "Después de doce años, revive la polémica sobre la obra de Revueltas", en *El Gallo Ilustrado*, núm. 11, septiembre, 9, 1962, p. 2.

pasado —una historia triste, degradante— las acusaciones inquisitoriales que le hicieron sus camaradas. Es obvio, en la actualidad, que aquello sólo fue una reacción dogmática pero muy expresiva del estalinismo en acción.

También Revueltas hizo una reflexión sobre el PCM que permite entender su funcionamiento sectario, paranoico. El Partido —explica— ha sufrido una deformación histórica de su papel como conciencia del proletariado, es una "ficción", una "entelequia", lo que repercute directa o indirectamente en sus filas y en especial contagia a sus militantes. Afecta sobre todo al estado de ánimo, la conducta y las actitudes de sus miembros. El mejor ejemplo, por supuesto, fue el propio Revueltas, que sufrió en varias ocasiones las vicisitudes del Partido. Esos comunistas —concluye— se convierten en seres "irreales" como su Partido, son

> suicidas vivientes, excepto el burócrata, el arribista y los escaladores de puestos directivos refractarios esenciales a cualquier conflicto interior de conciencia, puesto que no les importa sino el mínimo de mando de que puedan disponer, y la forma, por mísera que sea, en que puedan medrar.[9]

En realidad, continuaba su antiguo análisis del Partido Comunista Mexicano. Lo había hecho en ensayos, artículos, libros y entrevistas, y como no le bastó el cuestionamiento del comunismo mexicano y sus errores, escribió una novela en la que de nuevo impugnaba el sectarismo y la dirección vertical del Partido, su falta de apertura y la enorme carencia de "cuadros" teóricos capaces de estudiar la realidad nacional desde una óptica materialista, marxista. En esta empresa, puso un interés inusitado, una pasión moral, social, ideológica que lo rebasó. Porque no obstante los múltiples esfuerzos que hizo para lavarse del virus partidista, no se lo pudo —o no fue su intención— quitar en definitiva.

Una vez esclarecido el papel del escritor comunista en la era del estalinismo y justificada su propia trayectoria de novelista miembro del PCM, además de sus relaciones peligrosas con el Partido, Revueltas preparó así *Los errores*, su último disparo sobre los comunistas. En la entrevista con Luis Mario Schneider negó rotundamente la

---

[9] *Ibid.*

idea de escribir con la consigna de crear un "héroe positivo" como quería el realismo socialista; tampoco deseaba colocarse del lado del "arte por el arte" que protagonizaban los escritores del mundo capitalista. Sin embargo, en *Los errores* se ve con claridad meridiana a varios personajes que representan a ese "héroe positivo": Eusebio Cano, Olegario Chávez. Esta es una razón más por la cual esa novela fue objeto de un debate crítico que la descalificaba y al mismo tiempo le otorgaba algunos méritos. Juan García Ponce escribió:

> Revueltas ha dejado que la historia se le escape de las manos y se convierta en un mero folletín (o casi, porque también es imposible ignorar sus deslumbrantes hallazgos repentinos en el mundo interior de sus personajes). La penetración en el sentido de todos esos actos es imposible en tan corto número de páginas (en la novela hay cerca de quince crímenes, quizás más) y lo mismo ocurre con el empleo desorbitado del azar, las coincidencias en los encuentros, las relaciones que se cruzan, que llegan a parecer inverosímiles y folletinescas.[10]

El mundo maniqueo que encabeza Lucrecia, el hampa que representa Mario Cobián, y su cómplice homosexual Elena, integran un melodrama gigantesco, enlazado de una manera forzada; esto lo vio la crítica. Vicios y virtudes, aciertos y errores están presentes en la estructura rígida de *Los errores*. Esta novela se puede comparar con *La región más transparente* (1962) de Carlos Fuentes, al fin y al cabo tenían como escenario los bajos fondos de la ciudad de México; sin embargo, Revueltas estaba lejos de Fuentes, sobre todo en el tema de la lucha entre camaradas del PCM y sus recuerdos terribles de un pasado —el estalinismo— frío y amargo. En una palabra, el relato revueltiano no era de fácil ubicación en esos años. Más bien es una novela compleja, agónica y dispersa; el resultado del desencanto de su autor, después de su última apuesta a la formación de un partido que fuera la vanguardia del proletariado en México, como fue la Liga Leninista Espartaco. Había reconocido que el escritor "no comunista" es más "libre", pues el comunista parecía moverse por reflejos condicionados por los dictados sin límite del Partido. Con todo, en 1969, preso "hasta los dientes", Revueltas al contestar la pregunta

---

[10] J. García Ponce, "Errores y aciertos en *Los errores*", en *Revista Mexicana de Literatura*, septiembre-octubre., 1964, pp. 50-52.

acerca de que si en lo que hace hay un tono de sacrificio, "una necesidad de pagar culpas", contestó: "Todos somos culpables y no culpables. (...) Lo de mis personajes se debe, probablemente, a una necesidad que me impele a tomar al hombre en situaciones extremas, porque es donde se revela más".[11] Es decir, estaba identificado con sus personajes que escalan o descienden el último peldaño social, político o moral. De ahí, tal vez, su poca atención a la crítica que había despertado esa novela, los "errores" evidentes; con la calumnia, la agresión, tantas veces se había tropezado que parecía inmune.

Podría pensarse que *Los errores* no fue entendida en su momento, que posteriormente sería revaluada y puesta en el lugar que le correspondía, junto a las novelas más destacadas y excelentes de su tiempo. Así fue, pero parcialmente; vinieron lectores críticos que la vieron como una miscelánea de temas y situaciones, de personajes y posiciones ideológicas que no incidían en algún punto. Una historia abrupta en la que no se deslindaba claramente el mundo de Revueltas. Se le llamó "la novela más profunda de la Ciudad de México" con trama de circo en la que un guapísimo padrote intenta robar a un prestamista de barrio con un recurso desconcertante: un enano escondido en una maleta. De alguna manera, Revueltas enfrentaba la degradación física y humana de Elena, con la belleza del padrote Cobián, pero los dejaba sucumbir en su propia impotencia. En cambio, se empeñaba en degradar a don Victorino, el prestamista. La novela parece ser un "espeluznante error literario", que desesperó hasta sus mismos admiradores. José Joaquín Blanco afirma:

> Se forma con una mezcla inusitada de los menos complementarios estilos narrativos. Es un melodrama de pachucos, gánsters y prostitutas del tipo del cine mexicano de los años cuarenta y cincuenta (en el que, por lo demás, Revueltas trabajó como guionista); es una farsa de personajes-caricatura, del tipo que ya se le reprochaba un siglo antes a Dickens, al grado de que se corre el peligro de perder toda verosimilitud y adquirir la jocosa superficialidad de un gran guiñol; es una historia patética (con páginas literalmente espeluznantes) de crueldad física; es una reflexión desesperada sobre el fracaso de las dos grandes esperanzas de Revueltas: la Revolución

---

[11] Margarita García Flores, "La libertad como conocimiento y transformación", en *Conversaciones con José Revueltas*, ed. cit., p. 71.

mexicana y la Revolución soviética; es un gran fresco de la violencia política y de la estupidez, del desamor y las pasiones humanas.[12]

Como puede verse, se trata de un producto de compleja factura, tanto en sus aciertos como en sus errores. Igual que en *Los días terrenales*, en *Los errores* Revueltas polariza a sus figuras: santos o demonios, víctimas o verdugos, dogmáticos o reflexivos, ateos o creyentes. A quince años de aquella novela esencial en su desarrollo literario, apareció *Los errores*: otro recuento del estalinismo, punto final de una larga historia que su autor había comenzado a los quince años de edad. Si tuvo arduas críticas fue posiblemente por la obsesión reprobatoria de Revueltas; por su propósito despiadado de exorcizar la figura del camarada Stalin, el "padrecito" que lo había engañado durante muchos años y a cuya autoridad le debía infinitos sufrimientos. Había que rebelarse contra él y de una vez por todas erradicarlo; la consigna era clara: matar al Padre. El otro intento de esa novela es denigrar a los usureros como don Victorino, patriarca negativo, "padre" pero de las cosas materiales que envilecen a la sociedad, lo que había hecho Revueltas desde sus primeros relatos, en especial en su novela corta de 1956, *En algún valle de lágrimas*.

Revueltas hizo dos grandes apuestas novelísticas, *Los días terrenales* y *Los errores*, que lo habían convertido en un escritor de partido cuyo interés principal radicaba en mostrar los laberintos en que se mueven y se destruyen hombres de distintas clases sociales. *Los errores* ha sido considerada como un "gran fresco de la violencia política y de la estupidez". *Los días terrenales*, la obra más polémica de Revueltas. Con todo, ambas tienen una fuerte dosis de reflexión filosófica que tiende a negar la plenitud del hombre en la Tierra y colocarlo entonces como un ser caído, "erróneo", apresado en el vacío del universo. *Los errores* ha sido también considerada desde una óptica filosófica:

> La exigencia de esa novela aparece así como necesidad de proporcionarle al lector que vea la manera mediante la cual funciona en lo real una verdad central. Las historias ahí contadas se justifican solamente como entidades absolutas: no pueden

---

[12] J. J. Blanco, *José Revueltas*, Crea-Terra Nova, México, 1985, p. 18.

mostrar una faceta incompleta y por tanto incomprensible o falsa de lo real sino que deben en sus límites sintagmáticos procurarles todo el sentido.[13]

Blanco llama a Revueltas un "escritor a destiempo", y en efecto ese rasgo parece el lunar de su obra. *Los errores* se publicó cuando el *boom* latinoamericano iniciaba su ofensiva literaria; de manera que junto a la obra de García Márquez, Cortázar, Onetti, Fuentes, Vargas Llosa y otros, no podía ser vista sino como un anacronismo. En su contra podría citarse su propia factura: los años treinta y sus comunistas enajenados por el estalinismo y las consignas dogmáticas del Partido Comunista Mexicano, ¿eran asuntos del gusto del público en 1964? Temo que no. Revueltas seguía obsesionado por la moral comunista que se hizo ciega e inflexible durante el estalinismo, y su literatura era considerada como de partido, ideológica, de sectas; más que literatura repudiada y poco atendida, se trata de un producto dirigido a los comunistas, a los ex camaradas de Revueltas. Él mismo se aislaba al querer explicar una y otra vez que el comunismo mexicano y el internacional apestaban porque el dogmatismo, la arbitrariedad, el sectarismo, los habían enfermado de gravedad, olvidando los fundamentos del marxismo-leninismo.

Comunismo en desbandada

Los errores está claramente dividida en dos partes que representan además dos mundos distantes: el de los comunistas en conflicto con sus propios camaradas, a fin de cuentas almas en pugna, y el de los bajos fondos, cuyo asunto principal es el robo que comete Mario Cobián, auxiliado de un enano (Elena), y su secuela de crímenes. El primero es más intenso y parece el eje de la novela; el segundo es como el complemento del verbo, es decir, un hecho circunstancial. Todo indica que Revueltas quería escribir una novela —respuesta al Partido—, con personajes tomados de la realidad, con una importante dosis de autobiografía.

El primer comunista que se nos presenta es el propio Revueltas, encarnado en el personaje Jacobo Ponce que ingresó al Partido en

---

[13] Florence Olivier, *José Revueltas: militant et ecrivain,* Thèse de doctorat, L'Université de Perpignan, 1983, p. 250.

1929, estuvo preso en las Islas Marías, visitó la Unión Soviética, bebió severos tarros de cerveza en el boulevar Pushkin con su colega de cárcel, Emilio Padilla (Evelio Vadillo); luego se rebeló contra el dogmatismo del Partido, y finalmente fue expulsado del paraíso. A través de sus ojos veremos lo que ya Revueltas nos dijo en sus ensayos y cartas al Comité Central del PCM, sus declaraciones y respuestas a ese Comité, en artículos, asambleas y plenos partidistas. Ponce es el centro de la confrontación ideológica y filosófica del comunismo manchado por Stalin, los años terribles del estalinismo (los treinta), y los principios socialistas rescatables aún, el comunismo íntegro cuya finalidad era traer al mundo el hombre nuevo anunciado por Marx.

Cuando aparece Jacobo Ponce, lleva invertidos tres largos meses en su ensayo sobre marxismo en el que pone a la luz del día las desviaciones del Partido Comunista Mexicano, sus errores más escandalosos, y el estalinismo al que estuvo atado. Es el mismo tiempo que Revueltas dedicó a la redacción de un sesudo ensayo, "La disyuntiva histórica del Partido Comunista Mexicano" (1958), y una parte del tiempo que le llevó escribir su *Ensayo sobre un proletariado sin cabeza*. Es una literatura fuertemente contagiada de la biografía del autor, de sus intereses partidistas, de sus reacciones políticas en contra del Partido que lo engañó y lo martirizó. Ponce deja entrever temores políticos, sostiene una filosofía cuyo punto de partida es que el hombre es un ser "erróneo". La existencia, tragedia que nos arrastra al vacío, el mundo actual y su falta de racionalidad, el ejercicio de la política como enajenación y pérdida del paraíso, son verdades que Jacobo toma para enfrentarse a esa máquina infernal, concebida desde el exterior: el PCM. ¿No son más o menos los mismos elementos con que Revueltas se enfrentó a sus camaradas? La autobiografía y el arsenal literario de Revueltas se entrecruzan y complementan, se enriquecen, son inseparables. *Los errores* es la novela de la pasión desdichada: no triunfa el amor ni el odio, ni los comunistas ni los fascistas enfrascados en una lucha obtusa, irracional; tampoco la voracidad material —la de don Victorino— ni el afán de redención de las prostitutas y sus padrotes. Llamar a los hombres "extraña y alucinante conciencia", seres erróneos, es una manera de verlos hasta el fondo de sus pasiones. Pero esto funciona como análisis de los seres pensantes de esa novela, Jacobo Ponce, Olegario Chávez, y no precisamente para Cobián, el homosexual Elena, la *Jaiba* o Lucrecia. O sea, la discusión sobre la finalidad del hombre en la Tierra, el destino de la humanidad, los crímenes de Moscú en nombre del comunismo redentor y turbio, la metafísica de la muerte y de la escatología que lleva a cabo Olegario Chávez, se da entre el sector intelectual, de izquierda, que desfila por *Los errores*. El otro sector, el marginal, es una rara comparsa.

Jacobo Ponce representa la verdad no reconocida y falseada del pensamiento comunista; también de una aproximación desencantada del hombre y su triste paso por el mundo. Junto a sus ideas firmes y terribles, se encuentra la preocupación permanente por su militancia en el PCM; Ponce intenta aclarar su situación pero no puede. Esto es evidente en su relación con Clemen, su esposa. Ella se ha ausentado de casa hace tres meses y él apenas registra el hecho, porque primero necesita apartar el humo dogmático que ve en el Partido y en sus camaradas, luego atender asuntos conyugales. Antes que nada, debe hacer la radiografía del Partido y ver cuál es el tumor que lo infecta, la moral que desvirtúa su papel histórico. Actúa más por compromiso partidista que por sus convicciones. Desconfía del Partido y sus dirigentes; descubre las maniobras criminales del Partido y de quienes creen en él religiosamente. El miedo lo invade, "En rigor, ahora más miedo que nunca, al borde de la sima" y piensa que "horrible cosa es caer en manos de Dios vivo", asombrado. Comprende de súbito la tarea de aquellos católicos conocedores profundos de su "espantosa religión" que podían soportar el sufrimiento hasta lo indecible. Pero primero se impone la tarea, casi imposible, de desentrañar la verdad del caso "Padilla", pues los comunistas no pueden vacilar, a no ser que se trate de canallas, en su lucha contra la injusticia ni pueden permanecer indiferentes ante la injusticia propia. El profundo misterio que rodea cada acto de Ponce es propio de los comunistas; esconde algunas informaciones que sólo va revelando gradualmente. Si sus camaradas no deben saber ni una palabra, tampoco los lectores que impacientes esperan saber cuál es el motivo de que Ponce actúe en silencio, con frases cortantes. Podría decirse que su inconformidad mayor, aparte de que lo expulsan del Partido de una manera arbitraria y desleal como a Revueltas, se debe a la desaparición de su viejo amigo Padilla. De ahí, derivará su rechazo total al Partido, la condena expresa de los dirigentes comunistas, la desacralización de Stalin, el estalinismo, la Unión Soviética como madre de los desamparados y la patria del "hombre nuevo".

La historia de Padilla —trasunto del caso Vadillo que en 1963 se había destapado debido a un artículo de García Treviño en *Excélsior*—

es recordada en parte por Olegario Chávez. Se encuentra en Moscú, beben cerveza, platican sobre el funcionamiento de los bares en un país socialista. Todo es diferente al capitalismo. Desde la fonda de la *Jaiba,* donde Olegario se cruza con el padrote Mario Cobián, llegan a su recuerdo las imágenes de su estancia en la URSS y la sonrisa franca de Padilla. Ve a la gente moviéndose en las calles socialistas, el cielo es transparente. Piensa que la construcción del socialismo no es una broma. Padilla le pide que le cuente qué sintió esa vez que estuvo tres días prófugo en el alcantarillado de la ciudad de México. Olegario no le contesta. La escena que vivió es más fuerte y veraz que las palabras; Olegario parece imposibilitado para reconstruirla. Al fin la cuenta; es la aventura del hombre perseguido por la sociedad que representa con aquel río negro de mierda con ratas voraces. Es el purgatorio pero en la Tierra. Olegario cita el miedo, las mordidas de las ratas hambrientas, la lucha por su libertad. Padilla escucha, hace una pausa; esas ratas insensatas ¿no son similares a la burocracia que roe el corazón de la URSS? Quiere regresar a México cuanto antes, pues lo asfixia la escuela "leninista" donde "estudia" y logra decirle a Olegario: "ca-si-no-pue-domás..."

Padilla es acusado de conspiración para asesinar al camarada Stalin; lo deportan entonces a una aldea, de la que logra escapar; lo vuelven a aprehender y bajo vigilancia, custodiado como el más terrible criminal, purga su condena. Pero nadie sabe su verdadero destino; se lucubra sobre su vida. Ponce recibe una carta de un amigo italiano, Vittorio, un seudónimo muy común entre los comunistas de esos años, en la que le revela toda la atrocidad cometida en la URSS contra Padilla, entonces su dolor aumenta y su odio contra Stalin, el Partido y las masas "idiotamente felices", se desborda. Padilla se vuelve un dolor de cabeza permanente, la vergüenza de los comunistas. Con esa sinceridad suya, Revueltas dijo en una entrevista que la historia de Padilla era real:

> El personaje Emilio Padilla de *Los errores* es real; claro que el nombre está alterado. Se llamaba Evelio Vadillo. El suceso es real y lo testimonio con mi nombre. Afirmo la historicidad del hecho aunque sea un hecho novelísticamente tratado (...) en general siempre se plantean en cada una de mis novelas personajes que indican la dirección consciente y un tanto biográfica de mi participación en los hechos que relato. Gregorio, por ejemplo, en *Los días terrenales*; Eladio Pintos, Jacobo

Ponce, y Olegario Chávez en *Los errores*; son los que llamaríamos personajes históricos y que señalan una dirección personal, una coincidencia con el autor porque son el autor mismo en varias situaciones inventadas y recreadas.[14]

Esa verdad que Olegario recuerda con nostalgia, Ponce la reproduce a conciencia y la analiza desde varios puntos de vista. Olegario es un obrero, conoce los hechos pero no los objetiva; su cerebro sería Ponce. Al mismo tiempo que las verdades ocultas a los comunistas van apareciendo en el pensamiento de Jacobo, como injusticia y maldad, desviación histórica que padece una grave enajenación, aumenta su miedo por el comunismo cada segundo. Es como si hubiera empezado a excavar un profundo pozo con la sospecha de que en el fondo hallaría podredumbre, vicio, anacronismo, violencia desatada en nombre de un credo, tiranía en la noche oscura, un hombre llamado Stalin que gobierna por encima de los hombres, camaradas asesinados y torturados por su propia fe en el socialismo. Pozo sin límites que comunica a Ponce con el abismo y la desolación. ¿Y después? El vacío, la nada, la anarquía de todo acto moral, político, partidista. "Imaginaba la calle pletórica de absurdo, de vida innecesaria". Después de los procesos de Moscú y las atrocidades cometidas en nombre de Dios (Stalin) y la doctrina socialista, sólo le queda al camarada Ponce el desamparo. Al perder la fe en lo que creía, su libertad aumenta pero su terror cósmico lo martiriza. Entregó su fe y su voluntad revolucionaria a una causa sagrada en términos políticos y humanos, quería construir un mundo nuevo que nacería de los escombros del capitalismo. Comprueba que esa causa es una quimera debido a los hombres que la impulsaban —la burocracia soviética, Stalin y sus súbditos—, y el universo se desintegra en su pensamiento. Al derrumbarse el mundo en que había depositado su fe, permanece a la deriva, carece de asideros. Es un ser vacío de esperanza, escéptico, que camina por el mundo expiando su culpa. No invita ya a las masas a organizarse, derribar el sistema político y social basado en la explotación del hombre por el hombre, sino a humillarse frente al vacío. Las llama también a denunciar la farsa que fue toda aquella religión conocida como socialismo que traicionó a

---

[14] A. A. Ortega, "El realismo y el progreso de la literatura mexicana", en *Conversaciones con José Revueltas*", ed. cit., p. 51.

sus feligreses. Revueltas aplica entonces, aquella idea según la cual el cura en *El luto humano* niega su propia doctrina y pone en duda su fe y su Dios. Jacobo Ponce, de signo contrario al cura, hace exactamente lo mismo pero con el Partido, la Unión Soviética, Stalin y su verdad desnuda. La duda era el resumen de Revueltas en esa novela de 1943, y en *Los días terrenales* veía que "no amanecerá nunca" para el hombre; por último, en *Los errores* reduce al absurdo la existencia humana, al menos en el socialismo. Otro "caso" despreciable que Ponce guarda en su memoria es el de la "pequeña" Olenka Delnova que desapareció igual que Vadillo en la URSS de una manera "misteriosa". Revueltas, sin duda, se rebela contra José Stalin, el centro de gravedad de los crímenes y las sordideces cometidas en la Unión Soviética. Pero lo hace a través de su "yo" desdoblado, Jacobo Ponce, para quien los comunistas que cayeron en los procesos de Moscú son héroes que la historia reivindicará forzosamente. Bujarin, Piatakov, Rykov, Muralov, Zinoviev y tantos más fueron víctimas de un Tribunal Superior que los condenó por su vocación de servicio a la causa. Ponce los cita en sus monólogos incesantes. Ponce piensa que la sociedad comunista del mañana será distinta a la que sus ojos han visto, a esa que está plagada de errores, desviaciones, absurdo. Su intención es triturar al Padre Stalin, sentenciarlo moral e ideológicamente por sus crímenes y su intento hecho realidad de haber pervertido el socialismo, la doctrina marxista-leninista, los propósitos del Partido en todos los rincones del mundo. Ponce quiere una denuncia pública de tipo religioso; se pregunta con honda preocupación si el siglo XX será recordado como el siglo de los procesos de Moscú o como el de la Revolución de Octubre. He aquí una parte de su credo:

> Debemos ver los hechos con desolada e intrépida valentía humana, pues para eso somos comunistas. Las caídas, las injusticias y aun los crímenes en que haya incurrido nuestra causa, son crímenes, injusticias y caídas que comete nuestra misma causa por más pura e intocada por el mal que la concibamos cuando se vuelve una verdad concreta para los hombres de una época y un tiempo enajenados. Es el hombre mutilado y preforme de nuestro tiempo, son, pues, los hombres mismos, y de entre ellos los mejores, quienes devienen asesinos en virtud de llevar entre las manos la brasa ardiente de aquella otra verdad concreta, pero más real —o en rigor, la única real—

que sí puede transmitirse. También serán castigados, claro está, serán castigados aun después de muertos.[15]

Ponce es la suma de su autor; fue expulsado del Partido de una manera harto arbitraria, casi a traición, pues mientras el jefe del Secretariado Ismael Cabrera, le pide que no exponga el caso de Padilla en la asamblea, ya que podría prestarse a interpretaciones equivocadas, el propio Cabrera y su grupo han decidido expulsar a Ponce del PCM por "desviacionismo" y otros cargos no menos graves. Fuera del Partido, asediado por sus descubrimientos atroces, Ponce recibe una ofensa moral, política, violenta y decisiva. Es la que le propina el camarada Eusebio Cano, viejo comunista humilde, sincero, entregado a la causa; se trata de un verdadero querubín del proletariado. Cuando Jacobo lo saluda, aquél lo mira con odio y desprecio y le dice que no puede ser amigo ni camarada de un hombre que ha sido expulsado de "nuestro Partido". Ponce va por las calles de la ciudad lleno de dolor, con la conciencia rota por los acontecimientos recientes que han puesto en evidencia la irracionalidad del comunismo internacional y su brazo en México, el PCM. Su mirada se dirige al futuro que tal vez sea menos ingrato para el comunismo, y hacia el pasado que es ya una mancha. Su generación —piensa— será juzgada.[16]

El puñado de comunistas descritos en *Los errores* están cogidos por sus vicios y deformaciones ideológicas; más que camaradas parecen hienas; más que unión política demuestran incapacidad teórica, división personal y partidista. Son comunistas que terminan en un asalto a unas oficinas de un grupo fascista, en el que no fueron a matar al enemigo sino a jugar una farsa de guerra entre ellos mismos. Divorciados de la realidad del país —según el punto de vista de Jacobo Ponce, especie de pensamiento consciente que los impugna y los somete a su verdad—, del marxismo-leninismo, incapaces de comprender que una cosa es un hombre y sus sentimientos y otra sus aspiraciones políticas y su militancia, son aves de rapiña. Revueltas se ensañó con el Partido, con los comunistas que lo dirigen, y contra el dogmatismo que lo ha guiado. En la novela y en sus ensayos y entrevistas, comparó al Partido con una Iglesia, en la que no

---

[15] J. R., *OL*, v. II, p. 280.
[16] *Ibid.*, p. 281.

cabía sino dogmatismo y fe ciega. Ese era uno de los principales errores del movimiento comunista de México, haber elevado su *causa* a un apostolado que convertía al Partido en una Iglesia secreta, inquisidora. Esto lo ve Ponce, pero no sus camaradas; unos porque han olvidado la teoría marxista y son repetidores de las consignas que les llegan de la URSS. Otros —como Eusebio Cano y Januario López— por su ingenua y abnegada entrega al Partido, la obediencia y la fidelidad que guardan a la causa del proletariado. Entre esos dos sectores, Ponce preferiría a los segundos, mientras que los "sacerdotes" como Ismael Cabrera están condenados por la historia y la humanidad a pagar sus "desvíos", sus crímenes.

Olegario Chávez, amigo de Padilla con quien estuvo en Moscú, comunista íntegro, aparece en largos monólogos como Ponce. Olegario piensa igual que Ponce, los comunistas no deben callar jamás, porque al hacerlo traicionarían su causa, su lucha por reivindicar a los desposeídos. Cita los crímenes "sacerdotales de los que han hecho del Partido una Iglesia y una Inquisición", y hace un llamado a quienes están aún de pie y a los caídos. "Estamos en el infierno, en el regocijante infierno de la vida humana" y sólo quedarán cenizas de todo, inclusive de él mismo. De esas cenizas sólo rescata al militante del Partido que cumple su apostolado, por ejemplo el repartidor de propaganda. No hay texto sobre el Partido en que Revueltas no introduzca un militante que reparte, como el pan que deja en gracia a los cristianos, la propaganda siempre esperada, la levadura que hará fermentar las conciencias de los trabajadores. Es un ser sagrado que cumple una misión evangélica. Son comunistas típicos de los años treinta —Revueltas entre los más destacados— con un atuendo inconfundible: mezclilla, gorra de ferrocarrilero, overol, zapatos de lona, la propaganda debajo del brazo.

Putas y melodrama

La composición de *Los errores* es similar a la de *Los días terrenales*: cuenta dos historias paralelas que se desarrollan al mismo tiempo y en diferentes lugares, pero opuestas por los personajes que intervienen y por su temática. Así, junto a la historia de los comunistas en pleito eterno, aparece en *Los errores* la del usurero de La Merced, asesinado por Elena con el fin de robarlo. El protagonista de esta historia del hampa, teñida de melodrama, es Mario Cobián, el autor intelectual del asalto a don Victorino y parte de la acción del robo, cuyo móvil es el deseo de Cobián de irse lejos, a la frontera tal vez, instalar una cantina, o una casa de citas, "bajo la supervisión de *Luque*". Este hombre capaz de azotar a las mujeres y de extorsionarlas, vive bajo el imperio de una fijación: la de su madrecita. Piensa que el botín, una vez que se deshiciera del *Enano* (como de hecho lo hace, al tirarlo al canal del desagüe), le servirá para vivir feliz con su *Luque*. Rehacerse mediante el dinero y el amor de Lucrecia es su mayor ilusión. Se siente en la soledad, lo invade el vacío, sólo el asalto a don Victorino podrá reivindicar su vida sin sentido. Su conciencia está tranquila, no obstante que sabe que matará al *Enano* porque es basura, vileza. Viejos amigos y cómplices, cirqueros que hacían un número de hipnotismo en el que Cobián miraba fijamente al *Enano* y éste se quedaba profundamente dormido y en ese estado bajaba al "pozo de las serpientes" y jugaba con aquellas víboras venenosas. Y la carpa aplaudía al *Muñeco* Cobián y a su *Enano*. Pero ése fue el pasado, ahora Mario quiere deshacerse de esa cosa deforme y mala, perversa (homosexual) que es Elena. Logra su objetivo, después que aclara a la policía no haber matado al prestamista (así le cargarán el crimen al comunista Olegario Chávez). Como estímulo recibe su placa de la "reservada" y a su querida Lucrecia que él mismo envió a la Cruz Roja debido a una golpiza que le propinó por celos, por revancha y porque ella intentó escapar de Cobián. Lucrecia no lo quiere ni lo ha querido; tampoco lo querrá nunca; pero cuando él va a verla al hospital y le jura amor y le promete no maltratarla más, ella dice que nada le importa ya, que Cobián puede hacer con ella lo que quiera. Ella obedecerá, lo seguirá aunque le pegue, aunque la mate.

De esta historia truculenta entre prostitutas y padrotes del hampa como Cobián, el único que sale victorioso, contento, reivindicado es él mismo. Luque en cambio, asume su papel de "triste" prostituta a expensas del *Muñeco* Cobián. Revueltas dedica tiempo y espacio para esa mujer que desde su aparición, con la "mente en blanco", indecisa, tratando de escapar, es ya un extraño mártir. Un *flashback* revela que es hija de un dentista arruinado por el alcohol, y que vivía en Nuevo Laredo. Allá conoce a Ralph, su gran pasión. La suerte parece echada: se casarán y vivirán felices, sólo falta el consentimiento del dentista. Cuando los novios van al consultorio, es decir, a ese "basurero" que fue consultorio dental para pedir el permiso matrimonial, encuentran en el sillón el cadáver del padre de Lucrecia. Y empieza el agobio y su camino al infierno que en realidad comenzó antes de venir al mundo. Su madre no la quiso; es decir, antes de su nacimiento, Lucrecia estaba predestinada al martirologio del desamor, a sufrir eternamente. Su madre intentó deshacerse del hijo que llevaba en el vientre pero fue imposible; por fortuna, Luque ni siquiera conoció a su madre. Y cuando tenía la felicidad muy próxima, se la arrebató el borracho de su padre. Todo parece en su contra. Tiene un hijo con Ralph pero por celos la abandona. El melodrama es intenso: la prostituta recorre barrios miserables, prostíbulos, hombres y desolación; cuando su hijo va a cumplir quince años, ella va a Nueva York, donde éste vive; le lleva un pastel de regalo y el ansia de ver al adolescente ingenuo y bonachón que de seguro es ya su hijo. Tropieza con una piedra ingrata más: sólo encuentra la "risa malvada" y sarcástica que la recibe con una frase indiferente, "lo celebro mucho"; el muchacho, Mike, la mira y le dice que nada les impide irse a la cama. Truena los dedos; Luque cree desfallecerse, mientras el hijo la toma del brazo. Por su mente sólo pasa la imagen remota y odiada de su madre que la aventó al abismo. Por fortuna, Mike no es hijo suyo, sino una adopción que hizo con Ralph. Luque nada tiene para subsistir; sólo su cuerpo sin mancha. El hombre que por primera vez le paga por hacer el amor, la estimula: "Tú eres una dama, tú no eres cualquiera, tú no puedes ser tratada como una prostituta vulgar". Revueltas solía tratar a sus personajes del bajo mundo con mucha ternura, reconociéndoles calidad moral y humana que desconocían las "damas" de buena sociedad. En otros relatos suyos hay el mismo apostolado revolucionario, social, religioso o sexual que llevan a cabo las prostitutas, como Chole de "El corazón verde", Eduarda en *El luto humano* o Soledad y Estrella en *Los muros de agua*. Desde su primera obra, la prostituta es ángel caído en la sociedad deshumanizada que discrimina a esos seres y no los comprende. También desde su adolescencia, Revueltas convivió con esas mujeres del subsuelo, como la que lo cobijó en Mazatlán después de haber salido de las Islas Marías en 1932. En los años en que permaneció resguardado en la casa de Héctor Xavier, mientras escribía *Los errores*, Revueltas trabó una relación intensa con una "compañera":

> El trato de José con las prostitutas fue una experiencia profunda que siempre solía recordar. Como era un hombre sin defensas, expuesto a cualquier circunstancia, parece haber

encontrado en esos seres una identidad impresionante. Durante el tiempo que vivió en mi casa, conoció a una prostituta que le dio muchos motivos literarios para sus cuentos, algunos de los que se encuentran en *Material de los sueños*. Bueno, esta mujer se llegó a identificar tanto con José que parecían dos seres de Zolá, dos huérfanos de toda protección, ajenos al calor y al cariño. Dos seres desamparados. Ella le traía mariachi al camarada Revueltas. Era algo que conmovía, cómo no. Imagínate: la calle en la madrugada con un montón de músicos cantando. La mujer podía gastarse todo el dinero que hubiera ganado en esa música que le traía a José. Era como un niño al que se le diera un regalo, así era José. Me llamaba y me decía: "Mira, Chito del alma, escucha esos mariachis. Esta compañera me está celebrando, me está dando en esas voces y en esa música lo que no me han dado los seres humanos".[17]

De múltiples experiencias Revueltas sacó, tal vez, su concepción de la prostituta; explotada pero segura. Indefensa pero con una dignidad sin precedentes; desvalida en términos sociales y económicos pero con un temperamento sólido, se trata de una criatura capaz de levantarse del rincón más oscuro y restañar su herida. Es una mujer que vence la enfermedad lógica de los burdeles; de miserables y villanos, de padrotes y autoridades corruptas, y sin embargo, su apostolado sexual le permite levantarse, salir del lodo y caminar hacia adelante. Las fuerzas en pugna de la sociedad, la tocan, la hieren y en ocasiones la hacen sangrar como a Lucrecia y *la Magnífica*, pero Revueltas ve en esa situación un motivo más para asegurar que el mundo está enajenado y que el hombre es un ser "erróneo" para el que no hay salvación ni salida posible. Es quizás el personaje de los bajos fondos más rescatable de *Los errores*, y el que despertó mayor simpatía de Revueltas, pues al responder en 1969 a la pregunta de ¿cuál era su personaje preferido? contestó:

> —Me gusta mucho Lucrecia en *Los errores*, porque representa muy bien su condición existencial. Ella no tiene fuerzas contra el *fatum*: es un animal triste y esclavo.[18]

---

[17] Entrevista Ruiz Abreu/Héctor Xavier, 1978.
[18] M. García Flores, *art. cit.*, p. 74.

Luque se somete a los caprichos de Cobián; finalmente la vence el círculo en el que se ha ido metiendo y que de repente la cerca. Pero es evidente que Revueltas la presenta como una puta escéptica, al menos eso se desprende de la escena final. Su amiga la *Magnífica* en cambio es valiente aunque está desquiciada; cuando un desconocido intenta violarla y la amenaza con un cuchillo, ella le dice que sí pero sin violencia; y cuando el violador se acerca, aclara que no se preocupe pues total es puta; mientras tanto, la mujer lo mediomata con una piedra. *La Magnífica* es otra puta al servicio de Mario Cobián, del que está enamorada. Lucrecia no lo quiere, pero la *Magnífica* lo ama y está dispuesta a cualquier cosa siempre y cuando la lleve a los brazos de su amado. Ese nudo al estilo de los hermanos Álvarez Quintero y de sus comedias de enredos, se desata felizmente; Cobián recobra su dignidad perdida y se supone que vivirá por siempre con su amada Lucrecia.

La otra cara de la moneda que representa en *Los errores*, la lucha interpartidista, parece no cerrarse; Olegario cae prisionero, acusado de haber asesinado a don Victorino, crimen que no cometió. Pero él acepta su culpa al estilo Revueltas y está dispuesto a pagar los errores cometidos en las filas del comunismo, desde el momento en que mata a su camarada el *Niágara*. Paralizado por su "desatino", conmovido hasta las raíces de su personalidad, Chávez no se explica cómo pudo cometer un acto semejante. De la reprobación nace el autosacrificio y su conciencia queda escindida; ya no volverá a mirar a nadie con la cabeza en alto, pues no es digno —se confiesa a sí mismo— ni de los comunistas ni del Partido. Sobre él se encuentra la imagen tétrica del Partido que giró esa orden irracional, carente de todo principio político, ideológico, para ejecutar a un camarada, el *Niágara*, sospechoso de promover el "divisionismo" en las filas partidistas, y de ayudar al enemigo número uno de la Unión Soviética: Trotsky. Los crímenes se suceden como arte de magia; si el anterior resulta frío, insólito, poco justificado en la secuencia del relato, aunque explicable por la rabia con que actúan los comunistas puestos ahí, el que comete Januario López no tiene precedentes por su torpeza y su obviedad. Mientras su mujer duerme le dispara un tiro sobre la oreja y la única explicación que ofrece al narrador es que ella había cometido una "indiscreción", cuando Januario recoge a un pasajero —es taxista— y ahí mismo su mujer le suplica que no vaya al asalto planeado por el Partido, y la huelga anunciada para el día siguiente.

Vino entonces lo demás. El descanso, la confianza, la tranquilidad de la mujer, y en seguida el disparo que él le hizo tras de la oreja, mientras dormía, con la pistola envuelta en una almohada para que no hiciera mucho ruido.[19]

Tanto en el lado del hampa como en el de los comunistas campea el melodrama; son excesos del deseo de denuncia y reprobación moral que no se había visto en Revueltas con este énfasis. Con todo, la parte dedicada a exorcizar a los comunistas resulta más intensa, en la que por lo menos hay ideas que corren en mitad de la tempestad que Stalin y la fe ciega del Partido Comunista Mexicano han enviado sobre sus criaturas. Al final de *Los errores* aparece el líder del Partido, Patricio Robles, del que solamente habíamos escuchado el nombre. El secretario general del Partido platica sobre lo sucedido con Ismael Cabrera; hacen una especie de balance y Robles asegura que no auxiliará a Olegario Chávez. Cabrera intenta reprocharle su actitud rígida, dogmática y termina por aplaudir a Robles; ha entendido que su discurso se estrella fácilmente ante la muralla ideológica cerrada y antidemocrática de Robles. Después de un parpadeo en el que se resume la ética del Partido, los anhelos de los comunistas del mundo, Robles acepta que la voz del Partido es la voz de Dios; aclara que no porque Dios exista, lo que sería absurdo, "sino porque nosotros representamos la única verdad, la verdad histórica". Está claro que Robles no quiere al "hombre llamarada" en perpetua autocrítica como sugería Olegario, tampoco aceptaría que el hombre es un ser "erróneo" según el ensayo de Jacobo. Robles representa la verdad de la historia, el camino y la vida; contra ese postulado religioso se rebela Revueltas. De alguna manera, el mérito insoslayable de *Los errores* radica en haber anunciado el desmoronamiento de esa muralla comunista edificada en la Unión Soviética sobre bases falsas, sobre una estructura social y económica que tarde o temprano iba a mostrar sus desviaciones al reducir a los individuos a masas idiotamente felices. Como en *Los días terrenales*, los cuadros lúgubres y metafísicos del Greco miran las acciones descabelladas de los hombres. Revueltas debería haber salido fortalecido después de *Los errores*; pero sólo fue un escape porque siguió pensando en el Partido, en los juicios de Moscú, en los "errores" del Partido y sus

---

[19] J. R., *OL*, v. II, p. 318.

detestables desviaciones. Intentó, seguramente, demoler la figura del Padre Stalin y lo hizo verbalmente con varias y sólidas razones, con argumentos lógicos, pero en el fondo de su vida había una llaga abierta que jamás pudo cerrar por completo, le producía enormes dolores morales. En 1968, un año crucial en la obra de Revueltas y en sus andanzas partidistas de militante, aclaraba:

> Siempre fui antiestalinista, fuera de un pequeño periodo, que se consolida con los juicios de Moscú, pero desgraciadamente no se contaba con la libertad de expresión dentro de los propios medios revolucionarios, como para colocarse en contra definitivamente de los juicios de Moscú. A mí no me podían hacer comulgar con ruedas de molino, tales como que Bujarin era un espía que quería asesinar a Lenin desde 1923, ni que Kamenev y Rakovski eran unos traidores. Entendía yo que estas confesiones hechas a mansalva, estaban dirigidas a los marxistas verdaderos para que entendiéramos que estaban contrainformando respecto a su propia posición y contra el fiscal.[20]

¿No sería esa falta de libertad de expresión la que le impidió informar sobre la suerte de su camarada y amigo Evelio Vadillo? Este amigo de Revueltas que estuvo con él en las Islas Marías, fue una sombra en su vida, una mancha que trató de quitarse pero apareció una y otra vez; en 1963, en aquella carta que envió Revueltas al periódico *Excélsior* y al año siguiente, ya literalizado el personaje en *Los errores* con el nombre de Emilio Padilla. Había pasado la pesadilla de los años treinta y cuarenta, la época "negra" del comunismo internacional, Revueltas no había callado ante la barbarie que Stalin desató contra los propios comunistas de probada fidelidad. Después de *Los errores*, su autor permanecía en el naufragio existencial, económico, moral, literario, partidista y familiar, que comenzó 25 años antes. Quería impedir el hundimiento; entre la publicación de esa novela y su ingreso a la cárcel de Lecumberri en 1968, Revueltas recibió algunos homenajes, puso cierto orden a sus proyectos novelísticos, se reconcilió con María Teresa. Pero como su signo era la lucha, la inconformidad, cayó en algunos enfrentamientos de tipo

---

[20] M. Josefina Tejera, "Literatura y dialéctica", en *Conversaciones con José Revueltas*, ed. cit., p. 81. Esta entrevista se le hizo a Revueltas con motivo de haber recibido el Premio Villaurrutia que en diciembre de 1967 se le otorgó.

laboral y político. Vivió en la exasperación y el tormento, con una vitalidad increíble, mostrando a menudo su peculiar sentido del humor e inteligencia.

XVI
Una vida accidentada

De aquellos años en que el joven Revueltas se había entregado abnegadamente a luchar por el socialismo y fue encarcelado por vez primera en la correccional de la ciudad de México, a 1966, en que se hallaba sin partido y "curado" de los grupos marxistas, sólo habían quedado fragmentos; su propia historia le parecía al Revueltas maduro, desilusionado políticamente, algo lejano, apenas un murmullo que se perdía en el tiempo. Sin embargo, cada vez se convencía más de que la parte menos lamentable del Partido Comunista Mexicano había sido la de los treinta. Ese periodo era su estrella que lo guiaba y le permitía ver en las noches solas en que repasaba su vida con todo y calamidades, que las luchas iniciales del Partido fueron ejemplo de pasión revolucionaria.

En 1963, el pintor Rafael Berdecio le hizo un retrato a Revueltas en el que aparece de perfil, con la mano en la que apoya el mentón; tiene una expresión seria, obstinada. Su ropa es sencilla. La mirada de Revueltas es profunda y resentida al mismo tiempo. El rostro que vio Berdecio es austero y rígido, marcado por profundas convicciones; Revueltas mira un punto lejano, impreciso, es posible comprobar su desaliento. Le gustaba mucho el retrato y lo puso en el centro de la sala de los distintos departamentos que compartió con su esposa.

Hay una pregunta sin respuesta en la actividad incesante de este escritor y revolucionario converso, ¿de qué se mantenía si casi nunca tuvo un empleo fijo mínimamente bien remunerado? En 1966, su viejo amigo Mauricio Magdaleno le dio un trabajo en la

Subsecretaría de Cultura, lo que puso por un tiempo a Revueltas en una oficina dentro de un orden y una rutina a la que debía ajustarse. Su vida había sido todo lo contrario: desorden, carencia, incertidumbre. Ahora quería dedicarse por completo a escribir y un empleo en la Secretaría de Educación Pública no era desistir de sus convicciones, sino la posibilidad real de cumplir su viejo anhelo. Oscurecía, cuando Revueltas salió de la oficina en las calles de Argentina; se terció la bufanda al cuello, apuró el paso. Diciembre era un mes siempre frío y últimamente había estado un poco enfermo. En la esquina de Donceles esperó el camión de la línea Juárez-Loreto, mientras sentía los libros que llevaba bajo el brazo y el apunte de un trabajo sobre el que abrigaba cierta expectativa y confianza. Era nada menos que la biografía que estaba escribiendo sobre Silvestre. Entendía cada vez más a su hermano caído en plena efervescencia política e intelectual; consideraba su muerte como un gesto de valentía, propio de talentos de esa especie. Que los cobardes y los acomodaticios vivieran muchos años, Silvestre estaba marcado con otro signo; había nacido para otras misiones. Llegó a su casa, en la colonia Cuauhtémoc. Besó a María Teresa y pidió una copa. Ella lo notó algo fatigado y no sin preocupación le sirvió una "cuba". María Teresa sabía que su marido no debía beber pero no intentó contrariarlo pues comprendió que necesitaba un trago. Era una costumbre de Revueltas beber después de haber estado escribiendo varios días sin descanso. En las dos últimas semanas, había trabajado a fondo en sus proyectos y deseaba una tregua. María Teresa lo vio más solo que nunca y, sobre todo, indiferente a los asuntos partidistas. Parecía haber terminado con los comunistas; aunque no dejaba de confiar en el socialismo, le parecía haber vivido una larga y confusa pesadilla. Pidió un segundo trago y Mariate le dijo que no debía tomarlo, pero se lo sirvió.

—Cómo me acuerdo del Colegio Alemán —dijo él, contento tal vez con esa imagen.

—Sí, sí, ya me has contado —respondió ella por una historia que conocía de pies a cabeza.

—Pero fíjate, vida, que nunca te hablé de los botines —y Revueltas estiró las cejas, bebió cálidamente su copa—; me los había comprado mi madre en Durango y, claro, en México no se usaban. Es más era un verdadero anacronismo ponérselos.

—Ni modo —dijo Mariate y se sentó frente a su marido para escucharlo—, la provincia y la ciudad como rivales.

—Bueno, de acuerdo, pero quería decirte otra cosa. Los niños del Alemán no calzaban botines tan altos y de ese estilo, de manera que desde que me vieron empezó la guerra; se burlaban de los zapatos, me los escupían. Luego el asunto llegó a tomar proporciones mayores; le decía a mi madre "no quiero ir más a la escuela, por favor" y me enviaba con mayor energía. ¡Y qué sufrimiento! ¿Te imaginas? Casi todo el salón muerto de la risa ya no de los botines sino de mí, de mis pantalones y mis tirantes. Sólo a Silvestre le conté en una ocasión mi complejo y mi rechazo al Colegio Alemán.

—¿Te dijo algo?

—¡Qué lastima que no te haya conocido Silvestre! Debiste haberte casado con él. Mariate escuchó la frase que de recién casada tomó como una broma más de Revueltas, pero con el tiempo se dio cuenta que él hablaba en serio, porque se la volvió a decir, borracho, sentimental, varias veces. "Definitivamente, José creyó encontrar en su hermano mayor el padre que no alcanzó a ver de hombre, la figura intelectual y revolucionaria con la que se identificó desde muy joven. Fue esa imagen la que siguió y veneró y trató de alcanzar; su gran ilusión era ser como Silvestre y en esta tarea se tropezó con los molinos de viento. Desde recién casados me hacía bromas que le atribuía a su hermano; es decir, fue un absoluto para José, un hombre que no creía —y rechazaba— los absolutos".[1]

La Secretaría de Educación Pública le publicó a Revueltas ese mismo año sus *Apuntes para una semblanza de Silvestre Revueltas*, en el que confiesa haber amado excesivamente a su hermano desde pequeño. Lo vio siempre como un genio divorciado de la sociedad, de la que huyó para refugiarse en la bebida. Ese texto tiene una extraña evocación de la miseria y el dolor; es bello a fuerza de la pasión y el coraje que revela. En el año en que fue escrito, Revueltas había perdido la fe en los grupos políticos, vivía retirado de la militancia partidista. En calma, sin esa angustia que solía producirle el Partido y sus intrigas, los camaradas y sus rencillas, pudo escribir con mayor libertad y principalmente con mayor rigor y claridad. Produjo textos de gran aliento, pulidos a conciencia, en los que aparece en toda su grandeza y en toda su insignificancia el hombre. Rodeado de soledad, desde las sombras, Revueltas se transforma como su hermano Silvestre cuando ensayaba en Bellas Artes con la

---

[1] Entrevista Ruiz Abreu/María Teresa Retes, marzo, 1989.

Sinfónica Nacional. Es un escritor que ha ido madurando y en esos años previos a su última prisión, camina en sentido contrario al recorrido que había hecho antes. Ya no es al Partido al que le entrega su tiempo y su talento, sus mejores sueños y esperanzas, sino a la literatura. De ahí que la *Semblanza* sea un texto intenso, sin precedentes. Que su hermano Silvestre bebía, explica Revueltas, ¡qué duda cabe! Exaltado y con un resentimiento evidente, Revueltas dice que la rabia le impide hablar. Los "fariseos" preguntarían ¿de qué le servía su genio si era alcohólico?, ¿de qué su mística, si era un borracho que destruía su vida y frustraba su obra? "¡Mírenlo ahí en las tabernas, con el espíritu roto! ¡Mírenlo por las calles, grotesco y risible como un rey de burlas!".[2]

Entonces Revueltas grita al mundo su inconformidad y dice: sí, Silvestre bebía, es imposible callar las cosas obvias, pero hay que preguntarse por qué, por qué bebía. La realidad que lo rodeó siempre le fue adversa; su vida privada en primer lugar, pero sobre todo, la del mundo, en la que descubría la soledad del hombre, su eterna desesperanza. Entonces ¿por qué bebía su hermano del alma?

> Ahí está la respuesta: era preciso quemarse los ojos para no mirar tanto; era preciso abandonarse a manos de Caín para pagar la culpa del hombre y redimir su destierro. Porque los hombres como Silvestre ven más allá de lo que nosotros vemos, y los ojos de Silvestre no se cerraban nunca. En rigor permanecerán abiertos para siempre, mientras su música viva, cante y proteste desde el fondo de la Tierra.[3]

En la actitud de su hermano, Revueltas descubre fidelidad y entrega al mundo de los desamparados, rebeldía contra el mundo tal como está. La bebida se transforma así no en el "alcohol homicida" sino en fuego que quema las entrañas y provoca un sufrimiento infinito; es el bálsamo que necesitan para subsistir los espíritus rebeldes, inconformes con la sociedad y en lucha con ella. Fue un "repartidor del alma", entregado a los demás, incapaz de pensar en beneficios individuales. Silvestre no quería alimentar su "yo", sino el espíritu del prójimo, por eso tenía que caer como un marginado en las orillas

---

[2] J.R., *Apuntes para una semblanza de Silvestre Revueltas*, en Cuadernos de Lectura Popular, núm. 11, SEP, México, 1966, p. 34.
[3] *Ibid.*, pp. 35-46.

de la ciudad, asediado por los cobardes y los burócratas, los "fariseos" y los burgueses. Y de pronto la *Semblanza* cambia de tono, pasa de la descripción biográfica-familiar, a la reflexión mística y religiosa, envuelta en una prosa firme, desencantada. El lector escucha plegarias y salmos que transmite un escritor que se va autoflagelando. Revueltas ha subido por encima de la figura venerada del hermano desaparecido pero presente por su ejemplo y su rebeldía; ya no mira solamente en el fondo del abismo de Silvestre sino en el corazón de todos los hombres. El alcohol une a Revueltas con su hermano y con el mundo; es un lazo que ata y lo separa al mismo tiempo de su escritura y de la sociedad. Mira Revueltas hacia atrás, se sitúa en la fecha de la muerte de Silvestre y entonces comprende en su totalidad que su hermano fue el último romántico. Por eso tenía que beber y perderse, sufrir y morir divorciado del mundo, porque el talento no se lleva con la sociedad. En esa semblanza se encuentra un grito desesperado pero enérgico sobre el arte y el hombre, parece un código ético y estético. Dice Revueltas que su hermano:

> Había escogido el camino de la autodevoración, de la *autofagia* torturante y sin embargo providente, sin embargo desgarradoramente fecunda. Hay algo de muy humilde y bárbaro, de indeciblemente humilde y acusador, en el alcohol de Verlaine, en el alcohol de Silvestre, en el de Mussorgsky, en el de Whitman, en el santo, criminal alcohol de todos los hombres solitarios, que es como si acabáramos de recibir una bofetada en pleno rostro.[4]

El compañero gato

La estabilidad fue tan breve que apenas el hogar de Revueltas empezaba a restaurar sus heridas económicas pagando viejas deudas, cuando terminó el empleo de la Secretaría de Educación Pública, al que renunció en febrero de 1968; una vez más, por cuestiones políticas, perdía su trabajo. En esos días se suscitó una discusión entre los ex camaradas de Revueltas que lo atacaron; el motivo era haber ganado el Premio Xavier Villaurrutia. Como nada en la vida de

---

[4] *Ibid.*, p. 37.

Revueltas sucedía con normalidad, el premio se vio envuelto en incidentes personales. De nuevo, sus viejos camaradas hicieron acto de presencia y lo acusaron, intentaron hacerlo cómplice del presidente Díaz Ordaz y de la "burguesía mexicana", enredarlo en cuestiones morales, ideológicas que nada o casi nada tenían que ver con un estímulo literario, por cierto de escasos recursos en especie. De manera que 1967 fue otra barrera en la que incidieron asuntos familiares, económicos, políticos que Revueltas debió sobrepasar en su "vida abrupta, accidentada", como la llamó José Alvarado.

El 21 de diciembre de 1967, Revueltas fue a una sencilla ceremonia en una de las salas de la Secretaría de Educación Pública, acompañado de su esposa y de algunos amigos como Mauricio Magdaleno, subsecretario de la SEP, Rafael F. Muñoz, Andrés Henestrosa, Edmundo Valadés y Marco Antonio Millán. El secretario de Educación, el escritor Agustín Yáñez, con quien Revueltas en realidad no tenía nada en común, pues de él sólo había recibido promesas jamás cumplidas, reproches, tomó la palabra. Calificó a Revueltas de "excelente escritor", "compañero de profesión" y además "colaborador en las actividades de la Secretaría". Se escucharon al final aplausos tímidos; después del paréntesis, José Revueltas le dijo a Yáñez y, de hecho, al presidente de la República:

> No es posible escapar a la idea de la sólida tradición que ese premio ya tiene en nuestro medio. Apenas es necesario decir cuán honrado me siento al recibir tan valiosa presea. Considero que mis esfuerzos dentro de la literatura, uno de los grandes amores de mi vida, resultan incompletos e insuficientes. Señor secretario, ruego a usted que sea el digno conducto para hacer llegar al señor Presidente mi saludo respetuoso y mi agradecimiento sincero. Premios de esta índole no hacen sino poner al descubierto el carácter humanista del presente régimen y, eso nos lleva a profetizar, de modo seguro, un auge sin precedentes para la cultura y nuestras letras nacionales.[5]

Los espartaquitas de la Liga, sus ex camaradas "ligueros", no le perdonaron a Revueltas las palabras finales de su discurso en la ceremonia de entrega del Villaurrutia. De inmediato se desató una tormenta verbal en la que acusaron a Revueltas de "traidor" y su

---

[5] Citado por Cueva, *op. cit.*, p. 273.

discurso fue calificado como una evidente "traición a la clase obrera y al pueblo" de México. ¿Qué tenía que ver la clase obrera con un agradecimiento hasta cierto punto honesto, simple y protocolario del premiado a la política cultural del gobierno? La sangre que corría por los sectores de izquierda en las vísperas de 1968 era intolerante, estalinista. El "acusado" resintió el ataque y lo desconcertó. Varias veces le preguntó, no como queja sino irritado, a María Teresa, "¿Qué quieren estos fariseos? No, vida, no voy a darles gusto, sé perfectamente bien lo que quieren: mi cabeza". Con todo, se vio obligado a responder a sus "verdugos" que jamás lo dejaron en paz. Cada acción suya parecía someterse a "juicio", luego venía la impugnación y la condena. Como en las viejas tiempos del Partido Comunista y su Comisión de Disciplina (especie de ojo inquisidor que delataba a los "traidores"), se revivían los métodos autoritarios, casi criminales, contra los camaradas que simplemente no estuvieran de acuerdo con la ortodoxia del Partido y sus dirigentes. Revueltas sentía que nada había cambiado y que las lecciones históricas no habían servido a los comunistas; de nuevo recibió acusaciones personales más que ideológicas. La respuesta apareció al fin el 24 de febrero de 1968 y Revueltas aclaró que no consideraba "humanistas" las represiones policiacas emprendidas por el gobierno "ni los atentados contra la autonomía universitaria", le parecían justificables. Pero una vez "señalado" era difícil no hacerlo cómplice de "traiciones", "desvíos" y "compromisos" que sólo existían en la mente de la izquierda recalcitrante. Revueltas tuvo que aludir a su pasado revolucionario como prueba fehaciente de su inquebrantable antigobiernismo:

> Todas las personas que me conocen saben que no rehúyo ni he rehuido nunca el dar la lucha por mis principios sin escatimar esfuerzos. Lo que no puedo ni podré es hacer concesión alguna a la imbecilidad de quienes querrían que yo convirtiera esta lucha —tan esencial e inalienable en mi vida— en extravagancia y dislates políticos.[6]

La polémica que provocó el Premio Villaurrutia parece una "metáfora de la opresión" como llamó Revueltas a las cárceles con rejas

---

[6] *Ibid.*, p. 274.

o simplemente a las que se encuentran en la sociedad. El año en que recibió el Premio Xavier Villaurrutia, Empresas Editoriales publicó en dos tomos la obra literaria de Revueltas. Al menos se ponían en circulación algunos libros suyos casi olvidados o a veces re-editados en pésimas condiciones. Esto fue considerado por él mismo un acontecimiento que lo colocaba en una nueva posición que expuso ampliamente en el prólogo que escribió para esa obra. Hizo la diferencia entre "literato", "hombre de letras" y escritor. Tomó en cierto sentido, aquella vieja idea de Sartre, según la cual, las palabras establecen un compromiso con el mundo, al contrario de la música y la pintura, la literatura establece un nexo indisoluble entre escritor y sociedad. A diferencia del músico o el pintor, el escritor pacta a muerte con las palabras, es decir, con sus obras.

> En su relación con ellas —relación que se establece independientemente de su voluntad— encuentra, sí, la medida de su propio aislamiento y de la incomunicación sustancial a que está condenado su "lenguaje de nadie", pues las cosas jamás podrán ser de otra manera para él.[7]

Alude Revueltas a su novela *Los días terrenales* que recibió fuertes ataques que lo obligaron a retirarla de la circulación; esto no fue una manera de retractarse de sus ideas, aclara, sino un diálogo forzado con el enemigo para evitar la guerra "sucia", la calumnia y la denigración de su autor. Entonces se le comparó con Sartre, sobre todo con la frase que se le había atribuido al escritor francés para describirlo: "Si las hienas escribieran en máquina, escribirían como Sartre".

Para 1968 dos gruesos tomos daban cuenta de la literatura de Revueltas; un premio reciente, el Xavier Villaurrutia, lo había puesto entre los escritores más destacados de su generación. La revancha de sus viejos amigos del Partido o de la Liga Leninista Espartaco había provocado un ataque más al receptivo y siempre polémico José Revueltas. Debido a un "llamado de atención" del secretario de Educación, Revueltas renunció a los tres mil pesos de sueldo que ganaba como empleado de esa Secretaría. Estaba como al principio de su carrera literaria y periodística: desnudo, viviendo aquí y ahora. Se

---

[7] J.R., *Obra Literaria*, prólogo del autor y epílogo de José Agustín, Empresas Editoriales, México, 1967, p. 8.

hallaba, además, igual que cuando caminaba por las calles y los barrios populares de la ciudad de México, buscando en qué apoyarse, con la esperanza de encontrar al fin a los comunistas. En 1968 no tenía Partido y sus últimos intentos de agrupación política lo habían dejado a la intemperie. Desnudo, sin propiedad alguna, luchando sin descanso para sobrevivir, sin empleo (lo que no era ninguna novedad), Revueltas había descubierto en los jóvenes de la Facultad de Filosofía y Letras de la UNAM que lo habían invitado a dictar algunas conferencias, el asidero que necesitaba urgentemente. Después del Premio Villaurrutia, María Josefina Tejera lo entrevistó para *El Nacional* de Caracas:

> —Amigo Revueltas, su nombre era casi desconocido hasta hace poco tiempo, ¿cómo se inició usted en la literatura y cuándo empezó a editar sus obras literarias? Si es usted principalmente un pensador o un filósofo, ¿por qué escribe novelas y cuentos? ¿Qué persigue con su obra de ficción?
> —En la publicación de mis obras tuvo una influencia decisiva don Martín Luis Guzmán; si no hubiera sido por él, no se me hubiera editado sino después de muerto, cosa que no me hubiera satisfecho en modo alguno. (...)
> De modo, que he escrito novelas porque es un medio de comunicación muy importante, así como he escrito cine. Pero el cine me idiotizaba por el comercialismo y el sentido utilitarista; me resulta destrozante para el espíritu, por lo cual me pareció mejor dejarlo y no correr el riesgo de convertirme en una piedra.[8]

Aparte de la explicación que dio Revueltas sobre lo que era *escribir* y cómo tomaba el arte de la novela, en la misma entrevista dijo que en el prólogo a su *Obra Literaria* se encontraba "toda" su plataforma ideológica "respecto a la libertad del arte y la novela". Volvió a decir que desde el principio de su carrera había escogido el camino del realismo dialéctico, no "del realismo socialista". Se califica de marxista-leninista, niega ser un político, esencialmente es un ideólogo, y habla de la guerra de Vietnam, de la amenaza nuclear y, claro, el Partido Comunista Mexicano, de Stalin. Revueltas había alcanzado

---

[8] M. Josefina Tejera, "Literatura y dialéctica", en *Conversaciones con José Revueltas, op. cit.*, pp. 77-78.

claridad en sus ideas, cierta firmeza en sus postulados marxistas y parecía tener una visión global de la tragedia del hombre contemporáneo asediado por la catástrofe que se extendía como una sombra larga por todo el mundo. Su crítica al socialismo soviético seguía un curso ascendente, riguroso: "El hombre soviético también ha sufrido la alienación y los estalinistas ocultaron por mucho tiempo estos documentos de Marx para que los comunistas no lucharan contra el régimen de Stalin".[9]

La madurez ideológica era evidente, y también la inestabilidad familiar, conyugal. Mientras Revueltas se preparaba desde la Ciudad Universitaria para enfrentar uno más de sus retos sociales y políticos, su segundo matrimonio se derrumbaba. Vivía en Cuernavaca y se había graduado como marido ausente. María Teresa seguía viéndolo trabajar y beber, polemizar con sus "enemigos" ideológicos, y vagar, vagar. "En realidad, el problema más serio que enfrentó José en toda su vida me parece que fue su falta de constancia, su irresponsabilidad familiar. Era un desordenado cuando tomaba. Estuvo siempre impedido para conseguir un trabajo medianamente remunerado; primero estaban sus compromisos con el Partido, con los compañeros de la Liga, y por último con los jóvenes del 68, luego conseguir o ganar por lo menos un salario con que sostenerse".[10]

La hija menor de Revueltas, Olivia, de su primer matrimonio, conoció de lejos a su padre. Para ella fue un compañero, eran camaradas pues él siempre le dijo "compañera-hija". En los años sesenta, Revueltas la veía y para la joven era un amigo más de entre sus conocidos, que le hablaba de la integridad del hombre, de sus desafíos y desvelos. Llegó a llamarlo el "compañero-gato" al que le tenía un gran cariño. En una ocasión, Olivia tuvo un problema en la escuela; fue Revueltas y aceptó las indicaciones de los maestros. En ese momento ella pensó que hasta su "camarada" se ponía en su contra. Salieron, y en el parque le dijo: "Muy chingón compañera, muy chingón". Ella entendió de inmediato la solidaridad de su padre. Lo dejó de ver; lo buscaba. Al fin, lo encontró solo en su departamento; Revueltas abrió una botella de vino blanco, Olivia puso la mesa con toda formalidad. Comieron entre risas y bromas. Él le pidió un libro,

---

[9] *Ibid.*, p. 81.
[10] Entrevista Ruiz Abreu/María Teresa Retes, marzo, 1986.

ella se lo pasó: Revueltas empezó a leer el cuento "El sonido que sólo uno escucha". Olivia se dio cuenta que su padre leía por encima de sus gafas y que lo hacía de memoria. Entonces lo vio, por única vez en la vida, como el padre que lee un cuento a su hija. Con ese acto, entre ambos se borraban los años de ausencia. Olivia aclara:

> El cuento narra la historia de un músico proletario que toca su violín mientras no tiene para comer. Describe con perfección la armonía de un re bemol a do sostenido y habla de las arcadas.[11]

Ella también conoció la admiración de su padre por Silvestre Revueltas, el gran amor que le tuvo, el dolor que le provocó su muerte. Y no obstante su lejanía de la tragedia de Silvestre y la de su padre, Olivia parece azotada por el mismo viento helado y misterioso de los Revueltas. Quizás se hallaba bajo esa mirada compasiva, ese ojo devorador, de su padre, cuando reconoció que ella nació en un momento difícil, "porque fui gestada justo al momento del divorcio. Pero alguna vez alguien me dijo que no era así, sino al contrario; que era hija del amor más pavoroso, el último gesto de amor entre mis padres".[12]

Textos para recordar

Mientras la vida de Revueltas se desenvolvía como de costumbre, es decir, falta de seguridad económica, conferencias en la UNAM, participación en el movimiento del 68, escribió artículos y ensayos, concedió entrevistas. Pero luego se dedicó desde el encierro en Lecumberri a sus quehaceres literarios; ahí concibió, redactó y terminó uno de sus textos más crudos. *El apando* (1969), que se publicó mientras él permanecía preso. También escribió algunos cuentos extraordinarios que incluyó en su último libro, *Material de los sueños* (1974). De manera que la cárcel tal vez fue en su vida la mejor opción —él dijo "beca" que le daba el gobierno para ponerse a estudiar sistemáticamente, escribir sin interrupciones y sin preocuparse por

---

[11] Saide Sesín, "José Revueltas, el padre" (entrevista con Olivia Revueltas), en *Unomásuno*, abril 14, 1986, p. 23.
[12] *Ibid.*

el "maldito dinero". Su última cárcel sería también su última oportunidad para producir textos conmovedores.

Había comenzado su militancia en la cárcel y la terminó en el mismo sitio, justo cuando Revueltas había apostado al último movimiento social y político en que participaría con la experiencia de su trayectoria revolucionaria y su pasión ideológica. En el principio había sido la cárcel y su halo tétrico, al final volvía a ser el escenario donde se desarrollaba la vida y la obra de Revueltas. Su primer relato se basaba en la vida carcelaria como extensión de la irracionalidad del mundo exterior. Cristóbal, el adolescente reprimido mediante las rejas, era el eco directo del autor. "Eso también era el mundo..." podía decir Revueltas en su celda de la crujía M, junto a sus compañeros del 68. Desde el cuarto semioscuro de Lecumberri concibió *El apando*, cuya escritura apretada, carcelaria, jamás cede a los caprichos de la gramática, sino sigue el curso que le marca su propio impulso negativo. Revueltas escribió *El apando* en guerra consigo mismo y con el mundo, dispuesto ahora sí a "olvidar" las rencillas partidistas y el odio ilimitado al Partido Comunista Mexicano. Quería ver dentro de sí, y en esas noches cerradas de la prisión, recibió el aliento que necesita su pluma para deslizarse sin prejuicios ni partidismos y parir esa novela inigualable.

Pocas obras suyas fueron tan bien recibidas, a excepción de *El luto humano* y *El cuadrante de la soledad*, como *El apando*. Se podía hablar al fin de un escritor sin etiqueta ideológica y de su escritura nacida desde el fondo de sí mismo que mostraba un potencial literario muy vasto; es decir, la experiencia se ponía al servicio de la palabra escrita. De ahí la fortaleza de ese texto carcelario que se asemeja al relato "En la colonia penitenciaria" de Kafka, separado ya de la influencia de *La casa de los muertos*. Revueltas iniciaba un éxodo por cuenta propia en busca de tierras nuevas para su creación literaria. Iba como siempre al borde del colapso, pero seguro de llegar a su destino: una prosa depurada cuyo fin es encadenarse al absurdo de la prisión y sus leyes nocivas. Desde sus primeros relatos hasta *El apando*, Revueltas fue elaborando una misma línea temática pero de formas diversas; el ciclo carcelario parecía cerrarse.

Manuel Blanco caracteriza *El apando* por su prosa circular, que hace un profundo rodeo en el alma humana entre las rejas de Lecumberri y regresa al punto de partida: la geometría enajenada:

> Revueltas nos dice que vivimos en un universo cerrado, en una cárcel con sus rejas y sus celdas de castigo —el apando—, con sus nuevos ángeles guardianes que cierran las puertas de un quimérico Paraíso, y que en esa prisión inmensa —que acaso principia en nosotros mismos— flota quizás el pecado original por el que hemos extraviado nuestra capacidad para convertirnos en seres erróneos, en una "equivocación de la materia".[13]

Treinta años duró el ciclo literario de Revueltas según el cual, la cárcel era como el regreso al origen, el vientre materno (la escena de Gregorio en *Los días terrenales*) o bien castigo social y político para quienes representaban a los desheredados de la Tierra como los presos que vemos en *Los muros de agua*. Revueltas toma las cárceles, apunta Blanco, como laberintos en los que se refleja, distorsiona, la sociedad; de manera que representan un material autobiográfico muy rico para su literatura. Es decir: "La prisión es a la vez una presencia física y una parábola", es una imagen "contrahecha de un mundo universal y no obstante aparte; la cárcel como imagen desfigurada pero exacta de la cárcel social en que sobreviven los hombres",[14] no es más que una expresión ruda y sintética de que el hombre no tiene salida.

Revueltas estuvo ligado fuertemente al mundo de las prisiones, esto es: la disciplina arbitraria, la privación de la libertad, el abuso sistemático, la explotación de los reos en un sistema penitenciario primitivo. Desde las celdas, Revueltas adolescente, aún inexperto en las cuestiones terribles del poder y la política, contempla el mundo exterior y lo asemeja al que late en las prisiones del alma. El escritor ya maduro, golpeado en varios flancos por los medios represivos —la policía, la cárcel, el sistema y sus leyes—, se rebela no tanto contra el sufrimiento, más bien contra un universo carcelario cuya naturaleza se encuentra en el hombre mismo. De ahí, la voces infelices que escuchamos entre las rejas de *El apando*, que su autor reconoce haber llevado a situaciones "límite", al fondo de la condición humana:

---

[13] M. Blanco, "Revueltas; el relato carcelario", en *Revista Mexicana de Cultura*, VII época, núm. 17, abril 30, 1978.
[14] *Ibid.*

> *El apando*, podemos decir, es una pequeña novela límite porque lleva al límite todos los cuestionamientos. La cárcel misma no es sino un símbolo porque es la ciudad cárcel, la sociedad cárcel. No sé si habrán reparado en un pequeño párrafo en donde hablo yo de la "geometría enajenada": es la invasión del espacio, cuando también ellos van siendo cercados por los tubos y quedan ahí como hilachos colgantes. Y hago hincapié exactamente en ese término, que es probablemente el eje metafísico, el eje cognoscitivo de toda la novela.[15]

En 1975, un grupo de investigadores de la Universidad Veracruzana invitó a Revueltas a Jalapa con el fin de estudiar y comentar su obra general y en especial *El apando*. Era el primer homenaje que recibía Revueltas antes de su muerte; entonces se hizo una aproximación interesante a esa novela que Revueltas escribió entre febrero de 1969 y el 15 de marzo del mismo año; se la dedicó a Pablo Neruda, viejo amigo de su hermano Silvestre, y un poeta que hizo varias gestiones para que lo dejaran en libertad. El "grupo de Jalapa" vio en *El apando* una metáfora de la opresión y descubrió que la animalización que impera en casi todo el relato es una herramienta estructural para degradar a los personajes. Sobre todo, *el Carajo*, una especie de antihéroe que podía ser visto como el minotauro antiguo, mitad hombre y mitad bestia. Al describir la estructura de la novela, ese grupo apuntaba:

> La estructura anecdótica de *El apando* se concentra en límites precisos: el espacio (la cárcel), los personajes (tres hombres y tres mujeres). A partir de esas coordenadas —seres y espacio donde esos seres se mueven—, *El apando* despliega su historia en una concentración temática asimismo reducida: la introducción de la droga al penal. En este sistema de concentraciones se va elaborando un sistema narrativo donde la primera norma es la pureza de acontecimientos ("pureza" en el sentido de una depuración de elementos accesorios). A partir de esa pureza pueden observarse con nitidez todos los aspectos que se alejan de ella: reflexiones retóricas, alusiones

---

[15] Jorge Ruffinelli, *et al.*, "Diálogo con José Revueltas", en *Texto Crítico*, núm. 2, Universidad Veracruzana, Xalapa, 1975, p. 60.

bíblicas, símbolos, largos periodos aparentemente digresivos.[16]

El límite de ese relato apuntado por Revueltas y algunos críticos, es la celda misma, "el apando" al que eran sometidos los presos como un castigo ejemplar. En la realidad de la prisión, Revueltas vio dos "apandados" frente a su celda que "metían la cabeza a través de la ventanilla para pedir cigarros". Ese detalle lo inspiró para escribir por lo menos el comienzo de la novela; el otro "detalle" se encontraba en el fondo de su formación política y de su militancia en las filas del Partido Comunista Mexicano y las persecuciones de que fue objeto en los años treinta. De nuevo esa fecha, fatídica o feliz, premonitoria o cerrada, estaba presente en la prosa revueltiana de una manera feroz, hiriente. Él había conocido muchos drogadictos en las cárceles y los había visto destrozarse; fue un material extraordinario para sus cuentos y novelas, pero no había alcanzado el rigor, la multiplicidad ética y literaria a la que llega en *El apando* con el *Carajo*, Alvino, Polonio, y las tres mujeres. Algunos drogadictos de Revueltas, aparecían rápidamente reprobados por un narrador implacable que no los dejaba vivir con libertad. Eran personajes de poca verosimilitud. Sin embargo, los que construyó Revueltas en *El apando* han roto esas cadenas literarias, y se desplazan por el espacio carcelario como en su casa y en ese movimiento muestran la batalla infernal que libran entre ellos mismos: *Lupos hominis est lupus*. El *Carajo* es un prototipo de la literatura revueltiana pero al fin el efecto degradante, represivo, fue conseguido. Revueltas lo define:

> *El Carajo* es un tipo ético en el sentido de que es un instrumento para una visión ética de la realidad. El problema de la libertad se condensa tan claramente en el *Carajo*, que representa toda la infamia, toda la humillación, toda la ignominia de estar preso. Esto le da cierta lucidez respecto a sus problemas, mientras los demás lo toman como pura sensualidad. Él lo toma como conceptualización, a su nivel, pero en los demás drogadictos aquello no es más que la sensualidad, el goce del cuerpo y la satisfacción.[17]

---

[16] *Ibid.*, "*El apando*: metáfora de la opresión", p. 42.
[17] *Ibid.*, pp. 62-63.

Como tantos personajes de Revueltas tomados de la realidad, el *Carajo* es similar a los que conoció en Lecumberri, sólo que la fuerza interna del lenguaje lo crea, lo recrea y degrada, lo multiplica. La relación con su madre es también semejante a la que establecen otros personajes revueltianos en *El luto humano* y *Los días terrenales* para citar tan sólo dos ejemplos, y ahí no parece haber evolucionado mucho la literatura de Revueltas. El deseo morboso y cálido al mismo tiempo de volver al vientre materno como manifestación natural del hombre que sólo obedece los instintos en materia de su origen, es una vieja idea que Revueltas empezó a esculpir desde sus relatos iniciales. Esto forma parte también de su biografía abrupta en la que fue sometido en varias ocasiones a duras pruebas físicas y psicológicas de las que salió deteriorado moral y físicamente. Como reacción a esa permanente agresividad de que era objeto, interpuso la soledad, una manera de refugiarse en sí mismo, resguardándose del frío y la penuria, del ambiente intelectual y de su activismo político. Y en esa soledad, Revueltas invocaba a sus fantasmas, la policía que lo asediaba, y a sus seres queridos, desvanecidos en el tiempo, en especial a su madre, a la que solía referirse como una "compañera".

> A menudo me hablaba —recuerda Héctor Xavier— de Romanita; Revueltas la mencionaba como a una hermana o una compañera, y casi nunca se refería a ella como lo que en realidad era, su madre. Era algo especial este asunto, al grado de que muchos años más tarde de conocer a Revueltas y escucharlo hablar de Romanita me enteré que se trataba de su madre. Y contaba anécdotas, tal vez invenciones suyas, de Romanita y de su tarea colosal de llevar una casa de tantos hijos. En Durango, organizaba reuniones sociales, musicales, en las que sus hijos mayores recitaban algunos poemas.
> En fin, el caso es que Revueltas estuvo siempre desamparado, no recibió en su momento el cariño y la atención que necesita todo joven. Pero hay un detalle: la relación intensa y de alguna manera extraña con su madre se establece a partir del momento en que él es perseguido por la policía, encarcelado. Entonces viene la veneración de su madre, la única que lo espera solícita, la que puede salvarlo aunque sea un deseo inconsciente del hijo, él sabe que Romanita lo espera, y después de su muerte, la idealiza todavía más.

La madre de el *Carajo* ayuda a su hijo de una manera incondicional; ella le lleva la droga para evitar que sufra. Y como gesto de agradecimiento él la delata, traiciona a su madre, con lo cual revela que se delata a sí mismo, que ese carajo que es su mueca y su vida representa el último grado de la degradación humana. Pero también indica que el *Carajo* y su madre tienen una relación de complicidad en la que ella propicia la destrucción del hijo, y él la de su madre. Enfrentados en una lucha idéntica, ambos parecen estar presos ante rejas imaginarias aún más crueles que las de la prisión. Los separan las rejas y sin embargo son ellas las que unen e identifican a el *Carajo* con su madre. No hay amor entre ambos, sino una extraña pasión en la que se entrecruza el odio y el terror, la soledad y el aislamiento, el pavor y la violencia. *El Carajo*, despojado de sí mismo, desea tan sólo cobijarse en su madre, como quería Gregorio en *Los días terrenales*, como desean Rosendo y Bautista en esta misma novela.

> No puede verse en la madre de el *Carajo* una ilustración de la *imago* mala en términos netos y absolutos (en su forma más pura, la *imago* mala sería, literariamente, la bruja de los cuentos populares), pues sus reacciones ante el hijo serán asimismo de auxilio, de simpatía, de comprensión, y ella llenará también la función de madre complaciente, la que pese a todo "le conseguía (al hijo) el dinero para la droga, los veinte, los cincuenta pesos..."; la que finalmente dejará utilizar su cuerpo para entrar, escondido, su cargamento de droga.[18]

El apando es también un canto a la desdicha, un enunciado claro de la deformación humana, social y personal. La cárcel es una institución podrida en sus cimientos donde la humillación más terrible es cosa cotidiana. Las celadoras, los cuerpos represivos de la prisión, aparecen deformados. La cárcel adquiere dimensiones apocalípticas; vendrá el desastre, la aniquilación. Es un espacio geométrico sin luz, estático, sin tiempo. Ocurre todo lo que es posible para rebajar al hombre. Los seres de esa novela breve obedecen a su propia destrucción; viven para drogarse, mentir y por último despedazarse. Polonio, Albino y el *Carajo*, han sido colocados en la cárcel que los destruye no tanto por una sentencia y un castigo, sino porque están

---

[18] *Ibid.*, p. 48.

regidos por un Tribunal Superior al que no pueden escapar. Meche, la Chata y la madre de *El Carajo*, parecen también presas; su sentencia no ha sido dictada, no pesa sobre ellas un delito, sino una culpa interna que las subyuga. Su pecado es haber nacido. Y no tienen escapatoria a esta sentencia típica que abunda en la literatura de Revueltas, y que lo siguió hasta el final.

Parece fácil pensar que hay dos o varios Revueltas, según la época en que escribió; se trata del mismo escritor con asuntos similares pero con enfoques desde distintos puntos de vista. El sistema penitenciario de su fragmento de novela *El quebranto*, el de *Los muros de agua*, hasta el que se descubre, insólito y desgarrador en *El apando*, es la misma moneda pero de doble cara. La de 1941, como experimento y asomo de las pasiones y compromisos de Revueltas, retrato en blanco y negro de experiencias vividas; la de 1969, producto de franca madurez literaria en la que sólo la anécdota es autobiográfica porque el mundo de los apandados tiene su propia dinámica y su propio lenguaje de nadie. Revueltas murió bajo el emblema de esa moneda, absorbido por esa temática aguda, implacable, que azotó en varias direcciones su vida y su obra.

Eternamente la cárcel

Revueltas salió de Lecumberri en 1971, después de una larga discusión ideológica sobre el sentido que tenía aceptar las propuestas del gobierno y quedar libre. Los estudiantes del 68 se marchaban con rapidez del "Palacio Negro". Salían al extranjero o permanecían en la ciudad pero las puertas del penal se abrían al igual que sus esperanzas, sus proyectos. La marca de la represión gubernamental no se había borrado, menos la cicatriz de su paso por una prisión inmerecida, pero sabían que formaban ya y lo serían de aquí en adelante la "generación del 68". Revueltas, en cambio, salió lesionado del páncreas, achacoso, bajo el impacto de su reciente ruptura con su esposa María Teresa, con la que había vivido 25 años de zozobra, de austeridad y golpes bajos. Para él no se habían abierto del todo las rejas de la prisión; sus heridas no iban a curarse fácilmente. Quienes lo conocieron, aseguran que en realidad estaba "quebrado" desde que salió de la cárcel. Se divorció, vivió como en sus buenos tiempos una tardía vida de soltero, bebió en compañía de sus amigos de crujía pero en el fondo le dolía constantemente su salud, su soledad y estar en el mundo desnudo, sin asidero económico, ideológico o familiar. Era en realidad un hombre joven, de palabra y de pensamiento, pero envejecido prematuramente a los 57 años de edad. En 1972 fue operado de emergencia; la familia se alarmó, pero afortunadamente fue una llamada en falso, porque Revueltas se recuperó. En esos días lo afectó la dificultad que tenía para escribir debido a que no le respondían los dedos. De por sí, había sido un tanto inútil con ellos. Roberto Escudero asegura: "Tomar un abridor y abrir una lata parecía una empresa imposible para Revueltas. Si lo dejabas solo, no comía por su inutilidad, tenía deficiencias motoras en sus manos. Él decía que era una lesión sufrida en las Islas Marías durante el corte de leña; la otra versión dice que sufrió de niño un inicio de poliomelitis. Como sea, Revueltas tenía deformes las muñecas, uno veía esos hoyos que le dificultaban el movimiento natural de sus manos, es decir, el aspecto prensil".

Se había quedado, pues, sin casa y, nómada veterano, volvió a caminar a la deriva; buscó abrigo en algunos amigos que solían darle techo. Pero la enfermedad estaba ya en su cuerpo. Desde su salida de Lecumberri hasta su muerte, tomó a su hija mayor, Andrea, de interlocutora, confidente y compañera. Le escribió ardientemente sobre sus lecturas, su salud; a veces criticaba a la izquierda mexicana, a veces a los intelectuales. Citaba libros, novelas, poetas. Le escribió como sólo él podía hacerlo por costumbre y una imperiosa necesidad de comunicarse con un receptor "ideal" que lo escuchara y lo comprendiera. En agosto de 1972, le dice:

> Sucede que me acomete una gran fatiga y debo procurar no gastar mi energía en esfuerzos físicos (no te alarmes: me descubrieron una incipiente lesión pulmonar —tuberculosa— contraída en Lecumberri; pero estoy en tratamiento y se trata de algo perfectamente superable).[19]

Ya había ido a California y su estancia le pareció un "éxito", en realidad, un reconocimiento a su trabajo literario, a su quehacer periodístico y partidista. Con todo y padecimientos, Revueltas mantenía como de costumbre un trabajo intenso: lecturas, seminarios, charlas, grupos de estudio. Se reunía con Escudero, Bolívar

---

[19] J.R., *OC*, v. 26. p. 240.

Echeverría, Felipe Campuzano, Julio Pliego y otros compañeros. Trabajaban sobre el concepto de enajenación, la dialéctica hegeliana y, de paso, analizaban la situación política y social de México y la del mundo. Discutían intercambiaban puntos de vista con mucha formalidad, reían, hacían bromas a costillas de los "peces", los miembros de PCM, de Díaz Ordaz. "No es posible explicarse a Revueltas fuera de la 'secta', del grupo", aclara Carlos Sevilla, amigo y colega de cárcel, "por eso siempre buscó aliarse; su propósito en general fue salvar el mundo; esto quiere decir por lo menos dos cosas, que era una revolucionario incorregible y también un místico, cuya vocación religiosa nadie pone en duda. Abrazó muchas causas, una de ellas, el trotskismo. Revueltas se hizo trotskista no de corazón, sino sólo un simpatizante; los trotskistas pensábamos que era necesario prepararse para la lucha armada, única forma de derribar la sociedad capitalista. Éramos —los maoístas, castristas, admiradores de Trotsky, militantes del Partido, etc.,— como los endemoniados de Dostoievski: unos fanáticos, ¿está claro?".[20]

En las cartas a su hija Andrea, Revueltas le habla minuciosamente de sus recientes lecturas, una de ellas, la *Historia de la revolución rusa* de Trotsky, que ya conocía y ahora, en 1973, analizaba en detalle. Era un año más que se sumaba a su vida agitada, convertida en tormento constante. Revueltas no dejó nunca de mostrar hostilidad hacia los intelectuales, de restregarles su hipocresía y su falta de sinceridad política. "A veces se me hace insufrible vivir en México. ¡Cuánta estúpida y mediocre pedantería!", le dice a Andrea. Ese mismo año fue internado en el Hospital de Nutrición; pasó el mes de diciembre bajo vigilancia médica, convaleciente. Pero en realidad de ahí en adelante sufriría una tras otra caída; Revueltas ya no se repuso del todo, al contrario fue hacia abajo. El 31 de agosto de 1973 se había casado por tercera ocasión; su nueva esposa, Ema Barrón, era una admiradora del escritor y el militante Revueltas. En una ceremonia sencilla, acompañados de Roberto Escudero y Mireya Zapata, Consuelo y Emilia Revueltas, se unieron en el Registro Civil. Visitó los Estados Unidos con su nueva esposa, hizo un viaje a Europa, y en 1974 apareció su último libro, *Material de los sueños*.

Una vez más, en ese libro, Revueltas regresa al asunto carcelario; el cuento "Hegel y yo" es una prueba a través de un lenguaje

---

[20] Entrevista Ruiz Abreu/Carlos Sevilla, marzo, 1989.

directo, depurado, la cárcel se nos muestra en gran *close-up*, como en sus primeros escritos, en un sitio que maneja y conoce al derecho y al revés. Revueltas lo utilizaba de nuevo para hablar de Hegel, el filósofo, y *Jeguel*, el pobre diablo que tuvo como compañero de crujía. Escrito en Lecumberri en 1971, el cuento está armado con breves *inserts* que cuentan una historia también fragmentada reconstruida por la memoria, o mejor dicho, que el olvido teje a su manera. Hay una imagen de los negros panameños cruda, irónica, cuya intención es lanzarse contra la discriminación racial de que son objeto en Panamá los hombres y mujeres de color. "Hegel y yo" revela el mundo del subsuelo; la cárcel como espacio en el que la memoria está en movimiento y construye sus propios fantasmas. Desde la prisión, el narrador recupera imágenes "sueltas" que inciden en *la Tortuguita*, una prostituta que contagió de gonorrea a una veintena de marineros. De una manera sencilla, exacta, Revueltas reconstruye la orilla de nuestros puertos, esos sitios abandonados que provocan tristeza. Sólo hierros viejos, armaduras, quillas, pedazos de cubierta, es decir, descomposición. Y de ahí, la magia de esa puta que "bautizó" a toda una tripulación.

> Cuando sucedió o comenzó a suceder esta cosa yo estaba borracho hasta los huesos, "ebrio absoluto", como lo califican a uno en las actas de las delegaciones de policía, por eso no recuerdo.[21]

La Tortuguita ya no es como Soledad en *Los muros de agua*, ávida de "regenerarse" y seguir el ejemplo de la camarada Rosario, sino una prostituta de verdad, poco idealizada, que en una noche se acuesta con veinte o veinticinco hombres. Los marineros desprecian a otras mujeres, desean únicamente a *la Tortuguita*, ¿por qué? Por una rara comunión que establece Revueltas entre el sexo y la solidaridad humana, entre el coito y la redención. Porque ella iba a bautizarlos con la gonorrea esa noche. Era una puta de pueblo, distinta a las de la ciudad; "Son muy sencillas casi no son putas", explica Revueltas. El cuento regresa a los temas ya tratados, las putas, la cárcel, la explotación, el humor negro (esa gonorrea para toda una

---

[21] J.R., *OC*, v. 10. p. 17.

tripulación). El narrador despierta en su celda y ve que todo ha sido un sueño largo y profundo.

De los cuentos de *Material de los sueños* el más inquietante es "Cama 11. Relato autobiográfico", lo que parece una ironía pues ¿qué relato de Revueltas no forma parte de su autobiografía? "Cama 11" cuenta tres historias desde el punto de vista de un paciente hospitalizado en Nutrición. Revueltas le habla a Revueltas. La primera es la de Lote, que cedió acostarse con un exhibicionista más por presión que por amor. La segunda es la de unos indígenas del pueblo de Ande que fueron masacrados; el narrador le llamaría *La matanza de los locos*, un relato que prepara e imagina entre la fiebre y los olores del hospital. Los locos han escapado de la cárcel y la soldadesca les dispara indiscriminadamente. Desean exterminarlos para no dejar un solo loco sobre la Tierra. "Practican diferentes formas de darles muerte: de lejos, con un tiro, y de cerca destrozándoles el cráneo a culatazos". La violencia que describe Revueltas es humillante, hecha por una mano todopoderosa para escarmentar a los desheredados. La intención de Revueltas pudo haber sido la de ofrecer una imagen grotesca y barroca de la muerte y la tortura fuera de toda proporción. Sobre estos indios pesa una fuerza atávica, dice Revueltas, un "misterioso pecado original" que exige el sacrificio. El motivo del indígena humillado objeto de bárbaros apetitos fue más que una obsesión de Revueltas; en casi todas sus grandes novelas, lo introduce en *El luto humano, Dios en la Tierra, Los días terrenales, En un valle de lágrimas* y en *Los errores*.

Los indígenas de "Cama 11" tienen necesidad de un Cristo de los locos: "Mas su culpa es tan grande y universal, que no es bastante con que haya nada más un solo Cristo". Cuando los locos bajan de la montaña y bailan, se lamen, se comen sus propios excrementos, se lamen las llagas y se azotan, la escena parece dantesca. Y ahí mismo "poseen a sus mujeres a la vista de toda la gente". Revueltas los llama santos y en realidad son unas bestias; así resalta el sentido de la escena desquiciante, profundamente religiosa y pagana. Revueltas combina en ella su fe y su repudio expreso a la religión católica y a cualquier creencia en un Dios. Para él, la religión parece hecha de falsas verdades, falsas imágenes. Es un rito que va más allá de la escatología y toca la orilla de la demencia encubierta del mundo.

Bajan a la plaza los indígenas locos, desnudos, desafiantes. Fieras. Nada les importa, en nada creen. Los indios de otros relatos revueltianos pedían a gritos misericordia, parecían lastimados por un dios inasible, terrible, sediento de venganza. Los de "Cama 11" han profanado el templo y la morada de los hombres, y encarnan la imagen destructora del mundo contemporáneo. "Es así como se consuma, sin que ni uno solo de ellos quede vivo, la matanza de los locos. La matanza de los inocentes". Revueltas introduce el mito bíblico que brota de adentro de la acción del relato, de sus entrañas. No aparece interpuesto, superficial.

La otra historia que se narra en el cuento es la del propio narrador, su enfermedad, el mundo que lo rodea en el hospital, aséptico, blanco. A él y a sus colegas de "cama", los une la enfermedad, igual que a los personajes de *La montaña mágica*. Esta obra de Mann estuvo por lo común activa en el pensamiento de Revueltas; pero en los años inmediatamente posteriores a Lecumberri, volvió a leerla. La analizó concienzudamente y preparó un ensayo que publicó en 1975, "En el centenario de Thomas Mann: La vida vista desde *La montaña mágica*".[22] El vínculo que une a los personajes de Revueltas es la solidaridad que se descubre grandiosa y plena en las postrimerías de la muerte.

A los enfermos de "Cama 11", contentos con su suerte, sumergidos en un infierno dantesco, no los consume la idea de la muerte como a los habíamos visto en *El luto humano,* ni la metafísica los ayuda en su último viaje como a los de *La montaña mágica.* Se trata de agonizantes escépticos para los que la vida es efímera y por eso sienten tanta indiferencia por el futuro. En la sala de rayos X, frente a las pantallas de televisión y los tableros, los *switches*, Revueltas crea un *set* cinematográfico. La ciencia y la fe parecen coludidas en el mismo fin: mostrar que el hombre no decide ya sobre su destino, su voluntad ha quedado a merced de un Dios nuevo: la tecnología. El enfermo se ve sometido a sondeos, su cuerpo queda en manos de robots creados por la cibernética, el dios de la modernidad. El paciente cree haber llegado a la cruz, tendido en la plancha sobre la que imagina estar en un planeta a mediados del siglo XXI. "Los brazos abiertos en cruz, un San Sebastián atravesado por las flechas del

---

[22] En este ensayo (*Diorama de la Cultura*, julio 6, 1975, pp. 2-5) Revueltas estudia *La montaña mágica* desde el aspecto de su trama, su sentido y su magia. La ve como un conjuro contra el tiempo, una ironía de la historia y una respuesta filosófica —muy inteligente— a la "enfermedad epistemológica" del hombre contemporáneo.

martirio, estoy tendido en la plancha de operaciones. Se trata de mi crucifixión...".

A todo ese "martirio" médico estuvo sometido Revueltas en el Hospital de Nutrición para aliviar su padecimiento y salvarlo de la pancreatitis que avanzaba incontrolable. Sobre todo, no obedecía las órdenes médicas que le decían "no debe usted de beber una sola copa, ¿entendido?, ah, y además, llevar una dieta blanda". Creyó haber llegado a su "crucifixión" como en su cuento; creyó haber llegado a su último destino, y lo sorprendente es que ninguna impresión desmoralizadora lo envolvía. Él parecía estar más allá de la preocupación por la muerte; había jugado con ella, y de joven la desafío varias veces. En su edad adulta, tenía una honda concepción vital, ideológica, de su propia muerte. Cuando habla de "crucifixión" sigue pensando en Cristo pero rebelde, revolucionario, anticristiano; se trata pues de una visión atea del cristianismo y de una obsesión con la que vivió y murió.

Revueltas logra en "Cama 11" una reflexión sobre el mundo moderno y su irracionalidad institucionalizada; el narrador sólo tiene la palabra que puede oponerse al efecto devastador de la ciencia, ya no al servicio del hombre, sino del desarrollo. Este absurdo sólo puede resolverse mediante el símil religioso. Revueltas se hallaba al filo de la muerte: a punto de su consagración como hombre de fe pero ateo expoliado por el mundo moderno; el narrador-enfermo imagina su muerte: "Llego a la angustia límite en la que unos milímetros delante ya no hay nada sino la muerte".

Descienden al enfermo de la "cruz" pero ya muerto como a un Cristo. La ciencia ha jugado con él; no lo mató el Poder, sino el Hombre. Sus pulmones, hígado y corazón, aparecen frente a él; se mira ahí reflejado y se desconoce, es quizás el "otro" (Silvestre) que lo observa y le pide cuentas. "En la pantalla de televisión aparecen mis entrañas, el milagro de mi fisiología viviente, el mapa en relieve de mi estructura orgánica interna". La ciencia se convierte en fetiche, es un milagro. El paciente es un crucificado que se rinde ante el imperio insondable de los rayos X, las pantallas, los tableros, los aparatos electrónicos. Revueltas vio ahí su muerte y su resurrección como escritor; vio su pasado en movimiento en direcciones contrarias, que tendría una síntesis a través de su escritura; vio el mar lejano desde las Islas Marías, las montañas de Santiago Papasquiaro, y en sobreimpresión el rostro de Silvestre, su frente ancha y sus ojos de cíclope. Al fin, las historias de este cuento se enlazan por la misma idea de que el hombre está sometido a leyes científicas, a religiones y sistemas filosóficos que lo rebasan. Es, en este sentido, el ser más desprotegido de la naturaleza, como Revueltas. Sólo la muerte lo lleva al reencuentro consigo mismo, con su otredad, en la frontera "increíble".

Pocos escritores, como lo hizo Revueltas, han utilizado con ese efecto demoledor y tristemente desdichado su autobiografía para construir cuentos y novelas. Su literatura se acerca entonces a una radiografía del autor a través de la cual es posible ver sus pensamientos y deseos inconfesados, sus ideas terribles sobre la existencia humana. En varios de los cuentos, incluidos en *Material de los sueños* hay esas dos caras del mismo hombre: la del creyente que niega toda entidad teológica y al mismo tiempo depende de ella y la describe una y otra vez, con pasión insospechada. Revueltas le dijo a Gustavo Sáinz:

> La proyección del escritor respecto a sus personajes es inevitable, pero de lo que debe huir el escritor es de aquellos que podríamos llamar "personajes teleológicos", personajes que tienen una finalidad política, porque introduce entonces uno, en el material, una tesis preconcebida y eso lleva al demérito de la calidad artística del producto.[23]

Este libro está marcado por la biografía del autor: las cárceles, los indios, la culpa, Cristo y el cristianismo como trasfondo, y, en primer plano, los asuntos conyugales, la mujer y el deseo, el hogar más como dispersión que como centro del mundo, las prostitutas. Pero, principalmente, su propia vida que pasa por una pantalla de televisión. Este desdoblamiento que ya se había visto en Gregorio de *Los días terrenales* y en Olegario Chávez de *Los errores*, entre otros, vuelve una vez más.

Este mundo literario y autobiográfico aparece bajo la concepción revueltiana de Dios y el cristianismo. Todo en Revueltas parece abierto a la religión; no hay historia que no desemboque en la misma dirección; crear un mundo con clara finalidad política uncida de religiosidad. "Sinfonía Pastoral", cuento basado en la novela de André Gide, es la historia de un matrimonio que ve una película,

---

[23] Gustavo Sáinz, "La última entrevista con Revueltas", en *Conversaciones con José Revueltas, op. cit.*, p. 10.

Sinfonía Pastoral, que refleja sus problemas conyugales. La mujer dejó encerrado al amante en la cámara frigorífica de su casa y teme que muera. Lo que proyecta la pantalla es un drama religioso: una mujer muere de hambre y de frío, "en la más desamparada soledad", y un sacerdote que hace lo imposible para asistirla y administrarle los santos óleos. El sacerdote es rápidamente ridiculizado por Revueltas; lo llama sacerdote de la defecación, sus actos equivalen a desperdicio. Ninguna vocación salvadora lleva consigo este mensajero de Dios. Al contrario: es la negación de Dios.

"Sinfonía Pastoral" gira sobre sí mismo, se regodea de su envoltura mística, sencilla y perfecta, la del amante abandonado en el refrigerador, mientras el marido engañado y su mujer adúltera, se van al cine, y ven en la pantalla la realidad de la que huyen. Salen del cine y pasan buena parte de la noche en suspenso. He aquí que el Dios descrito por Revueltas es ajeno a la justicia; lo ha hecho poco democrático su propia omnisciencia, entonces parece imposible amarlo sobre todas las cosas, sus hijos son inducidos a negarlo. ¿Y no habrá un Cielo para los pecadores?, parece preguntarse Revueltas, y deja abierta la posibilidad. Él mismo fue un pecador al que dios perdonaría; lo supo. Jugó con esa idea en sus relatos y en varias anécdotas que le escucharon contar muerto de risa quienes lo trataron. Frente a problemas inescrutables, coloca a un sacerdote, ya visto en *El luto humano* y "Dios en la tierra", en "La frontera increíble", al que crucifica en nombre de la impotencia que llevan estos mensajeros de Dios. El que forjó en "Sinfonía Pastoral" es similar a los otros; amante de una fe que lo rebasa, de una doctrina que no entiende, es guía de su Iglesia y de feligreses que no lo comprenden, ni a él ni a su Dios. Son curas que terminan en el escepticismo. "El sacerdote se aproximó por fin a la mujer hasta llegar a la orilla del camastro donde estaba muerta. El cuerpo desnudo y esquelético del cadáver no era sino una combinación quirúrgica de prótesis descarnadas (...)".[24]

La pareja de ese cuento parece determinada por la sensación de pecado con que está marcada su vida cotidiana; él, porque tomó sin permiso a su mujer y simula ignorar que ella es adúltera; ella, porque sin quererlo ha matado a su amante. Revueltas, implacable con los ricos, a quienes no perdonó, se ensaña con el marido de la

---

[24] J.R., *OC*, v. 10. p. 63

adúltera. Lo muestra prepotente, desviado, lo asemeja a los inquisidores medievales, a los que solamente les importa la tortura y el sufrimiento de la víctima. Es un monstruo sin corazón, frío de alma, encarna la maldad, su Dios es el becerro de oro. Es un ser diabólico que tiene un pacto con las fuerzas oscuras del mundo; en un plano inmediato es un miserable capitalista sin sentimientos, una máquina de fornicar y de hacer dinero.

Cuando apareció *Material de los sueños*, su último libro, se hallaba enfermo, vivía en lo que fue su última morada, en la avenida de los Insurgentes. El movimiento del 68 se desvanecía con rapidez, inevitablemente. Revueltas se encontraba al comenzar 1975 en el límite de su resistencia física. Enfermo, triste. ¿Misión cumplida? Pensaba que todavía estaba a tiempo para mandar todo al demonio y dedicarse por entero a escribir. Revivía su eterno deseo no cumplido. *Material de los sueños* lo había confirmado como un escritor denso, cuya actividad incesante lo había llevado a pulir su trabajo y hacerlo cada vez más original y flexible, menos rígido. En este sentido, puede hablarse de una "misión cumplida", si es que el escritor termina alguna vez su obra. Como Balzac, Revueltas escribió desenfrenadamente por vocación y para no sucumbir. Revueltas fue un santo pero al estilo de Gide, de los que no aceptan el dogma ni a Dios. Es decir, santo rebelde por excelencia, martirizado por la culpa y la ideología. Fue constante en su desventura y su inestabilidad. "Fundamentalmente, esencialmente soy pesimista; en el fondo de mí hay una profunda desesperanza, sin remedio", escribió en su Diario. Uno de sus amigos, Carlos Eduardo Turón lo acerca a los agnósticos, que como todo rebelde rechazó esquemas y promovió reformas:

> José Revueltas, espantosamente angustiado, comprende que su mística es demasiado humana y no puede ajustarse a una religión que sólo toma en cuenta las tareas, la eficiencia sin alcances críticos, el consentimiento burocrático y que olvida —así sea momentáneamente— al operario. Y tanto en carne propia como en carne ajena encuentra tales aberraciones político-religiosas.[25]

---

[25] Turón, *art. cit.*, 2a. parte, enero 25, 1989, p. 41.

Presa del martirio y la culpa, sin amigos, lejos de su familia, sin casa, Revueltas se preparó para el final. Sólo faltaba un elemento que acelerara los acontecimientos; aparte de la enfermedad, necesitaba un "golpe" más fuerte y desmoralizador, y lo recibió en 1976 cuando desenterraron los restos de su hermano Silvestre. Ahí se produjo la ruptura con su vida presente y pasada, se abrió la herida nunca cicatrizada del todo de la que brotaba la lucha rebelde, a muerte, que libró con el mundo. Revivió la imagen tan querida y venerada de su hermano, aquella sombra que siempre inundó su alma. Silvestre se hizo real, tangible en su visión, y lo llamó.

Antes y después de Revueltas

Una vez muerto, comenzó el estudio de la obra teórica y literaria de Revueltas. Había pasado tan a prisa por los círculos literarios y por las editoriales, siempre en discusión con la *inteligencia* mexicana, que corrió con suerte, pues en realidad Revueltas y su obra pudieron haber sido más relegados. Se tuvo sed de saber quién había sido ese nómada de la izquierda, ese apóstol del comunismo y de las letras, y tanto sus conocidos y amigos, como los que se sumaron enseguida, se entregaron a una verdadera labor de rescate. Nadie sabrá nunca por qué se sintió acosado y en franca antipatía con los círculos de escritores y de intelectuales. Pensó alguna vez irse al extranjero, hacer una nueva vida, demostrar que Revueltas era capaz de disciplinarse, dejar la bebida, lo verían de ahora en adelante: dedicado a sus quehaceres de reflexión teórica, estudio y búsqueda. Escribiría solamente. "Pensamos varias veces, recuerda María Teresa, irnos a París; ¿hubiera sido una solución para un hombre que se sentía perseguido? Posiblemente. Parecía fastidiado de México, descreído de todo". El 21 de octubre de 1969, desde Lecumberri, le escribió una carta a María Teresa en la que critica a los gobernantes y se pregunta en qué país vivimos. Siente un enorme cansancio, sobre todo

> Odio con toda mi alma a esta desgraciada burguesía y me hiere en carne viva lo que nos hace. Pienso que nunca hemos podido hacer una vida normal y nunca he sabido ser ni un padre ni un esposo. ¿La nueva vida en el extranjero nos deparará una perspectiva mejor en ese sentido? Lo dudo. Pero hay que

persistir y luchar hasta lo último. Me inscribí —y te inscribí— en este destino.[26]

Según José Joaquín Blanco, Revueltas escribió sobre la cultura mexicana, extensamente; y odiaba la politiquería cultural, él era un autor humilde y bondadoso, dijo: "Que no me vengan ahora con que los más altos valores del espíritu. Dicho con toda humildad, me cago en ellos". En materia literaria dijo una y mil veces que su aportación a las letras nacionales, en especial a la novela, se debía a que era un "realista dialéctico". Su método de acercase al mundo, al conocimiento de la realidad era a través del materialismo científico y la dialéctica marxista. "Yo creo disponer de un organismo, de un instrumento de trabajo que es muy eficaz a mi modo de ver, y que es el realismo". A cada asunto que le interesó, dedicó Revueltas horas, semanas, de trabajo intenso, así del realismo, tanto social como crítico. A la literatura mexicana y a los problemas del escritor y el arte. Convencido de que Dios no ha creado al hombre sino al revés, Revueltas dejó una obra extensa y múltiple que sigue siendo comentada y aplaudida, y seguirá siéndolo por mucho tiempo. Con este *boom* llegó también la recopilación de su obra, de la que casi la mitad no estaba publicada. Guiones, material periodístico, notas, reportajes, crónicas, muchos cuentos, fragmentos de novelas semiolvidados, ensayos políticos, ensayos sobre México, su historia y su cultura, y por último los apuntes biográficos de Revueltas fueron ordenados y, mediante un trabajo intenso, publicados. Apareció entonces la obra completa en 26 tomos de un escritor que no cesó de producir textos de muy variados tonos y matices. Simplemente los prólogos que se escribieron para atender la obra inédita de Revueltas suman ya un libro de análisis e interpretación de sus trabajos teatrales, políticos, periodísticos, de cuento y novela. Así, cada año, desde abril de 1976, la figura de este escritor duranguense se agiganta, se vuelve tema recurrente de veneración, pero también de discusión y vituperio, de hagiografía y mitología. El escritor sigue de pie, resiste mucho. Entre otras razones, porque estamos frente a una obra que cruza el siglo XX, se alimenta de la Revolución mexicana y la Revolución rusa, y llega hasta el 2 de octubre de 1968 y la Primavera de Praga; toma aliento en la guerra cristera (1926-1929) y pasa por las grandes

---

[26] *Cartas a María Teresa, op. cit.,* p. 191.

movilizaciones del cardenismo, hasta la guerrilla urbana, la amenaza nuclear y la división del mundo en dos potencias. Es una obra que se afianza en el movimiento comunista internacional de los años treinta y desemboca en el XX Congreso del PCUS, enaltece a los mártires del proletariado y sus dirigentes, guiados por la mano celestial de Stalin y luego los degrada. Recibe del realismo socialista su fuente primera y luego se rebela, critica su origen, lo supera y camina por su cuenta y riesgo. Es una obra desgarradora, de contrastes, en la que hay pocas estaciones intermedias, sólo una vía que toca las terminales. Una de éstas condujo a Revueltas a su tesis del fracaso. Los comunistas debían buscar nuevas formas de participación social, robustecer la democracia del Partido. ¿Premonición? Simplemente una visión desesperada y al mismo tiempo lúcida, sincera, del socialismo en el mundo. De ahí, su condena tácita al Partido Comunista Mexicano, a la izquierda y su miopía política.

Al año de la muerte de Revueltas, se dijo que había un "antes" y un "después" de él: "Ya no se puede ser, después de Revueltas, un lector tácito, un novelista, un poeta sólo por placer". Parecía evidente que la actividad de Revueltas sembró la semilla del compromiso político y la pasión por la literatura y las artes; los escritores debían cosechar el árbol de Revueltas siempre decidido, en ascenso, aunque cada día se intentara derribarlo. Se ha marchado Revueltas —apuntó Fernando Castañeda—, pero sigue viva su voz, su entrega y sobre todo permanecen los actos, las palabras, las cárceles, y una larga borrachera por lucidez y por amor. El artista ha principiado a cobrar cuerpo en el tiempo, y sin duda, sus mejores lectores serán los de mañana.[27]

Seguramente esos lectores decidirán entre el escritor y el personaje, entre el apóstol revolucionario y el comunista arrepentido, entre el nómada siempre a la deriva en busca de un puerto donde resguardarse de la tormenta que fue su vida, y el místico. Entonces se sabrá a fondo y en muchas direcciones el significado de esos 26 tomos que comprenden una obra completa aunque no cerrada sino abierta porque el personaje que está dentro se mueve incesantemente y la rebasa con facilidad. En su obra póstuma hay ensayos filosóficos, apuntes, reportajes, cuentos; una muestra extraordinaria del

---

[27] F. Castañeda, "Mínimo testimonio de un funeral", en *Diorama de la Cultura*, septiembre. 11, 1977.

talento cinematográfico de Revueltas lo constituye sin duda, *Tierra y libertad* y *El conocimiento cinematográfico y sus problemas*. El primero es un guión, el único publicado, de la vida y la hazaña revolucionaria de Emiliano Zapata; el segundo, una reflexión sobre el montaje, la imagen, la adaptación y las vicisitudes del "séptimo arte" en México. Revueltas trabajó en varias decenas de adaptaciones, pero *Tierra y libertad* es un guión original, escrito alrededor de 1960, que revela en primer lugar, el talento fílmico de Revueltas, y en segundo, su concepción de la historia de México y el profundo sentido místico y revolucionario que tuvo para él, Zapata y su movimiento.

La película comienza en la noche en la que cientos de campesinos de rostros indefinibles aparecen de frente a Zapata; la pálida luz de las antorchas ilumina el rostro moreno, firme y legendario de Emiliano:

> Visto así en la oscuridad, inmóvil, envuelto en el sarape, Emiliano parece un antiguo ídolo de piedra, una deidad ancestral en que podría cifrarse todo el enigma y el misterio que aún no devela el porvenir para los suyos. [28]

Envuelto en un hálito de esperanza revolucionaria, hombre honesto a prueba de fuego, Zapata sólo revela fraternidad y ternura que se suman a su evidente conciencia revolucionaria y a su clarividencia. Es un Zapata cortado al estilo Revueltas. Por eso *Tierra y libertad* puede considerarse el resumen de la vasta obra que dedicó Revueltas a los temas de la Revolución mexicana, de México y sus héroes.

También salieron a la luz ensayos teóricos de gran aliento, y los artículos sobre México. En todo el espectro de su obra se ve a un escritor severamente castigado. "Solía hablar de su miseria, del olvido en que sus amigos lo tenían", asegura Héctor Xavier. "Creo que la soledad de Revueltas fue absoluta; vivió olvidado, aturdido por la marginación; ¿no se encontrará ahí la clave de su obra y de su tendencia al martirio?".

En el prólogo a *Las evocaciones requeridas*, José Emilio Pacheco sintetizó el pensamiento y la acción de Revueltas. Contra las sustancias grises, "el árbol de oro de la vida sigue allí y reverdece"

---

[28] J.R., *Tierra y libertad*, OC, v. 23, p. 27.

Al igual, Revueltas fue indestructible. Su prosa sirve para "llegar al otro lado de la realidad"; sus evocaciones requeridas nos permiten entrar a su vida privada. "Al desmantelarse Revueltas se construye". Ningún escritor mexicano había permitido entrar en su intimidad como él. Ese es su árbol de oro que a pesar del tiempo, continúa de pie, dice Pacheco. A Revueltas se le seguirá leyendo incluso después de que desaparezcan quienes lo trataron. La atroz existencia humana fue parte de su frase "gris es toda teoría, verde el árbol de oro de la vida". Desde joven Revueltas se negó a contemplar el mundo, la vida rosa y uniforme; no quería vivir en estado de santidad; padeció en carne propia el sectarismo y el dogmatismo. La vida para él es "dolor y desgracia". Llegó a declararse profundamente pesimista, lo que habla de una visión trágica, un sentimiento unamunesco de la vida. Por último, para Pacheco Revueltas fue "fiel a sus ideas hasta la muerte". En cambio, Octavio Paz escribe:

> Los únicos pecados que confesó el materialista Revueltas fueron los del espíritu: dudas, negaciones, errores, mentiras piadosas. Al final se arrepintió e hizo la crítica de sus ideas y de los dogmas en que había creído.[29]

Revueltas sigue despierto en su sepultura del Panteón Francés, en la ex calzada de La Piedad, aquella ruta que él conoció de niño y franqueó impulsado por su natural inquietud. Ahí, en la adolescencia, se rompió o se dividió el mundo para él. Desde allá nos llama su destreza literaria y su pasión política, su solidaridad con la última generación que trabó contacto con él (la del 68), y de alguna manera nos invita a reconstruir su "árbol de oro". Para hombres como él existe la frase de Walter Benjamin: "Sólo nos es dada la esperanza por aquellos que no tienen esperanza".

---

[29] O. Paz, *México en la obra de O.P.*, Fondo de Cultura Económica, v. II, México, 1987, p. 331.

Índice

I *Misión cumplida*   13

   Vinieron la noche, los perros, los cuchillos
   Me llueve en los ojos
   Últimas tardes en la cárcel

II *La familia*   41

   Poeta de la vida humilde
   "Sombra amable y lejana"
   Nace un autodidacta

III *A las puertas del paraíso*   59

   Primera caída
   Tiempo de sufrir

IV *Los queridos años treinta (1)*   79

   Amar, sobre todas las cosas, a Stalin
   Segunda caída
   Los folletines de la redención

V *Los queridos años treinta (2)*   107

   Pasajero sin destino
   Literatura proletaria
   Primeros pasos

VI *La generación perdida*   137

    Temporada en el infierno
    Los muros de agua (1941)
    Los bajos fondos

VII *Vocación nacionalista*   155

    El luto humano (1943)
    Radiografía del mexicano
    Revolución misteriosa
    Una religión triste, desgarradora

VIII *Tiempo de crisis*   179

    Huérfano de partido (1943)
    Dios en la Tierra (1944)
    Una luz en el camino

IX *Vita nuova*   205

    La noche de Leda
    El teatro, la bohemia
    Israel (1948)

X *Los días terrenales* (1949)   225

    Las llagas de la sociedad
    ¡Muera Stalin!

XI *El cuadrante de la soledad* (1950)   247

    Un día en la vida de un escritor
    Las prostitutas piden la palabra

XII *Regresa el hijo pródigo* (1955)   269

    Los motivos de Revueltas
    El arrepentimiento
    Las tribulaciones de un escritor

XIII *Crónica de un cronista*   **301**

   La pluma como fusil
   Misionero de prensa
   Reportero bíblico
   De novela y novelista

XIV *En el principio fue el Partido*   **333**

   La Liga y los ligueros
   Sectas en pugna
   Cuentos ejemplares

XV *Los errores de Revueltas*   **361**

   Los errores (1964)
   Comunismo en desbandada
   Putas y melodrama

XVI *Una vida accidentada*   **389**

   El compañero gato
   Textos para recordar
   Eternamente la cárcel
   Antes y después de Revueltas

**José Revueltas:
Los muros de la utopía**

se terminó de imprimir en
mayo de 1993 en los talleres de
Multidiseño Gráfico, S. A.
La edición consta de 1,000 ejemplares
más sobrantes para reposición.